유엔본부 38층

유엔과 반기문 리더십

나남
nanam

이상화

고려대학교 졸업과 함께 1991년 제25회 외무고시에 합격, 외교부 본부 군축원자력과, 유엔과, 남미과 등에서 근무하였으며, 뉴욕 주재 주유엔 한국대표부, 주콜롬비아 한국대사관 등에서도 근무하였다.

2006년 당시 반기문 외교통상부장관의 유엔사무총장 진출 태스크포스에서 근무한 후, 2007년 사무총장 취임과 함께 유엔 사무총장 비서실에서 근무를 시작하였다. 2014년 3월 외교부로 복귀, 현재는 외교부 정책기획관실 심의관 겸 상황실장으로 재직중이다.

저서로는《외교현장에서 만나는 군축과 비확산의 세계》(공저, 2005) 등이 있다.

나남신서 1742

유엔본부 38층

유엔과 반기문 리더십

2014년 5월 30일 발행
2014년 5월 30일 1쇄

지은이 이상화
발행자 趙相浩
발행처 (주)나남
주소 413-120 경기도 파주시 회동길 193
전화 031-955-4601(代)
FAX 031-955-4555
등록 제1-71호(1979.5.12)
홈페이지 http://www.nanam.net
전자우편 post@nanam.net

ISBN 978-89-300-8742-1
ISBN 978-89-300-8655-4(세트)

책값은 뒤표지에 있습니다.

유엔본부 38층

유엔과 반기문 리더십

나남
nanam

The Pinnacle: 38th Floor, UN Headquarters

The United Nations Under the Leadership of Ban Ki-moon

by

Sangwha Lee

nanam

연임에 성공한 반기문 총장이 유엔헌장에 손을 얹고 선서를 하고 있다.
(사진제공: UN)

1

2

1. 2009년 가자(Gaza) 지구 폐허 더미 앞에서 기자회견을 하고 있다.
(사진제공: UN)
2. 시리아 화학무기 조사단 활동 보고서를 제출하는 아쿠 셀스트롬 단장과 이를 접수하는 반기문 총장.(사진제공: UN)

1 

2 

1. 출장지에서 반기문 총장에게 보고하고 있는 필자.
2. 2013년 9월 상트페테르부르크 G20 정상회의에서 반기문 총장과 박근혜 대통령.
(사진제공: UN)

2013년 9월 27일 유엔 안보리에서 시리아 화학무기 폐기를 위한 결의가 컨센서스로 채택되는 장면.(사진제공: UN)

1

2

1. 반기문 총장이 런던올림픽 성화 봉송 주자로 달리고 있다.(사진제공: UN)
2. 2011년 7월 남수단 독립선언 행사에 참석한 반기문 총장.(사진제공: UN)

필리핀 타클로반을 방문해 피해현장을 살피는 반기문 총장.

1

2

1. 동티모르의 한 학교를 방문하여 학생들에게 책을 읽어주는 반기문 총장. (사진제공: UN)
2. 2013년 4월, 유엔 천년개발목표 목표일 1,000일을 기념하기 위해 스페인 베르나베우 경기장에서 열린 레알 마드리드 팀 경기에서 반기문 총장이 시축을 하고 있다.(사진제공: UN)

1

2

1. 2012년 10월 서울평화상 시상식.(사진제공: UN)
2. 반기문 총장이 인천공항에서 의장대를 지나고 있다.(사진제공: UN)

머리말

맨해튼 중심부에 위치한 유엔본부는 뉴욕이 명실상부한 세계 제일의 국제도시임을 보여주는 상징물이다. 이런 이유로 2010년 초부터 3년간 대대적으로 이루어진 유엔본부 개보수 공사 때도 그 외관은 그대로 유지한 채 내부만 친환경적인 현대식으로 개조한 바 있다. 2차 대전 이후 국제질서를 상징하는 건축물에 대한 유엔 회원국들, 특히 유엔을 유치하고 있는 미국의 자부심이 반영된 결과이다.

유엔본부 38층은 방대한 유엔 조직을 대표하는 국제기구 최고 수장인 반기문 사무총장의 집무실이 위치한 곳이다. 즉, 국제분쟁 해결, 빈곤타파와 개발 증진, 인권 신장 그리고 기후변화 대처와 같은 국제사회의 주요 이슈들이 다뤄지고 이와 관련된 주요 정책들이 마련되는 다자외교 최고의 '파워하우스'(*powerhouse*) 이다. 유엔 사무총장이라는 직책이 가지는 권위와 영향력은 실로 대단하기에, 특히 국제기구에 근무하는 국제공무원, 나아가 다양한 분야의 전문가들이 한번쯤은 유엔 사무총장 비서실 근무를 꿈꿔본다.

2006년 당시 반기문 외교부장관이 유엔 사무총장에 선출된 것은 대한민국의 저력, 반기문 개인의 탁월한 능력, 그리고 시운(時運)이 절묘한 조화를 이루어낸 결과라고 생각한다. 반기문 총장께서는 유엔 사무총장직 수임을 위해 한국을 떠나면서 "세계 속의 한국, 그리고 한국 속의 세계를 만드는 데 기여하겠다"는 포부를 표명했다. 이는 유엔 사무총장으로서 공평부당하게 업무를 수행하면서, 한국인 사무총장으로서 조국을 위해 조금이나마 기여를 하겠다는 진지한 의사 표현이었다. 실제로 지금 한국의 다자외교는 최고의 황금기를 구가하고 있다. 다자무대에서의 외교뿐만 아니라, 다양한 분야에서 한국의 위상 제고와 국익 증진에 반기문 총장의 존재가 끼친 긍정적 효과는 상당히 크다.

반기문 총장께서 한국의 세계화에 가장 크게 기여한 점은 바로 미래 한국의 주역인 젊은이들에게 꿈과 영감을 심어준 것이라고 생각한다. 잘 알려진 사실이지만 반기문 총장도 고교생 시절이던 1962년 적십자사 선발 프로그램을 통해 미국을 처음 방문해, 케네디 미국 대통령을 만난 것이 외교관의 길을 걷게 된 인생의 전환점이 되었다. 그런 만큼 반 총장께서는 바쁜 일정에도 불구하고 다양한 프로그램 등을 통해 방문하는 청소년들과의 만남에 후하신 편이다. 반기문 총장께서는 학생들과의 만남을 통해 어떤 영감을 줄 수 있을까 항상 고민을 많이 한다. 이런 것들을 통해 청소년들이 반기문 총장님처럼 국제사회의 공공선(*global public goods*)을 위해 헌신할 수 있는 능력과 인품을 갖추려고 노력하는 것이야말로 한국의 앞날을 밝히는 일이라고 생각한다.

나아가 반기문 총장께서는 세계화 시대 속의 한국의 위상 제고를 위한 여러 노력들이 올바른 방향을 지향하도록 하는 데 매우 중요한 역할을 하고 있다고 생각한다. 2006년 유엔 사무총장 선출 캠페인 당시 한국이 내건 대표적 공약은 '과거 한국이 어려운 시절 유엔과 국제사회로부터 받은 도움을 더 크게 돌려주겠다'는 것이었다. 8년이 흐른 지금 국제사회에서 한국의 위상이 얼마나 제고되었는지 반기문 총장님만큼 절실히 느끼는 사람은 없을 것이다. 특히 개도국들이 한국의 경험을 통해 배우고자 하는 열정과 기대는 대단하다. 그런 만큼 반 총장님은 한국 사회의 지도급 인사들을 만날 때마다 국제사회의 한국에 대한 기대에 대해 이야기한다. 비록 한국의 위상이 많이 제고되었지만, 국제사회가 한국을 보는 시각과 한국이 국제사회를 바라보는 시각 사이에는 여전히 차이가 존재하는바, 반 총장께서는 한국이 보다 많은 기여를 통해 국제사회에서 더 큰 존경을 얻게 되기를 바란다는 점을 늘 강조하시곤 한다.

나는 1991년 외교부 입부 이후 유엔과와 군축비확산과 등에서 근무하면서 유엔 및 다자외교 업무를 다루었고, 2001년부터 3년간 주유엔 대한민국 대표부에서 첫 해외근무를 하였다. 사실 그만큼 유엔과 인연이 깊은 편이었지만, 유엔 사무국, 나아가 유엔본부 38층에 위치하고 있는 유엔 사무총장 비서실에서 근무하게 되리라고는 생각하지 못했었다. 분에 넘치는 행운 덕분에 반기문 총장을 모시고 비서실에서 근무한 기간이 7년이 넘었다.

이 책을 집필하게 된 것은 지난 7년간 반기문 총장님을 가까이 모시면서 느낀 소회를 독자들과 공유하고 싶었기 때문이다. 유엔을 회원국의 입장에서, 그리고 사무총장 비서실에서 바라보면서 그 안팎을 어느 정도 이해할 수 있었다. 물론 반기문 총장님의 활동 중 일부만 보좌했을 뿐이고, 유엔의 방대한 조직과 복잡한 전문분야들을 접하면서 유엔 관련 책을 집필하는 것 자체를 주저한 적도 여러 번 있었다. 그렇지만 대한민국 외교관으로서 반기문 총장님의 활동을 가까이서 보필할 수 있었던 독특한 경험을 유엔과 반 총장님의 활동에 대해 관심 있는 많은 분들과 함께 나누고 싶었다.

특히 유엔 사무총장이라는 직책에 따르는 영예와 부담에 대해서 조금 더 내면 깊은 이야기를 전하고 싶었다. 유엔 사무총장 직위를 "*bully pulpit*"(대단히 높은 권위를 지닌 연설단)이라고도 표현하기도 한다. 매우 높은 직위에 수반되는 권위를 나타내는 단어인데, 미국 대통령직이나 유엔 사무총장직이 가지는 영향력, 동원력을 표현할 때 사용된다. 유엔 사무총장의 도덕적 권위, 의제 설정 및 동원 능력을 수사하는 데 적절한 표현이라고 생각한다. 미국 국민들의 신망이 가장 높았던 대통령 중 한 사람으로 꼽히는 클린턴 대통령도 퇴임 후 앞으로 어떤 일을 해보고 싶냐는 질문에 유엔 사무총장직을 꼽기도 하였다. 그러나 화려하기만 할 것으로 생각하면 큰 오산이다. 반기문 총장님을 가까이 지켜본 입장에서 유엔 사무총장직은 가장 일복 많고 부담이 큰, 그리고 제약은 많으나 재량은 적은, 너무나 어려운 직업이라고 생각한다. 그렇기에 '세상에서 가장 불가능한 직업'(*the most impossible job in the world*)이라는 표현이 적절하다. 이런 유엔 사무총장직을 수행하는 반기문 총장님의 부단한 노력, 그 속에서 이루고 있는 성취와 한계에 대한 나의 경험담을 담고자 이 책을 집필하게 되었다.

인생의 가장 큰 축복 중 하나는 존경할 만한 훌륭한 어른을 만나는 것이라고 한다. 그렇기에는 나는 지난 7년을 오래도록 기억하게 될 것 같다. 반기문 총장께서 늘 당부하시는 열정과 따뜻한 마음(*passion and compassion*)을 갖춘 세계시민(*global citizen*)이 되기 위해 노력할 것이다. 일에 대해서는 누구도 따라올 수 없는 열정을 갖고 계시면서, 한 사람 한 사람을 진심에서 우러나는 따뜻함과 덕으로 대하는 반기문 총장님의 모습은 가장 본받고 싶은 덕목이다.

비록 국제적 환경은 갈수록 험난해지고 유엔에 대한 기대만 높아져 가는 어려움이 펼쳐지겠지만, 반기문 총장님은 역대 유엔 사무총장 중 가장 열심히 일했고 가장 많은 업적을 남긴 유엔 사무총장이 될 것을 확신한다.

2014년 2월 1일 토요일

맨하탄 크라이슬러 빌딩 뒤로 지는 해를 바라보며

유엔본부 38층에서

이 상 화

유엔본부 38층

유엔과 반기문 리더십

차 례

머리말 13

1부
유엔 사무총장 반기문

01 세상에서 가장 불가능한 직업
흉내 내기도 어려운 열정과 성실함 25
사람의 마음을 얻는 소통의 기술 30
원칙과 비전을 겸비한 지도자 32

02 반기문 사무총장 선출과 연임
제8대 유엔 사무총장 취임 35
반기문 사무총장의 연임 38

03 유엔 사무총장의 24시
유엔본부에서의 일과 45
해외 출장지에서의 일과 48

2부
유엔에서의 7년

04 국제사회에서 유엔 사무총장의 위치

21세기 국제환경 속에서 유엔 사무총장의 역할 57
유엔 사무총장 보고서의 민감성 72
유엔 사무총장의 영향력 77
교육 분야에서 가장 영향력 있는 멘토 92
유엔 사무총장의 재원 동원력 95
유엔 사무총장에 대한 예우 97

05 변화된 국제환경 그리고 유엔의 역할과 한계

민주주의 가치 확산 및 유엔의 역할 증대 103
풀리지 않는 난제, 중동 문제 107
다중적 위기의 상시화 116
글로벌 거버넌스의 중요성 부각 120
유엔 회원국과 사무국의 관계 124
'소프트 타깃'이 된 유엔 128
반기문 총장에 대한 일부 비판 보도에 대하여 133

06 주요 이슈별 반기문 사무총장의 성취

보호책임 142
'책임성의 시대' 구현을 위한 노력 150
평화유지활동과 인권 보호의 상승작용 157
법의 지배 강화를 위한 노력 160
양성 평등 및 여성 권익 신장 165
지속가능개발 169
국제보건 174
소수자 권익 보호 183
유엔의 위기 대응 역량 제고 185
유엔 개혁 190
시리아 화학무기 제거 194
21세기 국제사회와 유엔의 미래를 위한 비전 제시 224

3부

세계 속의 유엔

07 국제평화와 안전을 위한 유엔의 주요활동

유엔안전보장이사회 256
예방외교 276
평화유지활동 286
유엔 사무총장의 특사 302
유엔 차원의 진상조사 활동 306

08 유엔과 한반도

유엔의 인도적 구호활동 310
북한 식량위기 및 인도적 지원 316
2011년 인도지원 활동 방북 경험담 323
체형 분단 문제 331
1953년 정전협정 333
북한과 유엔 제재의 정치학 336
난민과 탈북자 341
일본 후쿠시마 원전 사고와 북한 핵 시설의 안전성 345
북한 핵실험과 환경안보 347
부의 불균형과 실업문제 350
유엔의 분쟁지역 평화복구 과정 지원활동 352
국명 및 국기 변경 354
한반도 평화체제와 유엔군 사령부의 지위 356

4부

유엔 깊이보기

09 전문가를 위한 사례연구

아랍의 봄 그리고 유엔 안보리의 비행금지구역 설정 361
시리아 사태와 내전 363
남수단 공화국 분리 독립 및 유엔 가입 365
팔레스타인 독립국가 추진과정 및 유엔의 정치학 369
평화를 위한 연합 382
독도 및 동해 384
표적암살 또는 법 테두리를 벗어난 살인 387
사형제 393
북한의 장거리 로켓 발사와 우주발사체 등록 395
반인륜 범죄와 국가 지도자에 대한 ICC 제소 398
평화유지군 활동 그리고 유엔의 책임성 문제 402

10 유엔에 대한 오해와 진실

전용 비행기가 없는 유엔 사무총장 409
유엔 사무총장의 활동비는 얼마나 될까 411
UN 회원국 간의 정치학 414
유엔 공용어 420
지방화와 유엔의 인증 문제 424
유엔 사무총장 메시지 427
유엔 사무총장의 경조사 참석은? 428

맺음말 433

1부

유엔 사무총장 반기문

01
세상에서 가장
불가능한 직업

02
반기문 사무총장 선출
그리고 연임

03
반기문 유엔
사무총장의 24시

01

세상에서 가장 불가능한 직업

흉내 내기도 어려운 열정과 성실함

한국 외교부 재직 당시 "반기문의 반(半)만 해라"라는 말이 있었다. 이는 반기문 총장•의 열정과 성실함에 대한 경외의 표현이다. 명불허전이랄까. 유엔에서도 반기문 총장의 열정과 성실함을 따라올 사람이 없었다.

국제평화와 안정, 인권 그리고 개발이라는 인류보편의 가치를 구현하는 과정에서 유엔이 직면하는 어려움과 도전은 끝이 없다. 그리고 유엔 창설 이후 70년 가까운 시간이 지나는 동안 유엔 시스템의 영역은 지속

• 본문에서는 경칭을 생략하고 '반기문 사무총장'으로 통일하였다.

적으로 확대되었다. 유엔에서는 한번 생긴 조직과 일감은 절대 없어지지 않는다는 말이 있다. 그 속에서 이른바 '데드우드'(*deadwood*) 라고 불리는 무임승차자들도 있는 것이 사실이다. 거대한 유엔 시스템 최고위 'CEO'로서의 임무를 수행해야 하는 사무총장직은 많은 사람이 말하듯이 '세상에서 가장 불가능한 직업'(*the most impossible job*) 이다.

이러한 유엔 사무총장직을 수행하기 위해서는 마라토너와 같은 끈기와 집념이 필요하다. 또한 각종 위기상황에 대응하는 과정에서 빠른 판단력과 신속한 집행능력은 100m 달리기 선수와 같은 순발력과 속도감도 요구한다. 지난 7년 동안 지근에서 바라본 반기문 총장은 100m 달리기 선수와 같은 속도로 42. 195km의 마라톤을 완주하는 분이라고 단언할 수 있다.

반기문 총장의 하루 일과를 보면 유엔 사무총장직이 얼마나 정신적, 육체적으로 어려운 자리인지 실감할 수 있다. 아침 8시 반 무렵, 전 세계 주요상황에 대한 브리핑으로 공식 업무를 시작한다. 하루 종일 수많은 면담과 행사 참석, 세계 각국 정상들과의 전화 통화, 내부 대책회의, 각종 인터뷰와 기자회견, 업무를 겸한 조찬, 오찬 및 만찬이 촘촘히 잡혀있다. 관저에 밤 9시가 넘은 늦은 시간에 돌아가 그 다음날 있을 면담 및 행사 관련자료 검토를 마치면 자정을 넘기는 것은 보통이다.

비단 하루 일정의 밀도만이 문제가 아니다. 저마다 다른 이해관계를 가진 회원국들을 상대해야 하는 만큼 어느 하나 민감하지 않은 이슈가 없다. 이러한 반기문 총장의 하루일정을 보면 일에 어지간한 열정이 있는 사람도 그런 밀도와 부담감을 수년간 지속해낸다는 것은 상상하기 어려운 일이다.

반기문 총장의 62~67차 유엔총회 일정

	면 담	행 사	언론 접촉	계
2012년 67차	154	54	7	215
2011년 66차	115	58	6	179
2010년 65차	115	67	8	190
2009년 64차	83	31	6	120
2008년 63차	125	34	13	172
2007년 62차	121	30	21	172

반기문 총장의 첫 임기 5년간, 그리고 임기 2기 첫해인 2012년 유엔총회 기간의 일정을 표로 정리하였다. 약 9일 동안의 일정인데, 얼마나 살인적인 일정인지 쉽게 알 수 있을 것이다.

비서실 관계자들은 임기 2기에는 해외출장도 좀 줄이고 '업적 쌓기'(*legacy building*)라는 측면에서 선택과 집중을 통해 가급적 일정을 최소화하고자 했다. 그런데 현실적으로 그렇게 되지가 않았다. 우선 업무가 줄어들기는커녕 지역분쟁과 범세계적 도전들은 갈수록 늘어만 갔다. 그 속에서 다자주의적 접근이 새로운 힘을 얻어가고, 특히 유엔에 대한 수요와 기대는 갈수록 커졌다. 그래서 유엔 내에서는 업무에 대한 반기문 총장의 열정을 일컬어 "총장님은 '다른 체질'(*different blood*)이기 때문에, 즉 우리네 보통 사람들과는 차원이 다르기 때문에, 일을 줄여드리려고 해도 그렇게 되지 않는다"는 농담을 하곤 한다. 표에서 보는 바와 같이 반기문 총장은 두 번째 임기를 시작한 2012년 유엔총회 기간 중 오히려 기존 기록을 뛰어넘는 215개의 일정을 소화했다.

2012년 4월 반기문 총장이 일주일간 유럽 순방을 다녀온 날이었다. 그 당시 시리아 문제가 중요한 기로에 있었으며, 말리 및 기니비사우에서 정변이 발생하였고, 남・북 수단간 무력충돌까지 발생하였다. 그야말로 위기가 동시다발적으로 터진 상황이었다. 출장지에서도 하루에 10통이 넘는 전화 외교를 통해 위기 진화에 나서는 강행군이었는데, 출장에서 돌아온 날 오후 바로 사무실로 출근하더니 저녁 6시부터 수단 및 시리아 문제를 다루기 위한 연쇄 간부회의를 소집하는 것이었다. 아무리 위기 상황이라고 해도 짬 없이 돌아가는 일주일간의 출장, 그것도 장거리 비행을 마치고 돌아온 직후에는 집으로 가서 쉬고 싶은 것이 인지상정일 것이다. 그런데 반기문 총장은 비서실 간부들의 만류에도 불구하고 회의를 소집하여 상황을 직접 관리하고 지시를 내렸다.

다음은 2012년 한 해 반기문 총장의 일정을 보여주는 통계이다. 얼마나 많은 일정을 소화했는지 한눈에 보여준다.

항공 마일리지 290,625마일
면담 1,727회(유엔본부 1,219회, 해외 508회)
언론 일정 172회(공식 기자회견 36회, 기자단 접촉 60회, 언론 인터뷰 76회)
회원국 정상과의 전화통화 270회(기록을 남기지 않는 전화통화까지 합치면 이보다 훨씬 많다.)

이러한 열정은 단지 책임감만의 문제는 아닐 것이다. 반기문 총장은 2012년 6월 초 문명 간 대화(*Alliance of Civilization*) 및 소말리아 회의 참석차 터키 이스탄불을 방문하였다. 통상적으로 다자 국제회의가 열리면 유엔 사무총장은 회의에 참석하는 다른 정상들과 연석 회담을 갖는다. 이스탄불 회의에서도 반기문 총장은 기조연설자로 연단에 선 것 이외에, 양일간 20명이 넘는 정상들과 양자 면담을 가진 바 있다. 하루에 10명이 넘는 정상들과 양자 회의를 한다는 것이 얼마나 고된 일인지는 아마 경험해보지 않은 사람은 상상하기 힘들 것이다. 그런 강행군을 펼치면서도 한 번도 피곤한 기색을 하지 않는 반기문 총장을 지켜보면서 일에 대한 사랑과 열정, 그리고 천성적으로 어진 심성을 갖추지 않고는 도저히 흉내도 낼 수 없다는 생각을 다시 한 번 갖게 되었다.

2012년 런던올림픽 때의 일화를 하나 소개한다.

유엔 사무총장으로서는 최초로 반기문 총장에게 런던올림픽 성화봉송주자로 참석해달라는 요청이 들어왔다. 8천 명의 성화봉송주자들이 각각 300m씩 성화를 들고 뛰어야 하는데, 평소 특별한 운동을 하지 않던 반기문 총장은 이런 중요한 행사에서 실수 없이 잘해야겠다는 생각에, 7월 초부터 맨해튼 센트럴 파크에 나가 1kg 아령을 들고 300m를 뛰는 연습을 했다. 런던 방문 전 중국과 발칸 7개국을 순방하는 바쁜 일정을 보냈는데, 이때도 이른 아침 시간을 쪼개어 성화봉송을 위해 조깅을 하는 열의를 보이기도 하였다. 이는 책임감인 동시에 상대방에 대한 깊은 배려이기도 하다.

이러한 단면만 놓고 보더라도 앞서 언급한 "반기문의 반(半)만 하면 성공한다"는 말에 대해 공감이 갈 것이다. 유엔으로 근무지를 옮긴 후 반 총장의 부지런함과 지치지 않는 열정에 대해 혀를 내두르는 직원들을 수도 없이 많이 접했는데, 그럴 때마다 한국에는 저런 말이 있다고 농담 섞어 설명해주기도 하였다.

사람의 마음을 얻는 소통의 기술

반기문 총장은 모든 일, 그리고 모든 사람에게 최선을 다한다. 이는 출세를 위한 사람 관리와는 전혀 다른 차원이다. '태산의 티끌도 쓸모가 있다'는 반기문 총장의 철학에 따라 직책의 높낮이를 가리지 않고, 만나는 모든 사람들의 말을 경청하고, 상대방에게 친절하고 겸허하게 대한다. 또한 업무적으로는 제기된 사항들을 꼼꼼하게 챙겨, 어떻게 처리됐는지 꼭 알려주기 때문에 마주하고 대화한 사람의 마음을 얻는 결과를 이끌어냈다.

결국 국가 간의 일들도 사람이 도모하는 것이다. 반기문 총장은 상대방이 처한 입장에 대한 사려 깊은 배려를 한다. 이를 바탕으로 반 총장은 신뢰할 수 있는 사람이라는 인식이 폭넓게 자리 잡으면서 반 총장의 인간성과 업무 스타일에 대한 유엔 회원국들의 신뢰가 갈수록 커진다는 것을 느끼게 되었다. 인간관계에서 신뢰를 형성하는 것만큼 중요한 것은 없다. 이러한 신뢰는 회원국들 간, 그리고 유엔 사무국과 회원국들 간 소통을 원활히 하는 촉매로서, 그리고 힘과 문화의 차이가 현격한 유엔 회원국 간 이해관계를 절충해나가는 교량자(*bridge builder*) 역할을 하는 데 가장 중요한 자산이 되었다.

반기문 총장의 배려심과 따뜻함은 비단 회원국들에게만 해당되는 일이 아니다. 몇 가지 예를 들어본다.

여성에 대한 폭력과 범죄행위를 방지하기 위해 임명한 말곳 발스트롬(Margot Wallstrom) 사무총장 특보가 개인적 사유로 임기를 채우지 못하고 2012년 5월 말 유엔을 떠나게 되었다. 어느 날 아침 보고 중에 발스트롬 특보가 조직을 떠나기로 결정했다는 이야기를 제3자를 통해 들었다면서 조속히 한번 만나보고 싶다고 했다. 발스트롬 특보는 개인 사정상 임기를 채우지 못하고 떠나게 된 것도 죄송스럽고, 반기문 총장의 일정이 워낙 많은 점을 감안하여 유엔 사무국 내 다른 고위 간부에게 그러한 뜻을 먼저 전한 것이었다. 반기문 총장은 조직을 일찍 떠나게 된 것을 안타깝게 여기고 먼저 불러서 수고에 대한 감사 표시와 위로를 하려고 한 것이다.

2011년 4월 러시아 출장지에서 일정을 모두 마치고 떠나기 전날, 러시아 외교부에서 반 총장 내외분을 위해 오페라 〈백조의 호수〉 관람을 주선했다. 이들은 반기문 총장 내외를 포함한 대표단 일부에 대해서만 표를 제공했는데, 반기문 총장은 입장권을 받지 못한 10여 명 대표단 전원의 입장권을 자비로 구입해준 적이 있다. 그때 행정요원 및 경호원 등 실무 직원들이 받은 감동은 입장권 가격으로는 환산할 수 없는 것이었다.

2013년 8월 한국 방문 때, 김영삼 전 대통령의 입원 소식을 들은 반기문 총장은 위문 전화와 함께 꽃바구니를 보냈다. 그런데 말을 나누기도 힘들 만큼 김 전 대통령의 건강이 안 좋다는 이야기를 듣고, 빼곡한 한국 일정에도 불구하고 직접 병문안을 가야겠다고 했다. 꽃바구니 전달과 위문 통화를 했으니 그것으로 된 것 아니냐는 실무진의 의견에도 불구하고 결국 다른 일정들을 조정하여 병문안을 다녀왔다. 김영삼 전 대통령은 반 총장이 직접 병문안을 온다는 소식에 무척 기분이 좋아서 이발까지 하고 맞이했다고 한다. 이 밖에도 '반기문 총장을 직접 만나보고 겪어본 사람은 모두 그분의 팬이 된다'는 말에 고개를 끄덕이게 하는 일화들은 수도 없이 많다.

원칙과 비전을 겸비한 지도자

반기문 총장은 전형적인 외유내강(外柔內剛)형 지도자이다. 한때 반기문 총장의 조용한 외교 스타일을 비판하면서 반 총장을 '투명인간'(*invisible man*)으로까지 폄하한 기사도 있었다. 그러나 이는 반기문 총장의 진면목을 제대로 알지 못한 실체 없는 비판에 불과하였다.

반기문 총장이 2012년 8월 말 이란 테헤란에서 개최된 제16차 비동맹 정상회의에 참석했을 당시의 일화를 하나 소개한다.

당시 반기문 총장의 회의참석 소식이 알려지자 이스라엘 정부는 온갖 채널을 동원하여 이를 막기 위한 압력을 행사하였다. 당시 네타냐후(Netanyahu) 이스라엘 총리는 반 총장에게 유엔 사무총장의 이란 방문은 '큰 실수'(*big mistake*)라면서, 전 세계 유태인 사회에 SNS 등을 통해 반 총장의 이란 방문 저지운동을 하는 등 전방위 압박을 가하였다. 그러나 반 총장은 '관계와 대화의 힘을 굳게 신뢰하는 사람'(*strong believer in engagement and dialogue*)라는 신념하에 이란 방문을 예정대로 강행하였다. 이란 방문 중 반기문 총장은 이란 최고지도자 및 대통령과 얼굴을 맞대고 홀로코스트(Holocaust)에 대한 부정 및 이스라엘 말살과 같은 극단적인 자세를 취하지 말 것을 강력히 주문하였다. 또한, 이란 핵 프로그램 및 인권 상황에 대한 국제사회의 우려도 단호하게 전달하였다. 결국 국제사회는 반 총장의 이란 방문에 대해, 호랑이를 잡기 위해 호랑이굴에 들어간 용기 있는 행보로 높이 평가했다. 미국 내 유력 일간지 〈데일리뉴스〉(*Daily News*)는 당초 유엔 사무총장의 이란 방문에 부정적이었으나, 이란 방문 중 반 총장의 각종 연설을 보면서 이란에 직접 간 것이 용기 있는 행동이었으며, 반 총장에 대한 존경심을 가지고 '자신들의 판단이 틀렸음을 인정한다'(*We stood admiringly corrected*)는 기사를 게재하기도 하였다.

반기문 총장은 원칙을 중요시하는 리더이다. 독재자들과 대면할 때 인권 및 민주화와 같은 민감한 이슈를 놓고 얼굴을 붉혀가면서 맞서는 것을 전혀 주저하지 않는다. 그러나 아무리 독재정권이라고 하더라도 민감한 문제를 다루는 방식에서는 정교한 외교적 기술이 필요한 법이다. 일부 언론에서 말하는 것처럼 공개적으로 일국의 지도자를 비난하는 발언을 하기란 오히려 쉬울 수 있다. 그러나 그런 식으로 하면 결국 최고위급 외교채널을 닫아버리는 우를 범하게 된다. 반기문 총장은 그러한 파국은 피하면서도 막후에서(*behind the scenes*) 민감한 이슈에 대해서 단호한 목소리를 내면서 변화를 유도하는 현실적인 접근을 취한 것이다.

유엔에 대한 기대와 요구가 갈수록 커지는 상황에서 반기문 총장은 어젠다 설정 및 모멘텀 조성에 탁월한 역할을 수행했다. 기후변화, 여성, 식량 및 에너지 안보, 군축, 보건, 테러리즘, 문명 간 대화 등 새롭게 부각되는 이슈들, 그리고 그동안 논의가 저조했던 이슈들을 다루는 과정에서 어젠다 형성자로서, 그리고 정치적 의지를 결집하는 리더의 역할을 감당했다. 결국 이러한 능력과 기여를 폭넓게 인정받음으로써, 반기문 총장의 연임은 전례 없이 신속하게 이뤄졌다. 반 총장의 연임 과정에 대해서는 다음 장에서 보다 상세히 다루고자 한다.

02

반기문 사무총장 선출과 연임

제8대 유엔 사무총장 취임

필자는 5년간 해외 근무를 마치고 2006년 1월 외교부 본부로 귀임한 직후 반기문 당시 외교장관의 유엔 사무총장 진출을 위한 태스크 포스에서 일할 기회를 운 좋게 얻을 수 있었다. 반기문 총장은 유엔 사무총장 입후보를 공식 발표한 2006년 2월 14일부터 그해 10월 13일, 총회 결의를 통해 차기 유엔 사무총장으로 확정되기까지 치밀하게 전략을 세워 철저히 준비했다. 그 결과, 선거과정마다 여타 후보들을 시종일관 여유 있게 제치고 압도적인 지지로 제8대 유엔 사무총장으로 선출되었다.

선거를 직접 치러보지 않은 사람이라면 선거운동이 얼마나 피 말리는 과정인지 이해할 수 없을 것이다. 하물며 거부권을 가진 유엔 안전보장이사회 5개 상임이사국을 포함한 192개 회원국• 의 승인을 받아야 하는 유엔 사무총장 자리의 경우, 그 험난한 과정이야 무슨 설명이 더 필요하겠는가. 반기문 총장의 유엔 사무총장 선출을 계기로 한국에서도 유엔 사무총장 선출방식에 대한 이해가 높아진 만큼, 여기서는 사무총장 선출방식에 대해서 깊이 다루지 않고자 한다. 다만, 이 장에서는 사무총장 선출방식의 특성과 반기문 총장이 압도적인 지지를 통해 유엔 사무총장에 선출된 데 대한 나의 해석을 간략히 기술코자 한다.

유엔 사무총장 진출 준비과정에 참여한 사람으로서, 유엔 사무총장 선출방식은 가장 투명하면서도 다른 한편으로는 가장 정치적이고 비밀스러운 과정이 조합된, 이와 유사한 사례를 찾기 어려운 독창적인 방식이라고 본다. 흔히 유엔 사무총장 선출방식은 '연기 없는 교황 선출방식'(*papal conclave without smoke*)이라고 불릴 정도로 그 선출방식의 폐쇄성이 비판의 대상이 되어왔다. 유엔 안보리에서의 사무총장 후보 선정방식은 이른바 '스트로 폴'(*straw poll*)이라는 예비투표를 거친다. 이 방식을 통해 이사국들의 선호도를 가늠하면서 후보를 압축해가는 것이다. 첫 투표는 상임이사국들의 거부권이 없는 단계로서, 상임이사국과 비상임이사국 간 구분 없이 각각 가(可)/부(否)/기권을 표기한다. 본격적인 단계에 접어들면 상임이사국과 비상임이사국 간 투표용지에 색깔 구분을 통해 이사국들의 표심을 드러내게 된다.

• 반기문 총장이 유엔 사무총장 진출을 위해 선거운동을 하던 2006년 당시 유엔 회원국은 192개였다. 반기문 총장 취임 이후 남수단이 신규 회원국이 됨에 따라 현재는 193개 유엔회원국이 있다. 남수단의 신규 유엔 가입과 관련한 부분은 이 책의 별도의 장에서 다루어진다.

반기문 총장 선출 당시 안보리에서는 4차례의 예비투표가 실시되었으며, 2006년 10월 2일 치러진 마지막 네 번째 예비투표는 상임 이사국과 비상임 이사국이 투표용지 색을 달리하여 실시되었다. 투표결과 반기문 총장은 찬성 14표, 기권 1표라는 압도적인 지지로 다른 후보들을 여유 있게 물리치고 사실상 차기 유엔 사무총장에 선출되었다.

위와 같은 안보리 내에서의 폐쇄적이고 비밀스러운 추천방식과 달리, 반기문 총장의 유엔 사무총장 선거운동은 한편으로는 모든 유엔 회원국들, 그리고 언론과 시민사회를 대상으로 한 광범위한 대외 교섭활동(*outreach*)을 수반하였다. 반 총장 선출 당시에는 '총회 권능 활성화'(*revitalization of the General Assembly*)의 일환으로 총회를 통한 후보 검증 요구가 어느 때보다 거셌다. 반 총장은 이러한 요구에 부합하여 입후보 선언 이후 각종 지역기구에서 주최하는 국제회의의 초청에 적극 호응하여 지역 그룹들을 대상으로 유엔 사무총장 후보로서의 식견과 비전을 제시하였다. 반 총장의 이러한 광범위한 대외 교섭활동과 투명성 제고 노력은 실제로 안보리 이사국이 아닌 일반 회원국들의 폭넓은 지지가 결국 안보리 이사국들 사이에 '반기문 대세론'이 형성되는 데 직간접적인 영향을 미쳤다고 본다.

2011년 6월 21일 유엔총회 결의를 통해 반기문 총장의 재임이 확정되었다. 여기서 흔히 잘못 생각하는 부분을 지적코자 한다. 반기문 총장이 2006년 제8대 유엔 사무총장으로 선출됨에 따라, 반 총장의 재임 이후인 2012년 1월부터 2016년 12월 말까지 기간을 제9대 유엔 사무총장으로 생각하는 경향이 있다. 그러나 연임된 이후에도 계속해서 제8대 유엔 사무총장으로 기록된다. 2006년 유엔 사무총장 선출 당시와

2011년 재임 당시까지의 상황을 지켜본바, 반 총장의 선출과 재임에는 반 총장 개인의 부단한 노력, 탁월한 실력 그리고 특유의 덕과 인품이 절대적으로 작용하였다고 생각한다.

반기문 사무총장의 연임

반기문 총장 재임 5년차인 2011년에 접어들면서 유엔 외교가에서는 반 총장이 언제 재임 추진을 발표할 것인지가 관심사로 떠올랐다. 사실 당시 안보리 상임이사국을 비롯한 유엔 회원국들 사이에 반 총장에 대한 견고한 신뢰가 폭넓게 형성되었기 때문에 반 총장 이외에 다른 후보가 출사표를 내기는 어렵다는 것이 대세론이었다.

반기문 총장은 2011년에 접어들면서 적절한 시점에 재임 추진을 공식화하고자 하였으나, 2011년 1월, 튀니지를 시작으로 확대된 북아프리카·중동 민주화 사태, 동일본 대지진 등으로 인해 재임 발표시점을 계속 늦추게 되었다. 국제사회가 위기를 맞아 그 해결에 몰두해야 할 시점에 자신의 재임 문제를 서둘러 꺼내는 것은 적절치 않다는 판단 때문이었다. 재임을 위해서 사무국 조직을 가동하는 것 또한 반 총장의 스타일과도 거리가 멀고, 만에 하나라도 이해의 상충(*conflict of interests*)과 관련하여 비판의 소지도 있을 수 있는 문제였다. 어떻게 보면 재임과정은 반기문 총장이 지난 4년 반 동안 쌓아온 능력과 평판, 그리고 인간관계를 통해 물 흐르듯 자연스럽게 이루어졌다고 하는 것이 맞을 것이다. 재선 추진과정을 개략적으로 살펴보면 다음과 같다.

2011년 5월 9일

이스탄불에서 개최된 제4차 유엔 최빈국(*least developed countries*) 회의에 참석 중이던 당시 유엔총회 의장 요제프 다이스(Joseph Deiss)를 만나 6월 초 사무총장 재임 의사를 공식 선언할 예정임을 설명하고, 향후 총회에서의 절차 진행에 있어 총회 의장의 관심과 협조를 당부.

6월 6일

아시아 그룹 회원국들과 업무 조찬을 통해 사무총장 재임 추진을 알리는 사무총장 명의 각국 정상 앞 서한을 직접 전달하고, 아시아 그룹의 적극적인 지지를 요청, 아시아 그룹의 반 총장 연임 지지선언 확보.

아시아 그룹 회원국들을 제외한 전 유엔 회원국 정상 앞으로 사무총장 명의 서한 일괄 발송.

기자회견을 통해 사무총장 재임 추진 공식 선언.

오후 아프리카 그룹 면담, 동 그룹의 반 총장 연임 지지선언 확보.

6월 7일

동유럽 그룹, 중남미 그룹, 그리고 서유럽 및 여타국가 그룹 등 유엔 내 5개 지역 그룹 중 아시아 및 아프리카 그룹 이외 3개 지역 그룹 면담.

동유럽 그룹(러시아 포함)은 아시아 그룹 및 아프리카 그룹과 마찬가지로 현장에서 바로 동유럽 그룹 차원의 반 총장 연임 지지 확정.

서유럽 및 여타 국가 그룹은 명일(6월 8일) 오전까지 별도 이견이 없는 한, 반 총장 연임에 대한 그룹 차원의 지지를 확정하는 것으로〔이른바 침묵절차(*silent procedure*)〕하여 6월 8일 서유럽 및 여타 국가 그룹 차원의 지지를 선언 확보.

6월 17일

안전보장이사회(6월 안보리 의장국인 가봉 대사 주재로 진행)는 공식회의를 개최, 반 총장의 연임을 유엔총회에 권고하는 결의를 만장의 갈채로(*by acclamation*) 채택.

6월 21일

오후 3시, 유엔총회에서 반 총장의 연임 결의를 만장의 갈채로 채택.

요제프 다이스 제65차 유엔총회 의장의 개회 연설.

넬슨 메소네(Nelson Messon) 안보리 의장의 반 총장 추천 결의 소개 및 총회의 반 총장 연임 결의 채택 제안.

총회의 반 총장 연임 결의 채택(*by acclamation*).

요제프 다이스 총회 의장의 유엔총회 결의 채택 선언 및 축하 연설.

5개 지역 그룹 의장(아시아, 아프리카, 동유럽, 중남미, 서구 및 여타국가 그룹) 및 미국(유엔본부 소재국)과 한국(반기문 총장 출신국, 김성환 당시 외교장관 참석) 축하 연설.

유엔 주요 기구(안보리, 경제사회이사회, 신탁통치위원회) 의장 및 총회 부의장, 유엔 내 6개 위원회(*Main Committees*) 의장국, 지역그룹 대표들 축하 연설.

반 총장의 선서(*oath of office*) 및 수락 연설 후 총회 의장 폐회 선언.

국내 언론에도 크게 보도되었지만 반기문 총장은 연임을 인준하는 총회에서 1946년 샌프란시스코 유엔창립총회에서 서명된 유엔헌장 원본에 손을 얹고 선서하였다. 유엔 사무총장이 유엔헌장 원본에 손을 얹고 선서한 것은 반기문 총장이 최초였다. 반 총장의 연임을 위해 미국 정부가 워싱턴 국립문헌관리원에 보관 중이던 유엔헌장 원본을 대여해 줌으로써 이를 뉴욕 유엔총회장으로 공수할 수 있었다.

반기문 총장은 "함께 하면 그 무엇도 불가능하지 않다"(*Together, Nothing is Impossible*) 라는 주제로 행한 연임 수락 연설에서 다중적 위기 (*multiple crises*) 시대 속의 유엔의 소명감을 언급하면서, 이러한 위기를 극복하고 유엔의 목표와 가치 실현을 위해 새로운 다자주의(*new multilateralism*) 의 기치를 강조하였다.

자랑스러운 한국인 반 총장의 연임이 확정된 역사적인 6월 21일 유엔 총회에 앞선 과정에서 흥미를 끌 만한 일화 몇 가지를 소개한다.

6월 6일 쿠웨이트 대사(6월 아시아 그룹 의장) 주재로 진행된 아시아 그룹과의 조찬회의에서는 30여 명의 대사들이 반 총장의 업적과 리더십, 뛰어난 인품과 타의 추종을 불허하는 성실성, 유엔조직에 동양문화를 접속한 기여 등을 거론하면서 서로 앞다투어 반 총장을 칭송하면서, 반 총장의 연임을 위한 아시아 그룹 차원의 지지(*endorsement*) 를 즉석에서 확정지었다. 반 총장은 감사 인사를 하는 도중, 40여 년 공직생활을 통틀어 이처럼 감격스러운 순간은 없었다고 하면서 목이 메어 잠시 말을 잇지 못하기도 하였다.

아시아 그룹 조찬회의와 관련하여 반기문 총장의 연임에 대한 중국과 북한의 입장에 관해 관심을 가질 독자들이 있을 것이다. 중국 리바오둥(李保東) 대사는 당시 휴가 중이었으나 동 조찬회의에 차석대사를 대신 참석시키지 않고 본인이 직접 두 번째 연사로 나서 반 총장 연임에 대한 중국 정부의 절대적 지지를 표명했다. 또한 지체할 것 없이 바로 이 자리에서 반 총장 연임에 대한 아시아 그룹 차원의 지지를 확정지을 것을 강력하게 제안했다.

사무총장 비서실의 고위 인사가 반기문 총장 연임 추진 발표 전에 당시 신선호 북한 주 유엔대표부 대사를 별도로 만나 관련 사실을 설명하고 협조를 구한 바 있다. 이때 북한 대사는 "반 총장께서 그간 사무총장으로서의 역할을 성공적으로 수행했다"고 평가하면서 "반 총장의 연임은 이미 기정사실 아니냐"는 반응을 보였다. 또한 신선호 북한 대사는 조찬모임 개시 직전 반 총장에게 조용히 북한의 반 총장 연임에 대한 지지 입장을 알려왔다. 다만 조찬모임에서 다수 아시아 국가들이 지지 표명을 할 것으로 보이는 만큼 별도 발언은 하지 않고자 하니 이 점 널리 양해해줄 것을 부탁했다.

즉각적으로 반 총장의 연임에 대한 지역 그룹 차원의 지지 선언을 한 다른 지역 그룹들과는 달리, 중남미 지역 그룹은 6월 17일 안보리 공식 회의 전날에서야 지역 그룹 차원의 지지 선언을 하였다. 중남미 그룹은 6월 7일 지역 그룹 면담에서도 일부 국가가 본국의 공식 훈령을 요청할 충분한 시간이 없었다는 절차적 이유를 제기하였다. 이에 따라 지역 그룹과의 면담 현장에서 연임에 대한 중남미 지역 그룹의 지지 선언을 채택하지 못하였다. 카리브 지역의 한 작은 도서국가가 본부 훈령이 없다는 이유로 중남미 그룹 차원의 지지 선언을 지연시키다가 결국 안보리의 공식 회의(6월 17일) 전날 중남미 그룹 차원의 지지 선언을 채택한 것이다. 물론 중남미 그룹 차원의 지지 선언이 없다고 하여 반 총장의 연임에 대한 안보리 결의 채택에 문제가 있었던 것은 전혀 아니었다. 다만 카리브 지역의 한 작은 도서국가가 이해하기 어려운 절차상의 이유를 들어 그런 입장을 취한 것에 대해서는 모든 회원국들의 비웃음을 사기도 했다.

반 총장 연임과정은 모든 지역 그룹을 망라하는 폭넓은 지지 속에 전례 없이 신속하게 진행되었다. 연임 추진을 공식 선언한 6월 6일부터 불과 2주 만에 총회의 인준 절차를 모두 마쳤다. 이로써 반기문 총장에 대한 회원국들의 신뢰가 어느 정도였는지 여실히 보여주었다.

여기서 한국의 유엔과 관련된 흥미로운 사실을 한 가지 언급하고자 한다. 독자들도 잘 알다시피 남북한은 1991년 유엔에 동시 가입하였다. 유엔 가입 5년째인 1996년, 한국은 임기 2년의 안보리 비상임이사국에 처음으로 진출하였다. 그로부터 5년 후, 즉 유엔 가입 10년이 되는 2001년, 한승수 전 국무총리(당시 외교장관)가 유엔총회 의장에 선출되어 한국이 제56차 유엔총회 기간 중 총회 의장국으로서 활동했다. 그로부터 5년 후, 즉 한국의 유엔 가입 15년이 되는 2006년 반기문 당시 외교장관이 유엔 사무총장에 선출되고, 한국의 유엔 가입 20년이 되는 해인 2011년에 반 총장의 사무총장 연임이 확정되었다.

5년 주기로 이루어진 우연 치고는 재미있는 사실이다. 그래서인지 유엔 외교가에서는 한국이 2016년에는 어떤 기록을 또 세울지 궁금하다고 농담하는 사람들이 많다.

반기문 총장은 2011년 여름 한국 방문 중 과거 외교부 유엔과장 및 주 유엔대표부 근무시절을 회고하면서 당시 한국이 옵서버(*observer*) 국가로서 회의장에도 들어가지 못하면서 겪었던 아픈 기억들을 소회했다. 이와 더불어 한국이 유엔 가입 20년이라는 짧은 기간 동안 이루어낸 커다란 성취, 특히 개인적으로는 유엔 가입 20주년이 되는 의미 있는 시점에 자신의 연임이 이루어진 것을 소중하게 생각한다고 밝힌 바 있다.

03

유엔 사무총장의 24시

유엔본부에서의 일과

일반인들을 만나면 반기문 사무총장의 하루 일과가 어떤지 묻는 사람이 많다. 반기문 사무총장의 일과를 보면 유엔 사무총장이 전 세계에서 가장 바쁘고 막중한 책무를 수행하는 자리라는 데 대체로 공감할 것이다. 반 총장은 아침 5시에서 5시 반 사이에 늘 기상한다. 주말이라고 예외는 없다. 기상시간을 지키는 것은 평생 몸에 밴 습관이자 스스로 늘 긴장을 유지하면서 남들에게 솔선수범하는 개인 철학이기도 하다.

먼저 전 세계 주요 기사들을 탐독하며 하루를 시작한다. 그리고 전날 검토한 오늘의 면담 및 행사관련 자료들을 다시 한 번 꼼꼼히 살핀다. 평일의 경우 8시 관저에서 아침 식사를 하고 사무실에 출근하며, 9시

대변인의 브리핑을 시작으로 하루의 공식 업무가 시작된다. 사무총장을 초청하고자 하는 만찬, 연회 초청이 너무 많기 때문에 주중 업무 만찬이 있는 날이 대부분이다.

저녁식사를 마치고 관저에 돌아가면 그냥 씻고 쉬는 것이 아니다. 개인 친분이 있는 분들로부터도 워낙 많은 이메일 또는 서한을 받기 때문에, 일과 시간에는 일일이 답을 해줄 수 없는 만큼 관저에 돌아와 답신을 보내거나 전화를 한다. 그리고는 다음 날 있을 행사자료들을 검토하는데, 그 분량이 상당하다. 사무총장 비서실에서는 사무국 내 관련 실무부서들에게 '자료를 최대한 간소하게 만들라'는 주문을 수도 없이 한다. 해당부서에서는 사무총장에게 보고되는 자료이다 보니 그 나름대로 성의를 다하여 상세한 내용까지 보고한다. 그러나 사무총장 입장에서는 그 다음 날 적게는 10여 개, 많게는 20개가 넘는 행사별 자료를 취합하면 그 분량이 엄청나다.

더 놀라운 것은 반기문 총장은 올라온 자료는 빠짐없이 모두 읽는다는 것이다. 그냥 대충 읽고 넘기는 법이 없다. 자료에 오탈자를 바로 잡아서 다시 내려주는 경우도 허다하며, 이미 낡은 내용인 경우 해당부분을 보완하여 다시 올리라는 주문도 자주 한다. 그만큼 꼼꼼하게 자료를 읽는다는 것을 보여준다. 그러다 보면 밤 12시까지 고3 수험생 공부하듯이 집중해서 자료를 검토한 후에야 잠자리에 든다.

유엔 사무총장에게는 주말이라는 개념이 있을 수 없다. 주말이라고 해서 지구촌에서 재난이 잠시 뜸을 들이는 것도 아니고, 분쟁이 주말을 맞아 잠시 그치지도 않기 때문이다. 반기문 총장은 주말에 각국 지도자들과 다양한 이슈로 통화를 많이 한다. 필요한 때마다 일일이 만나서

2013년 5월 9일(목) 통화 일지

7:00	알라산 와타라 코트디브아르 대통령과 통화
8:15	존 케리 미국 국무장관과 통화
9:30	라흐다르 브라히미 코트디브아르 UN 특사와 화상회의
10:30	세르게이 라브로프 러시아 외교장관과 통화
14:30	디오쿤다 트라오라 말리 대통령과 통화
15:30	코사자나 드라미니 주마 아프리카연합 의장과 통화
15:40	나빌 알 알라비 아랍연맹 사무총장과 통화
16:00	자카야 키크웨테 탄자니아 대통령과 통화

대화를 할 수가 없는 만큼, 전화는 유엔 사무총장에게 있어 매우 중요한 외교수단이다. 아마 전 세계 어느 정상보다도 전화를 통한 외교를 가장 많이 수행하는 사람이 유엔 사무총장이라고 해도 결코 과언이 아닐 것이다.

유엔 사무총장의 전화 통화는 중요한 외교 사료로서 사적 용도를 제외하고는 모두 기록되어 관리된다. 유엔 사무총장이 각국 정상들과 나누는 특1급 정보 출처인 통화 내용을 듣고 기록으로 남기는 일은 비서실에 근무하는 직원들만이 누리는 특권이라고 할 수 있다. 나도 비서실에 근무한 7년 동안 100통이 넘는 전화 통화 요록을 남겼다.

반기문 총장은 분쟁 발생 등 비상 상황의 경우 주말에 10차례 이상 각국 정상들과 통화하는 경우도 있다. 2013년 5월 9일 반기문 총장의 하루 동안의 통화들은 당시 가장 첨예한 분쟁지역인 시리아 및 말리, 콩고민주공화국 사태를 다룬 것이었던 만큼 길게는 1시간, 짧게는 15~20분씩 통화가 이루어졌다. 이들 통화는 당일 빼곡한 일과 틈에 짬을 내어 한 것으로써, 이를 보면 반 총장이 얼마나 분주한 일정을 보내는지 짐작이 갈 것이다.

해외 출장지에서의 일과

반기문 총장이 재임 중 얼마나 많은 나라를 방문했는지, 연중 얼마나 해외출장을 자주 나가는지, 그리고 비행 마일리지는 얼마인지 묻는 질문을 많이 받았다. 독자들의 이해를 돕기 위해 반기문 총장이 첫 임기 5년간 방문한 국가(도시) 및 마일리지를 제시코자 한다.

2007년: 38개국(42개 도시), 215,000마일

2008년: 36개국(50개 도시), 254,128마일

2009년: 47개국(57개 도시), 295,052마일

2010년: 46개국(56개 도시), 295,052마일

2011년: 47개국(66개 도시), 298,053마일

2012년: 51개국(60개 도시), 290,625마일

2013년: 49개국(68개 도시), 268,629마일

지구둘레가 약 4만km이므로 2011년의 경우 반기문 총장은 지구를 약 12바퀴 도는 출장 일정을 가진 셈이다. 위에서 보는 바와 같이 유엔 사

무총장이라는 자리가 1년의 1/3 정도는 해외 출장으로 채워진다고 해도 과언이 아니다. 일반인들이 생각하기에 국가원수급 대우를 받고, 특히 유엔의 지원이 절실한 개도국들을 방문하는 경우, 반기문 총장이 레드카펫을 밟으면서 유엔본부에 있을 때보다 훨씬 편안하고 이른바 '폼 나게' 지낼 것이라고 생각할 수도 있을 것이다. 하지만 이는 현실과는 너무나 동떨어진 생각이다. 대부분의 경우 뉴욕 본부로부터의 보고사항들을 수시 점검하면서 방문국 현장에서의 활동을 겸해야 하기 때문에, 독자들이 상상하는 것보다 훨씬 고된 것이 유엔 사무총장의 출장이다.

2009년 1월 말 런던에서 개최된 아프가니스탄 재건 지원회의에 참석한 반기문 총장을 수행하여 뉴욕에서 오후 6시경 항공기 편으로 출발해 런던에 아침 6시 반쯤 도착했다. 반기문 총장은 영국 총리 관저가 위치한 다우닝 스트리트로 직행, 총리 주최 조찬회의를 마치자마자 곧바로 아프간 재건회의장으로 옮겨 오후 6시 무렵까지 회의를 하고, 함께 참석한 각국 정상들과 연쇄 회동, 기자회견 및 각종 인터뷰를 가졌다. 그리고 그날 저녁 8시 비행기 편으로 다음 행선지인 아프리카로 향했다. 도착하여 호텔에 여장을 풀고 잠시 휴식할 틈조차 없이 비행장에서 곧바로 행사장으로 달려가 시차도 잊은 채 무박 2일의 일정을 소화하였다.

사무총장의 뉴욕 본부 및 해외 출장 중 일과는 사무원들에 의해 기록되어 사료로 보존된다. 다음은 2011년 3월 중미지역 정상들과의 회담 및 출장지에서의 일정이다. 위 출장의 경우 의전 책임자로서 수행하였는데 숙소를 나선 후 하루에 21개에 이르는 일정을 소화하면서, 단 1분도 혼자 있을 짬이 없을 정도의 강행군이었다. 마침 그 당시는 리비아 사태 및 동일본 대지진이 연거푸 일어났던 때라, 과테말라에서의 일정

유엔 사무총장 일정표

2011년 3월 16일 수요일

7:15	간 나오토 일본 내각총리대신과의 전화통화
7:45~8:30	수행 유엔간부진과 조찬 (Barcena, Beteta, Fernandez-Taranco, Cheng-Hopkins, Munoz, Valdes, LEE, Simpson, Salazar)
8:30	노벨평화상 수상자 리고베르타 멘추 면담
8:45	국립왕실박물관으로 이동
9:00	국립왕실박물관 평화의 광장(the Peace Court)에서 헌화 알바로 콜롬 카바예로스 과테말라 대통령과 기념촬영
9:10~9:40	알바로 콜롬 대통령 단독 회담(국립왕실박물관 대통령실) (INSCRIPTION)(Barcena, Fernandez-Taranco, Cheng-Hopkins, Munoz, Valdes, LEE, Salazar- notetaker)
9:45~10:40	알바로 콜롬 대통령 및 각료와의 확대회담 (REMARKS) (Barcena, Fernandez-Taranco, Cheng-Hopkins, Munoz, Valdes, LEE, Simpson, Salazar - notetaker)
10:45~11:00	알바로 콜롬 대통령과 공동기자회견(REMARKS)
11:00~13:00	중앙아메리카(과테말라 외 7개국) 역내 정상들과의 회의 (REMARKS) (Barcena, Fernandez-Taranco, Cheng-Hopkins, Munoz, Valdes, LEE, Simpson, Salazar - notetaker, Kaneko)
13:00~13:20	단체 사진 촬영
13:20~13:50	공동기자회견(REMAKRS, Q&A)(Kaneko)
14:00~15:20	알바로 콜롬 대통령 및 중앙아메리카 역내 정상과의 오찬 (TOAST) (Barcena, Fernandez-Taranco, Cheng-Hopkins, Munoz, Valdes, LEE, Simpson, Salazar - notetaker, Kaneko)
15:20	아마노 유키아 IAEA 사무총장과 전화통화
15:30~16:55	중앙아메리카 지역 정상들과 양자 개별 면담 (Barcena, Fernandez-Taranco, Cheng-Hopkins, Munoz, Valdes, Salazar-notetaker)
15:30~15:50	딘 베로우(Dean Barrow) 벨리즈 총리 면담
15:50~16:10	포르피리오 로보(Porfirio Lobo Sosa) 온두라스 대통령 면담
16:10~16:30	피니미공화국 부통령 겸 외교부상관 후안 카를로스 바렐라 로드리게스(Juan Carlos Varela Rodríguez) 면담
16:30~16:50	우고 마르티네즈(Hugo Martínez) 엘살바도르 외교장관 면담

16:50~17:20	라파엘 알부르께르께(Rafael Alburquerque) 도미니카공화국 부통령 면담
17:30~18:20	과테말라의 UN 평화조성 기금 기념식 (REMARKS)(Barcena, Fernandez-Taranco, Cheng-Hopkins, Munoz, Valdes, LEE, Simpson, Salazar, Kaneko)
18:30~19:00	께짤 훈장(the Order of the Quetzal) 수여식 참가 (REMARKS)(Barcena, Fernandez-Taranco, Cheng-Hopkins, Munoz, Valdes, LEE, Simpson, Salazar, Kaneko)
19:00~21:00	알베로 콜롬 대통령 주최 공식 만찬 (TOAST) (Barcena, Fernandez-Taranco, Cheng-Hopkins, Munoz, Valdes, LEE, Simpson, Salazar, Kaneko)
21:10~21:20	카미노 레알 호텔로 이동

뿐만 아니라 NATO(북대서양조약기구) 사무총장, IAEA(국제원자력기구) 사무총장, 일본 총리 등과의 연쇄 전화통화가 숨 가쁘게 진행되었다. 비단 하루에 소화하는 일정의 양뿐만 아니라 관련 이슈들을 숙지하고 어떤 입장을 취할지에 대한 전략이 요구된다는 점에서, 반기문 총장의 일과가 어떤 템포와 긴장감 속에서 진행되는지는 충분히 짐작할 수 있을 것이다.

반기문 총장에게는 이러한 살인적 일정이 어쩌다 있는 예외가 아니라 늘상 있는 일이다. 이처럼 비행기에서 내리자마자 잠시 숨을 고를 여유도 없이 일정을 소화해야 하는 경우가 다반사이다.

반 총장의 해외 출장 일정이 얼마나 많은지는 생일을 유엔본부가 있는 뉴욕에서 맞기가 힘들다는 점에서도 잘 드러난다. 일례로 2011년 6월 남미 4개국 순방에 나선 적이 있는데, 그 당시 칠레에서의 화산 폭발로 인해 남미지역에 항공 대란이 있었다. 첫 행선지인 콜롬비아 방문을 마치고 아르헨티나로 향하던 비행기가 화산재의 영향으로 인해 부에노

이동 중 외국 정상과 전화외교 중인 반기문 총장(사진제공: UN)

스아이레스가 아닌 다른 도시로 항로를 변경하게 되었다. 그로 인해 결국 9시간 동안 버스를 타고 육로를 통해 부에노스아이레스로 이동했다. 이날이 반기문 총장 생일이었는데 허름한 고속도로 휴게소에서 수행하던 직원들과 함께 스낵과 커피로 차린 생일상을 맞는 장면이 국내 언론에 소개되기도 하였다.

한편, 반기문 총장은 2011년 여름 기후변화 문제에 대한 국제사회의 인식 제고를 위해 유엔 사무총장으로서는 처음으로 남태평양에 위치한 작은 도서국가인 솔로몬 아일랜드(Solomon Island)와 함께 키리바티(Kiribati)를 방문하였다. 키리바티는 고도가 최대 3m에 불과하여 기후변화에 따른 해수면 상승이 지속될 경우 지도상에서 사라질 위험을 안고 있는 국가이다. 심지어는 3층에 위치한 반기문 총장 내외가 머문 숙소에는 구명조끼가 비치되어 있었다고 한다.

키리바티에 가기 위해 당시 리비아 관련 회의 참석차 방문한 이집트를 떠나 홍콩으로 이동, 시드니까지 날아간 후 캔버라에 도착하여 호주 지도자들을 잠시 만났다. 그리고 다시 키리바티까지 이동해, 무려 60여 시간 만에 호텔에 여장을 풀고 다리를 뻗고 잠시 쉴 수 있었다며 그 당시의 어려움을 사석에서 토로한 바 있다.

반기문 총장 취임 초기부터 출장 시에는 이러한 일정의 연속이었는데, 주위의 보좌진은 물론 유엔 사무총장을 걱정하는 많은 인사들이 유엔 사무총장직은 마치 마라톤 같아서 그렇게 초반부터 100m 달리기 식으로 일정을 소화하면 안 된다는 조언들을 수도 없이 하였다. 그러나 반기문 총장은 두 번째 임기에 들어서도 그러한 초인적인 출장 일정을 조금도 느슨히 하지 않았다.

2부

유엔에서의 7년

04
국제사회에서 유엔
사무총장의 위치

05
변화된 국제환경 속에서
유엔의 역할과 한계

06
주요 이슈별 반기문
사무총장의 성취

04

국제사회에서 유엔 사무총장의 위치

21세기 국제환경 속에서 유엔 사무총장의 역할

유엔 사무총장은 평화의 상징이자, 약자 · 소수자의 대변인이다

반 총장은 2012년 7월 26일 오후 런던올림픽 개막식 전날 유엔 사무총장으로서는 최초로 올림픽 성화 봉송 주자로 참여하였고, 개막식 행사에서는 올림픽기를 운반하기도 하였다. 당시 행사에는 반기문 총장과 함께 다니엘 바렌보임(Daniel Barenboim, 음악가), 샐리 베커(Sally Becker, 아동 인권 운동가), 샤미 차그라바티〔Shami Chakrabati, 인권운동기구 리버티(Liberty) 창설자〕, 레이마 그보이(Leymah Gbowee, 노벨평화상 수상자), 하일레 게브르셀라시에(Haile Gebrselassie, 에티오피아의 전설적 육상선수), 도린 로렌스〔Doreen Lawrence, 자선기구 스티븐 로렌스(Stephen Lawrence) 창설자〕, 마리나 실바(Marina Silva, 환경운동가) 등 8명이 참여하였다. 런던올림픽 조직위는 동 행사를 개막식의 가장 핵심적이고 상징적인 요소로 여기고 막판까지 철저한 보안을 유지한 바 있다.

같은 날 오전, 반 총장은 발칸 7개국 순방의 마지막 행선지인 보스니아 헤르체고비나를 방문했다. 스레브레니차(Srebrenica) 대량학살 추모관을 방문하여 1995년 발생한 대량학살 희생자들의 유가족을 만나고 오는 길이었다. 반기문 총장은 유가족들의 상처를 어루만져주면서 눈물을 많이 흘렸다. 연설을 통해 당시 막대한 살상이 자행되던 시리아 사태를 지목하면서, 10년, 20년 후 국제사회가 지금 시리아에서 벌어지는 막대한 희생 앞에 참회하는 일이 없도록 조속히 폭력사태를 중단하고 시리아 정부가 국민의 정당한 요구에 호응할 것을 강력히 촉구하였다. 이날 오후 런던에 도착한 반기문 총장은 같은 날 이런 상징성 있는 행사를 가진 것을 두고 "스레브레니차부터 런던올림픽까지"(*From Srebrenica to London Olympics*)라고 하면서, 화합과 평화의 메시지를 완전히 상반된 배경에서 전달한 의미 있는 하루였다는 소감을 전했다.

사진은 반기문 총장이 2011년 3월 과테말라를 방문하여 중미지역 정상들과 정상회의를 가질 당시 과테말라 국립박물관 경내에 설치된 평화조형탑에 평화의 상징인 백장미 한 송이를 봉헌하는 장면이다. 반 총장을 '평화의 사절'로 칭하며 과테말라 최대 일간지인 〈프렌사 리브레〉(*Prensa Libre*) 1면에 이 사진을 실었다. 과테말라 정부는 1960년 이후 36년에 걸친 내전을 종식시켰으나 이후 국내 화해와 협력을 촉진하는

과테말라 국립박물관에서 반기문 총장이 장미를 봉헌하고 있다.

는 과정에서 수많은 어려움에 봉착했다. 이런 상황에서 반 총장의 방문을 계기로 대국민 단합을 호소하고자 했다.

한편, 반기문 총장은 2012년 3월 자크 로게(Jacques Rogge) IOC(국제올림픽위원회) 위원장과 함께 잠비아를 방문, '스포츠를 통한 평화와 개발증진'(*Sports for Peace and Development*) 행사를 가졌다. 유엔과 IOC 위원장이 공동으로 이런 행사를 개최한 것은 양 기구 역사상 최초이다.

특히 생활스포츠가 활성화되지 못한 아프리카 지역 청소년을 위한 커뮤니티 체육 프로그램을 통해 교육 및 실업 문제로 고충을 겪는 젊은이들에게 많은 호응을 얻었다.

반기문 총장은 또한 IOC와의 관계 및 스포츠를 통한 평화 및 개발 증진 활동에서는 역대 어느 사무총장보다 훨씬 뛰어난 업적을 남겼다. IOC가 유엔에서 옵서버 지위를 확보한 것이 반기문 총장 재임 중인 2009년의 일이다. 반 총장은 IOC 본부를 방문, IOC 총회에 참석하였다. 이 총회는 정기적으로 열리는 것이 아니라 국제 정치 및 경제 환경이 스포츠 전반에 특별한 영향을 미치는 시점에만 열린다. 당시 반 총장이 참석한 IOC 총회도 13년 만에 열린 회의였다. 반 총장의 여러 공로를 인정하여 IOC는 반 총장에게 2013년 6월 IOC 최고 훈장인 금관훈장(IOC Medal in Gold)을 수여하기도 하였다.

유엔 사무총장은 힘없는 사람들, 그리고 자신의 목소리를 제대로 내지 못하는 약자의 대변인이라고 할 수 있다. 반기문 총장은 취임 초기부터 최빈국 또는 개도국 출장 때는 거의 예외 없이 해당국가의 그늘진 곳을 찾아 소외된 계층의 사람들, 그리고 이들을 위해 봉사활동을 펼치는 인권 및 시민단체 대표들을 만나 그들의 애환을 듣는다. 또한 이들의 고충에 관해 해당 정부 최고위 인사들과 협의하여 제도와 관행이 개선되도록 하는 데 최선을 다했다.

반기문 총장 임기 첫해인 2007년 초 케냐의 빈민촌인 키베라(Kibera)를 방문했다. 반 총장은 한국 포니 정(Pony Chung) 재단으로부터 대한민국의 발전에 기여한 공로를 인정받아 2006년 제1회 포니 정 혁신상 수상자로 선정되어 10만 달러를 상금으로 받았다. 반 총장은 이 상금을 사회적, 환경적으로 지속가능한 인간의 주거환경을 조성하는 임무를 수행하는 기구인 인간 정주계획(HABITAT)를 통해 키베라 청소년 직업 훈련 사업에 기부했다. 그로부터 몇 년 후 이 기금을 종잣돈으로 하여 케냐 키베라 빈민촌에 반기문 총장 이름을 딴 '문빔 유스 트레이닝 센터'(Moonbeam Youth Training Center) 라는 청소년 직업 훈련센터가 설립되기도 하였다.

이 밖에도 반 총장은 난민촌 방문, 인신매매로 인한 피해 여성의 재활센터 방문, 도시개발 사업으로 인해 삶의 터전을 잃은 소수민족 대표들과의 면담, 반군에 의한 납치가 성행하는 국가에서 납치 피해자들과의 면담, HIV/ AIDS 환자들과의 면담 등 소외되고 취약한 그룹 사람들의 목소리를 듣는 데 많은 시간을 할애하고 있다.

반기문 총장은 2011년 6월 연임을 계기로 가진 한국 언론들과의 인터뷰에서 그동안 재임하면서 가장 가슴 아팠던 기억을 묻는 질문에 아프리카 저개발 지역을 방문하면서 만난 취약계층 사람들에 대해 언급했다. 기아, 전쟁, 재해로 고생하는 난민과 병들고 아픈 사람들을 만나고 나면 안타까운 기억이 오랫동안 가슴에 남는다고 덧붙였다. 실제 극한의 어려운 환경에서 고통 받는 사람들과 만나고 나면 불쌍하고 마음이 아파 잠도 잘 못 이루는가 하면, 사석에서 개인적으로 돈이라도 많으면 꺼내서 주고 오면 좋겠다고 했다. '보여주기'식으로 사진만 찍고 가면서 자신의 봉사활동을 연출하려는 사람들과는 근본적으로 다르다.

급진 세력과 테러집단들에 의하여 의료 보건 종사자들, 그리고 병원과 앰뷸런스 등 의료시설을 대상으로 한 테러행위가 빈번하게 자행되고 있다. 반기문 총장은 이러한 야만적 행위에 대해 불관용(*zero tolerance*)

2012년 인권의 날을 맞아 팝스타 리키 마틴(Ricky Martin), 차카차카(Chaka Chaka)와 함께 LGBT 권익 보호를 위한 회의에 참석한 반기문 총장.(사진제공: UN)

정책을 단호하게 견지하였다. 2013년 2월 북한 의료진 3명이 나이지리아 동북부 지역에서 봉사활동 중 무참하게 살해당하는 사건이 발생하였다. 나이지리아에서 활동하는 테러집단 '보코 하람'이 외국 의료봉사진을 대상으로 자행한 테러였다. 이에 대해 사무국 일각에서는 테러행위가 전 세계 곳곳에서 발생하는데, 모든 테러행위마다 유엔 사무총장 성명을 낼 수는 없는 일이라면서 소극적인 입장을 보였다.

그러나 반기문 총장은 지구촌 최오지에서 자신의 안전을 돌보지 않고 인류애를 실천하는 의료 봉사자들을 겨냥한 악의적 테러행위에 대해서 격분하면서 강력한 성명을 발표하도록 지시한 바 있다. 북한 의료진이 외화벌이 수단으로 북한 정권에 의해 강제 파견된 것일 수 있다는 점에 주목하는 사람들도 있을 것이다. 그러나 이런 경우 보다 큰 그림을 보아야 한다고 생각한다.

유엔에서 근무하면서 처음 접한 용어 중 'LGBT people'이라는 말이 있다. 'LGBT'란 여성 동성애자(*lesbian*), 남성 동성애자(*gay*), 양성애자(*bisexual*), 성전환자(*transgender*)를 총칭하는 용어이다.• 역대 유엔 사무총장 중 반기문 총장만큼 이들 성적 지향(*sexual orientation*)에 따른 소수 그룹의 인권을 옹호하고 향상시키고자 애쓴 사무총장은 없다.

2014년 2월 6일 소치에서 열린 IOC 총회에 반기문 총장은 주빈으로 참석하여 기조연설을 하였다. 이는 역대 유엔 사무총장 중 반기문 총장이 최초였다. 그만큼 IOC가 스포츠를 통한 평화와 개발 증진이라는 측면에서 반기문 총장의 성취를 높이 평가한 데 따른 것이었다. 이 연설에서 반 총장은 동성애 혐오(*homophobia*)는 스포츠가 추구하는 '자유롭고 동등한'(*free and equal*) 정신에 반하는 것이라고 하면서, 성적 지향(*sexual orientation*)을 근거로 한 소수자들에 대한 차별과 박해를 강력히 반대하였다.

그런데 소치 동계올림픽 주최국인 러시아 내 일부에서 반 총장의 발언을 불쾌하게 생각하였다. 당시 러시아에서는 LGBT 그룹에 대한 혐오를 조장하는 극렬단체들의 움직임이 있었고, 러시아 의회에서도 이들 소수 그룹을 차별하고 권리를 제한하는 내용의 입법을 시행했다. 그런 민감성을 알고 있었으나 반 총장은 스포츠 정신에 위배되는 LGBT

• LGBT에 간성(間性, Inter-sex)를 덧붙여 'LGBTI'라고 부르기도 한다.

그룹에 대한 차별과 제한조치들은 일체 허용되어서는 안 된다는 원칙에 입각하여 주최국인 러시아에 대해 강력한 메시지를 던진 것이다.

독자들도 알다시피 반기문 총장은 40년 가까운 기간 동안 대한민국의 공직자 생활을 한 보수적 색채가 강한 사람이다. 그렇기 때문에 LGBT와 같은 그룹에 대해서 편견을 가지고 있지 않을까 생각할 수도 있을 것이다. 비록 보수적인 편이라 원칙을 중요시하지만, 동시에 사람에 대한 따뜻한 마음이 느껴진다. LGBT의 권리를 옹호하면 진보요, 배척하면 보수라는 이분법적인 공식은 반 총장에게는 통하지 않는다. 반기문 총장은 '인간은 태어날 때부터 자유롭고 동등한 존엄과 권리를 향유한다'는 세계인권선언의 정신에 입각하여 이 문제에 대해 누구보다 적극적인 목소리를 냈다.

유엔 사무총장은 정당성 확보를 위한 확실한 보증수표이다

개별 국가 또는 일부 국가들만의 힘으로는 해결할 수 없는 범세계적 이슈들이 늘어나면서 국가 정상 수준 또는 외교장관의 참석을 요구하는 고위급 회담 수요가 갈수록 늘어난다. 유엔에서는 정상급 또는 이에 준하는 고위급 회담이 빈번해지면서 '정상회의 피로'(*summit fatigue*) 라는 표현도 등장하였다.

이러한 정상급 또는 고위급 국제회의에 최고의 단골손님은 단연 유엔 사무총장이다. 유엔 사무총장이 갖는 도덕적 권위로 인해 유엔 회원국들은 자국이 주최하는 국제회의의 권위를 인정받고, 초청국가들의 적극적인 참석을 유도하기 위한 수단으로서 유엔 사무총장의 참석 여부를 매우 중요하게 여긴다.

그러나 한 달에 절반 가까이 해외 출장을 소화해야 하는 유엔 사무총장의 일정상 모든 참석 요청을 수용하는 것은 불가능한 일이다. 따라서 사무총장실에 있는 사무총장 일정 및 의전 담당관실(*Scheduling Unit*)에서는 유엔 및 사무총장의 핵심 어젠다에 얼마나 부합하는지 등을 면밀히 검토하여 초청 수락 여부를 결정한다. 그러나 사무총장 일정상 참석이 어렵다고 정중히 양해를 구하는 경우에도 해당국 정상이 사무총장에게 전화를 하여 여러 가지 이유를 들면서 통사정을 하는 경우도 많다. 필요하다면 왕실 또는 대통령 전용기를 보낼 테니 꼭 참석해달라고 하는 경우도 적지 않다.

개별 양자 방문의 경우에도 마찬가지다. 2011년 6월 남미 4개국 순방 시 첫 번째 방문국인 콜롬비아에서 반 총장의 방문을 계기로 대통령이 '희생자 권리 및 토지보상법'에 서명하는 행사를 했다. 콜롬비아는 수십 년에 걸친 게릴라와의 내전 및 마약과의 전쟁으로 인해 공권력이 잘 미치지 않는 지방 주민과 소수인종 원주민들이 삶의 터전을 잃고 희생당하는 일이 많았다. 이런 상황으로 인해 콜롬비아 정부는 국제사회에서 인권 문제에 있어 상당한 비판을 받아왔다.

이에 콜롬비아 정부는 4백만 명에 이르는 희생자 및 유가족들에게 보상이 돌아갈 수 있는 동 법률안 서명식을 반기문 총장 방문에 맞추어 거행하였다. 콜롬비아 각계각층 지도급 인사들과 콜롬비아 주재 외교단이 대거 참석한 동 행사에서 콜롬비아 대통령은 반기문 총장을 영예 참관자(*honorary witness*)로 모심으로써 정치적으로 유엔 사무총장의 방문을 최대한 활용한 셈이다.

이러한 경우를 숱하게 보았는데 일종의 윈-윈(*win-win*) 방식이 될 수 있다고 본다. 사실 콜롬비아 같은 국가에서 유엔 사무총장의 방문을 접수하는 일은 유엔 사무총장 임기(연임의 경우 10년) 동안 한 번 이상 기대하기가 쉽지 않다. 정치문화가 아무리 선진화되어 있다고 하더라도 접수국 정부에서 유엔 사무총장의 방문을 통해 정치적 홍보효과를 거두고자 하는 것을 탓하기는 어려운 것이 현실이다.

그렇다면 유엔으로서도 아예 적극적인 자세를 취하는 것도 한 방법이다. 참석을 수락해서 접수국 정부에 어느 정도 체면을 세워주는 동시에 유엔 사무총장이 참석한 행사에 대해서는 정부가 해야 할 바에 대해서 끝까지 책임을 지는, 즉 '책임성'(*accountability*)을 요구할 명분이 생기는 셈이다.

반기문 총장이 2012년 2월 아프리카 앙골라를 방문했을 때의 일이다. 앙골라의 조제 에두아르두 두스 산투스(Jose Eduardo dos Santos) 대통령은 당시 아프리카 국가수반 중 최장기 집권(2014년 현재 35년째)을 하고 있었다. 앙골라는 내전 종식 20주년이 되던 2012년, 유엔 사무총장의 방문을 통해 오랜 내전을 겪은 앙골라에 평화와 안정이 공고화되고 앙골라가 유엔평화유지군 활동 참여 등을 통해 국제사회 발전에도 기여한다는 점을 부각시키고자 하였다.

반기문 총장은 앙골라 방문을 계기로 2012년 전 세계 70여 개국에서 총선 및 대선이 예정되어 있음을 들어 앙골라에서도 민주주의가 확산되어야 한다는 점을 강조하였다. 이와 함께 앙골라 정부가 극심한 빈부격차 문제를 해결하는 데도 배전의 노력을 기울여야 한다고 적극 설득했다. 아프리카에서 장기집권을 가장 오래 하는 앙골라의 수도 루안다

(Luanda)가 전 세계에서도 물가가 가장 높은 수도로써 양극화가 극심하다고 하면서, 유엔 사무총장이 이러한 민감한 문제까지도 거론했다.

반기문 총장이 2012년 8월 말 이란 테헤란에서 열린 비동맹정상회의에 참석할 것으로 알려지자 이스라엘 정부가 모든 방법을 동원하여 반 총장의 이란 방문을 막기 위한 압력을 행사했다. 이스라엘 측은 그 근거로써 이란이 반유대주의(*anti-Semitism*)를 표방하면서 홀로코스트(Holocaust)를 부인하고 있다는 점과, 핵무기 프로그램을 추진하여 유엔 안보리의 제재를 받고 있음을 들었다. 이스라엘 정부는 또한 유엔 사무총장이 방문할 경우 자칫 이란에 정당성을 부여하는 것처럼 보일 수 있고, 이란 정부가 자국의 정당성을 홍보하는 데 유엔 사무총장을 이용하는 것이라면서 강력한 압력을 행사했다.

그러나 반기문 총장은 국제사회에서 이란이 고립된 상황에서, 유엔 사무총장마저 대화의 문을 닫아버리는 것은 현명한 처사는 아니라고 하였다. 비동맹 정상회의라는 틀 속에서 이란을 방문, 최고 지도자들을 만나 이란의 반유대주의 정책, 인권, 테러, 핵 비확산 등 주요 현안들에 대해 국제사회의 우려를 분명히 전하고 관련 문제를 해소함으로써 주변국과의 관계를 개선하기 위한 노력을 기울일 것을 촉구하는 것이 중요하다고 판단, 예정대로 이란을 방문했다.

독재자 · 불량국가들이 미국보다 더 무서워하는 도덕적 권위의 소유자

반기문 총장의 2012년 이란 방문과 관련한 일화는 앞에서 언급했다. 이란 방문 전, 의회를 포함한 미국 내 보수층에서는 반 총장의 이란 방문 계획에 대한 우려를 표했다. 그러나 이후 반기문 총장이 이란 최고위 지도부에 이란 핵 문제와 인권문제 등 국제사회가 가지고 있는 우려에 대해 분명한 메시지를 전달한 데 대해 높이 평가했다.

보수성향의 〈데일리 뉴스〉(*Daily News*)는 반기문 총장의 이란 방문에 대해 매우 비판적인 논조의 기사를 연일 실었다. 그런데 반기문 총장이 이란 방문 중 여러 가지 현안들에 대해 강단 있는 입장을 전달한 데 감명을 받아, "우리는 존경심을 갖고 우리가 틀렸다는 점을 시인한다"(*We stand admiringly corrected*)는 기사를 게재했다.

이러한 점은 반기문 총장이 오바마 대통령 2기 출범 직후인 2013년 2월 초 워싱턴을 방문하였을 때 미 의회 상하원 인사들과 만났을 때도 다시 한 번 확인되었다.

반기문 총장은 워싱턴 방문 중 〈워싱턴 포스트〉(*Washington Post*) 편집국 간부들과 간담회를 가졌다. 당시 북한의 3차 핵실험 직후 북한 및 이란의 핵 문제가 집중적으로 제기되었는데 반 총장이 이란 핵 문제에 관해 언급한 내용이 〈워싱턴 포스트〉지에 크게 실렸다. 평화적 핵 프로그램이라는 이란 정부의 주장을 국제사회가 신뢰할 수 있도록 하기 위해서는 보다 투명하고 공개적인 자세를 보여야 한다는 점을 강조했다. 북한의 추가적 핵실험으로 인해 국제 핵 비확산 체제가 심각한 도전에 직면한 상황에서 반기문 총장은 이란 핵 프로그램에 대한 질문에 대해 기존의 입장을 견지한 것이었다.

이에 대해 이란 정부는 주 유엔 이란 대사 명의의 서한을 통해 상기 반기문 총장의 인터뷰 내용을 조목조목 반박하였다. 당시 P5+1(미국, 중국, 러시아, 영국, 프랑스 등 5개 안보리 상임이사국과 독일을 지칭)과 협상을 진행 중이던 이란으로서는 이들 협상 파트너들로부터의 비난보다 더 우려스러운 것이 유엔 사무총장의 목소리였던 것이다.

이 대목에서 뒷이야기 하나를 소개해본다.

반기문 총장은 위에서 언급한 워싱턴 방문 이후 주 유엔 이란 대사를 초치하여 면담했다. 당시 북한 핵실험 직후 핵 확산에 대한 우려가 특히 제고된 상황에서 이란 정부가 핵 프로그램에 대한 국제사회의 우려를 해소시키지 못할 경우 불신의 골이 더 깊어질 수 있다는 우려를 재차 전달했다. 더불어 반 총장은 이란 핵 프로그램에 대한 국제사회의 우려는 반드시 대화와 협상을 통해 해결되어야 한다는 입장도 강조하였다.

이러한 원칙적 입장을 설명한 반기문 총장은 워싱턴 방문시 바이든 부통령과 나눈 이야기를 유엔주재 이란 대사에게 전했다. 바이든 부통령은 이란 정부가 미 정부의 직접협상 제안을 거부한 것을 지적하면서 이로 인해 이란에 대한 미국 내 분위기가 매우 좋지 않다고 반 총장에게 설명하였다. 이에 대해 반 총장은 이란이 당시 6월 대선을 앞두고 있음을 지적하면서, "이란도 '정치적 동물'(*political animal*)로서, 이란 측 반응은 이러한 정치적 역학관계에서 나온 반응일 수 있으니 너무 일희일비하지 말고 대화의 창을 계속 열어두는 것이 필요하다"고 하면서 미국과 이란 간에 일종의 교량자(*bridge builder*) 역할을 하고자 노력하였다는 점을 들려주었다.

이에 대해 이란 대사는 "반기문 총장이 미국 정부에 그런 적절한 조언을 해준 데 대해 감사한다"고 했다. 또한 "드러내놓고 표현은 안 하지만 반 총장께서 원칙을 견지하는 가운데 이란 핵 문제가 평화적으로 해결될 수 있도록 조용히 건설적인 역할을 해주고 있는 점을 이란 정부에서 매우 높이 평가하고 있다"고 전한 바 있다.

'모르는 게 약'이 통용되지 않는 유엔 사무총장의 위치

유엔 사무총장의 말 한 마디 한 마디와 어느 행사에 참석하느냐 마느냐의 문제는 엄청난 파급효과를 가지기에 그만큼 민감한 사안이다. 여기서는 몇 가지 예를 들어보기로 한다.

팔레스타인은 매년 5월 15일을 '알 네크바'(al-Nekba, 아랍어로 '재앙'을 의미)로 정해 기념하고 있다. 이스라엘 건국으로 제1차 중동전쟁이 발발한 1948년 5월 15일을 잊지 말자는 취지에서다. 따라서 이 단어는 팔레스타인 및 아랍권에서는 흔히 사용되는 말이지만 반대로 이스라엘에게는 금기시되는 단어이다. 바로 이 단어가 문제가 되었다. 반기문 총장이 2008년 5월 15일 마흐무드 압바스(Mahmoud Abbas) 팔레스타인 자치정부 수반에게 전화를 걸어 알 네크바 60주년 기념일을 축하하면서 이스라엘-팔레스타인 평화 프로세스에 대한 유엔의 지속적인 지원 의지를 재확인하였다.

이와 관련, 유엔 내번인실에서는 매일 정오 유엔주재 특파원들에게 유엔 사무총장의 주요 일정 및 일일 주요 사안에 관해 브리핑을 제공하며, 브리핑 내용이 문서로 대변인실 웹사이트에 게재된다. 그런데 상기 반기문 총장과 팔레스타인 자치정부 수반 간 통화 도중에 반 총장이 알 네크바를 축하해주었다는 내용이 웹사이트에 실렸으며, 이에 대하여 이스라엘 측에서 문제를 제기한 것이다. 이스라엘은 '알 네크바'라는 단어는 아랍권이 이스라엘 건국의 합법성을 훼손하기 위해 사용해온 '선전 용어'라고 하면서 유엔이 공식적으로 사용해서는 안 된다는 입장이었다.

유엔 사무총장이 외국 정상과 통화할 때 대개 관련부서에서 참고자료를 올린다. 전 세계를 대상으로 수많은 사안을 다루는 유엔 사무총장이 그러한 용어의 민감성까지 일일이 알고 있을 것으로 기대하는 것 자체가 무리다. 당연히 관련부서에서 실무자가 기안하고 피라미드 구조의 결재 과정을 거치면서 해당 용어를 피했어야 한다. 설령 그 용어가 포함되어 있다 하더라도 주석을 달아 그 용어가 가지는 민감성에 대해서 사무총장이 인지하도록 했어야 하는데 그런 여과작업이 이루어지지 않아 발생한 해프닝이었다.

매년 1월 유엔총회장에서 신년음악회를 관례적으로 개최한다. 2013년 1월 13일 저녁 총회장에서 당시 부크 예레미치(Vuk Jeremic) 유엔총회 의장이 주관한 비바 복스(Viva Vox) 합창단의 신년 음악회가 열렸는데 공연을 마치고 앙코르 곡으로 〈Mars na Drinu〉[드리나 강(*River Drina*)의 행진]라는 곡이 연주되었다.

그런데 알고 보니 이 곡이 1990년대 보스니아 헤르체고비나 지역에서 자행된 세르비아인들의 인종 학살 당시 세르비아 군인들의 진군가로 사용되었다고 한다. 보스니아 헤르체고비나 인종 학살에 대한 전범 재판을 다루는 유엔에서, 그것도 최고 권위의 총회장에서 이러한 휘발성 있는 음악이 연주된 것이다. 이에 대해 즉각 보스니아 헤르체고비나 관련 단체들에서 문제를 삼고 나섰다. 관련단체들은 반기문 총장이 2012년 7월 보스니아를 방문해 인종 학살 기념관을 참배한 상황에서 어떻게 유엔총회장에서 세르비아 합창단이 부르는 인종 학살 당시의 진군가가 울려 퍼지게 할 수 있느냐고 항의한 것이다.

이에 대해 유엔 사무총장 대변인실에서 이 노래로 인해 상처를 받은 분들에게 진심으로 유감을 표한다고 발표하였다. 사실 반 총장은 이 노래를 이전에 들어본 적도 없거니와, 심지어는 해당 곡이 원래 연주 리스트에도 없었다. 신년음악회 직후 반기문 총장 이메일 함에 며칠간 수백 건의 이메일이 쏟아져 들어왔다. 그런데 묘하게도 심리적 상처를 받았다고 볼 수 있는 보스니아 헤르체고비나인들이 아니고 대부분 세르비아인들로, 그러한 곡이 연주된 신년음악회를 칭송하는 내용이었다. 정치적인 조작이 의심되는 부분이었다.

유엔 사무총장 보고서의 민감성

유엔 사무총장 명의로 발간되는 보고서는 이루 헤아리기 어려울 정도로 많다. 최종 승인을 위해 사무총장실에 올라오는 보고서의 수가 너무 많고 각 보고서마다 수십 페이지에 달하는 만큼 사무총장이 이를 실제 소화하고 일일이 승인한다는 것은 불가능한 일이다.

유엔 사무총장 비서실에는 지역별 이슈, PKO(Peacekeeping Operation, 평화유지활동) 관련업무, 군축, 인권 및 인도지원 관련 사안들을 총괄하는 정무실(*Political Unit*), 기후변화, 에너지, 파트너십 등 중장기 미래전략을 다루는 전략기획실(*Strategic Planning Unit*), 경제・사회・개발업무를 총괄하는 개발실(*Development Unit*) 등 이슈별 담당부서들이 있다. 비서실에서는 사무국 내 해당 부서들의 업무를 감독하고 각 부서들로부터 올라오는 각종 문건들을 검토, 비서실장의 승인에 필요한 조언을 하는 기능을 수행한다.

여기서는 정무실에 근무하면서 경험한 일화를 통해 유엔 사무총장실에서 다루는 이슈들이 얼마나 민감한지를 간략히 소개코자 한다.

안보리 결의에 의거하여 안보리가 승인한 서부 사하라(Western Sahara)와 관련된 임무이행 상황에 대한 유엔 사무총장의 보고서가 안보리에 제출된다. 이 보고서는 모로코 정부와 서부 사하라의 독립을 추구하는 '폴리사리오 전선'(Frente Polisario) 간 협상을 촉진하기 위해 유엔 사무총장이 임명한 특사의 활동 보고서라고 할 수 있다. 모로코 정부는 이 보고서에 서부 사하라 주민들의 인권 문제가 포함되는 것과, 폴리사리오 전선이 요구하는 주민투표(*referendum*)가 반영되는 데 대해 매우 민감한 입장을 보였다.

2012년 서부 사하라 보고서에도 상기 인권 문제를 다루는 조항과 '주민투표'라는 단어가 포함되어 있었다. 관련 조항이 담긴 사무총장 보고서 초안이 비서실장의 승인을 받아 안보리에 전달되었는데, 이 보고서가 안보리에서 공식적으로 다루어지기 전에 당사국인 모로코가 이러한 사실을 인지한 것이다. 당시 모로코가 안보리 이사국으로 있었기 때문에 어렵지 않게 자국과 관련된 보고서 내용을 알게 된 측면도 있지만, 유엔에서는 내부 비밀문서가 통째로 관련 당사국에 유출되는 일도 비일비재하니 놀랄 만한 일은 아니었다.

모로코 정부가 극도로 민감하게 취급하는 문제에 대한 유엔 사무총장 보고서가 주민투표 문제를 정면으로 거론한 것이 알려지자, 모로코 정부는 국왕 및 외교장관까지 총동원하여 유엔 사무총장실에 자국의 입장을 적극 개진하였다. 폴리사리오 전선의 입장을 반영하는 '주민투표'라는 단어가 들어가면 안 된다고 하는 강경 입장을 취하면서 모로코와 친밀한 관계를 유지하는 프랑스도 이러한 모로코의 입장을 지원하고 나섰다.

반면, 당시 안보리 이사국이었던 남아공은 과거 아파르트헤이트(*apartheid*, 인종차별 정책)에 대한 반향으로서 민족자결 및 독립 정책을 지지하는 차원에서 전통적으로 폴리사리오 전선의 입장을 지지한 만큼, 기존 초안에 있던 단어 '주민투표'가 유지되어야 한다고 맞섰다.

이러한 상황을 타개하기 위해 나온 해법이 보고서상 해당 문구에서 주민투표 이행을 촉구하는 내용은 삭제하는 대신 서부 사하라 미션 이름인 'MINURSO'(프랑스어로 이렇게 표기되지만, 영어로는 The United Nations Mission for the *Referendum* in Western Sahara, 서부 사하라 선거지원단)를 풀어서 기재함으로써 주민투표(*referendum*)가 미션의 고유 임무의 일부임을 상기시키는 방안으로 타협점을 찾은 바 있다. 즉, 최초 보고서에는 사무총장이 안보리의 주의를 환기하는 조항에서 '유엔 사무총장 특사가 이끄는 협상이 성공한 경우 자결권에 관한 주민투표를 이행하는 메커니즘으로서'• 라고 '주민투표'를 직접 언급했다. 그러나 최종 보고서에서는 이를 'MINURSO 평화유지단 임무와 관련된 일련의 안보리 결의들의 이행을 지원하는 메커니즘으로서'◆로 반영한 것이다.

서부 사하라 미션인 'MINURSO'의 이름을 다루다보니 한 가지 관련된 일화가 떠올라 소개한다. 유엔 사무국 내 평화유지국이 다루는 유엔 평화유지군(Peace keeping Missions), 또는 유엔 사무국 내 정무국이 다루는 특별 정치미션(Special Political Missions)에서 미션 이름을 어떻게 정하느냐 하는 것도 매우 민감한 문제이다. 1990년대 중반 크로아티아와 세르비아 간 분쟁을 다루기 위해 설치된 미션의 이름을 'UNCRO'로 하였는데, 세르비아는 이를 '유엔 신뢰회복 사무소'(UN Confidence Restoration Office)로 해석하여 불렀고, 크로아티아는 이를 '유엔 크로아티아 사무소'(UN Croatia Office)로 해석하여 불렀다. 전략적으로 모호성을 택해 유엔은 'UNCRO'를 풀어 쓰지 않고 'UNCRO'로만 명기함으로써 양측이 자국 이해에 맞게 해석하도록 둔 바 있다. '꿈 대신 해몽'식 해법이라고 할 수 있겠다.

유엔 사무총장 보고서의 민감성을 다루면서 빠뜨릴 수 없는 이슈가 있는데 바로 '기밀 유출'(*leak*)이다. 2012년 11월 콩고민주공화국 반군 단체인 M23이 북부 키부(North Kivu) 지역 수도인 고마(Goma)를 장악하면서 수십 년 지속된 콩고민주공화국 분쟁이 격화되어 역내 긴장이

- ● 영어판 보고서의 원문은 다음과 같다. …*as a mechanism to implement a referendum on self-determination in the event that the talks led by my Personal Envoy are successful*,
- ◆ 영어판 보고서의 원문은 다음과 같다. … *as a mechanism to support implementation of successive Security Council resolutions related to the mandate of MINURSO(The United Nations Mission for the Referendum in Western Sahara)*.

크게 고조되었다. M23 반군이 오합지졸인 콩고민주공화국 정부군을 쉽게 격파한 데는 사실 인근 르완다 정부군의 지원이 있었다는 것이 정설이었다. 콩고민주공화국 사태가 격화됨에 따라 안보리는 이 사태에 대한 유엔 사무총장의 특별보고서를 요청하였다. 이 보고서에는 M23에 대한 외부세력의 지원 문제도 다루어질 수밖에 없었는데, M23에 대한 지원세력으로 지목되던 르완다가 공교롭게도 당시 안보리 이사국으로 있었다.

문제는 안보리가 요청한 상기 사무총장 보고서 초안과 2013년 2월 말 안보리에 제출된 보고서 최종본이 외부에 유출된 것이다. 〈로이터〉(*Reuter*)지는 초안과 최종본을 비교 보도했다. 초안에서는 "M23을 지원하는 것으로 알려진 주변국들에 대해 일부 공여국들이 원조 제공을 중단한 조치는 그러한 외세 개입이 즉각 중단되어야 한다는 강력한 메시지다"라는 내용이 있었으나, 르완다의 항의를 받고 최종본에서는 해당 문안이 삭제되었다고 보도하였다.

사실 안보리 이사국에 제출된 사무총장 보고서는 이사국에 전달되는 순간부터 언론에 유출되는 것은 시간문제라고 봐야 한다. 자국 이해가 걸린 문제이거나 자국과 긴밀한 관계에 있는 유엔 회원국의 부탁이 있는 경우 해당 이사국이 이를 언론에 흘려 이른바 '여론몰이'를 하는 경우는 비일비재하다. 그런데 관련부서 및 해당 미션 실무진에서 만들어진 초안까지 버젓이 언론에 유출되는 것은 매우 심각한 문제이다. 유엔이 193개 회원국 출신 직원들에 의해 움직이다보니 비밀이 지켜지기가 대단히 어려운 조직이라는 것을 다시 한 번 보여준 씁쓸한 사례였다.

유엔 사무총장의 영향력

국제무대에서 유엔 사무총장이 가지는 영향력은 대단하다. 사무총장이 가진 힘은 '도덕적 권위' 및 '소집의 힘'(*convening power*)이라고 할 수 있다. 이러한 도덕적 권위와 소집의 힘은 특정 이슈를 부각시킬 수 있는 가장 강력한 수단이 된다. 몇 가지 예를 들어보도록 한다.

동일본 대지진 및 후쿠시마 원전 사고

2011년 3월 11일 동일본 대지진과 쓰나미로 인해 일본 후쿠시마 원전 사고가 발생하였다. 공교롭게도 1996년 발생한 체르노빌 사고 25주년을 맞는 시점에 발생한 후쿠시마 원전 사고가 제2의 체르노빌로 확대되는 것 아니냐는 우려가 고조되었다. 실제로 IAEA 및 일본 정부는 동년 4월 체르노빌 사고 이후 최초로 후쿠시마 원전 사고의 위험도를 최고 등급인 7단계로 상향 조정한 바 있다.

반기문 총장은 후쿠시마 원전 사고 발생 직후 당시 일본의 간 나오토(菅直人) 총리 및 유키야 아마노(天野之弥) IAEA 총장과 수시로 전화 통화를 하면서 상황을 점검하고, 유엔 시스템 차원의 지원방안에 대해 협의하였다.

후쿠시마 원전 사고는 비단 방사능 유출로 인한 인간 및 환경에 대한 영향뿐만 아니라 지속가능한 개발, 원자력 에너지의 미래, 기후변화, 식량 안보 등 다양한 이슈와 밀접한 관계를 갖는다. 때문에 반기문 총장은 유엔 시스템 내 관련기관을 소집하여 신속하고 정확한 정보를 공유하고 유엔 기관들 간의 유기적 지원체제를 점검할 필요성을 느꼈다.

이에 반 총장은 3월 25일 IAEA(국제원자력기구), UNDP(유엔개발계획), WFP(세계식량계획), FAO(유엔식량농업기구), UNEP(유엔환경계획), WMO(세계기후기구), CTBTO(포괄적 핵실험금지 조약기구), UNISDR(유엔 재난감축전략) 대표들 및 유엔 사무국 관련부서장들을 소집하여 화상회의를 개최하였다. 이 화상회의에 참석한 국제기구 대표들은 유엔 사무총장이 시의적절한 때 이러한 회의를 소집한 것을 높이 평가했다.

유엔은 후쿠시마 사고를 계기로 원전 사고 시 유엔 시스템 차원의 보다 원활한 정보 공유 및 기술적·인도적 지원 체제를 재점검하기로 하였다. 특히 반 총장은 원자력 안전(*nuclear safety*) 분야의 경우, NPT(핵무기확산방지조약)의 위임에 따라 IAEA가 담당하는 핵 안보 및 안전조치(*nuclear security and safeguards*) 분야와의 차이점을 감안하여 개별 국가들의 자발적 조치에 절대적으로 의존하는 현실을 재점검해야 한다고 강조했다.

기존 원자력 안전 시스템에 대한 반 총장의 제안은 즉각적으로 국제사회의 호응을 얻어 주요 어젠다로 부각된다. 우선 2011년 4월 초 비엔나에서 개최된 원자력안전협정 제5차 당사국 회의에서 회원국들은 반 총장이 제시한 원자력 안전 시스템을 강화하기 위한 구체적 조치를 마련하기로 합의하였다.

한국의 경우도 원자력 안전관리를 총괄하는 체계를 구축하기 위해 기존의 과학기술부 산하 원자력안전위원회를 대통령 소속으로 격상시킨 상설 원자력안전위원회가 2011년 11월 출범하였다. 동일본 대지진

체르노빌 원자력 발전소 앞에서 기자회견 중인 반기문 총장. (사진제공: UN)

에 따른 방사성 물질 누출로 원자력 안전이 화두가 되면서 그동안 교육과학기술부가 담당한 원자력 안전 규제와 진흥 업무를 분리해 안전을 전담하는 별도 기구를 두기로 결정한 것이다.

한편, 체르노빌 25주년 기념행사에 참석하기 위해 우크라이나를 방문한 반기문 총장은 4월 19일 '원자력 안전 및 원자력 에너지의 창의적 사용에 관한 고위급 회의'에 참석하여 원자력 안전 시스템 강화 필요성을 재차 강조하였다. 이때 반 총장은 원자력 안전 문제가 비단 방사능 문제뿐만 아니라, 보건, 환경, 식량 안보 및 원자력 에너지의 미래와도 밀접한 관계가 있다고 강조하였다. 그리고 이러한 포괄적 영향에 관한 범세계적 토의(*global debate*)가 필요하다는 제안과 5개 분야의 행동지향적인 조치를 제시하였다.

사진은 반 총장이 2011년 4월 20일 체르노빌을 방문, 1986년 폭발한 체르노빌 원전 4호기를 배경으로 우크라이나 대통령 및 IAEA 사무총장과 함께 기자회견을 하는 모습이다.

반기문 총장은 상기 5개항 제안을 통해 2011년 9월 제66차 유엔총회 계기 고위급 회담을 제안해, 동년 9월 22일 '원자력 안전 및 핵 안보 고위급 회담'(High-level Meeting on Nuclear Safety and Security)을 개최하였다. 이에 앞서 회담에 참석하는 회원국들에게 도움을 주기 위하여 후쿠시마 원전 사고가 미치는 다양한 영향을 평가하는 유엔 시스템 차원의 평가를 사무총장 보고서로 제출한 바 있다.

여기서 반기문 총장의 비전이 돋보이는 대목을 설명코자 한다.

고위급 회담에 앞서 동년 6월 하순 IAEA가 원자력 안전에 관한 장관급 회담을 개최하였다. 고위급 회담 발표가 있고 나서, IAEA 및 일부 회원국들이 원자력 안전에 관해서는 IAEA가 책임과 권한을 가지고 있으며 유엔은 동 이슈를 다룰 권능이 없다는 입장을 보였다. 특히 IAEA와 일부 회원국들은 반기문 총장이 제시한 유엔 차원의 원자력 에너지의 미래, 즉 원자력 에너지의 비용, 위험 그리고 혜택에 대한 국제적 수준의 토론이 필요하다는 제안에 대해서 상당히 민감하게 반응했다. 정치적으로 민감한 이슈이며 원자력 에너지에 관한 정책은 주권국가 고유의 판단 사항이라는 의견이었다.

그러나 반기문 총장은 앞으로 다중적 자연재해가 발생할 여지가 더욱 커진 상황에서 원자력 안전 문제를 더 이상 개별국가 또는 주변국만의 문제로 치부할 수 없다는 입장을 견지하였다. 반 총장은 그렇기 때문에 평화적 목적의 원자력 에너지 사용 증진 및 최고도의 원자력 안전 확보 간의 균형을 이루기 위한 국제적 차원의 토론이 필요한 시점이라는 주장을 펼쳤다.

일본 후쿠시마 원전 사고가 일어난 지 2년 반이 지난 2013년 하반기 현재까지도 방사능 수치가 상당히 높은 냉각수가 계속해서 유출되었다. 이로 인해 일본산 수산물에 대한 주변국들의 우려가 상당한 것만 보더라도 원자력 안전문제가 가진 파급효과가 엄청나다는 점, 그리고 해당 국가만의 문제가 아닌 지역전체 그리고 국제사회 차원에서 심각하게 다루어져야 할 문제라는 것을 확인할 수 있다. 또한, 한국에서도 원전 안전관련 비리가 발생해 국내적 파장이 상당히 컸으며 이상기온으로 인해 폭염이 기승을 부리는 가운데 원전 가동 일시 중단으로 인해 심각한 전력난을 겪었다. 높은 기술력을 갖춘 한국도 원자력 안전에 있어 결코 안전지대가 아님을 인정해야 한다.

핵 안보(*nuclear security*) 뿐만 아니라 원자력 안전문제도 병행하여 다룰 수밖에 없다는 인식하에 2011년 주최한 유엔총회 계기 고위급 회담 명칭도 '원자력 안전 및 핵 안보 고위급 회담'으로 제시한 바 있다.

이 과정에서 재미있는 일화를 하나 들어본다. 2011년 5월 말, 미국, 중국, 영국, 프랑스, 러시아 등 P5 국가 주 유엔대표부 전문가들이 합동으로 사무총장실을 방문했다. 이들은 반기문 총장의 고위급 회의 개최 취지에는 공감하지만, 원자력 에너지의 미래를 유엔이 다루는 것은 적절치 않다는 공동 입장을 전달하였다. 이와 더불어 6월 초에는 이들 P5 차석대사들이 반 총장 비서실장, 비서실 차장 및 군축국 사무차장과 합동으로 면담, 동 고위급 회의가 원자력 에너지에 대한 비용-효과 분석 부분을 공식적으로 다루지 않았으면 좋겠다는 입장을 또다시 전달했다.

여기에는 복합적인 이유가 있었다. 먼저 이들 국가는 주요 원전 수출

2011년 제66차 유엔총회 고위급 회의에서 연설 중인 이명박 전 대통령(사진제공: UN)

국이며 당시 유럽 등지에서 원자력 발전소 안전성에 대한 전면 재평가 및 원전 추가 건설 재고를 주장하는 목소리가 힘을 얻고 있는데다가, 이들 모두 국내적으로 전력 생산에 있어 원자력 에너지가 차지하는 비중이 상당히 컸다.

P5가 사무총장의 이니셔티브에 대하여 공동 전선을 형성하여 일부 수정을 요구한 것도 흔치 않은 일이었는데, 이는 역설적으로 유엔 사무총장의 어젠다 형성관련 영향력이 얼마나 큰지를 잘 보여주는 사례라고 생각한다.

고위급 회의는 예정대로 2011년 제66차 유엔총회 기간 중인 9월 22일 개최되었다. 회의 개막식에는 반기문 총장이 초대한 프랑스, 한국, 일본, 우크라이나, 브라질, 카자흐스탄 등 6개국 정상이 연단에 올랐다. 당시 이명박 대통령은 후쿠시마 원전 사고가 원자력 안전에 대한 신뢰에 커다란 타격을 준 것은 사실이지만, 현재까지 기술, 경제적 면에서 대체 에너지만으로는 전 세계적 에너지 수요 증가와 기후변화 문제에 대응하는 데 한계가 있음을 지적하면서 원자력 에너지 활용은 불가피하다는 점을 역설했다. 개막식에 이어 '원자력 안전 및 국제 긴급대응 조치 강화' 제하에 열린 고위급 실질토의 세션에도 국가원수를 포함한 51명의 고위인사들이 참석하였다. 반기문 총장은 한국이 2012년 핵안보정상회의 주최국임을 감안, 한국을 프랑스, 일본 및 브라질과 함께 동 고위급회의의 공동 의장국으로 초청, 당시 김성환 외교장관이 실질토의 세션을 맡아 주재했다.

반기문 총장은 고위급 회의 폐막식에서 결과 문서라고 할 수 있는 의장 요약문을 제시했다. 원자력 안전 및 핵 안보 양 이슈간의 시너지를 도출해야 한다는 점을 부각시키는 한편, 몇 가지 구체적 분야에서 후속 조치를 제시함으로써 국제사회의 공동의 관심사안에 대해 정치적 모멘텀을 높이는 데 기여했다는 평가를 받았다. 반 총장이 주장한 바와 같이 2012년 서울 핵안보 정상회의에서도 핵 안보와 원자력 안전 문제를 공히 다루었다. 정상회의에서 반 총장은 '핵 안보 및 원자력 안전 간 시너지 제고'를 단독 주제로 다룬 3월 27일 오찬에서 주최국인 한국의 요청에 따라 선도발언을 했다.

중동 비핵지대 창설을 위한 국제회의

반기문 총장은 주 오스트리아 대사 겸 주 빈(Wien) 국제기구 대표를 역임한 바 있다. 비엔나는 군축·비확산 분야에서 매우 중요한 역할을 수행하는 곳으로 국제원자력기구(IAEA) 및 포괄적 핵실험금지 조약기구(CTBTO) 준비위원회가 본부를 두고 있다. 재래식 무기 수출통제체제인 바세나르 체제(Wassennar Arrangement) 사무국도 위치하고 있다. 반 총장은 1999년 상반기 CTBTO 준비위원회 위원장을 역임하는 한편, 북한 핵 문제와 관련하여 IAEA에서도 중요한 역할을 수행하면서 핵 군축 및 비확산 분야에서 매우 활발한 활동을 하였다.

반기문 총장이 유엔 사무총장에 취임하기 전까지 국제사회에서의 핵 군축 관련 진전은 매우 저조한 상황이었다. 물론 미국 부시 대통령이 집권한 10년 동안 다자주의가 후퇴하고, 핵 군축 관련조약(예컨대 CTBTO에 대한 미국 정부의 비준 유보 방침) 및 국제기구〔예컨대 군축회의(*Conference on Disarmament*)의 10년 이상 공전〕에 대한 관심이 현저히 낮았던 것이 주요 요인 중 하나라고 할 수 있다. 반 총장은 군축 비확산 분야에서의 다양한 경험을 바탕으로 취임 초기부터 군축 비확산을 주요 어젠다의 하나로 선정하여 많은 성취를 이뤄냈다.

2008년 10월 국제적 명망이 높은 '이스트 웨스트 연구소'(East West Institute)가 주관한 핵 군축 정책토론회에서 반기문 총장은 핵 군축·비확산 진전을 위한 5대 제안(*Five-Point Proposal*)을 제시하였다. 반 총장의 5대 핵 군축·비확산 제안은 각국 정부, 의회는 물론 국제사회 비정부단체(NGO)의 전폭적인 환영을 받았다. 이 5대 핵 군축·비확산 제안을 지지하기 위한 '프렌즈 그룹'(Group of Friends)이 주 유엔 대사들을 중심으로 구성되기도 하였다. 한편, 2010년 11월 우루과이 정부는 반 총장의 5대 핵 군축·비확산 제안을 지지하기 위해 중남미 지역 회의를 개최한 바도 있다. 이처럼 유엔 사무총장은 어젠다를 설정하여 국제사회의 구체적 행동을 유도하는 데 큰 영향력을 지닌다.

한편, 유엔 사무총장의 '소집하는 힘'(*convening power*)도 국제정치 현실이 어느 정도 뒷받침돼야 효력을 발휘할 수 있다. 그러나 실상은 국제정치 현실이 아예 '비빌 언덕'이 되지 않는 상태에서 유엔 사무총장에게 지나치게 야심찬 임무를 위임하는 경우도 있다. 그 예로서 중동지역 핵무기 및 여타 대량살상무기(*Weapons of Mass Destruction*) 금지지대 설정을 위한 국제회의 개최과정을 들어본다.

이 국제회의는 2010년 핵무기확산방지조약(NPT) 평가회의 최종문서 협상과정에서 가장 민감한 이슈의 하나였다. 사실 1995년 NPT 평가 및 연장회의에서 NPT를 무기한 연장키로 결정하는 데 있어 가장 중요한 합의사항이 중동 비핵지대 결의였다. NPT 당사국들이 중동지역 비핵화를 조건으로 NPT 무기한 연장에 합의한 것이지만, 중동지역의 정치·안보 상황에 결정적 개선이 없는 상황에서 이스라엘의 핵무기 포기를 의미하는 중동 비핵지대 목표가 달성되기를 기대하는 것은 현실적으로 무리였다. 핵무기를 보유한 이스라엘이 NPT에 가입하지 않은 상태이기도 했기 때문이다.

2010년 NPT 평가회의에 참석한 중동지역 아랍 국가들은 중동 비핵지대 문제의 진전을 위한 가시적인 조치를 강하게 촉구하였다. 이러한 배경에서 2012년 중동지역 국가들이 참석하는 국제회의를 개최키로 합의한 것이다. 동 평가회의는 유엔 사무총장이 1995년 중동 비핵지대에 관한 결의(*resolution*) 발의국인 미국, 영국, 러시아 등 이른바 P3과 함께 중동지역 국가들과의 협의를 통해 동 국제회의를 개최할 것을 요청하였다.

그러나 국제회의 개최를 위한 여건을 마련하는 것 또한 간단하지 않은 일이었다. 우선 국제회의 개최에 필요한 실질적 준비를 맡을 '촉진자'(*Facilitator*)를 선정하고, 개최지를 정하는 것부터 문제였다. 반기문 총장은 P3 국가에게 2011년 초 당시 카자흐스탄 상원의장이던 카심 조마르트 토카예프(Kassym-Jomart Tokayev)를 타진했으나, P3 국가 간 합의가 이루어지지 않음에 따라 이 카드는 포기하게 된다. 얼마 후 반 총장은 토카예프를 제네바 주재 유엔사무소장으로 임명하였다.

이에 2011년 상반기 P3 국가들의 제안에 따라 캐나다, 노르웨이, 네덜란드 및 핀란드 등 4개 국가를 개최지 후보로 하여 이들 국가들에게 개최 여부를 타진하는 한편, 개최지 국가의 명망 있는 인사를 촉진자로 임명하는 것으로 의견을 모았다. 그러나 P3 국가의 제안에 대해서 아랍 국가들이 이견을 보였다. 아랍 국가 대표들은 2011년 5월 반기문 총장 면담을 신청, 개최지와 촉진자를 분리하여 다룰 것을 주장하면서, 2012년 회의 준비과정이 보다 신속히 이루어질 수 있도록 반 총장의 협조를 요청했다.

이 국제회의 시기, 개최지 및 촉진자를 선정하는 과정에서 몇 가지 재미있는 일화가 있다.

아랍 그룹은 2010년 NPT 평가회의 당시 자신들은 2012년은 미국 대선이 실시되는 해임을 감안하여 동 국제회의를 2013년에 개최할 것을 제안했으나, 미국 협상대표가 2012년을 주장하여 그렇게 반영된 것이라고 하면서 2012년 회의를 연기하는 것은 받아들일 수 없다는 입장을 보였다. 그러나 사실은 NPT 평가회의 협상 당시 유엔 사무국 관련부서의 기록을 보면 아랍 그룹은 동 국제회의의 2011년 개최를, 미국 등은

2013년 개최를 주장하였으며, 양측의 중간 타협점으로서 2012년으로 합의가 이루어졌던 것이다.

회의 개최지는 결국 핀란드로 결정되었다. 그런데 개최지 선정과정도 그리 간단한 문제가 아니었다. 아랍 그룹은 지리적으로 가까우면서, 가급적 국제기구가 유치된 국가를 선호하였다. 이런 점에서는 제네바와 비엔나가 자연스럽게 후보지로 검토되었다. 실제 비엔나의 경우 IAEA 등 관련 국제기구 사무국이 소재해 있고, 오스트리아 정부도 동 회의 유치에 매우 적극적인 관심을 보였다. 그러나 '비엔나 카드'에 대해서는 이스라엘이 강한 반대 입장을 보였기 때문에 성사되지 못하였다. 그 당시 IAEA에서는 아랍 그룹이 추진하는 '이스라엘 핵 능력' 결의가 매우 민감하게 다루어졌으며, 아랍 그룹과 서방 그룹 간 표 대결로 이어지는 상황이었다.

1995년 중동 비핵지대 공동 제안국인 미국·영국·러시아 3국은 반기문 총장과의 긴밀한 협의를 거쳐 핀란드 및 네덜란드를 국제회의 개최지 후보로 두고 중동지역 국가들과 협의를 계속했다. 결국 미·영·러 3국 그리고 반 총장은 10월 초 핀란드를 개최국으로, 그리고 핀란드 외교부의 야아코 라아야바(Jaakko Laajava) 차관을 촉진자로 결정하였다. 반 총장은 아랍 그룹 대표들을 직접 만나 이러한 결정을 설명하고, 직후 언론을 통해 발표하였다.

2012년 들어 라아야바 촉진자는 미·영·러 3국, 아랍 그룹 그리고 이란 및 이스라엘 등 관련 당사자들과의 협의를 부지런히 진행하였다. 그러나 어느 정도 예견된 바와 같이 중동지역 정세가 호전되지 않는 상태에서 이스라엘 안보에 있어 가장 민감하다고 할 수 있는 중동 비핵지대 문제에 진전을 기대하는 것은 무리였다. 군축관련 국제회의에서 핵군축 진전을 국제사회 정치 지형과 연계해서는 안 된다고들 말하지만, 현실은 그렇지 않다.

특히 이스라엘-팔레스타인을 비롯한 정치·안보 상황이 개선되지 않은 상태에서 중동지역 비핵지대 설치 문제를 논의하는 것은 수레를 소 앞에 두는 식이라고까지 말해도 과언이 아닐 것이다.

동 국제회의의 성패는 간단히 말하면 이스라엘과 이란이 회의에 참석하느냐 하는 문제에서부터 출발한다고 할 수 있다. 전술적 측면에서 볼 때 NPT 비당사국인 이스라엘이 회의에 참석하지 않을 가능성이 큰 상황에서, 이란이 회의 실패의 책임을 떠안을 이유가 별로 없는 상황이었다. 이런 측면에서 이란은 국제회의에 참석하겠다고 하는 전향적 입장을 표명하면서 몇 가지 조건을 제시했다. 먼저 이스라엘을 겨냥하여 동 회의가 NPT 의사규칙(*rules of procedure*)에 따라 진행되어야 한다는 점을 들었다. 또한 자국 핵 프로그램 문제는 기존 채널인 P5+1 차원에서 다루어져야 한다는 조건을 제시했다. 이는 미국과 영국 등 서방 그룹에 의해 이란 핵 프로그램 이슈가 동 회의에서 집중적으로 다루어지는 상황을 피하기 위한 조치로 해석된다.

한편, 이스라엘은 초지일관 동 회의에 대해서는 관심 자체를 보이지 않았으며, 2012년 동 회의가 개최될 경우 이스라엘은 참석하기 어렵다는 입장을 분명히 하였다.

이런 상황에서 2012년 11월 가자(Gaza) 지구에서 이스라엘과 하마스(Hamas) 간 무력충돌이 재발함에 따라 국제회의의 2012년 개최는 사실상 물거품이 되었다. 결국 라아야바 촉진자는 목표했던 2012년 12

월 중동 회의 개최가 어렵게 되었음을 인정하고 회의의 성공을 위해서는 관련국들과의 협의가 좀더 필요하다고 입장을 정리하였다. 결국 미·영·러 3국은 각각 성명을 통해 회의를 2012년 이후로 연기키로 하였음을 발표하게 된다.

결국 2014년 초 현재까지 동 국제회의는 개최되지 않고 있다. 2013년 들어서도 이렇다 할 추진동력이 형성되지 못했으며, 특히 시리아 사태가 확대되고 화학무기 사태까지 겹치면서 오히려 중동지역 비핵지대 추진에 필요한 추동력이 떨어진 것이 사실이다.

그런데 중동지역 비핵지대 설치를 위한 국제회의 개최 자체보다 더 심각한 문제는 동 이슈가 NPT 전반에 미칠 영향이다.

2015년에는 5년 주기로 개최되는 NPT 평가회의가 열릴 예정이다. 이를 앞두고 2014년에는 동 평가회의 준비를 위한 마지막 준비회의가 예정되어 있는데, 만약 2014년 준비회의가 열리기 전까지 중동지역 비핵지대 국제회의 개최 시점에 대한 합의가 이루어지지 않는 경우, 아랍그룹은 물론 NPT 회원국들의 절대 다수를 차지하는 비동맹 국가들의 강력한 저항이 예상된다.

핵 군축과 핵 비확산 체제의 미래를 다룰 2015년 NPT 평가회의에 어두운 먹구름이 다가오고 있다. 결국 앞에서도 언급하였듯이 유엔 사무총장의 소집의 힘을 빌리는 것도 국제정치상 여건이 어느 정도는 뒷받침이 될 때 가능하다.

G20 정상회의는 2008년 가을 미국 월스트리트에서 시발된 국제 금융·경제위기에 대응하기 위해 미국의 주도로 이루어졌다. 제1차 정상회의는 워싱턴에서 개최되었다. 사실 사르코지 당시 프랑스 대통령의 제안에 따라 G20 정상회의를 유엔에서 개최하는 방안도 한때 논의되었으나, 국제통화기금(IMF) 및 세계은행(World Bank)의 영향력이 작용하여, 동 기구들이 위치한 워싱턴에서 1차 회의가 개최되었다.

2010년 11월 서울 G20 정상회의 및 준비과정에 참여하면서 관찰한 바로는 G20 회원국 내 재무부와 외교부 간 견제와 경쟁은 물론, 국제무대에서도 IMF와 세계은행이 소재한 워싱턴과 각국 외교대표들이 모여 있는 유엔 소재지인 뉴욕 간 견제도 상당하다.

이런 배경을 설명하는 이유는 G20이 발전하는 가운데 유엔의 참여가 어떻게 확대되었는지를 살펴보기 위함이다. 또한 그 과정에서 반기문 총장의 노력과 영향력이 어떻게 반영되었는지 살펴보는 데도 도움이 되기 때문이다.

사실 G20 주도세력인 각 회원국 내 재정·경제부처에서는 G20에 유엔이 참여하는 것을 별로 달가워하지 않았다. 왜냐하면 G20에 참여하는 선진 경제국가 및 신흥 개도국들은 자기들의 관점에서 당시 국제 금융·경제위기를 타개하고 새로운 국제금융·경제 질서를 만들려는 의도를 강하게 가지고 있었기 때문이다. 이에 반해 유엔은 G20 출범 당시 192개 회원국 중 G20에 참여하지 않는 절대다수의 유엔회원국들의 목소리도 적절히 반영되어야 한다는 입장이었다.

필자가 G20 서울 정상회의 준비과정〔이른바 셰르파 회의(*Sherpa process*)〕에 참여하면서 관찰한 바로는 G20 내 선진 국가들과 IMF, 세계은행 전문가들은 유엔이 중점과제로 추진하던 '유엔 천년개발목표'에 대해 '경제성장'이라는 대전제를 누락했음을 한계로 지적했다. 즉, 유엔 천년개발목표가 추구하는 사회·경제 정의가 회원국들의 경제성장이 없는 상태에서는 사상누각에 지나지 않는다는 것이다.

유엔 내 절대다수를 차지하는 개도국 간의 회합이라고 할 수 있는 G77은 이러한 G20의 접근에 대해 우려하면서 새로운 국제 금융·경제 질서 창출과정에서 힘 없는 다수의 목소리가 배제되는 것은 곤란하다는 입장을 강하게 개진하였다. 반기문 총장도 제1차 G20 정상회의 때부터 이러한 입장을 적극 제시하였다.

그러나 유엔의 참석이 처음부터 확보된 것은 결코 아니었다. 유엔은 제1차 워싱턴 정상회의, 그리고 제2차 런던 정상회의 시 준비과정에는 초청받지 못하고 '본게임'이라고 할 수 있는 정상회의에만 초청받았다. 이후 반기문 총장은 유엔의 입장이 셰르파 회의 및 여타 실무 그룹 회의에도 적극 반영되는 것이 필요하다는 입장을 개진하였다. 이러한 노력에 힘입어 유엔은 제3차 토론토 정상회의에서는 정상회의 직전 셰르파 회의에 초청받았다. 2010년 하반기 한국이 의장국을 수임할 때에는 처음부터 모든 셰르파 회의에 초청받는 한편, 서울 정상회의 때 처음 도입된 개발(*development*) 관련 실무 그룹 회의에도 초청을 받아 많은 기여를 하였다. 2011년 프랑스가 의장국을 수임하면서부터는 G20의 가장 중요한 의사결정 기구인 재무장관회의에도 초청받게 되었다.

이러한 반기문 총장의 집요하고 설득력 있는 노력에 힘입어 유엔이

G20 관련 모든 협의과정에 참여하게 되었다는 점을 독자들에게 알리고자 한다.

교육 분야에서 가장 영향력 있는 멘토

반기문 총장은 유엔 천년개발목표 달성을 위한 노력의 일환으로 2012년 유엔총회 계기에 '교육우선'(*Education First*)이라는 새로운 구상을 제시했다. 반 총장은 한국의 개발 경험을 설명할 때마다 한국이 단기간 내에 세계가 부러워하는 경제성장을 이룬 가장 큰 원동력은 교육의 힘이었다고 역설했다. 2012년 들어 유엔천년개발목표의 목표연도인 2015년까지 몇 년 남지 않은 상황에서 반 총장은 그동안 교육 분야에서만큼은 뚜렷한 이니셔티브가 없었음을 지적하면서 새로운 이니셔티브를 제시한 것이다.

반기문 총장은 고든 브라운(Gordon Brown) 영국 전 총리를 교육담당 특사로 임명하였으며, 2012년 8월 동티모르를 방문해 브라운 특사와 UNESCO(유엔 교육과학문화기구) 이리나 보코바(Irina Bokova) 사무총장을 대동하고, 교육 관련 상기 이니셔티브에 대한 인식을 제고하기 위한 다양한 행사를 개최했다.

동티모르 방문 중 브라운 특사는 반기문 총장에게 특사로서 '교육우선' 이니셔티브를 구체화하고 성과를 도출하기 위한 다양한 세부 프로젝트들에 대해 별도 보고했다. 브라운 특사는 '교육우선 특별기금'(*Education First Trust Fund*) 창설이 가장 중요한 과제라면서 유엔총회 계기에 재계 및 금융, 국제적 명망이 있는 교육재단, 자선단체 등이 참석하는 발족식을 구상했다. 덧붙여 이들의 적극적인 동참을 확보하기 위해서 가장 중요한 것은 반기문 총장의 참석이라고 호소했다.

여기서 유엔 사무총장이 특정 어젠다에 관한 새로운 이니셔티브를 추진할 때 어떤 미묘한 역학관계가 수반되는지 소개해본다.

세상에 문제는 많고 재원은 부족한 것이 현실이다. 이런 상황에서 국제사회의 해결 방안은 다자적 접근과 다양한 행위주체들 간 파트너십 강화에 의지할 수밖에 없다. 이른바 '기부 피로증'(*donor fatigue*)이라는 상황에서 재원을 효율적으로 확보하고 해당 이슈에 대한 정치적 인식을 제고하기 위해서는 역시 유엔 사무총장이 지닌 '도덕적 권위'와 '소집의 힘'을 빌리는 것이 절대적으로 필요하다.

일단 유엔 사무총장의 참여와 지원이 확보되면, 유엔 시스템 내 관련 기구들 간의 힘겨루기가 시작된다. 즉, '누가 이끌어 가는가'(*Who is in the lead?*)라는 문제를 두고 기 싸움이 벌어진다. 교육 이니셔티브의 경우, 고든 브라운 특사는 직전 영국 총리라는 정치적 위상을 활용하여 자신이 구상하는 방향으로 좀더 판을 키우기를 원한 반면, 유네스코는 교육 문제에서는 자신들이 실질적인 선도역할을 하고자 한 것이다.

'교육우선' 이니셔티브 이행을 담당할 작은 규모의 사무국을 어디에 둘 것인지의 문제가 불거졌다. 브라운 특사는 유엔 사무총장이 있는 유엔 사무국 내에 두고 정치적 입지를 적극 활용하기를 희망한 반면, 유네스코는 파리에 있는 자신들의 사무국 내에 두어야 한다고 했다.

한편, 브라운 특사는 동 이니셔티브의 핵심 과제로서 별도의 국제기금 조성을 희망했다. 유엔 천년개발목표의 한 축인 말라리아, 결핵 및 에이즈의 예방 및 박멸을 위한 국제기금을 모델로 하여 교육 분야에서도 이러한 펀드 조성을 구상한 것이다. 그러나 세계은행 산하에 '세계교육동반자'(*Global Partnership for Education*)라는 펀드가 이미 존재하는 상황에서 새로운 펀드 조성은 결코 간단한 문제가 아니었다. 게다가 국제경제가 오랜 침체를 보이는 상황에서 막대한 재원의 펀드를 조성하자는 주장에 대해 동 이니셔티브에 참여한 유엔 산하기구들 및 여타 회원들은 반대 의견을 분명히 하였다.

이처럼 유엔 사무총장의 이니셔티브가 형성·이행되는 과정에서 내부를 들여다보면 서로 다른 이해관계를 지닌 참여주체들 간 이견과 갈등이 존재하는데, 결국 이를 조정하고 뚜렷한 방향성을 가지고 일을 추진하는 것이 유엔 사무총장의 비전이요 리더십이라 하겠다.

교육과 관련하여 반기문 총장의 말과 행동이 얼마나 큰 파급효과를 갖는지 여실히 보여주는 또 하나의 사례가 있다.

2012년 10월 11일 국제 소녀의 날(International Day of the Girl Child)을 맞아 반기문 총장은 이를 기념하는 고위급 패널회의에 참석하였다. 전 세계 어린이들, 특히 여자 어린이들이 교육받을 기본 권리를 유린당함은 물론 미성년자 여성의 조혼(早婚)은 심각한 인권침해라는 점을 강조하면서, 이들에게 대한 투자야말로 세상을 변화시키는 촉매가 될 수 있다고 역설하였다.

특히 얼마 전 파키스탄에서 말랄라 유스프자이(Malala Yousufzai)라는 이름의 여자 어린이가 학교를 다닌다는 이유만으로 종교적 극단주의자들로부터 끔찍한 테러를 당한 일을 가리키면서 극단주의자들과 테러 집단이 가장 두려워하는 것은 '책 읽는 소녀'(*girl with a book*) 라고 언급했다. 반기문 총장의 발언 이후 페이스북에 'Girl with a Book'이라는 페이지가 개설되어 수많은 그림과 사연들이 올라오고 있다. 유엔 사무총장의 한 마디가 얼마나 긍정적인 힘을 발휘하는지 보여주는 기분 좋은 사례였다.

유엔 사무총장의 재원 동원력

다른 장에서도 살펴보겠지만 대규모 자연 재해 또는 분쟁에 따른 대규모 난민사태 발생의 경우 '긴급구호 및 국가재건을 위한 지원회의(*donor conference* 또는 *pledging conference*)'를 개최한다. 유엔이 주도하는 지원회의도 있고 회원국이 주도하기도 한다. 어떤 경우이든 지원회의의 성공을 위해서는 유엔 사무총장의 참석은 가장 중요한 요소이다.

아랍의 봄 소용돌이 속에서 시리아 사태가 2년을 향해 치닫던 2012년 말의 일이다.

시리아 사태로 발생한 6만여 명의 사상자와 전 인구의 10%에 가까운 난민, 인구의 20%에 달하는 사람들을 위한 긴급 구호가 필요한 상황까지 사태가 악화되었다. 이에 쿠웨이트 국왕의 주최로 2013년 1월 말 쿠웨이트 수도에서 긴급 지원회의가 개최되었다. 동 지원회의는 6개월

간 15억 달러의 재원을 조성하는 것을 목표로 하였는데 당시 시리아 내 유혈사태 종식은 물론 수많은 난민 및 민간인을 구호하기 위한 반기문 총장의 적극적인 노력에 힘입어 하루 동안 개최된 회의에서 목표액을 초과하는 서약을 확보하였다.

반기문 총장은 기자회견에서 인도적 구호를 위한 서약회의로서 유엔 역사상 가장 큰 규모의 성과를 올렸다고 평가했다. 한편 2014년 1월 15일 쿠웨이트에서 열린 제2차 공여국 회의에서는 24억 달러의 재원을 조성하였다.

여기서 유엔의 인도적 지원활동과 관련하여 '유엔 역사상 가장 큰 규모의 성과'라고 할 때 한 가지 설명할 부분이 있다. 유엔이 참여하는 서약회의의 경우 기간과 함께 목적도 제시한다. 상기 시리아 서약회의의 경우 비상식량 및 담요 등 연명에 있어 가장 긴요한 인도적 구호(*life-saving humanitarian aid*) 목적으로 6개월간 필요한 재원을 마련하기 위한 회의였다.

2010년 파키스탄의 대홍수 당시 개최된 서약회의에서는 2억 달러의 기금이 조성되었는데, 이때는 12개월간 투입될 재원을 마련한 것이었기 때문에 기간 대비 기금 규모에 있어 상기 시리아 사태 지원 서약회의에서 조성된 기금이 역대 최대 규모로 평가되는 것이다.

대규모 자연재해 또는 분쟁에 따른 인도적 구호 차원의 재원 동원력은 아니지만, G20 관련 반기문 총장이 종종 언급하는 재미있는 일화를 하나 소개한다. 2009년 4월 런던 G20 정상회의 때의 일이다. 반기문 총장은 당시 세계 금융·경제 위기 극복을 위해서 1조 달러 조성이 필요하다고 주최국인 영국 고든 브라운 총리에게 제안하였고, 정상회의 때 영국 총리와 반 총장이 동 제안을 발표하였다. 동 정상회의에 참석한 이명박 당시 대통령이 반기문 총장과 면담을 가졌는데, "그런 천문학적 기금을 조성하자고 제안하는 것을 보니 유엔 사무총장이 이 세상에서 가장 큰 거지더라"고 농담을 던져 참석자들이 박장대소했다. 결국 당시 제안한 금액보다 더 많은 1조 100억 달러가 조성되었다.

유엔 사무총장에 대한 예우

유엔 사무총장은 국제사회에서 흔히 국가원수 및 정부수반에 준하는 대우를 받는다. 그러나 구체적인 예우의 수준은 국가별로, 방문 목적에 따라 차이가 있을 수 있다. 국가 정상들이 참가하는 고위급 국제회의의 경우 발언순서를 보면 국가원수 및 행정수반(*Heads of State and / or Government*) 다음으로 유엔 사무총장이 발언하는 것이 보통이다. 그러나 주최국에 따라서 이러한 관례에서 벗어나 유엔 사무총장을 우대하는 경우도 자주 있다.

반기문 총장이 2013년 12월 타계한 넬슨 만델라(Nelson Mandela) 남아공 전 대통령 국장 행사에 참석했을 때, 오바마 미국 대통령을 비롯하여 세계 각국의 전·현직 정상, 그리고 고위인사들이 참석하였다. 당시 프랑스를 방문 중이던 반기문 총장은 만델라 전 대통령 서거 소식을 접하고 일정을 급거 변경하여 남아공으로 갔다. 국장 행사에서 반기문 유엔 사무총장이 가장 먼저 연설했다. 대개의 경우 행사에 참석한 국가원수 중 대표적인 몇 사람만이 연설하는데, 만델라 전 대통령 국장이라는 전 세계적 이목이 집중된 동 행사에서 남아공 정부는 오바마 미국 대통령과 같은 인사를 제치고 반기문 유엔 사무총장을 가장 먼저 연설하도록 배려한 것이다. 반 총장은 10만 명이 넘는 군중이 참석한 이날 행사에서 우레와 같은 박수와 환호를 받았다.

그로부터 얼마 후 반 총장이 수잔 라이스(Susan Rice) 백악관 국가안보보좌관과 통화할 기회가 있었는데, 라이스 보좌관은 자신도 오바마 대통령을 수행하여 만델라 국장에 참석했다고 하면서 그날 행사에서 반기문 총장이야말로 가장 큰 스타(*rock star*)였다고 언급하기도 했다. 반 총장이 국제사회에서 어떠한 위상을 가지고 있는지 여실히 보여준 대목이라고 할 수 있다.

또 하나의 예를 들어본다. 2011년 4월 19일 우크라이나 수도 키예프에서 개최된 원자력 안전 정상회의 참석 당시 회의를 주재한 주최국의 야누코비치(Yanukovych) 대통령은 자신의 바로 우측에 반기문 총장을 자리하게 하고, 여타국 정상들을 제치고 반 총장을 첫 번째 발언자로 배려했다.

2011년 3월 중미정상회의 참석차 방문한 과테말라에서는 알바로 콜롬 대통령이 3월 16일 오전부터 만찬 종료 시까지 하루 종일 반 총장의 일정에 모두 함께 하는 한편, 대다수 각료 및 군 최고위 장성들을 대부분 행사에 참석토록 하는 극진한 예우를 보여주기도 하였다.

2011년 7월 남・북 수단이 분리되어 두 개의 독립국가로 재탄생하게 된다. 반기문 총장은 취임 초기부터 수단 및 다르푸르(Darfur) 사태 해결을 최우선적 과제로 다루겠다고 다짐했으며, 취임 첫 해인 2007월 9월 수단을 방문했다. 당시 북부 수단의 중심지이자 수도인 카르툼(Khartoum), 남부 수단 수도인 주바(Juba), 그리고 유엔 평화유지군과 아프리카 연합 군대가 혼성된 최초의 연합군(*hybrid mission*)인 UNNAMID(UN/AU Hybrid Mission in Darfur, UN/AU 혼성평화유지군)가 들어설 다르푸르 내에 위치한 엘 파셰르(El Fasher)를 방문했다. 당시 연도(沿道)에 수만 명에 이르는 인파가 몰려나와 반 총장을 열렬이 환영한 것이 무척 인상적이었다.

2012년 8월 반기문 총장이 동티모르 독립 10주년 기념행사 참석차 동티모르로 이동하는 길에 인도네시아 수도 자카르타(Jakarta)에 기착한 적이 있다. 동티모르 수도 딜리(Dili) 공항이 야간에는 이착륙할 수 없는 상황이라서 부득이 경유지에서 하룻밤을 보내고 다음 날 아침 일찍 동티모르로 떠나는 일정이었다. 인도네시아 정부는 불과 10시간 남짓한 체류임에도 불구하고 도착 시 외교차관이 영접을 나오고 대규모 모터케이드(*motorcade*, 고위 인사 방문 시 신속하고 안전한 이동을 위해 교통을 통제하면서 경호 속에서 움직이는 차량 행렬)와 공항에서부터 숙소 호텔로 가는 도로를 모두 통제하는 의전상의 예우를 제공했다.

사실 반 총장은 공식행사를 갖지 않고 단순 경유만 하는 점을 고려하여 호텔도 공항에 인접한 곳으로 정하고 일체 인도네시아 정부에 수고를 끼치는 일이 없도록 하라는 지시를 했었다. 그럼에도 불구하고 인도네시아 정부는 자국 의전 규정상 유엔 사무총장은 국가원수 대우를 받는다고 하면서 체류 시간에 관계없이 그러한 대우를 제공해야 한다고 설명했다.

05

변화된 국제환경 그리고 유엔의 역할과 한계

유엔을 중심으로 한 다자주의(*multilateralism*)에는 지지론과 비판론이 늘 함께 따라다녔다. 유엔은 193개 주권국가가 1인 1표제 원칙의 민주적 합의제를 통해 운영된다. 이와 동시에 안보리 상임이사국의 거부권 제도, 그리고 G20 회원국들이 유엔 분담금의 대부분을 책임지는 불균형한 힘의 구도가 공존하는 곳이 유엔이다. 이러한 다자주의의 현실에 비추어볼 때 건전한 비판적 시각을 가지고 다자주의를 바라보는 것이 중요하다. •

반기문 총장은 역대 유엔 사무총장과 비교해볼 때 유례없이 어려운

• 2011년 G20 회원국 중 EU를 제외한 19개 회원국이 차지하는 유엔 분담금의 경우, 정규 분담금은 약 80%, 유엔평화유지군 분담금은 84%를 차지하고, 여타 EU 회원국들의 분담금을 합산할 경우, 정규 분담금은 93%, 평화유지군 분담금은 95%를 차지한다.

국제환경 속에서 막중한 책무를 맡게 되었다. 취임 2년째인 2008년 가을 전 세계적 여파를 몰고 온 금융·경제 위기, 2011년 유로존 위기가 다시 불어 닥치면서 이른바 더블딥 상황이 도래하는 등, 국제 경제상황은 쉽게 호전되지 않았다. 또한 2011년 벽두부터 북아프리카·중동 등 아랍지역의 자유·민주화 혁명, 즉 아랍의 봄은 정치 이념적, 사회·경제적 가치 측면에서, 반기문 총장의 표현대로 '한 세대에 한 번 겪을까 말까 한' 큰 변혁의 바람을 몰고 왔다.

한편, 한때 절대적이고 경쟁 상대가 없는 듯 보였던 미국의 힘이 상대적으로 약화되면서 중국의 부상, 그리고 인도, 브라질, 남아공 등 이른바 '신흥 강국'(*emerging powers*)들의 대두로 국제사회에서의 힘의 균형이 새롭게 형성되는 과도기적인 상황이었다. 그런 만큼, 반기문 총장은 전임 사무총장들이 재임하던 시절과는 근본적으로 다른 국제환경 속에서 어려운 책무를 이끌고 나가야 했다.

이 장에서는 21세기 급변하는 국제환경 속에서 유엔의 역할이 어떻게 적용되는지, 그리고 21세기의 다양한 도전을 해결하는 가운데 유엔의 한계는 어떠한 것들인지를 살펴보고자 한다. 미국과 BRICS(브라질, 러시아, 인도, 중국, 남아프리카공화국)와 같은 신흥 강국들의 역학관계도 생각하면서, 앞으로 유엔을 중심으로 한 다자주의가 국제관계에서 어떻게 전개될지를 그려보면 좋을 것이다. 또한, 중견국 외교를 표방하는 한국이 다자무대에서 범세계적 이슈들을 다루어나가는 과정에서 어떻게 중견국 리더십을 발휘할 수 있겠는지 하는 문제도 생각해볼 수 있을 것이다.

민주주의 가치 확산 및 유엔의 역할 증대

2011년부터 전 세계를 휩쓴 '아랍의 봄'은 유엔의 역할과 관련해서도 시사하는 바가 많았던 이슈였다. '우리 인류'(*We the Peoples*)로 시작하는 유엔헌장은 민본주의(民本主義)에 기초한다. 반기문 총장은 아랍의 봄 과정에서 전 세계 지도자들 중 가장 단호한 목소리를 내면서 시대적 변혁을 만들어내기 위한 촉매 역할을 한 인물로 기록될 것이다.

반기문 총장은 북아프리카, 중동 지역 국민들에게 '희망의 혁명'(*revolution of hope*)이라고 아랍의 봄을 표현하면서 이러한 민주화 혁명 및 국가 재건과정 내내 국제사회의 지지를 이끌어내는 데 중심적 역할을 수행하였다.

2011년 초 튀니지 과일 행상 청년 모하메드 부아지지(Muhammad Bouazizi)의 분신(焚身)이 자유와 민주화를 향한 거대한 물결이 되어 전 아랍지역으로 확산될 거라고는 아무도 생각지 못했다. 이런 상황에서 반기문 총장은 "역사는 우연 같지만 필연의 결과"라고 하면서 자유와 민주주의 확산에 대한 확고한 신념과 비전을 가지고 거대한 역사의 소용돌이 속에서 중심적인 역할을 수행하였다.

유엔의 입장에서 볼 때 이 과정에는 한 가지 흥미로운 관찰사항이 있다. 바로 서방주도 민주주의 확산에 대한 견제가 국제사회 주요국 간 의견 분열로 이어지고, 역설적으로 그 가운데 유엔의 역할에 대한 요구가 강화되었다는 점이다.

튀니지, 이집트에 이어 리비아 카다피 정권이 잇달아 붕괴되면서 아랍권의 민주화 혁명이 정점에 이르자 북대서양조약기구(NATO)와 미국 주도 프로세스에 대한 견제가 본격화된다. 철옹성 같아만 보이던 이집트 무바라크 정권과 리비아 카다피 정권이 무너지자 서방주도 정권교체(*regime change*)에 대한 경계론이 확산된 것이다.

특히 러시아, 중국, 인도, 브라질 등 브릭스 국가들의 경우 미국과 NATO 중심의 서방권이 인도주의적 개입(*humanitarian intervention*)이라는 명목으로 자신들이 원치 않는 국가의 정권을 힘으로 교체하고 원유 등의 경제적 실리를 도모한다고 비판하였다. 이들은 독립, 주권 신성 및 영토 불가침과 같은 국제정치의 최우선적 가치들을 뒤흔드는 새로운 제국주의(*new imperialism*) 시도라고 강한 비판의 각을 세웠다.

이런 상황에서 인도, 브라질, 남아공으로 구성된 IBSA(India, Brazil, South Africa) 대표단이 2011년 8월 시리아 수도 다마스쿠스를 방문, 정치 개혁을 통한 평화적 해결 방안을 강구하기도 하였다. 안보리 내의 의견 분열은 유엔의 역할 강화 요구로 이어지는데, 브릭스 및 비동맹국가들은 리비아 재건 과정이 철저히 유엔 주도로 이루어져야 한다고 목소리를 높인 바 있다.

한편, 반기문 총장은 제66차 유엔총회를 계기로 2011년 9월 20일 리비아 관련 고위급 회의를 개최하였다. 이 회의는 리비아 임시정부인 국가평의회(*National Transitional Council*)의 입장에서는 국제사회로부터 승리를 확인받는 일종의 축하행사 성격이었다고 해도 과언이 아니었다. 동 회의가 개최되기 일주일 전에 안보리는 리비아에 대한 기존 제재조치를 완화하는 한편, 리비아 재건 지원을 위한 유엔 지원단(UN *Support Mission*) 파견을 승인하였다. 유엔 총회는 리비아 임시정부인 국가평의회를 리비아를 대표하는 주체로 공식 승인하는 결의를 채택하였다.

이 고위급 회의는 제66차 총회 기간 중 가장 관심이 집중된 회의였다. 그런 만큼 너무 많은 고위급 인사들이 발언 신청을 하여 시간 관계상 상당수 신청자들이 발언을 못하고 회의가 종료되는, 좀처럼 보기 드문 상황이 연출되었다. 이 회의는 리비아 신정부에 정당성을 부여해주는 행사였으며, 많은 언론들이 "다자주의의 승리를 보여준 아주 드문 사례"(*rare opportunity to showcase the triumph of multilateralism*) 라고 높이 평가한 바 있다.

한편, 리비아 사태가 차츰 정리되면서 국제사회의 관심은 시리아로 옮겨갔다. 시리아 알 아사드(al-Assad) 정권이 시위대를 무력으로 강제 진압하는 과정에서 수많은 희생자가 발생하면서 안보리가 이 문제를 본격적으로 다루게 되었다. 그러나 이 과정에서 이집트 및 리비아 사태를 경험한 안보리 이사국들 간 입장이 첨예하게 대립하였다. 특히 러시아는 서방주도에 따른 정권교체에 대해 극도의 우려감을 드러내면서, 시위대에 대한 정권의 무력 진압만 문제 삼을 것이 아니라 시위대의 무장 봉기도 동일하게 다루어야 한다는 입장을 개진하였다.

그런 가운데 시리아 사태가 자칫 부족과 정파 간 내전(*civil war*) 양상으로 치달을지도 모른다는 우려가 제기되었다. 특히 중동지역에서 시리아의 지정학적 중요성에 비추어 '혁명의 무기화'(*weaponization of revolution*) 상황이 주변국으로 확산될 가능성에 대한 우려가 높이 제기되었다. 실제 시리아 사태가 2년을 넘기면서 이란이나 레바논 헤즈볼라(Hezbollah, 레바논의 이슬람교 시아파 교전단체이자 정당조직)도 동원되면서 일종의 대리전 양상도 드러내는 등, 지역 전체로 확산될 우려도 고조되었다.

리비아 카다피 정권 붕괴 이후 국가 재건 과정에서 큰 혼란이 올 수도 있는 상황이었고, 그런 경우 자칫 반동세력에 의한 극단주의가 득세할 수도 있는 불안정한 상태였다. 반 총장은 아랍의 봄을 통한 자유와 민주화에 대한 열망이 성취되고 리비아의 국가 재건이 순조롭게 이루어질 수 있도록 중요한 역할을 수행하였다. 즉, 전환기(*transition*) 과정의 리비아가 제대로 다시 설 수 있도록 균형추를 잡는 데 매우 중요한 역할을 한 것이다.

2013년 2월 초 현재, 이미 3년을 넘긴 시리아 문제에 대한 정치적 해법을 마련하기 위한 노력이 계속 진행 중이지만 이렇다 할 진전은 없는 상태이다. 미국, 러시아 등 주요 당사국 그리고 유엔의 노력에 힘입어 시리아 평화협상(*International conference on Syria*)이 1월 22일 스위스 몽트뢰(Montreux)에서 개최되었다. 이 회의에 시리아 반군 대표의 참석 여부와 함께, 시리아 사태 해결과정에서 지역 차원에서 큰 영향력을 행사하던 이란의 참석 문제가 뜨거운 감자로 대두되었다. 반기문 총장은 시리아 사태를 근본적이고 포괄적으로 해결하기 위해서는 이란의 참여가 필요하다는 판단에 따라 이란도 초청하였다.

그러나 이란이 2012년 제1차 제네바 평화협상 당시 채택된 공동성명에 대한 지지 입장을 끝까지 공식 확인하지 않음에 따라 이란이 회의에는 참여하고 '회의 훼방꾼'(*spoiler*) 역할만 할 수도 있다는 우려가 고조되어 이란의 초청을 막판에 철회하는 상황도 벌어졌다.

반기문 총장은 시리아 평화협상에 참가하기 위해 뉴욕을 출발하기 직전까지도 이 문제로 미국, 러시아, 사우디아라비아, 이란 등 주요 당사국 지도자들과 전화 통화를 수십여 차례 갖기도 하였다. 결국 우여곡절 끝에 평화협상이 예정대로 개최되었으며, 반 총장의 시리아 특사 주재로 시리아 정부와 반군 간 직접 협상이 시작되었다. 여기서는 시리아 문제에 대한 결말은 소개하지 못하고 마치는 데 대한 독자들의 이해를 구한다.

리비아 사태와 시리아 사태를 보면서 아랍의 봄이라는 전대미문의 변혁기에 유엔 사무총장이 독재자에게는 가장 두려운 양심의 목소리로서, 난민 등 희생자들에게는 가장 기댈 수 있는 구원자로서, 그리고 커다란 변혁을 겪은 아랍권 각국 제정파들에게는 다시 혼란의 나락으로 떨어지는 것을 막기 위해 중재하는 균형자로서의 역할을 수행한 것이다.

풀리지 않는 난제, 중동 문제

아랍의 봄이 정점을 이루는 리비아·시리아 문제, 그리고 팔레스타인이 제66차 유엔총회에서 유엔 가입을 신청한 것과 관련하여 유엔의 역할에 대한 분석을 해보고자 한다. 과거에 비해 미국의 지도력이 한계를 드러내는 상황에서 상대적으로 유엔의 적합성(*relevance*)이 부각되었다는 시각과 함께, 과거 미국이 보여준 강력한 리더십이 더 이상 발휘되지 않는 상황에서 브릭스(BRICS)라는 신흥 세력과 서방 간 갈등이 본격화되는 신호탄이 되었다는 분석이 동시에 제기되었다.

카다피의 도주를 계기로 리비아 문제가 해결국면으로 접어들면서 아랍의 봄은 또 다른 커다란 도전을 정면으로 맞게 된다. 바로 아랍의 봄이라는 대서사시의 대단원이라 할 수 있는 시리아 사태였다.

2011년 10월 초 안보리는 어려운 협상 끝에 미국과 영국 주도 결의안을 표결에 부쳤으나, 중국과 러시아의 거부권 행사로 결의안 채택에 실패하고 만다. 이라크 및 리비아식의 서방주도 정권교체에 대한 경계심이 극도로 고조된 가운데, 러시아와 중국의 이른바 '더블 비토'(*double veto*)와 함께 브릭스라는 신흥 개도국들의 맞장구도 안보리 내 힘의 역학관계에 상당한 영향을 미쳤다.

당시 중국과 러시아의 거부권 행사에 대해 미국 유엔대사가 안보리 회의장을 박차고 나가면서 불편한 심기를 표출하기도 했다. 그러나 미국으로서는 그 당시 팔레스타인의 유엔 가입 신청서 제출에 대해 거부권 행사 방침을 분명히 한지라 언론에서는 미국의 이러한 입장을 아이러니하다고 비판하는 분위기도 적지 않았다.

당시 이스라엘 정부의 강경노선에 대한 국제사회의 비판에도 불구하고, 미국이 팔레스타인의 유엔 가입신청 조치에 맞서 이스라엘을 맹목적으로 옹호한다는 비판에 처한 바 있다. 이런 배경에서 중동평화 협상을 진행할 당시 프랑스 사르코지 대통령의 제안이 주목 받는 상황이 발생하였으며, 중동 평화협상 관련 국제회의를 모스크바에서 개최하자는 러시아의 제안도 다시 거론되기도 하였다. 또한 브릭스 국가들이 좀더 영향력을 발휘하여야 한다는 주문도 대두되었다. 결국 아랍의 봄과 팔레스타인의 유엔 가입신청은 국제평화 및 안보 이슈에 관해 주된 책임을 지는 안보리에서 미국의 영향력이 한계를 드러낸 계기가 되었다 해도 과언은 아닐 것 같다.

당시 국제정치 상황은 2012년 리더십 교체를 앞두고 주요 국제문제에 있어 점점 더 분명한 목소리를 내려는 러시아와 중국의 행보, 그리고 당시 국제사회를 휩쓴 국제 금융·경제위기 속에서 신흥 세력으로 부상하던 브릭스의 영향력 확대가 동시에 작용하고 있었다. 이렇게 갈수록 복잡해지는 국제정치 역학관계 속에서 유엔, 특히 유엔 사무총장의 역할이 힘을 발휘할 수 있는 정치적 공간이 형성되었다고 보는 견해도 있다.

다음 내용은 필자가 반기문 총장을 수행하여 출장을 다닌 가운데 가장 기억에 남고 보람을 크게 느낀 내용을 기록한 것이다. 2012년 11월 19일부터 21일까지 3일 동안의 행적을 보면 당시 이스라엘과 하마스 간 휴전협정을 이끄는 데 크게 기여한 반기문 총장의 결단력과 치밀한 외교력이 돋보이는 내용이다.

반기문 총장의 2012년 중동 위기 해결 뒷이야기

반기문 총장은 2009년 1월 중동 분쟁 당시 이 지역을 방문한 이후 3년 10개월 만인 2012년 11월, 다시 위기 해결을 위해 이스라엘·팔레스타인 지역을 방문하였다. 당초 아프리카 순방에 나설 예정이었으나 이스라엘·팔레스타인 분쟁이 악화됨에 따라 출발 3일 전 아프리카 순방을 전격 취소하였다. 당시 나는 아프리카 순방 행사준비를 맡고 있었는데 순방 대상국들에 대해 방문 취소를 급히 알리고 양해를 구하는 등 수습을 하느라 고생하기는 하였으나, 후에 생각해보니 반 총장의 판단 및 결단력에 고개가 끄덕여졌다.

이스라엘 및 팔레스타인 방문이 결정되고 난 상황에서 가장 중요하고 민감한 문제는 포성이 울려 퍼지는 가자(Gaza) 지구의 방문 여부였다. 반기문 총장은 수잔나 말코라(Susana Malcorra) 비서실장을 시켜 주 유엔 이스라엘 대사에게 전화를 걸어 이스라엘 및 팔레스타인 방문 계획을 알렸는데, 이스라엘 측이 1시간도 채 안되어 이 사실을 SNS를 통해 언론에 흘렸다. 트위터를 통해 "유엔 사무총장이 이스라엘 및 팔레스타인을 방문하지만 가자 지구는 방문하지 않는다"고 흘림으로써 가자 지구에 가지 못하도록 선수를 친 셈이 되었다. 가자 지구에 대한 지상군 투입 임박설이 나돌던 급박한 상황이었음을 감안할 때 유엔 사무총장이 가자 지구를 방문하는 경우 이스라엘의 군사작전이 어렵게 될 것임을 우려한 조치로 해석될 수 있었다.

한편, 이스라엘과 주변지역 방문 시 반드시 해결해야 할 중요한 문제가 바로 항공편 연결이었다. 반기문 총장은 유엔 사무총장 취임 후 처음으로 2012년 11월 19일 예멘을 사전에 발표하지 않고 전격 방문하였다. 신변 안전에 대한 우려로 예멘의 수도인 사나(Sann'a)에서 7시간만 머문 후 바로 이집트로 이동하였다. 이때 사나로부터 이집트 수도 카이로까지는 사우디아라비아 정부가 제공한 특별기를 이용하였다.

이집트 방문에 이어 이스라엘로 들어가는 항공편이 문제였다. 이스라엘의 경우 주변 중동 국가들과의 외교관계로 인해 카타르, 요르단 및 이집트만이 자국 항공기의 이스라엘 기착이 허용되는 상황이었다. 뉴욕을 떠나기 전, 주 유엔 이집트 대사에게 이집트에서 이스라엘로 이동할 때 이집트 정부의 특별기 제공을 요청했으나, 이집트 측이 당시 정세에 비추어 항공기 제공이 정치적으로 너무 민감하다고 하면서 정중히 양해를 구해왔다. 이에 따라 수단 다르푸르 주둔 UN/AU 혼성평화유지군(UNAMID) 소속 유엔기를 긴급히 동원하게 되었다.

반기문 총장은 11월 19일 저녁, 카이로 공항 도착 직후 바로 이집트 외교부로 이동하여 모하메드 카멜 알리 아므르(Mohamed Kamel Ali Amr) 외교장관 주최 만찬에 참석하였다. 만찬 시작에 앞서 반 총장이 이집트 외교장관과 단독 면담을 갖고 있었는데, 이집트 의전실에서 그다음 날 오전에 예정되었던 모하메드 무르시(Mohamed Morsi) 대통령과의 회담이 전격 취소되었음을 유엔측에 알려왔다. 그리고 이 사실은 면담 중이던 반기문 총장에게 급히 보고되었다. 이집트 외교장관은 "조금 전 무르시 대통령의 여동생이 사망하는 바람에 다음 날 장례 일정 관계로 부득이 모든 일정을 취소하게 되었다"는 메시지를 받았다면서 양해를 구했다.

대통령 여동생의 사망이라는 전혀 예기치 않은 상황이긴 하였지만 중동사태 해결을 목표로 찾은 첫 번째 행선지에서, 그것도 무르시 대통령이 이스라엘과 하마스 간 가장 중요한 중재역할을 수행했던 점에 비추어 볼 때 무르시 대통령과의 면담이 불발되는 것은 매우 난감한 상황이었다. 이어진 만찬 자리에서 반 총장은 아므르 외교장관에게 이스라엘과 팔레스타인에서의 일정을 모두 마치고 이집트를 다시 방문하는 방안을 제안했다. 아므르 외교장관은 한참 동안 요로(要路)에 전화를 하더니 면담이 성사될 수 있겠다는 언질을 주었다.

무르시 대통령 일정이 취소됨에 따라 다음 날 일정들을 급히 재조정하고 예정보다 일찍 이스라엘로 넘어가기로 하였다. 이집트 외교장관과의 만찬을 마치고 숙소로 돌아온 것이 밤 10시였다. 이때부터 다음 날 일정에 대한 조정작업이 급하게 이루어졌다. 당초 그 다음 날 오후로 예정된 이집트 히샴 모하메드 칸딜(Hesham Mohmed Qandil) 총리와의 면담을 무르시 대통령과 만나기로 했던 오전 10시로 조정할 것을 긴급 요청하는 한편, 이스라엘주재 UNSCO(*United Nations Special Co-ordinator*) 유엔팀에는 이스라엘 도착 시간이 앞당겨진 만큼 가능한 11월 20일 오후 예루살렘에서 이스라엘 주요 인사 면담이 모두 주선될 수 있도록 급히 조치할 것을 지시하였다.

다행히 모든 일정이 우리가 원하는 방향으로 조정되어 11월 20일 오전 10시 칸딜 총리를 만난 후 오후 1시 반경 이스라엘의 주요 도시인 텔아비브(Tel Aviv)에 도착하였다. 도착 직후 반기문 총장은 예루살렘으로 이동하여 리에베르만(Lieberman) 외교장관, 바락(Barak) 국방장관, 네타냐후 총리를 연쇄 면담하고, 저녁에는 페레스(Peres) 대통령과 만찬 및 기자회견을 가졌다.

'운명의 날'이라고 할 만큼 긴박했던 11월 21일 아침이 밝았다. 반 총장은 같은 호텔에 머문 클린턴 미 국무장관과 아침 8시 15분 무렵 면담을 가졌다. 클린턴 장관은 전날 밤 오바마 대통령의 캄보디아 방문 수행을 마치고 바로 예루살렘에 도착 직후 네타냐후 총리와 새벽 2시까지 회담을 가졌다고 하였다. 클린턴 장관은 유엔 사무총장 면담 직후 팔레스타인 서안지구(West Bank)에 위치한 라말라(Ramallah)를 방문하고 이어서 카이로로 향했다. 1시간의 시차를 두고 유엔 사무총장과 동일한 동선으로 움직인 것이었다.

당초 클린턴 국무장관은 오바마 대통령과 캄보디아에서 동아세안 정상회의(East Asia Summit)에 참석 중이었다. 이와 관련, 반 총장을 수행 중이던 유엔 사무국에서 정무를 담당하는 미국인 사무차장은 중동사태가 급박하게 돌아가고 있는 데도 불구하고 미국의 모습이 보이지 않는다고 우려했다. 이러한 상황에서 오바마 대통령이 클린턴 국무장관을 급히 파견한 것으로 보였다. 사실 유엔 사무총장의 중동지역 방문기간 중 프랑스 및 독일 외교장관은 물론 토니 블레어(Toni Blair) 전 영국총리 등과 활발한 전화 접촉을 가진 바 있다. 이런 상황에서 중동사태 해결을 위한 반기문 총장의 발 빠른 행보로 인해 유엔의 존재감이 크게 돋보였으며, 그만큼 유엔에 대한 기대감도 커진 상황이었다.

반기문 총장은 클린턴 국무장관 면담 직후 유엔 팔레스타인 난민 구호기구(UNRWA) 관계자 등 이스라엘・팔레스타인 주재 유엔 관계자들로부터 가자 지구에서의 인도적 상황 등에 대한 브리핑을 청취하였다. 브리핑 후 네타냐후 총리 요청에 따라 통화하였는데, 이스라엘 총리는 반 총장에게 "라말라 및 이집트 방문을 통해 이스라엘의 입장을 잘 전해줄 것"을 간곡히 요청하였다.

11월 21일 오전 반기문 총장은 라말라로 이동하여, 팔레스타인 파야드(Fayyad) 총리를 만나고, 이어 압바스(Abbas) 대통령과의 면담, 기자회견 및 간단한 오찬을 가졌다. 압바스 대통령과의 일정 후 텔 아비브 공항으로 이동하여 유엔 특별기편으로 이집트로 다시 건너가게 되었다. 그러나 그날 오전 텔 아비브에서 발생한 버스 테러 공격으로 인해 팔레스타인에서 이스라엘로 진입하는 모든 도로가 봉쇄되고 철저한 차량 검문이 실시되었다. 텔 아비브 공항도 비상경계 상황이어서 항공기 이착

2009년 1월 가자 지구 방문시 경호원들에 둘러싸여 황급히 모터케이드로 달려가는 반기문 총장(왼쪽에서 세 번째). (사진제공: UN)

륙이 제한적으로 허용되는 바람에 지정된 이륙시간(13시 50분)을 엄수하지 않으면 안 되는 상황이었다. 라말라에서 예루살렘으로 들어오는 검문소를 통과하는 데 평소보다 훨씬 오랜 시간이 소요되는 바람에 유엔 사무총장이 탑승한 모터케이드도 지체될 수밖에 없었다. 이런 와중에 유엔 사무총장이 탑승한 모터케이드 전열의 차량들은 간신히 유엔기 이륙시간에 맞추어 공항에 도착하였으나, 뒤편에 있던 차량 몇 대는 본대와 끊겨 공항에 20분 정도 늦게 도착하였다. 나도 뒤편에 끊긴 모터케이드에 있었는데, 공항에 도착하였을 때 이미 반기문 총장이 탑승한 유엔기가 활주로에서 이륙 준비를 하고 있었다.

이때 여타 수행원들이 도착한 것을 보고 반 총장은 항공기 조종사에게 요청하여 항공기를 멈추고 여타 수행원들이 활주로까지 차로 급히 달려와 항공기에 탑승하게 되었다. 007영화에서나 나올 법한 장면이었다. 그러나 합류의 기쁨도 잠시, 뒤늦게 도착한 수행원들을 탑승시키느라 지정된 이륙시간을 놓침으로써 항공기는 활주로를 벗어나 관제탑으로부터 다음 이륙시간을 하염없이 기다려야 하는 위기가 닥쳤다. 이집트 무르시 대통령이 그날 밤 파키스탄으로 출장을 떠날 예정이었기 때문에 예정된 오후 4시 면담시간에 반드시 맞추어야 했다. 손에 땀을 쥐게 하는 순간이었다. 이때 UNSCO 책임자인 로버트 세리(Robert Serry) 특사가 이스라엘 대통령실 최고위층에 긴급 도움을 요청, 유엔기가 걱정했던 것만큼 오랜 시간 정체하지 않고 20분 만에 이륙할 수 있었다.

11월 21일 15시 30분 무렵 카이로에 도착하여 무르시 대통령궁으로 바로 이동했다. 반 총장에 앞서 이집트로 건너온 클린턴 국무장관이 무르시 대통령과 면담을 갖고 있었다. 클린턴 장관은 무르시 대통령과의 면담을 마친 후에도 대통령궁을 떠나지 않고 별실에서 계속 머물면서 이스라엘 총리와 휴전협정 타결을 위한 막판 절충을 벌이고 있었다.

반기문 총장은 16시 40분부터 17시 30분까지 무르시 대통령과의 면담을 마친 후 단독 기자회담을 갖고 공항으로 이동하여 유엔기편으로 요르단으로 이동하였다. 카이로에서 암만으로 이동하는 도중 이스라엘과 하마스 간 휴전협정 타결이 발표되었다. 요르단 마르카(Marka) 공항에 도착하자마자 대기 중이던 요르단 국왕의 헬기편으로 국왕 처소로 이동, 압둘라 빈 알 후세인 2세(Abdullah II Bin Al Hussein) 국왕과 업무 만찬을 하였으며, 이어 요르단 나세르 주데(Nasser Judeh) 외교장관과 기자회견을 가졌다.

반기문 총장은 요르단에서의 2시간 남짓한 짧은 일정을 마치고 요르단 국왕이 제공한 헬기편으로 서둘러 텔 아비브로 돌아와 현지 시각 11월 21일 밤 10시 45분(뉴욕시간으로는 같은 날 오후 3시 45분) 화상연결을 통해 안보리에 중동 순방 결과에 관해 브리핑하였다. 안보리 보고 직전 네타냐후 총리에게 전화를 걸어서 휴전협상 타결을 축하했다. 네타냐후 총리는 오바마 대통령, 클린턴 국무장관 및 유엔 사무총장의 협조에 깊은 사의를 표명하였다.

반기문 총장은 이어 11월 22일 목요일 오전 1시 비행기에 탑승, 추수감사절(*Thanksgiving day*)인 11월 22일 오전 6시경 뉴욕에 복귀하였다.

반기문 총장은 11월 21일 하루에만 예루살렘, 팔레스타인, 라말라, 카이로, 요르단, 텔 아비브로 이어지는 숨 가쁜 외교전쟁을 치른 끝에 중동에서의 더 큰 재앙을 막고 휴전협정을 이끌어내는 데 커다란 기여를 한 것이다.

다중적 위기의 상시화

반기문 총장은 최근의 국제정치・경제 상황은 어느 시점을 막론하고 다수의 범세계적 도전들이 동시에 존재하는 '다중적 위기'(*multiple crises*) 상황이라고 정의하고, 이에 대처하기 위해서는 국제사회 모든 행위주체들이 보다 포괄적이고 견고한 파트너십을 구축해야 한다고 강조하였다. 반 총장은 2008년 가을 국제 금융・경제 위기가 발생하자, 그렇지 않아도 기후변화, 천년개발목표 등 국제사회의 당면 현안들을 해결하기도 어려운 상황에서 금융·경제 위기가 가져올 파장에 대해 심각한 위기의식을 가졌다.

반기문 총장은 또한 2009년 당시 국제 금융·경제(*Finance*), 식량위기(*Food*), 고유가(*Fuel*) 및 신종인플루엔자(*Flu*) 등 다양한 위기가 혼재된 상황을 빗대어 '4F 위기'라고 부르기도 하였다. 이 책을 집필한 시기를 잠시만 돌아보아도 반기문 총장 재임 시절 얼마나 많은 범세계적 문제들이 동시 다발적으로 발생했는지 쉽게 찾아볼 수 있다.

위에 언급한 신종인플루엔자 A(H1N1)의 경우 2009년 6월 세계보건기구(WHO) 및 국제수역기구(OIE)가 정한 최고위험 단계 6인 '대유행'(*pandemic*)을 선포하게 된다. 신종인플루엔자 A는 한국에서도 발병했는데, 당시 반기문 총장은 마거릿 챈(Margaret Chan) 세계보건기구 사무총장과 수시로 통화하면서 유엔 차원의 대응을 지휘한 바 있다.

2011년 3월 동일본 대지진 이후 일본은 후쿠시마 원전 사고 위험도를 측정하는 국제기준인 INRE(*International Nuclear and Radiological Event Scale*)상 최고 수준인 7단계로 격상한 바 있다. 이러한 조치는 25년 전인 1986년 체르노빌 원전 사고 이후 처음 이루어진 조치이다.

앞서 다룬 바 있지만 반기문 총장은 "원자력 안전은 모든 국제사회가 시급하게 다루어야 할 범세계적 문제"라면서, "차제에 원자력 안전조치 강화뿐만 아니라 평화적 목적의 원자력 에너지 이용 증진 및 원자력 에너지의 미래와 같은 거시적인 문제도 다루어야 한다"는 비전을 제시하였다. 이에 따라 2011년 가을 유엔총회에서 세계 각국 정상 및 장관급 인사들이 대거 참석한 가운데 원자력 안전 및 핵 안보 관련 고위급 회담을 개최했다.

한편 유엔은 2011년 소말리아 등 아프리카 북동부 지역(Horn of Africa 지역)의 기근에 따른 대규모 기아 사태를 맞아 대기근(*famine*)을 선포하기에 이른다. 반기문 총장은 2011년 8월 한국 방문에서 대기근 선포 후 한 달 사이에 4만 명이 굶어죽었으며, 이들 희생자중 대부분이 어린이 등 취약그룹이라고 하면서 한국 정부의 적극적인 관심을 호소하기도 하였다. 반기문 총장은 방한 중 한국 적십자사가 주관한 '아프리카 어린이 돕기' 발대식 행사에 참석, 아프리카 지역의 어린이들을 기아, 질병, 문맹, 불안의 고통으로부터 구제하는 데 한국이 앞장서줄 것을 당부했다.

한편, 반 총장은 북동부 아프리카 지역의 대기근을 해소하기 위해 13억 달러의 긴급 구호물자 지원이 시급하다고 호소하면서, 대규모 인도적 구호물자의 신속한 지원을 위해 전 세계 주요 화물 운송사들이 인도적 물자 수송을 무료 또는 가장 저렴한 비용에 제공해줄 것을 요청했다.

다중적 위기와 관련한 또 하나의 예를 소개한다. 기후변화에 따른 대규모 자연재해가 속출하고 분쟁으로 인한 대량 난민 사태가 끊임없이 발생하고 있다. 이런 경우 유엔 인도적 구호기구들은 '카우보이'처럼 즉각 현장으로 달려간다. 반기문 총장은 2013년 12월 필리핀을 방문하였다. 지구상에 기록된 최대 규모의 태풍이라고 하는 하이엔 피해지역인 필리핀 타클로반(Tacloban) 지역을 방문하기 위해서였다. 이 출장은 개인적으로 유엔 사무총장 비서실에 근무하면서 반기문 총장을 보좌한 마지막 출장이기도 하다.

유엔은 자연재해 또는 분쟁으로 인한 대규모 인도적 구호활동이 요구되는 긴급상황에 보다 효율적으로 대처하기 위해 2011년 12월 '레벨 3 긴급상황'(*Level 3 emergencies*)이라는 시스템을 발족하였다. 유엔이 이러한 새로운 긴급재난 구호 시스템을 발족한 것은 2010년 1월 발생한 아이티 대지진 당시 유엔이 주도하는 인도적 구호활동이 보다 신속히 현장에 도달하지 못하고 현장 구호활동 또한 중복과 혼선이 많아 체계적이지 못하였다는 비판과 자체 분석에 따른 것이었다.

레벨 3 위기로 지정되기 위해서는 재난 규모, 복합성, 긴급성, 구호활동에 요구되는 역량, 그리고 유엔이 신속히, 그리고 효율적으로 대응하지 못했을 때 맞게 될 평판 위험도(*reputational risk*) 등 5개 분야의 기준을 모두 충족시켜야만 한다. 레벨 3 위기로 지정되면 유엔 시스템 내의 인도적 구호 및 난민 구호와 관련된 모든 기구들이 총동원되어 신속한 지원을 제공하게 된다.

초대형 태풍으로 인해 막대한 피해를 입은 필리핀의 경우에도 레벨 3 위기로 지정되었는데, 그 당시 오랜 내전을 겪던 시리아, 그리고 중앙아프리카공화국도 레벨 3 위기로 지정되어 있었다. 2011년 동 시스템 도입 이후 레벨 3 위기가 동시에 세 군데에서 가동된 것은 처음 있는 일이었다. 문제는 회원국 예산에 의존해야 하는 유엔도 재원이 한계가 있고, 앞서 설명한 바와 같이 '기부 피로증'을 겪는 상황 속에서 레벨 3 위기는 큰 부담이 될 수밖에 없었다.

글로벌 거버넌스의 중요성 부각

이상에서 간략히 살펴본 바와 같이 반기문 총장 재임 당시 유엔은 역대 어느 시점과 비교할 때 유례없이 많은 위기가 동시에 닥친, 이른바 '다중적 위기의 시대'였다고 해도 결코 과언이 아니다.

이러한 상황에서 '글로벌 거버넌스'(*Global Governance*), 즉 어떻게 한정된 재원을 가장 유효하게 사용하고 배분하느냐의 문제가 가장 중요한 문제로 다루어졌다. 글로벌 거버넌스라는 개념이 자칫 추상적으로 들릴 수도 있겠지만, 유엔 사무총장실에서의 경험을 토대로 다음과 같이 정리할 수 있다.

우리가 '지구촌'이라는 말을 흔히 하지만 사실 개인 및 주권국가는 자국의 이익과 직결된 문제를 다루는 데 급급하게 마련이다. 이런 자국중심주의는 경제여건이 좋지 않을 때는 더욱 심하다. 그러나 급속한 인구증가와 도시화 속에 물·에너지·식량 부족과 환경 침해는 갈수록 빠른 속도로 진행됨으로써 각종 질병과 대규모 자연재해 발생이 빈번해지게 된다. 질병과 재해의 여파 역시 국제경제가 악화됨에 따라 몇 배로 증대된다. 이처럼 지속가능한 개발을 추진하기 어려운 상황이 되면서 사회·경제적 문제는 심각한 정치·안보 문제로 연결된다. 즉, 일견 독립적이고 단절된 이슈처럼 보이지만 결국은 실타래처럼 긴밀한 상호연관성을 가진다는 것이다.

이러한 믿음하에 반기문 총장은 늘 직원들은 물론 회원국들에게 유엔의 고유 업무, 그리고 주권국가로서 각국의 현안뿐만 아니라 전 세계에서 벌어지는 현상들을 넓고 깊이 들여다보는 자세가 필요하다는 점을 강조했다.

또한 반기문 총장은 상기 제시된 이슈들이 '국제사회가 함께 추구해야 할 공공재'(*global public goods*) 라는 점을 인식케 하고, 이를 달성하기 위해서는 모든 행위주체가 견고한 파트너십을 구축하는 국제적 참여(*global engagement*) 를 이끌어내야 한다는 비전을 제시하였다. 이것이 21세기에 필요한 다자주의의 요체요, 글로벌 거버넌스라고 생각한다. 지구촌에 함께 사는 구성원들로서 지진과 쓰나미가 밀어닥치면 그 여파는 진원지에 그치는 것이 아니라 시차가 있을 뿐 지구촌 구성원 모두가 여파를 느끼게 된다는 진정한 공동체 인식 마련이 절실하다. 이를 바탕으로 감당할 수 없을 정도로 큰 재해로 커지기 전에 지구촌이 직면한 도전들을 사전에 예방하거나, 아니면 그 피해를 조기에 진화하는 공동의 노력을 이끌어내는 과정이 글로벌 거버넌스이다.

반기문 총장은 2011년 6월 연임 확정 후 가진 기자회견에서 앞으로 국제사회가 심각하게 고민해야 할 문제로서 글로벌 거버넌스를 들면서 한 가지 예로 '50-50-50의 도전'(*50-50-50 challenge*) 을 제시했다.

2050년에는 세계 인구가 90억 명에 도달할 것이며, 이는 100년 전에 비해 50%나 증가한 규모이다. 이러한 인구 폭발 시대를 지탱하기 위해서는 지구촌이 2050년까지 온실가스 배출량을 50%까지 감축해야만 한다는 점을 역설한 것이다. 비슷한 논리로서 국제사회는 지속가능한 개발을 위해서 앞으로 20년 내에 식량 생산을 지금보다 최소 50% 이상 증대시켜야 하며, 에너지는 45% 이상, 식용수는 30% 이상 더 필요하다고 한다. 반기문 총장은 또한 전 세계 인구의 20%가 80%의 재원을 쓰고 있으며, 전 세계 인구의 1%가 80%의 소득을 거두는 불균형이 해소되지 않는 한 국제사회는 심각한 갈등과 분쟁에 시달릴 것이라고 경고한 바 있다.

반기문 총장이 첫 번째 임기를 마무리하던 때인 2011년 10월 31일, 전 세계 인구가 70억 명에 도달했다. 1998년 지구촌 인구가 60억 명을 돌파한 이래 13년 만에 70억 명에 이르렀으며, 전문가들 계산으로는 늦어도 2050년, 빠르면 2043년에는 지구촌 인구가 90억 명에 이를 것으로 전망된다. 반 총장은 세계 인구가 70억 명 도달한 시점을 맞아 기자회견을 갖고, 지구촌이 극심한 대조(*terrible contradictions*) 상황에 처했음을 경고했다. 다시 말해서 현재의 인구를 먹여 살리기에 충분한 식량이 있음에도 전 세계적으로 10억 명에 달하는 극빈곤층이 기아에 시달리고 있다. 사치스러울 정도로 풍요로운 삶을 영위하는 이들이 있는가 하면 지구촌 한편에서는 여전히 많은 사람들이 물, 의약품, 위생시설을 제대로 갖추지 못한 열악한 삶을 영위하는 현실에 대해 따끔하게 경고한 것이다.

이 밖에도 반기문 총장은 여러 계기를 통해 글로벌 거버넌스의 중요성을 역설하였다. 이런 맥락에서 2기 임기 개시를 앞두고 국제사회의 에너지 문제 해결을 위해 '모든 사람을 위한 지속가능한 에너지'(*Sustainable Energy for All*) 라는 새로운 이니셔티브를 추진했다. 이 이니셔티브의 배경 또한 에너지에 대한 수요와 접근성 격차가 커지는 현실을 해소하자는 데 있었다. 반 총장은 2011년 11월 초 '모든 사람을 위한 지속가능한 에너지'를 주제로 한 유엔 총회 연설에서 지구촌 5명 중 한 명이 현대 기술로 생산되는 에너지가 주는 혜택을 향유하지 못하고, 30억 명에 이르는 사람들이 취사와 난방을 나무, 석탄, 숯 그리고 동물의 배설물에 의존하는 현실을 지적했다.

국제사회가 약육강식의 자본주의가 아닌 따뜻한 자본주의로, 이른바 '자본주의 4.0' 시대로 전환되어야 한다는 목소리가 높아지고 있다. 한국에서도 2011년 무상급식 논쟁을 발단으로 복지, 공생발전, 동반성장이 화두로 대두된 것과 마찬가지로 국제사회에서도 유한 재원의 최적 사용 및 균형 있고 지속가능한 발전 문제, 즉 글로벌 거버넌스 문제가 가장 중요한 과제로 등장한 것이다.

한편, 글로벌 거버넌스와 관련하여 한 가지 재미있는 일화를 소개한다. 이는 유엔이 원하든 원치 않든 '소프트 타깃'(*soft target*)이 되는 사례라고 생각한다. 2012년 12월 초 제네바에서 국제통신회의(*World Conference on International Telecommunication*)가 개최되었는데, 인터넷 거버넌스(*internet governance*)가 뜨거운 감자로 다루어졌다. 러시아, 중국, 이란 및 아랍권 국가들이 인터넷 사용에 대한 주권국가의 통제를 주장하고 나선 것이다. 이들 국가들은 이른바 SNS 혁명 시대에 인터넷의 힘을 확인하고 인터넷상 정보에 대한 정부의 검열과 통제가 필요하다는 입장이다. 물론 이미 그런 정책에 따라 자국 내 인터넷 접속 및 인터넷상 정보에 대해서는 철저히 통제했는데, 국제통신회의에서 이 문제를 정식 의제로 다루면서 차제에 인터넷에 관한 국제적 규율을 자신들이 원하는 방향으로 규범화하고자 했던 것이다.

물론 미국과 서방에서 이러한 움직임에 동조할 리는 만무했다. 이미 인터넷이 국제적으로 구속 없이 자유롭게 유통되는 상황에서 표현의 자유 및 인권침해 논란을 가져올 수 있고, 기업 활동에 대한 규제로 이어질 수 있는 문제였기 때문에 국제전기통신연합(ITU) 총회에서 의견 일치를 이루기는 불가능한 이슈였다.

문제는 국제전기통신연합이 유엔의 특별기구(*specialized agency*)라는 이유로 인해 마치 유엔이 인터넷에 대한 통제를 도입하려 한다는 식의 비난이 봇물을 이룬 것이다. 사실 국제전기통신연합이 정부 간 기구인 만큼 회원국들 간 합의가 이루어지지 않는 한 그와 같은 급진적 조치가 이루어지지는 않을 것이다. 그럼에도 불구하고 마치 유엔이 시대착오적인 규제를 부과하려 한다는 식으로 언론에서 유엔을 비난하고 나섰다. 유엔이 소프트 타깃이 되는 일례인 것이다.

유엔 회원국과 사무국의 관계

유엔 안에는 부자 나라와 가난한 나라, 그리고 중견국과 신흥 개도국이 다채롭게 어우러져 있다. 회원국 내부에서도 여당은 정부의 지출에 대해서 호의적으로 협조하려고 하는 반면, 야당은 비판적 시각에서 접근을 하는 것이 보편적이다. 그런데 유엔은 그와 반대현상이 벌어진다. 즉, 일종의 세금이라 할 수 있는 분담금을 많이 내는 선진국들은 사무국의 예산 및 행정 운영에 대해서 매우 엄격한 잣대를 들이대는 반면, 개도국들로 구성된 G77 그룹은 대체로 후한 입장을 보인다.

이러한 현상은 국제 경제가 좋고 회원국들의 주머니 사정이 여유로

울 때는 큰 문제가 되지 않는다. 그러나 반기문 총장 재직 당시는 국제경제여건이 좋지 않고 불투명성이 지속되던 어려운 시기였다. 그렇다고 유엔에 대한 요구가 줄어들기는커녕 갈수록 유엔을 통한 다자적 접근의 중요성이 확대되었다. 이런 상황에서 반 총장은 '더 적은 것으로 더 많은 일을'(*do more with less*) 이라는 기치하에 유엔 개혁을 지속적으로 추진하였다. 그러나 개혁은 많은 경우 예산은 물론 조직 및 인원 감축까지도 수반한다.

여기서는 이런 시각에 따라 유엔 개혁, 그리고 그 과정에서 너무나 다른 역량과 시각을 가진 회원국 간 거버넌스 구조 속에서 유엔이 얼마나 어려운 환경에서 일하는지에 대해서 간단히 살펴보고자 한다. 또한 다른 장에서는 유엔 개혁과 관련된 반기문 총장의 성취에 대해서 살펴보려고 한다.

앞에서도 언급했듯 유엔 사무총장직을 '세상에서 가장 불가능한 직업'(*the most impossible job in the world*) 이라고 흔히들 말한다. 나의 관찰로는 더없이 정확한 묘사이다. 유엔 사무총장을 영문으로 '*Secretary-General*'이라고 표기한다. 먼저 유엔 사무총장은 세계 평화와 안전을 위한 최고위 사령관(*General*) 이다. 전 세계 각지의 이른바 '분쟁지대'(*hot spot*) 들을 누비면서 협상과 중재를 통해 평화와 안전을 이끌어 낸다. 위기상황 관리만이 아니다. 국제적 현안을 다루기 위한 다자 회의의 가장 중요한 단골손님은 유엔 사무총장이다. 또한 회원국들은 유엔 사무총장 재임 중 최소한 한 차례 정도는 자국을 방문해주기를 희망한다. 따라서 유엔 사무총장은 늘 출장을 다니는 '이동중'(*on the road*) 상태라고 해도 과언은 아니다.

그러나 이뿐만이 아니다. 유엔 사무총장은 방대한 유엔 시스템의 운영을 총괄하고 최종 책임을 지는 최고위 국제 행정관료(*Secretary*)이다. 내가 느낀 유엔의 관료 문화에는 일면 '킥 업' 문화(*kick-up culture*)와 '위(上)로의 책임 전가'(*upward delegation*)가 깊숙이 자리 잡고 있다.

'킥 업' 문화 또는 '위로의 책임 전가'라 함은 책임을 회피하고 모든 일의 부담을 사무총장이 지게 하는 문화를 말한다. 사무국 내 각 부서에서 회원국들과의 민감한 사안이 발생하면 소신을 가지고 이에 직면하기보다, 사무총장에게 떠넘기는 경우를 너무 많이 보았다. 반기문 총장은 사석에서 유엔의 이러한 문화를 개탄하면서 "(고위 간부들에게) 내가 앞에서 회원국이랑 싸우게 만들지 마라. 여러분들이 책임의식을 갖고 회원국들에게 당당히 의견을 개진하라"고 여러 차례 주문한 바 있다.

하부 조직에서도 이러한 킥 업 문화를 흔히 발견할 수 있다. 유엔에서는 무능하고 융화도 잘 못하는 골칫덩이 직원을 함부로 좌천시키거나 징계할 수가 없다. 내부 청원제도를 통해 자신의 사례를 항변할 수 있는데 이 절차가 너무 오래 걸린다. 따라서 이런 직원을 '내쫓는'(*kick out*) 것이 아니라 다른 부서로 이동하게 하는, 이른바 '승진시켜서 쫓아버리는'(*kick up*) 경우가 발생한다. 독자들이 읽으면 웃을 일이지만 유엔 관료 조직의 씁쓸한 모습의 하나이기도 하다.

이러한 조직문화는 어떻게 보면 유엔이 겪어낸 60년이라는 세월, 인간으로 치자면 환갑을 넘긴 노후한 조직문화가 제대로 된 변혁과 혁신을 거치지 않고 쌓여온 결과라고 할 수 있다. 반기문 총장은 이러한 유엔 문화에 대해서 취임 전부터 잘 알고 있었다. 한국의 정통 외교관료로서 외교부에서 유엔과장을 지내고 다자 무대인 주 오스트리아 대사를 역임하였으며, 한승수 전 총리가 유엔 총회 의장을 수임할 당시 비서실장으로 활동한 반 총장은 유엔의 생리와 조직문화의 문제점에 대해서 누구보다 정확한 인식을 가지고 있었다.

유엔에서는 이해관계가 긴밀한 회원국들이 그룹을 만들어 단합된 목소리를 통해 그룹 이익을 관철하고자 노력한다. 이러한 이해 집단들 중 앞서 언급한 G77이라는 그룹이 있다. 서방 선진국들과 다른 견해를 가진 국가들이 모여 유엔 사무국이 서방 선진국들의 어젠다 위주로 운영되지 않도록 견제하기 위해 구성된 그룹이다. 정무분야에는 비동맹 그룹(NAM)을 통해서, 그리고 유엔 행정 및 예산 그리고 경제, 사회분야 어젠다에 대해서는 G77을 통해 그룹의 이해를 반영하고 있다.

비동맹 그룹·G77 그룹에 속한 회원국들은 유엔이 서방 위주의 어젠다로 움직이며, 특히 자신들은 유엔 분담금에 있어 기여도가 떨어진다는 이유로 일종의 소외감 같은 것을 가지고 있는 것이 사실이다. 특히 유엔 행정 및 예산의 경우, 유엔 내 5위원회(유엔 예산 및 행정 어젠다 담당 위원회) 및 ACABQ(*Advisory Committee for Administrative and Budgetary Questions*)라는 예산·행정 문제 자문위원회를 통해 유엔 사무국의 행정 및 예산활동에 '미시관리'(*micromanagement*)를 하는 경우가 많았다. 회원국들, 특히 G77의 행태를 '미시관리'라고 하는 것은 사무국 입장에서의 편견이 반영된 것일 수도 있다. 왜냐하면 G77 등 회원국 입장에서는 분담금을 제공하는 회원국으로서의 정당한 감시 활동(*oversight*)라고 할 것이기 때문이다. 그러나 문제는 그 정도가 너무 심하다는 데 있다.

'소프트 타깃'이 된 유엔

지역 분쟁 해결을 위한 유엔의 역할이 커지면서 유엔 건물 및 직원을 대상으로 한 테러의 빈도와 규모가 심각해지고 있다. 2011년 4월 1일, 아프가니스탄 북부에 위치한 마자르 이샤리프(Mazar-i-Sharif) 유엔 지원센터에서 발생한 유엔 건물에 대한 공격은 유엔이 얼마나 취약한 공격대상으로 전락했는지를 여실히 보여주었다. 사건 당시 반기문 총장은 유엔 시스템 내 경제·개발·사회 분야의 기관들 간 유기적인 협조를 도모하기 위한 목적으로 1년에 두 차례 회합하는 CEB(*Chief Executive Board*) 회의 참석차 케냐를 방문 중이었다. 반 총장은 즉시 긴급 기자회견을 갖고 아프간 재건 지원을 위해 헌신하는 유엔 직원을 대상으로 한 테러공격을 어떤 경우에도 용납될 수 없는 비겁한 행위로 강력히 비난하였다. 동시에 아프간 주재 유엔 사무소(UNAMA) 책임자 및 뉴욕 유엔본부에 있던 비서실장을 현장에 급파하였다.

이 테러공격은 얼마 전 미 플로리다 주 소재 한 기독교 단체가 이슬람 경전 코란을 소각한 데 대한 항의로 촉발된 것이었다. 이 사건은 "유엔이 서방 세력에 의해 조종을 받고 있다"는 터무니없는 명목으로 유엔 사무소와 직원들을 대상으로 무차별적 공격을 자행한 것으로서, 현장에서 말없이 땀 흘리는 유엔 직원들을 경악케 한 비극적인 사건이었다.

유엔을 '소프트 타깃'(*soft target*) 또는 '정치적 희생양'으로 삼는 것은 비단 테러집단만이 아니다. 2011년 독립한 남수단이 2012년 4월, 수단과의 접경지역에 있는 산유지대인 헤글리그(Heglig)를 무력 공격한 사건이 발생하였다. 당시 상황은 이미 남수단 분리 독립 직후부터 양국의 갈등이 깊어진 상태로, 남수단 측의 무력 행위가 자칫 양국 간 대규모 전면전으로 비화될 수 있는 일촉즉발의 위기였다. 이 때문에 반기문 총장은 즉각 양측의 자제를 촉구하면서 특히 군사작전을 벌인 남수단 정부에 대해 헤글리그에서 조속히 철수할 것을 요구하였다. 이에 대해 남수단 살바 키르(Salva Kiir) 대통령은 의회 연설을 통해 "유엔 사무총장이 주권국가 원수인 자신에게 명령을 내렸다"고 허위 비난하면서 유엔이 수단 정부 편을 들고 있다고 자국 내 강경세력을 선동하기도 하였다.

또 한 가지 예를 들어보자. 시리아 사태가 내전 양상을 보이면서 정부군과 반군 간 치열한 유혈사태가 격화되던 2012년 6월 말, 당시 시리아 사태를 '내전'으로 보아야 하느냐는 문제가 대두되었다. 반기문 총장은 이스탄불에서 열린 소말리아 지원회의에서 시리아 사태를 두고 "내전으로 악화될 가능성"(*a possibility of plunging into a civil war*)이 있다고 언급하였다. 사실 당시 미국 국무장관 및 EU 등에서 오히려 더 강한 발언을 했었음에도 불구하고 시리아 정부가 반기문 총장의 발언을 강력히 비난한 것이다. 이는 시리아 정부가 이미 정당성을 잃은 상태에서 정당성의 상징이라고 할 수 있는 유엔 수장의 그 같은 발언이 가장 치명적이었기 때문에 과민반응을 보인 것으로 해석할 수 있다.

이 밖에도 유엔을 희생양으로 삼아 특정 그룹의 이익을 도모하려는 시도 또한 매우 다양하다. 유엔 내에는 예산 및 행정을 다루는 5위원회가 있다. 이 위원회는 예산 및 인력 문제와 같은 회원국들의 첨예한 이해가 걸린 사안을 다루기 때문에 매년 크리스마스 전날 밤샘 회의를 통해 가까스로 절충안에 합의를 이루기 일쑤다. 밤샘 회의를 하다 보니 유엔 내 카페는 이미 문을 닫은 상태인지라 일부 회원국들이 커피 및 음료를 자발적으로 제공하는 일들이 있는데 일부 회원국들이 포도주나 보드카 같은 술도 내곤 한다. 5위원회가 회의를 할 때마다 이런 광경을 연출하는 것은 아니고 크리스마스에 임박한 시점에서 철야 협상을 하는 과정에 몇 차례 그런 일이 있는 것으로써, 이해하지 못할 바도 아니라고 본다. 그런데 주 유엔 미국 대표부에서 예산 행정 분야를 총괄하는 고위인사가 이를 두고 마치 유엔에서 회원국들이 상습적으로 음주를 벌이고 술 취한 상태로 회의에 참여한다는 듯이 공개적으로 비판한 일이 있었다. 이것이 CNN에도 보도되는 등 해프닝이 벌어졌는데 전형적인 '유엔 때리기'(*UN-bashing*) 라고 할 수 있다.

무기거래조약 협상에서도 유엔을 희생양으로 삼은 일이 있었다. 미국 내에서 학교 총격사건이 연이어 발생함에 따라 2012년 말 재선에 성공한 오바마 미국 대통령은 총기 규제(*gun control*)를 위한 강력한 조치를 예고하였다. 총기 규제는 전 세계 최대 군수산업국인 미국 사회에서도 정치적으로 매우 민감하고 의견 차이가 심한 이슈 중 하나이다. 미국 내 총기 규제를 둘러싼 논쟁이 본격화될 무렵인 2013년, 유엔에서 무기거래 규제를 위한 조약 성안 협상이 이루어졌다. 그러자 미국 내 최대 로비단체 중 하나인 전미총기협회(*National Rifle Association*)에서 "유엔이 미국 헌법상 인정된 수정헌법 제2조를 침해하는 국제적 규범을 만들려고 한다"는 식으로 호도하면서 자신들의 이익을 수호하기 위해 안간힘을 쓰기도 하였다.

반기문 총장이 물리적으로 공격의 대상이 된 경우도 여러 차례 있었다. 취임 첫해인 2007년 3월 이라크를 전격 방문했을 때의 일이다. 바

그다드 내 안전지대라고 할 수 있는 그린존(Green Zone)에서 이라크 총리와 기자회견을 갖던 도중 약 50m 떨어진 곳에 로켓포가 떨어졌다. 당시 이라크 치안이 극도로 심각한 불안한 상황이었는데도 기자회견을 생중계하였으니, '나 여기 있소' 하고 소재지를 알린 셈이었다. 사실 이는 어떻게 보면 수행팀 내 미디어팀의 심각한 실수가 있었던 일이기도 했지만, 반기문 총장이 얼마나 위험한 곳을 찾아다니는지 잘 보여준다.

내가 직접 반기문 총장을 수행했던 때의 일화도 하나 소개한다. 2007년 9월 초 유엔 사무총장 취임 후 처음 수단을 방문, 당시 안보리 결의에 따라 유엔 역사상 최초로 유엔과 아프리카연합 혼성 평화유지군(UNAMID)을 설립하는 엘 파셰르 지역을 방문하였을 때의 일이다. 동 지역 원로들과 만나던 도중 수십 명의 폭도들이 회의장에 난입하려고 문을 강제로 부수려는 상황에서 유엔 경호원들에 이끌려 황급히 피하는 상황도 있었다.

2009년 1월 팔레스타인 가자(Gaza) 지구에서 전쟁이 발발했을 때 급진 이슬람 세력인 하마스가 장악한 가자 지구를 방문하기로 했었다. 그런데 갑자기 하마스의 통신을 감청했다면서 이스라엘 최고위층 및 정보기관에서 연락이 왔다. 연락의 요지는 가자 지구 방문을 한사코 만류하는 것이었다. 이스라엘 정보기관에서 하마스가 반 총장 일행에게 위해를 가할 가능성을 감지했던 것이다. 반기문 총장은 여타 경로를 통해서도 유사한 첩보를 접했으나, 상당한 수준의 신변 위협에도 불구하고 가자 지구 방문을 강행하였다. 이 과정에서 가자 지구 담당 유엔팀에 극비로 연락, 현장에서의 일정이 외부로 유출될 가능성이 다분한 만큼, 실제 현장에 도착하는 순간부터 일정들의 순서를 바꾸어 시행하는 것으

2009년 1월, 가자 지구에서 방탄조끼를 착용하는 반기문 총장.(사진제공: UN)

로 구두로 교신한 후 문서상의 일정과는 완전히 다른 순서로 일정을 소화한 바도 있다.

반 총장은 사석에서 그 당시 상황을 언급하면서 정말 신변에 무슨 일이 있더라도 꼭 가야겠다고 고집하여 가자 지구 방문이 성사된 것이라고 소회한 바 있다. 반 총장의 기지와 노련미, 그리고 결단이 빛난 순간이라고 생각한다.

또한 2010년 7월에도 아프가니스탄 수도 카불에서 개최된 아프간 재건회의에 참석하려던 반기문 총장이 스웨덴 외교장관과 같은 비행기로 카불에 착륙하려 했으나 탈레반의 로켓공격으로 인해 인근 바그람(Bagram) 기지에 비상착륙하고 헬기를 이용해서 카불로 이동하는 상황이 발생한 적도 있었다.

한편 아랍의 봄으로 촉발된 민주화 열풍이 리비아에서 한창 진행 되던 2011년 3월, 반기문 총장이 이집트를 방문, 당시 아랍연맹 사무총장과 회담을 마치고 이집트 민주화 운동의 상징인 타흐리르(Tahrir) 광장을 방문하려고 이동 중이었다. 그때 이집트 내에 거주하던 리비아 카다피 지지자들 수십 명이 몰려들어 반 총장의 모터케이드에 신발과 막대기를 던지며 이동을 저지하는 일도 있었다.

반기문 총장에 대한 일부 비판 보도에 대하여

여기서는 반기문 총장에 대한 몇 가지 비판과 나의 견해를 다루고자 한다. 스페인의 유력 일간지 〈엘 파이스〉(*El Pais*) 지가 2008년 9월 "*Invisible Man*"(투명인간)이라는 제하에 반기문 총장에 대한 비판적 기사를 실었다. 당시 기사는 짐바브웨, 수단, 코소보, 그루지야 사태 등에 있어 반 총장이 리더십을 제대로 발휘하지 못했다는 비판과 함께, 반 총장이 21세기 유엔을 이끌어가는 데 필요한 강력한 카리스마와 비전을 겸비하지 못했다고 꼬집었다.

반기문 총장이 첫 임기의 중간 지점을 맞이하면서 이른바 반기문 총장 흔들기가 또다시 등장한다. 2009년 8월 주 유엔 노르웨이 차석대사가 본국에 보고한 전문에서 반 총장의 리더십에 문제를 제기한 것이 언론에 유출된 바 있다. 얼마 후 미국의 〈월스트리트 저널〉(*Wall Street*

Journal) 및 〈포린 폴리시〉(*Foreign Policy*) 지에서 또다시 "*Invisible Man*"(투명인간) 및 "*Nowhere Man*"(존재감 없는 사람)이라는 악성 제목을 달아 반 총장에 대한 비판적 기사를 게재하였다.

이 밖에 2010년 7월 유엔 사무국 감사실(Office of Internal Oversight Services) 잉가 브리트 아흘레니우스(Inga-Britt Ahlenius) 사무차장이 5년 간 임기를 마치고 물러나면서 반 총장에 대해 비판적인 내용을 담아 작성한 보고서가 언론에 공개된 적도 있다.

이러한 비판에 관해서 반기문 총장은 기본적으로 자신에 대한 건전한 비판을 열린 마음으로 겸허하게 받아들이겠다는 입장을 보였다. 반 총장은 조직은 늘 깨어있어야 하며, 뒤를 돌아보고 앞을 밝게 살피는 노력이 있어야만 한다고 믿으며, 이런 점에서 외부의 건설적인 비판이 도움이 될 수 있다는 소신을 가지고 있다. 물론 일부 편파적이고 악의적인 보도에 대해서는 동의하지 않으며, 기분도 좋지 않은 것이 사실이다. 그러나 이런 시각에 대해 크게 걱정하지 않고 있으며, 언론의 평가에 대해 일희일비하지 않고 의연하게 대처하겠다고 하였다.

또한 유엔 사무총장만큼 광범위하고 철저하게 일거수일투족이 모니터링 되는 직책도 드물 것이다. 실제로 이러한 비판은 사무총장으로 있는 이상 피할 수 없는 일상으로 여겨야 하며, 사무총장(*Secretary-General*, SG로 약칭하여 부름)이 '*Scape Goat*'(속죄양)의 약자라고 농담 섞인 조언도 하면서, 얼굴이 좀 두꺼워질(*thick-skin*) 필요가 있다고 위로해준 사람들도 많았다.

사무총장 선거운동 당시, 3차 예비투표(*straw poll*)가 실시되어 반기문 총장이 부동의 1위를 지킬 때까지도 계속해서 "당시 후보군에서는 사무총장이 나오지 않는다"고 흔들면서 새로운 후보 출마를 유도했던 것처럼, 이러한 비판적 어조의 기사들이 앞으로도 일부 있을 수 있겠지만 이에 얼마나 실체가 있느냐 하는 부분은 잘 짚어볼 필요가 있다고 본다. 앞에서도 다루었지만 반기문 총장의 연임은 모든 유엔 회원국의 전폭적인 지지 속에 전례 없이 신속히 이루어졌다. 만약 반 총장 리더십에 대한 일부 비판적 시각이 회원국들 사이에서 지배적이었다면 연임은 결코 쉽지 않았을 것이다.

카리스마와 비전이 부족하다는 비판은 여러 현안을 다루는 과정에서 반기문 총장이 보여준 실제 모습과 비교해보면 실체성이 결여된 것임을 쉽게 찾을 수 있다. 몇 가지 예를 들어보자.

2011년 내내 국제사회의 최고 화두가 되었던 아랍의 봄에 대한 관심이 리비아 카다피 정권 붕괴 이후 시리아로 관심이 옮겨가던 때였다. 반 총장은 개혁을 요구하는 시민들에 대해 강경 진압으로 일관하던 시리아 알 아사드 정권에 대해 "더 늦기 전에 단호한 개혁조치를 취할 것"을 요구하는 한편, 안보리 내 시리아 문제에 대한 이사국들의 입장 분열을 비판했다. 이러한 반 총장의 입장은 전 세계 많은 언론들로부터 높은 평가를 받았다.

유엔 사무총장은 국제사회에서 가장 독특한 목소리(*unique voice*)를 가진 위치라고 한다. 지금도 현재진행형인 아랍의 봄 과정에서 반기문 총장처럼 자유와 민주주의를 열망하는 시민들의 목소리를 초지일관 같은 입장으로 대변한 국제지도자는 아마 없을 것이다.

또한 반기문 총장은 2011년 9월 초 유엔 사무총장으로서는 처음으로 호주에서 개최된 태평양 도서국가 포럼(*Pacific Islands Forum*)에 참석하고 이어 키리바티 및 솔로몬 아일랜드를 방문한 바 있다. 반 총장은 기후변화에 대한 회의론자 및 소극적 자세로 임하는 일부 당사국들을 강경한 어조로 비판하여 2011년 말 남아공 더반에서 개최된 기후변화 당사국 회의를 앞두고 기후변화 문제에 대한 정치적 모멘텀을 제고했다는 평가를 받았다.

유엔 사무총장이 주권국가로 구성된 193개 회원을 상대로 수많은 범세계적 이슈를 다루어야 하는 특수한 위치에 있다는 점을 감안할 필요가 있다. 어떤 이슈를 막론하고 모든 회원국이 같은 목소리를 내는 것은 기대할 수 없는 일이다. 유엔은 비정부단체(NGO)가 아니라 '고도의 정치적 동물'(*political animal*)이라고 생각한다.

반기문 총장의 리더십과 관련된 비판 중에는 유엔에 대한 기본적인 이해 부족에서 오는 것도 있다. 유엔 사무총장이 어젠다 설정을 통해 국제적 도전에 대한 선봉장 역할을 할 수 있는 것은 사실이다. 제일 바람직한 것은 이른바 '선택과 집중'(*focus and prioritizing*)을 통해서 소수의 핵심 어젠다에만 사무총장의 시간과 에너지를 투자하는 것이다. 이렇게 하면 유엔 사무총장으로서 업적을 남기는 데에도 용이할 것이다. 그러나 유엔 사무총장은 대주주로서의 사기업 오너가 아니다. 193개에 달하는 '주주'들로 구성된 주주총회로부터 권한을 부여받고 주요 사안들에 대해서는 승인을 받아 일하는 위치에 있다. 193개 주주들 중 대주주들에게만 신경을 쓸 수 없는 위치에 있는 것이 유엔 사무총장인 것이다. 국가로 친다면 193개 정당이 난립해 있는 상황이라고도 할 수 있다. 지구촌 소외된 목소리에 늘 귀를 기울여야 하듯이 193개 회원국 중 중소규모 회원국들의 다양한 요구에 대해서도 관심을 기울여야 하는 것이 현실이다.

2013년 2월 〈포린 폴리시〉 및 〈월드 폴리티스 리뷰〉(*World Politics Review*)에서는 "반기문 총장이 재임기간 중 업적을 남기고자 한다면 남은 기간 동안 '유엔 천년개발목표'를 비롯한 개발, 기후변화 그리고 아랍의 봄과 같은 시대적 핵심 어젠다를 선택, 이에 집중하는 노력이 필요하다"고 지적하였다. 그러면서 반 총장이 퀴노아(*Quinoa*) 기념행사에 참석한 것을 꼬집으면서 아무 의미 없는 외교적 행사에 참석하는 것은 지양해야 한다고 논평하였다. 퀴노아는 중남미 안데스 지역에서 주식으로 삼고 있는 매우 영양가 높은 작물인데 식량 및 영양 안보(*food and nutrition security*)에 대한 국제사회의 노력이 주목받으면서 안데스 지역 국가들이 지역 특산품인 퀴노아를 전략상품으로 집중 홍보하고자 했던 것이다.

일면 이해는 가는 지적이지만 이는 유엔의 구조를 이해하지 못하는 데서 비롯된 것이라고 본다. 유엔에서는 '어젠다는 사무총장이 마음대로 정하는 것이 아니라, 다양한 구성원들의 영향을 받는다'(*The Secretary-General is not a master of his own agenda, but his agenda is dictated by the various constituencies he has to serve.*)라는 말을 자주한다. 193개 회원국으로 구성된 유엔도 정치적 동물이라는 사실을 잊어서는 안 된다.

반기문 총장의 또 한 가지 큰 장점이자, 리더십의 중요한 측면인 원칙을 지키고 일관성 있는 면모를 소개코자 한다.

반기문 총장은 아무리 민감한 이슈라 하더라도 상황에 따라 말을 바꾸는 사람이 아니다. 2013년 8월 한국 방문 시 내·외신 기자회견에서 일본과 중국 기자가 일본 정치인들의 역사인식에 관한 질문을 던졌다.

반기문 총장은 "지도자들과 일반 시민들을 막론하고 동아시아 국가의 모든 사람들이 정확한 역사인식을 바탕으로 이견은 대화를 통해 평화적으로 해결하여야 하며, 미래를 내다보면서 다 함께 번영과 인권을 누릴 수 있는 평화로운 아시아를 건설하려는 비전을 갖기 바란다"는 입장을 일관되게 피력했다. 일본의 헌법개정 문제에 대한 질문에 대해서도 이러한 입장을 반복하였음에도 불구하고 일본 정치권과 언론에서는 반 총장이 유엔 사무총장으로서의 객관성을 잃고 한국인 정서에 입각한 발언을 한 것처럼 호도했다. 그러나 반 총장은 특정국을 거명하지 않고 상기 원칙적인 입장을 재확인하였을 따름이다. 반기문 총장만큼 동 이슈가 가지는 민감성과 폭발성을 잘 아는 분도 없다고 생각한다. 다른 입장을 언급한 바 없음에도 불구하고 한국 방문 중의 발언이라고 하여 특정국 언론 또는 정치인들이 곡해하여 과잉반응을 보인다면 어쩔 수 없는 일일 것이다.

시리아 사태가 화학무기 사용으로 인해 미국 주도 군사행동 직전까지 갔던 2013년 여름의 일이다. 시리아 사태의 방정식을 근본적으로 바꾸어보고자 미국은 시리아 정부의 화학무기 사용에 대한 군사행동을 고심하던 상황이었다. 언론에서는 유엔이 러시아, 중국과 함께 미국의 대시리아 군사행동을 저지한 것처럼 묘사되기도 했다. 그러나 반기문 총장은 당시 진행 중이던 시리아 화학무기 사용에 대한 유엔조사단의 보고서에 대해 국제사회가 판단할 기회를 부여해야 한다고 했다. 그리고 자위권 행사 이외의 군사행동이 정당성을 갖기 위해서는 유엔 안보리의 승인이 필요하다는 원칙적 입장을 고수한 것이다.

어떻게 보면 반기문 총장이 미국이 군사행동을 재고하도록 결정적인 역할을 했다고도 할 수 있다. 반 총장이 미국과 같은 강대국에는 약한 모습을 보인다는 생각을 갖는 사람들은 시리아 화학무기와 관련된 상황이 전개되는 과정에서 반 총장이 보여준 모습에 주목할 필요가 있다고 생각한다.

2011년 8월 반기문 총장의 한국 방문 당시 이명박 대통령이 청와대에서 만찬을 주최했다. 이때 이 대통령은 평창 동계올림픽 유치과정을 소회하면서 후진타오 중국 주석과의 대화를 언급했다. 후진타오 주석이 이 대통령에게 먼저 "평창올림픽 유치 및 반기문 총장의 사무총장 연임을 지지한다"고 이야기했다고 전했다. 또한 이 대통령은 "역대 어느 유엔 사무총장보다 열심히 일하고, 몸을 사리지 않고 뛰어다니는 반 총장의 모습이 모든 회원국들 자기편으로 만들었다"고 평가했다. 이 대통령은 "아프리카 순방 시 아프리카 지도자들로부터 반 총장에 관한 이야기를 많이 들었다"고 하면서 "본인은 반 총장 덕을 많이 보고 있다"고 언급했다. 반기문 총장은 이명박 대통령 퇴임 직전에 전화로 5년 간 대한민국의 발전을 위해 최선의 노력을 기울이고 많은 업적을 쌓은 것을 축하했다. 이때 이명박 대통령은 "한국의 국격이 높아진 데는 반기문 총장의 역할이 컸다"고 말했다.

이제는 그런 말을 하는 사람들이 많지 않지만, 반기문 총장이 유엔 사무총장에 출마한 2006년, 유엔 사무총장이 배출되면 국가 이익에 어떤 도움이 있느냐면서 유엔 사무총장 배출에 따른 국익을 물질적인 반대급부와 수치상의 계산법으로 따지려고 드는 사람들을 보았다. 이 얼마나 우물 안 개구리식의 사고방식인가.

사람의 성격이 모두 다르듯이 리더십 스타일 또한 사람에 따라 다른 것이라고 본다. 'One-size-fits-all'(모두에게 맞는 단일 기준) 의 리더십이란 존재하지 않는다. 또한, 책임 있는 위치에 있는 사람의 리더십 스타일도 그 사람이 처한 주변 환경과 시대적 요구에 따라 달리 적용되는 것이라고 본다.

06

주요 이슈별 반기문 사무총장의 성취

이 장에서는 반기문 사무총장의 각 분야별 성취 중 몇 가지를 골라 독자들에게 소개하고자 한다. 국제평화와 안전 증진, 개발 그리고 인권이라는 유엔 헌장상의 3대 이상과 목표뿐만 아니라, 기후변화와 같은 범세계적 도전을 다루는 과정에서 반기문 총장이 이룬 성취들을 책 한 권에서 일일이 열거하는 것은 불가능하다고 본다.

머리말에서도 언급했지만 내가 유엔 사무총장 비서실에서 7년 이상을 근무했지만 반기문 총장의 업무 중 일부만 다루었을 뿐이다. 따라서 여기서는 반기문 총장이 21세기 유엔이 처한 어려운 국제환경 속에서 일하는 방식 자체를 바꿈으로써 범세계적 도전에 대처하는 유엔의 역할을 제고하는 데 기여했다고 생각하는 분야 일부를 추렸다.

보호책임

2011년 1월 초, 튀니지에서 시작된 독재 타파와 민주화를 향한 시민봉기가 노도(怒濤)처럼 북아프리카 및 중동지역을 휩쓸었다. 마침내 이집트 무바라크 대통령의 하야를 이끌어내고, 40년 넘게 철권통치를 이어온 리비아의 카다피 정권도 무너졌다.

그러나 카다피 국가원수가 퇴진을 거부하면서 전투기, 공격용 헬기, 외국의 용병까지 동원하여 시위군에 무자비한 무력을 행사하자, 주 유엔 리비아 대사를 비롯한 공관원들은 유엔이 카다피 정권의 대국민 학살을 심판해줄 것을 요청하기에 이르렀다.

자유와 민주화를 열망하는 자국 국민들을 향해 무차별적인 무력을 행사한 카다피 정권에 대한 국제사회의 비난의 목소리가 커지면서 2005년 유엔 특별 정상회의 최종문서에 반영된 '국민 보호책임'(*Responsibility to Protect its Population*, R2P)을 적용할 시금석이라는 주장이 강하게 대두되었다.

유엔 안보리는 2011년 2월 26일 안보리 결의 1970(2011)호를 컨센서스•로 채택했다. 이 결의 전문 6항에서는 리비아 정권의 자국 국민에 대한 무력사용은 인도주의에 반하는 범죄(*crimes against humanity*)에 해당할 수 있음을 인식했으며, 9항에서는 리비아 정권에 '자국 국민에 대

• *consensus*, 별도 투표절차 없이 반대의사를 표명하는 나라가 없는 경우 합의된 것으로 간주하는 의사결정방식.

한 보호책임'이 있음을 상기하고 있다.

앞서 언급한 바와 같이 '국민 보호책임' 원칙은 적극적인 인권 보호 개념으로서 2005년 유엔 특별정상회의 최종문서(138항 및 139항)에 처음 반영되었다. 특별정상회의에 참석한 국가원수 및 정부수반들은 "개별 주권국가는 인종 학살(*genocide*), 전쟁 범죄(*war crimes*), 인종청소(*ethnic cleansing*) 및 인도주의에 반하는 범죄에 대해 자국 국민들을 보호할 책임이 있다"고 확인하였다. 상기 4가지 유형의 범죄행위를 포괄하여 '잔악범죄'(*atrocity crimes*) 라고 표현하기도 한다.

보호책임은 과거 르완다 및 보스니아 스레브레니카 등에서의 대학살을 경험한 국제사회가 주권국가 울타리 내에서 벌어지는 상기 4가지 범주의 반인륜적 행위가 '국내 문제'라는 미명하에 자행되지 않도록 하기 위해 설정한 적극적인 인권보호 개념이다. 특별정상회의 최종문서는 주권국가가 자국민 보호책임에 있어 명백하게 실패(*manifestly fail*) 하는 경우, 유엔 안보리는 강제적 조치를 수반하는 유엔 헌장 7장에 따른 집단적 조치를 '시의적이고 단호한 방식'으로 취할 필요가 있다는 점도 확인하고 있다.

사실 특별정상회의 최종문서에 포함된 보호책임 개념은 국가원수 및 정부수반들에 의해 처음으로 유엔 공식문서를 통해 확인됨으로써 그 개념에 대한 권위를 갖춘 틀이 마련되었다. 보호책임 개념이 국제사회에서 발생하는 사안에 대해 실제 적용되는 정책으로서, 그리고 동 정책을 이행할 제도적 장치를 갖추는 문제는 차차 다듬어 나가기로 했다.

이렇게 국제사회가 인권보호를 위한 보다 강력하고 효과적인 정책적·제도적 장치로 보호책임을 발전시킬 권위 있는 틀을 확보한 것은 분명 분쟁해결 및 인권보호를 위한 중요한 진전이라고 할 수 있다. 그러나 이 개념을 실제 상황에 적용하는 문제에는 많은 난관이 따르게 된다. '주권 불가침' 및 '내정 불간섭'을 주장하는 국가들의 저항이 만만치 않기 때문이다.

한국의 민주화 과정을 몸소 체험한 반기문 사무총장은 취임 전부터 보호책임 개념을 현실에 적용하는 데 강한 집념을 보였다. 반 총장은 "보호책임은 유엔 헌장 및 인권선언문과 같은 우리 시대의 가장 보편적 선언과 합의에 내재된 숭고한 정신"이라며, 이러한 확신하에 사무총장 진출 선거운동 당시 보호책임 현실화를 위해 적극 노력하겠다고 다짐했다. 반 총장은 우선 취임 초기 에드워드 럭(Edward C. Luck) 콜롬비아대 교수〔2013년 Jennifer Welsh로 교체〕를 보호책임 담당 특별고문(*Special Adviser on the Responsibility to Protect*)으로 임명하는 한편, 프란시스 덩(Francis Deng) 교수〔2012년 Adama Dieng으로 교체〕를 인종 학살방지를 위한 특별고문(*Special Adviser on the Prevention of Genocide*)으로 임명하였다. 이를 통해 보호책임을 현실 국제정치 속에서 개념적·정책적·제도적으로 뿌리내릴 수 있도록 하는 방안에 대해 회원국들 및 지역기구들과 협의하도록 하였다.

2008년은 유엔 인권선언 채택 60주년이 되는 해였다. 반기문 총장은 인권 보호 및 증진을 동년 최우선 핵심과제로 선정하면서 특히 보호책임을 현실화하는 것이 국제사회의 당면과제라는 점을 꾸준히 호소했다. 반 총장은 2009년 1월 유엔총회에 '보호책임 이행에 관한 사무총장 보고서'(*Implementing Responsibility to Protect*; A/63/677)를 제출하였다. 이 보고서는 상기 특별고문들에 의한 검토 내용과 회원국 및 지역

기구들의 의견을 망라하였다. 주권국가의 보호책임 이행과 이에 필요한 지원, 국제사회의 개입과 관련한 이슈들을 보고서 내에 포괄적으로 제시하였다. 이는 유엔총회와 안보리를 통해 회원국들이 구체적인 협의를 진행할 토대를 마련한 보호책임 관련 최초의 정책 가이드라인이라고 할 수 있다.

유엔총회는 반기문 총장의 지속적인 호소와 구체적인 보고서 제출에 호응하여 2009년 7월 보호책임에 관한 총회 차원에서의 토의를 최초로 개최하였다. 총회 토의에는 모든 회원국이 참석했다. 이는 보호책임 이슈에 대한 국제사회의 관심을 잘 반영한 것이라고 하겠다. 총회는 같은 해 9월 보호책임에 관한 최초의 총회 결의(A/Res/ 63/308)를 채택하였다. 유엔총회 결의를 통해 초기 개념적 단계에 머물던 보호책임 이슈가 정책적·제도적 이행단계로 발전하는 과정에 있어 중요한 전기를 마련한 것으로 평가된다. 반 총장은 2010년 7월 총회가 상기 보고서에서 구체적으로 제시된 '조기경보 및 보호책임' 이슈에 관한 정책포럼이 개최되는 과정에서도 적극적인 역할을 했다.

또한 반기문 총장은 안보리가 지역분쟁 이슈를 다루는 데에도 '분쟁지역에서의 민간인 보호' 문제가 중점적으로 다루어지도록 노력했다. 반 총장은 매년 안보리 이사국들과 1박 2일 일정으로 연찬회를 가지면서 안보리 관련 시사적인 이슈에 대해 집중 토론하는 자리를 마련한다. 이러한 연찬회에서 분쟁지역에서의 민간인 보호가 핵심 이슈의 하나로 다루어지고 있다. 또한 반 총장은 보호책임의 실제 이행에 있어 지역안보 기구들의 적극적인 이해와 동참이 필수적이라고 판단했다. 이에 따라 2010년 초 지역 안보기구 대표들을 초청하여 유엔과 지역 안보기구들 간에 보호책임 이행 공조방안에 대해 의견을 교환하는 연찬회도 주선한 바 있다.

반기문 총장의 집념에 찬 노력에 힘입어 보호책임 개념은 2011년 들어 실제 상황에 적용되기에 이른다. 보호책임 개념이 최초로 유엔 안보리의 강제조치를 통해 적용된 사례는 2011년 코트디부아르에서의 헌정질서 파괴 때였다. 코트디부아르 그바그보 대통령이 대선에서의 패배를 인정하지 않음에 따라 격화된 소요사태가 내전으로 확대되었다. 그바그보 대통령 지지세력은 무분별한 시민 학살을 자행하였다. 이에 안보리는 보호책임 개념을 적용하여 유엔에 의한 무력개입을 승인한 바 있다.

두 번째로 보호책임이 적용된 것은 아랍의 봄이 절정에 달했던 리비아 사태 당시다. 안보리 결의는 아랍의 봄 당시 리비아 및 예멘 사태와 관련하여 보호책임을 명시적으로 언급하였다. 유엔총회의 경우 시리아 사태에 관해서, 그리고 인권이사회는 시리아 및 리비아 사태에 대해 동 개념을 언급하는 등 유엔총회, 안보리 및 인권이사회에서 꾸준히 원용되었다.

물론 보호책임 개념을 현실 정치에 적용하는 데 이견이 없는 것은 아니다. 특히 리비아 사태 이후 중국과 러시아는 시리아 사태가 리비아식으로 전개되는 것을 극도로 경계하였다. 보호책임 개념을 적용하는 대상을 정하는 데에도 선별성(*selectivity*) 등의 문제를 둘러싸고 많은 갈등이 생겨났다. 또한 보호책임 개념을 적용하여 군사력을 동원한 강제적 조치가 시행되면서, 그 과정에서 무고한 민간인 희생이 다수 발생하는 데 대한 비판도 따르게 되었다. 브라질의 경우 보호책임을 이행하는 주체들의 책임도 강조하는 개념인 '보호책임을 이행하는 과정에서의 책무'(*responsibility while protecting*)를 들고 나와 호응을 얻기도 하였다.

보호책임 개념에 있어 오해하지 말아야 할 두 가지 요소를 강조한다. '보호책임'이라고 하면 자칫 불량국가가 자국민에 대한 상기 4가지 유형의 범죄행위를 자행하는 경우 국제사회가 군사력을 통해서 이를 해결하는 것으로만 이해할 수 있다. 그러나 '군사력'을 통한 개입만을 의미하는 것이 결코 아니다. 예컨대, 시리아 사태의 경우 인권이사회(*Human Rights Council*)에 의한 조사위원회, 개별 국가 또는 지역 기구에 의한 제재조치, 그리고 유엔 또는 비정부단체에 의한 인도적 구호활동과 같은 요소들이 모두 '보호책임'을 구성하는 것이다.

보호책임을 구성하는 요소는 크게 3가지로 나눌 수 있다. 첫째, 회원국들은 잔악 범죄를 '예방(*prevention*)함으로써' 자국민을 보호할 주된 책무를 진다. 둘째, 국제사회는 주권국가들이 이러한 책무를 수행할 수 있도록 권장하고 지원한다. 셋째, 문제가 되는 국가가 그런 잔악 범죄에 시의적이고 단호하게 대처하는 데 분명히 실패한 경우에 유엔 헌장의 규정에 의거하여 필요한 조치를 취할 수 있다. 보호책임은 이렇게 다양한 요소로 구성된다. 이를 잘 이해하지 못하는 사람들은 보호책임을 군사적 조치로 직결하는 경향이 있는데 이는 잘못된 것이다.

앞에서도 설명한 바와 같이 보호책임의 개념은 고정된 것이 아니라 회원국, 인권 및 분쟁해결 관련 다양한 전문가 및 비정부단체(NGO) 그룹들과의 토론을 통해 발전하는 개념으로 이해해야 한다.

이 책을 탈고하기 전에 반기문 총장이 유엔 총회에 '보호책임' 관련 또다시 보고서를 제출한 것은 2013년 9월이었다. 5번째 보고서가 되는

데, 동 보고서에서는 보호책임의 개념에 예방의 중요성을 부각시키고 있다. 일부에서는 보호책임 관련 유엔 사무국의 포커스가 다소 변화하는 것으로 해석하는 경향도 있으나 꼭 그런 것만은 아니다. 반 총장은 예방 요소를 강조한 5번째 보고서를 제출하면서 "보호책임이 마지막 순간에만 적용되는 것으로 이해해서는 안 된다. 무엇보다 중요한 것은 위기가 발생하는 것을 막는 것이다"라고 강조했다. 예방을 통한 보호야말로 이번 보고서의 핵심이다.

'예방 요소'는 보호책임 개념의 근본적인 요소이다. 보호책임 개념을 도입한 2005년 특별 정상회의 최종 문서(138항)를 보면 유엔 회원국에 보호책임 의무를 명시하면서 "이 보호책임은 그러한(상기 적시한 4가지 유형의 범죄행위) 범죄행위를 예방하는 것을 포함한다"고 하였다.

두 번째로 지적하고 싶은 문제는 시리아 사태와 관련하여 안보리의 분열이 계속되는 상황에서 미국 및 NATO 단독 주도 군사행동을 정당화하는 명분으로서 보호책임을 거론하는 데 대한 것이다. 이는 반기문 총장이 보호책임이 현실 정치에 적용된 사례로서 코트디부아르 및 리비아를 꼽는 것과 비교해 보면 명확해진다.

코트디부아르의 경우 유엔은 현 대통령인 그바그보 및 대통령 당선자인 와타라(Ouattara) 양측이 자행하는 폭력행위를 '반인륜적 범죄'라고 안보리 결의 1975호(2011년 3월 30일 채택)를 통해 규탄했다. 또한 그바그보 대통령에게 즉각 와타라 대통령 당선자에게 권력을 이양할 것을 요구했다. 그리고 코트디부아르 내 유엔미션(UNOCI)에 대해서는 민간인 보호를 위해 모든 필요한 수단을 취하도록 권능을 부여하였다.

한편 리비아의 경우, 안보리는 결의 1973호(2011년 3월 17일 채택)를 통해 민간인 보호를 위해 비행금지 구역(*no-fly zone*)을 설정하도록 승인함으로써 NATO에 의한 군사행동의 법적인 명분을 제공한 바 있다.

여기서 좀더 깊이 있게 들어가면, '보호책임'(*Responsibility to Protect its Population*)과 '분쟁 상황에서 민간인 보호'(*Protection of civilians in armed conflicts*)간 차이점을 구분하는 문제가 있다. 양자가 성격상 비슷한 요소를 다루지만 근본적인 차이점이 있다. 민간인 보호는 분쟁 상황에서 인권 및 인도적 상황에 관한 국제법이 적용되는 것인데 비해, 보호책임은 앞서 다룬 4가지 유형의 범죄행위에 관해서만 적용된다는 차이점이 있다. 즉, 전쟁범죄를 제외하면 다른 3가지 유형의 범죄행위는 꼭 분쟁 상황이 아니더라도 발생할 수 있는 것이다.

2011년 초 북아프리카와 중동에서 들불처럼 번져나간 자유와 민주주의 그리고 기아와 빈곤 극복을 향한 성난 군중들의 시위는 비단 이 지역에만 국한된 현상은 아닐 것이다. 만성적인 기아와 세습 독재라는 쌍둥이 암적 요소를 모두 가지고 있는 북한과 경계하는 우리로서는 '보호책임'이 앞으로 어떻게 전개되어 나갈지에 대해서도 관심을 가져볼 필요가 있을 것이다.

'책임성의 시대' 구현을 위한 노력

반기문 사무총장이 인권 및 선정(*good governance*) 측면에서 취임 초기부터 줄곧 강조한 분야가 바로 주권국가의 '책임성'(*accountability*) 문제이다. 2011년 3월 리비아 군중에 의한 카다피 정권 퇴진운동에서 반 총장은 민주화를 요구하는 자국 국민에 대한 카다피 정권의 과도하고 무차별적인 무력행사는 '반인륜적 범죄행위'에 해당하며, 이는 국제법에 의해 처벌될 수 있다는 점을 분명히 경고했다. 이러한 맥락에서 반 총장은 이러한 반인륜적 범죄행위를 자행한 주체는 반드시 처벌받아야 한다는 점을 기회가 될 때마다 강조했다.

반 총장은 리비아 사태 발생 이후 임명한 압델 엘라 알 카티브(Abdel-Elah al-Khatib) 특사를 리비아에 급파하였다. 특사를 통해 민간인 보호를 위한 리비아 정부의 책임성을 정부 인사들에게 강조하고 민간인에 대한 과도하고 무차별적인 무력행사를 조사하기 위한 국제 조사위원회를 구성하겠다는 유엔의 입장을 통보했다. 이러한 반 총장의 강력한 입장은 국제형사재판소(ICC)가 2011년 7월 카다피와 그 측근들에 대해 체포영장을 발부케 하는 데 커다란 기여를 하였다.

책임성 문제를 논함에 있어 짚고 넘어가야 할 사안이 스리랑카 문제이다. 스리랑카는 타밀 타이거(정식 명칭은 Liberation Tigers of Tamil Eelam, LTTE)로 불리는 소수 민족으로 이루어진 반군과 정부군 간 30년 가까운 내전을 겪었다. 스리랑카 정부는 테러리즘과의 전쟁이라는 명분하에, 그리고 타밀 타이거 반군은 분리 독립을 쟁취하기 위해 오랜 기간 분쟁을 벌였다. 정부군은 2008년 초부터 타밀 타이거 반군과의 분쟁을 완전 종식하기 위한 대대적인 군사작전을 벌인바, 2008년 9월부터 2009년 5월까지 소탕작전 최종 단계에서 막대한 희생자가 발생하였다. 이 과정에서 타밀 타이거의 마지막 거점인 반니(Vanni) 지역으로의 진격작전으로 인해 33만 명의 희생자가 발생한 것으로 추산되고 있다.

스리랑카 정부는 2009년 5월 19일 타밀 타이거 반군이 완전 소탕되었음을 국제사회에 선언한다. 반기문 총장은 분쟁 종식 직후인 2009년 5월 말 스리랑카를 전격 방문하여 스리랑카 정부와 타밀 타이거 소탕작전시 정부군과 반군에 의해 자행된 범죄행위에 대한 책임문제와 함께 전후 재건 문제들을 다루기 위한 공동선언문을 발표하였다.

반기문 총장은 상기 스리랑카 정부와의 합의사항을 이행하기 위한 구체적인 조치로서 2010년 6월 전문가 패널(*Panel of Experts*)을 구성하였다. 이 패널은 자문을 제공하는 역할을 하는 내부 조직이었다. 전문가 패널은 유엔 사무총장이 직권으로 설치할 수 있는 것인 반면, 소탕작전에서 벌어진 전쟁범죄 행위 및 인권침해 사례에 대해 독립적인 임무를 가지고 조사하는 국제 조사단(*Commission of Inquiry*)과는 구별됨을 유의해야 한다.

전문가 패널은 다양한 채널의 자료와 정보를 통해서 최종 소탕작전 단계에서 스리랑카 정부군과 타밀 타이거 반군에 의한 광범위한 범죄행위가 자행되었음을 확인하였다. 스리랑카 정부군은 최종단계에서의 군사작전에서 민간인 밀집지역에 무차별 포격을 가했으며, 심지어 병원과 여타 인도적 구호시설물도 타격대상으로 하였다. 한편, 타밀 타이거 반군은 스리랑카 정부군의 진격에 대해 민간인들을 인간방패로 이용

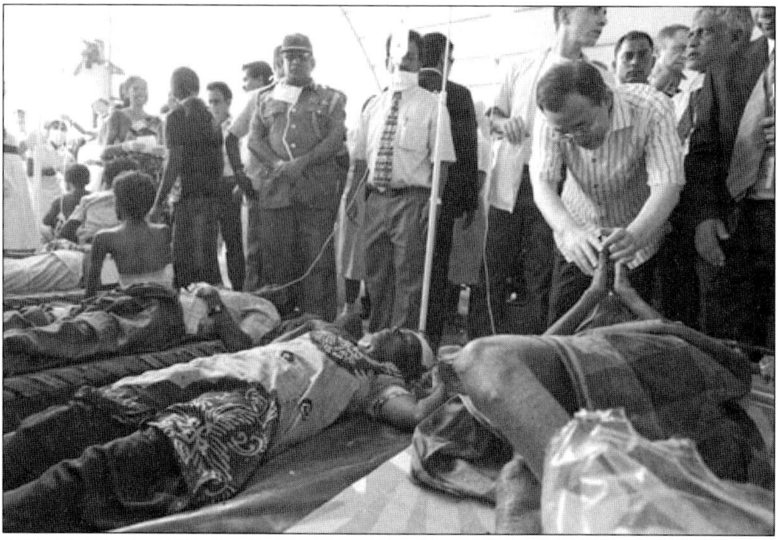

2009년 5월 23일 반기문 총장이 국제사회 최대 유민수용시설인 메닉팜(Menik Farm)을 방문하여 환자들을 위로하고 있다.(사진제공: UN)

하고 타밀 타이거 거점지역에서 탈출을 시도하는 민간인들을 사살하는가 하면, 10대 초반의 어린이들까지 강제 징용한 것으로 확인되었다.

반기문 총장은 국제 인도주의법 및 인권법에 대한 심각한 위반행위에 대한 '단죄'는 선택의 문제가 아닌 국제법상 의무라는 원칙을 확고히 고수하면서 스리랑카 문제를 다루었다. 단죄 문제는 범죄행위에 대한 조사 및 처벌만을 의미하는 것이 아니라 정치적, 법적, 도덕적 책임까지 망라하는 훨씬 포괄적인 개념이다. 범죄행위에 대해 진실과 정의를 확보하고 피해자들에 대한 보상은 물론, 그러한 범죄행위에 책임이 있는 정부가 책임 소재를 공식적으로 확인함으로써 내부적인 화합(*reconciliation*) 및 재발 방지 대책을 강구하도록 하는 것이다. 이런 측면에서 볼 때 '단죄 절차'(*accountability process*)는 사안에 따라 맞춤형으로 적용되는 것이지, '모든 유형에 맞도록 설계된 방식'(*one-size-fits-all formula*)은 없는 것이라고 할 수 있다. 물론 개개국별 적용방식에는 엄격한 국제적 기준이 적용돼야 함은 말할 나위가 없다.

스리랑카 정부는 유엔과 단죄 절차를 협의하는 과정에서 많은 문제를 드러냈다. 스리랑카 정부는 단죄도 중요하지만 국민 화합과 균형을 이루어 나가는 것이 중요하다는 입장을 보이면서 이른바 처벌적 정의(*retributive justice*)가 아닌 회복적 정의(*restorative justice*)가 중요하다는 궤변을 취했다.

스리랑카 정부는 2002년 타밀 타이거와의 휴전협정 체결 시점 이후 2009년 5월 타밀 타이거 완전 소탕 시점까지 발생한 문제들을 다루기 위한 특별 위원회(*Lessons Learnt and Reconciliation Commission*)를 설치하였다. 그런데 이 위원회는 구성부터 심각한 결함을 안고 시작하였다. 결과적으로 현재까지도 국제사회가 기대하는 본질적인 기능들, 즉 최종 소탕작전 단계에서 자행된 대량 학살에 대한 진실 규명, 피해자 보상 및 인권침해 방지를 위한 진실성 있는 조치를 하지 못하고 있다.

앞서도 언급한 바와 같이 스리랑카 문제는 유엔에게도 큰 도전이자 많은 숙제를 안겨준 이슈였다. 인권단체들은 반기문 총장이 소탕작전 최종단계에서 발생한 막대한 인권침해와 전쟁범죄 행위에 대해 국제적이고 독립적인 조사단을 발족시키지 않은 것을 비난하였다. 그러나 스리랑카는 '이 문제는 전적으로 국내문제'라는 입장하에 오히려 유엔이 주권국가 내정문제에 대해 전문가 패널을 통한 보고서를 만든 것을 맹비난한 바 있다. 중국 등 스리랑카에 대해 호의적인 입장을 보인 국가들 또한 스리랑카의 입장에 동조하였다.

그러나 시간이 지날수록 국제사회는 반기문 총장이 어려운 가운데도 스리랑카 사태에 대해 책임성을 묻는 과정에서 리더십을 보였다고 평가한다. 우선 소탕작전이 완료되자마자 스리랑카를 전격 방문, 공동선언을 도출해낸 것은 그 자체로서 평가받아야 한다. 공동선언을 통해 스리랑카 정부는 소탕작전 중 발생한 인권침해 사례에 대한 조사 및 필요한 조치를 취하고, 국민 통합을 위한 노력을 기울일 것을 약속받았다. 동 공동선언은 향후 국제사회가 스리랑카에 대해 '단죄 절차'를 밟도록 하는 기반이 된 것이다.

그리고 반기문 총장은 스리랑카 정부의 극심한 저항에도 불구하고 전문가 패널이 보고서를 작성해내는 데 정치적 힘을 제공했다. 또한 동 보고서를 유엔 인권이사회와 공유함으로써, 인권이사회가 이를 바탕으로 스리랑카 문제를 다루면서 스리랑카 정부에 책임성 확보를 위한 구체적인 노력을 기울일 것을 주문하는 결의를 채택하는 데 중요한 역할을 한 바 있다.

반기문 총장은 스리랑카 사태를 계기로 민간인 보호를 위한 유엔의 대응역량을 강화할 필요성이 있다는 인식하에 스리랑카 사례를 통해 어떤 교훈을 얻을 수 있을지 철저한 검토를 지시하였다. 이를 위해 반 총장은 내부 검토 패널(*Internal Review Panel*)을 구성하여 향후 유사한 위기시 유엔의 대응능력을 강화하고 민간인 보호를 위한 유엔의 역할 강화를 위한 전반적인 검토에 착수하였다.

이 결과 스리랑카 사태와 같은 상황이 발생할 경우 유엔 회원국들의 지원과 유엔 시스템 차원의 대처에 관한 행동계획이라고 할 수 있는 '초동단계 정면대응을 위한 행동계획'(*Rights Up Front Action Plan*)을 2013

년 하반기에 발족시켰다. 반기문 총장이 인권 강화를 위해 발족한 이른바 '초동단계 정면대응 이니셔티브'(*Rights Up Front Initiative*)는 2013년 비엔나 인권선언 채택 20주년이 되는 의미 있는 시점에 이루어진 것이기도 하다. 반 총장은 2014년 1월 신년 들어 처음 가진 총회 브리핑에서 인권 강화를 위해 동 이니셔티브가 자리 잡을 수 있도록 회원국들의 적극적인 협조를 당부하였다.

한편, 반기문 총장은 2013년 9월 제68차 유엔총회 기조연설에서도 상기 내부 검토 패널의 활동에 대해 언급하면서 스리랑카 정부가 책임성 확보를 위한 노력을 배가할 것을 촉구하고 국제사회가 민간인 보호에 필요한 유엔의 역량을 제고할 필요성을 다시 한 번 환기시켰다.

자국민 보호의무에 관한 반기문 총장의 강력한 촉구는 리비아 사태와 같이 국제사회의 관심을 끄는 사안에만 적용된 것이 아니다. 리비아 사태가 한창이던 2011년 3월 중순, 반 총장은 오래 전부터 예정되었던 중미지역 정상회의 참석차 과테말라를 방문한 계기에 원주민 등 주권국가 내 취약계층 인권보호에 대한 중앙정부의 책임성을 강력하게 촉구했다.

과테말라 방문 중 1992년도 노벨 평화상 수상자인 리고베르타 멘추 여사를 개별 면담하여 자국 국민 보호를 위해 협력할 것을 호소하였다. 또한 원주민 인권보호에 적극적인 민간단체 대표들과의 간담회를 통해 원주민 등 취약계층 인권보호 및 정부의 책임성 신장을 위한 유엔의 강력한 지원 의지를 전달한 바 있다.

특히 과테말라에서 성행하는 조직범죄 및 마약 카르텔에 의한 범죄행위를 조사, 범법자를 처벌하는 한편, 취약한 치안 담당 기관의 조직 및 전문성을 강화하기 위해 설치된 독립적 위원회인 과테말라 공권력

강화 위원회(*International Commission Against Impunity in Guatemala*)를 방문하여 유엔 차원의 강력한 지지를 표명했다.

방문국 내에서 유엔 사무총장의 이러한 활동과 메시지는 해당 국가 정부의 치부를 드러냄으로써 국제사회의 비난에 직면할 수 있다는 점에서 정치적으로 민감한 측면이 있다. 이러한 입장에 놓인 해당국 정부는 원주민 및 빈곤계층 인권침해 문제에 대한 유엔의 지적에 매우 민감하게 반응하는 경우가 적지 않다. 그럼에도 불구하고 반 총장은 공식 면담 또는 지도자들과의 개별 면담 계기에 자국민 인권 보호와 범법행위자들에 대한 책임 추구를 강하게 촉구하였다.

때때로 서방 언론들이 인권 문제에 있어 반 총장이 보다 적극적이고 공개적으로 목소리를 낼 것을 주문한 경우가 있다. 하지만 인권 문제가 가지는 정치적 민감성에 비추어 볼 때 유엔 사무총장이라고 할지라도 해당국가 지도자들과 얼굴을 마주하는 계기에 이러한 문제를 어떤 방식으로 제기하느냐 하는 것은 고도의 외교적 수완이 요구된다는 점을 간과해서는 안 된다. 독재자들을 상대로 공개적으로 비난하는 것은 어떻게 보면 쉬운 일일 수 있다. 그러나 이른바 '공개적으로 망신주기'(*name and shame*)이라는 심리적인 카타르시스를 통해 언론의 인기를 반짝 얻을 수는 있겠으나, 정작 문제 해결의 실질적인 열쇠를 쥐고 있는 당사자는 대화의 채널을 닫아버릴 수 있다.

평화유지활동과 인권 보호의 상승작용

반기문 총장은 인권 문제를 유엔의 모든 활동에 있어 고유의 요소(*integral part*)로 자리하도록 하였다. 이른바 '인권의 주류화'(*mainstreaming human rights*)라고 하는 철학을 통해 국제 인권 및 인도주의법 준수에 최우선적 가치를 부여하였다. 대표적인 예가 '인권실천 점검 의무'(*Human Rights Due Diligence Policy*: HRDDP)를 도입한 것이다.

사실 분쟁지역 또는 분쟁 후 복구 활동이 진행 중인 곳에서는 인권 보호라는 개념이 도외시되기 십상이다. 평화유지 활동이 유엔에서 차지하는 비중으로 볼 때 평화유지 활동을 수행하는 과정에서 인권 보호를 고유의 요소로 정착시키는 것은 매우 중요한 의미를 가진다.

유엔 평화유지 활동에서 지역기구 또는 파견국 군·경 등 안보담당 조직과의 공조 필요성은 갈수록 커지고 있다. 파견국 군·경의 역량을 배양하기 위한 기술적·물리적 지원, 또는 유엔 외의 지역기구가 파견한 평화유지군에 대한 기술적·물리적 지원 제공은 계속해서 증대하고 있다. 그러나 문제는 유엔이 그러한 지원을 제공하도록 요구되는 지역 내에서 인권 및 인도주의 그리고 난민 관련 국제법에 위배되는 행위가 자행되는 경우가 흔하다는 것이다. 실제로 지역기구 또는 파견국 안보기관 요원들에 의한 인권침해 사례로 인해 유엔의 이미지에 악영향을 미치는 사례들이 다수 발생하였다.

또한 유엔이 평화 복구를 지원하는 활동에서도 유엔이 주재국 치안 및 안보 담당부서에 의한 인권침해 사례에 휘말려 들어가 오해를 사는 경우도 종종 발생하곤 한다. 이는 주재지 정부가 법의 지배(*rule of law*)를 강력하게 시행할 수 있는 법률적, 제도적 장치가 미약한 경우가 많기 때문이다.

유엔 헌장에 따라 인권 보호 및 신장을 최우선 가치로 삼고 있는 유엔이 유엔 이외의 군·경 조직(*non-UN security forces*)에 대한 지원을 제공하는 과정에서 인권관련 엄격한 기준을 적용할 필요성이 커진 것이다. 이런 배경에서 반기문 총장은 2011년 7월 '인권실천 점검 의무'(HRDDP)를 채택하였다. 이는 유엔 평화유지군이 활동하는 지역에서 지역기구(*Regional Organizations*)가 파견한 군·경 조직, 또는 주둔국 내 치안 및 안보 담당부서에 속한 군경 요원들이 유엔 헌장에 위배되는 행위를 자행할 경우 이를 차단하기 위해 모든 노력을 기울이겠다는 약속이다. 또한 인권침해 사례가 중단되지 않을 경우에는 유엔 차원의 협조를 중단하도록 하는 강력한 인권보호 정책이다.

이 문제가 실제 분쟁해결 과정에서 적용된 구체적 사례가 2012년 말 아프리카 말리(Mali)의 예다. 사헬(Sahel) 지역에 위치한 말리는 아프리카 지역에서는 나름대로 민주주의가 성공적으로 자리 잡고 평화를 유지하던 나라이다. 그러나 지도자들이 나태와 부패에 빠지면서 이슬람 극단주의 세력이 발호, 결국 북부 말리 지역을 차지하고 남부로 진군을 감행, 말리 전체가 이슬람 극단세력에 의해 유린될 위기에 처했다. 말리 정부군이 지리멸렬한 상황에서 과거 말리를 식민지로 삼았던 프랑스가 자국 군대를 긴급 투입, 가까스로 최악의 위기는 벗어났으나 프랑스만의 힘으로는 상황을 완전히 역전시키기는 어려운 상황이었다.

이에 유엔 안보리는 당시 시리아 사태와는 완전히 다르게 신속하게 움직였다. 말리에서의 극단주의 세력에 의한 합법적 정부 축출 사태를 막기 위해 다국적 군대에 의한 군사적 조치를 승인하는 한편, 유엔이 필요한 지원을 제공할 것을 요구하는 결의를 채택하였다. 문제는 그 전까지 말리에서 활동한 유엔 관련기구들이 말리 내 군·경 세력의 민간인 보호와 관련하여 상당히 심각하게 우려하고 있었다는 점이다.

'인권실천 점검 의무'는 유엔이 유엔 이외의 군·경 조직에 대한 지원을 제공하기 이전에 반드시 '위험도 조사'(*risk assessment*)를 행하도록 요구하고 있다. 해당 지역에 인권 및 인도주의 그리고 난민관련 국제법이 심각하게 위배될 위험이 있는지를 확인하는 것이다. 실제 2012년 11월 반기문 총장이 안보리에 제출한 말리 관련 보고서에서도 인권실천 점검 의무가 엄격히 적용되어야 한다는 점을 명시하면서, 말리 내 군·경 조직에 의해 "인권 및 인도주의 그리고 난민관련 국제법이 심각히 위배될 위험이 있다고 판단할 충분한 근거가 있는 경우"• 그러한 지원을 제공할 수 없다는 점을 강조했다.

인권실천 점검 의무는 인권 보호, 특히 분쟁지역에서의 민간인 보호에 매우 중요한 정책인 것은 틀림없으나, 말리와 같이 다국적군에 대한 유엔의 기술적·물리적 지원 제공이 긴급히 요구되는 상황에서는 자칫 지연을 유발한다는 비판을 불러일으킬 수도 있다.

이러한 인권보호라는 범세계적 가치 신장과 평화유지 활동이라는 현장의 특수성 간 조화를 잘 살려나가는 것이 중요하다고 하겠다. 이런

• 원문은 다음과 같다. "*Where there are substantial grounds for believing that there is a real risk of the receiving entities committing grave violations of international humanitarian, human rights and refugee law,*"

이유로 상기 정책을 정기적으로 검토하고 개선해나가기 위한 검토 그룹이 운영되고 있다.

법의 지배 강화를 위한 노력

반기문 총장은 개발 없이는 평화가 있을 수 없으며, 평화 없는 개발 또한 있을 수 없음을 늘 강조하였다. 또한 평화와 개발은 인권 및 법의 지배 원칙이 존중받지 못하는 사회에서는 존립할 수 없다는 점도 강조하였다. 법의 지배(*rule of law*)와 선정(*good governance*)은 인권 및 민주주의 개념과 불가분의 관계에 있다. 인권은 법의 지배 및 선정에 규범적인 의미를 부여한다. 독재국가의 예를 들어보자. 독재국가에도 나름대로의 법이 존재한다. 인권을 도외시한, 체제 유지를 위한 독재국가 정부가 그러한 법을 엄격하게 집행한다면 자신들 기준의 법의 지배라고 주장할 수는 있겠지만 범세계적 기준에 부합하는 법의 지배라고 말할 수는 없는 것이다.

민주주의와 선정의 관계도 마찬가지이다. 주민들에게 최소한의 연명을 위한 의식주만 제공하고 진정한 자유와 인간의 존엄성에 대한 존중이 보장되지 않는다면 그것을 선정이라고 말하기는 어려울 것이다.

법의 지배가 유엔 차원에서 새롭게 부각된 것은 2005년 유엔 특별총회에서이다. 특별총회에 모인 유엔 회원국 정상들은 유엔의 활동에 있어 법의 지배에 대한 관심과 지원을 강화할 것을 다짐하였다. 또한, 이를 위한 구체적인 행동계획으로서 유엔 시스템 내 법의 지배를 체계적으로 관장하고 강화시키기 위한 부서를 유엔 사무국내에 설립할 것을 결정하고 이를 동 회의 결과문서(A/RES/60/1)에 반영시켰다.

이에 따라 당시 코피 아난(Kofi Annan) 유엔 사무총장은 2006년 '법의 지배 총괄 그룹'(*Rule of Law Coordination and Resource Group*, RoLCRG)을 설치, 유엔 사무부총장(*Deputy Secretary-General*)의 관할 하에 유엔 시스템 내 법의 지배 이슈를 다루는 약 9개 기관들이 참여하는 메커니즘을 창설하였다.

사실 그전까지 법의 지배 이슈는 사무국 및 유엔 산하기관들에 분산되어 다루었다. 사무국 내 법률국에서는 법의 지배 관련 다자 조약과 관련된 업무를, 평화유지 활동국에서는 미션 현장에서 경찰 및 사법권 그리고 교정(*correction*) 활동에 있어 법의 지배 이슈를 강화시키는 업무를, 유엔 마약범죄사무소(UNODC, UN Office on Drugs and Crime)에서는 반부패 및 조직범죄 같은 업무를 담당하고 있었다.

이런 상황에서 회원국들은 법의 지배 이슈에 있어 업무를 총괄적으로 관장하는 부서가 없어 혼선을 겪음은 물론 업무의 중복으로 인한 재원 낭비가 발생하고 있음을 지적하여 왔다. 이러한 배경에서 '법의 지배 총괄 그룹'을 실무적으로 지원할 소규모 부서를 신설한바, 현재 유엔 사무총장실 내에 '법의 지배팀'(*Rule of Law Unit*)이 설치·운영되고 있는데, 사무부총장이 동 부서의 운영을 감독하고 있다.

위에서 설명한 법의 지배 관련 유엔 시스템상 체계화된 조직이 전임 유엔 사무총장 때 구성은 되었으나 실제 법의 지배를 유엔의 활동에 중심적 과제로서 자리 잡게 한 것은 반기문 총장의 업적이다.

법의 지배 총괄 그룹이 활동을 시작한 것은 반 총장이 취임한 2007년부터이다. 동 그룹에는 사무국 내 정무국(DPA), 평화유지국(DPKO), 법률국(OLA)을 비롯, 인권고등판무관실(OHCHR), 난민고등판무관실(UNHCR) 및 유엔 개발계획(UNDP), 유엔 아동기금(UNICEF), 유엔 여성기구(UN Women), 유엔 마약범죄사무소(UNODC)와 같은 유엔기구들이 포함되어 있다.

반기문 총장은 법의 지배 총괄 그룹 운영 5년째가 되는 2012년 들어 법의 지배 시스템에 대한 전반적인 점검을 지시하였다. 특히 분쟁지역 및 분쟁 후 복구지역에서 법의 지배가 정착되도록 하는 데 주안점을 두었다. 이 결과, 각 지역별 유엔미션에서 활동하는 사무총장 특별대표 및 현장 사령관들에게 법의 지배를 핵심적 요소로 정착하도록 하고 법의 지배를 강화하기 위한 각 미션별 전략 이행에 책임을 지도록 하였다.

또한 미션별 법의 지배 관련 활동을 실효적으로 지원하기 위해 본부 차원에서 유엔 사무국 평화유지국 및 유엔 개발계획을 합동으로 한 유엔 시스템 차원의 주무기관(*Global Focal Point*)을 구성, 유엔 현장 활동의 경찰, 사법 및 교정 기능을 체계적으로 지원토록 후방 지원 시스템을 구축하였다.

이러한 배경하에 반기문 총장은 2012년 유엔총회를 계기로 법의 지배에 관한 고위급 회의를 주최하였다. 고위급 회의에는 회원국 정상, 법무장관, 검찰총장 및 시민사회가 대거 참여하여, 유엔총회 기조연설 기간 중 법의 지배 주제를 독립적으로 다룬 최초의 사례였다. 고위급 회의에서 컨센서스로 채택된 선언문은 "법의 지배는 유엔이 추구하는 3

대 목표인 국제 평화·안보, 개발, 인권 증진을 위한 토대가 된다"는 점을 확인하면서, "2015년 이후 개발 어젠다를 마련하는 데 법의 지배가 본질적 요소로서 포함되도록 해야 한다"고 합의하였다.

고위급 회의에서 반기문 총장은 법의 지배를 국제사회가 공통적으로 추구해야 할 공공재(*common good*)로서 지구촌에 질서를 가능케 하는 중력의 법칙(*law of gravity*)과 같다고 비유하였다. 법의 지배를 강화함으로써 유엔이 추구하는 3가지 핵심과제인 평화, 개발 및 인권을 강화시킬 수 있다는 점을 강조하였다. 또한 법의 지배를 통한 정의 구현은 결코 추상적인 개념이 아니라고 하면서, 시민들에게 부여되는 주민등록번호, 경찰관의 신분증, 태어난 여자 아이의 출생증명서, 사업가의 사업자등록증같이 우리 현실 구석구석에서 확인할 수 있는 구체적인 것이라고 하였다.

법의 지배는 분쟁의 평화적 해결 및 재발 방지를 위한 수단이자, 책임성 강화 및 단죄(*impunity*)를 위한 메커니즘을 구축하기 위한 것이다. post-2015 개발 어젠다를 추구하는 데 있어서도 법의 지배가 반드시 반영되도록 해야 한다는 점을 강조하였다. 반기문 총장이 2013년 8월 총회에 제출한 post-2015 개발 어젠다 보고서(A life of Dignity for All, 모두에게 존엄한 삶을) 95항에는 법의 지배의 중요성을 담고 있다. 이 문서에서는 "개발 없이는 평화가 있을 수 없으며, 평화 없이는 개발도 있을 수 없다. 항구적 평화와 지속가능한 개발은 인권 및 법의 지배에 대한 존중 없이는 실현될 수 없다"•고 기술하고 있다.

• 위 문서의 영어 원문은 다음과 같다. "*There can be no peace without development and*

고위급 회의에서 반기문 총장은 참석한 회원국들에게 법의 지배를 강화시키기 위한 구체적인 실천방안에 서약할 것을 제안하였다. 반 총장이 제안한 이른바 자발적 서약 프로세스(*voluntary pledging process*)는 고위급 회의 결과문서에도 반영되었는데, 이후 40개 이상 회원국에서 400여 개 이상의 구체적인 제안들이 접수되었다.

반기문 총장은 인권과 마찬가지로 법의 지배는 유엔의 모든 활동에 중심 개념으로 스며들어야 한다는 신념하에 이른바 '법의 지배의 주류화'(*Mainstreaming of rule of law*)를 정책적 과제로 지시하였다. 이를 위해 유엔 시스템 내 최고위 간부들 간의 연례회동인 CEB 회의에서 2013년부터 법의 지배를 공식 어젠다로 다루도록 하였다.

반기문 총장은 법의 지배에 대한 국제사회의 정치적 인식을 제고하고 관련 제도를 강화하는 데 기여한 공로를 인정받아 2013년 9월 렉시스넥시스(LexisNexis)라는 비정부단체와 저명한 싱크 탱크(*think tank*)인 대서양위원회(Atlantic Council)로부터 '법의 지배상'을 수상하기도 하였다.

no development without peace. Lasting peace and sustainable development cannot be fully realized without respect for human rights and the rule of law."

양성 평등 및 여성 권익 신장

여성 문제에 있어 반기문 총장은 소신과 비전을 가지고 여성권익 향상을 위해 애썼으며, 그만큼 국제사회로부터 높은 평가를 받을 만한 가시적인 성과를 남겼다. 반 총장은 '세계에서 가장 활용되지 않은 재원(*least developed resources*)이 여성의 능력'이라는 신념을 가지고 사무총장 취임 초부터 여성의 권익 향상 및 양성 평등문제에 목소리를 높였다.

반기문 총장은 동양적 철학을 예로 들면서 이 문제를 접근했다. '가화만사성 치국평천하'(家和萬事成 治國平天下, 가족이 화목하면 모든 일이 잘 되고, 나라를 잘 다스리면 천하를 다스릴 수 있다)라는 글귀를 인용하면서 집안의 질서를 유지하는 것이 중요하다는 신념하에 유엔 사무국 내부의 양성 평등 및 여성권익 신장부터 강하게 추진했다.

사실 반기문 총장이 취임하였을 때만 해도 유엔 평화유지군에는 여성 현장사령관이 없었다. 반기문 총장이 취임한 이래 라이베리아, 중앙아프리카 및 남수단과 같은 규모가 크고 가장 근무조건이 열악한 평화유지군 사령관에 여성을 임명한 바 있다. 이들은 다른 남자 미션 사령관 못지않게 훌륭하게 임무를 수행해, 평균 수천 명에 달하는 평화유지군 소속 군인과 경찰 병력을 여성이 어떻게 감당해내겠느냐는 기존 인식을 타파하는 데 기여했다.

또한, 취임 초기부터 여성의 권익 신장을 위해 기울여 온 노력의 결정체로서 2010년 유엔 여성기구(UN Women, *United Nations Entity for Gender Equality and the Empowerment of Women*)라는 통합 조직을 창설하

였다. 이를 통해 그동안 여러 기구에서 단편적으로 다루던 여성 문제를 보다 체계적이고 거시적 관점에서 다룰 수 있는 기반이 구축된 것이다. 반기문 총장은 유엔 여성기구 초대 사무총장에 여성인 미첼 바첼렛(Michelle Bachelet) 전 칠레 대통령을 임명하였다. 바첼렛 사무총장은 유엔 여성기구 수장으로서의 임무를 성공적으로 마친 후 칠레로 돌아가 2013년 12월 다시 대통령에 당선되었다. 유엔 여성기구를 창설한 것은 반 총장의 큰 업적으로 남을 것이다.

반기문 총장은 2012년 8월 덕성여자대학교가 유엔 여성기구와 공동으로 주최한 글로벌 여성 리더십 세계대회 폐막식에 참석, 기조연설을 통해 사무총장 취임 후 이룬 유엔 내 성 평등 및 여성 권익신장을 위한 성과에 대해서 설명한 바 있다. 2012년 8월 현재 반기문 총장은 취임 후 여성 특별대표(*Special Representative*)를 7명 임명하였으며, 첫 임기 동안 사무차장직(*Under-Secretary-General*)에 여성의 진출을 60%, 사무차장보(*Assistant-Secretary-General*)의 여성 진출을 40% 증대시켰다. 유엔 사무국 내 여성 직원의 비율은 꾸준히 향상되어, 초급 직원인 P1 및 P2 레벨에서는 남성과 여성의 비율이 거의 동률을 이루고 있다. 이는 역대 사무총장 시절과 비교할 때 획기적인 수치로서 미국 오바마 대통령은 반기문 총장 연임 지지성명에서 여성 문제에 대한 비전과 성취를 높이 평가하기도 했다.

반 총장은 평소 사석에서 세계의 여성 지도자가 여전히 10%에도 미치지 못하며, 193개 회원국으로 구성된 유엔에도 여성 대사는 25명 정도에 불과하다는 지적을 하곤 했다. 출장지에서 정부 또는 의회 인사들을 만날 때마다 여성 대통령 또는 총리가 전 세계 지도자의 1/10에도 미

의회 내 여성 진출 비율 하위 10개국

국가명	(A)여성 의원(명)	(B)의원 전체(명)	(A)/(B)%
마셜제도공화국	1	33	3.0
파푸아뉴기니	3	111	2.7
이집트	10	508	2.0
솔로몬제도	1	50	2.0
오만	1	84	1.2
예멘	1	301	0.3
미크로네시아	0	14	0.0
팔라우공화국	0	16	0.0
카타르	0	35	0.0
바누아투	0	52	0.0

치지 못하며, 의회 성비도 평균적으로 1/5에도 미치지 못하는 현실을 예로 들면서 여성의 정계 진출 증대를 위한 각국의 보다 적극적인 정책적 노력을 호소하고 있다.

다음 표는 전 세계에서 여성의 의회 진출 비율이 가장 저조한 10개국 목록이다. 유엔 여성기구의 자료인데, 반기문 총장 취임 전까지 이 리스트상의 국가들은 여성 의원이 한 명도 없는 곳들이 대부분이었다. 반 총장이 해당국 방문 또는 해당국 지도자의 유엔 방문 등 가능한 기회마다 여성의 정계 진출을 지속적으로 제기한 결과 한 명도 없는 국가 수가 줄어든 것이다.

유엔 보고서에 따르면 아시아·아프리카 지역에서 여성의 경제활동이 제한됨에 따른 경제력 손실이 무려 900억 달러에 달한다. 아프리카의 경우 인구의 2/3가 30세 미만일 정도로 생산연령 측면에서 잠재력이 가장 큰 지역이다. 반기문 총장은 아프리카에서 여성의 경제·사회·정치 진출을 대폭 신장시키지 않는 한 유엔 천년개발목표 달성은 불가능하다는 신념하에 성 차별 타파와 여성 권익 증대를 위해 강력한 목소리를 낸 지도자이다.

모자(母子) 보건, 특히 산모 건강 문제는 유엔 천년개발목표 중 가장 취약한 분야이다. 반기문 총장은 최첨단 정보통신의 발달로 세계화된 21세기에, 영양실조와 질병으로 인해 수백만 명의 어린이들이 희생당하는 현실은 도저히 용납할 수 없다고 호소했다. 또한 아동들이 배고픔과 질병의 고통에서 벗어나 학교에서 열심히 공부할 수 있는 여건을 만드는 것보다 더 중요하고 가치 있는 일은 없다고 지속적으로 강조하였다. 또한 여성이 자신들의 능력을 개발하고 발휘할 수 있는 권리가 무시되고 차별 받는 사회 또한 용납될 수 없다고 했다. 유엔 보고서에 따르면 전 세계 7억 8천만 명에 달하는 문맹 인구 중 2/3가 여성이다. 여성의 권익이 보호되고 신장되는 사회, 어머니들이 존중받는 사회, 그것이 곧 그 사회가 얼마나 건강한지를 보여주는 척도라고 하였다.

사회의 취약그룹인 아동과 여성을 보호하고, 이들의 능력을 개발할 수 있도록 지원하는 일은 평화와 안전을 증진시키는 중요한 촉매이기도 하다. 유엔 안보리도 아동과 분쟁문제를 정기적으로 다루고 있으며, 이를 통해 분쟁지역에서 아동과 여성이 겪는 문제는 국제평화와 안전에 대한 위협으로 간주하고 있다.

여성 권익 신장을 위한 반기문 총장의 성과를 인정하여, 이 분야에서 국제적 영향력이 있는 단체인 세계여성지도자회의(*Global Summit of Women*)에서 반 총장을 2011년 올해의 인물로 선정한 바 있다. 2011년 5월 이스탄불에서 열린 시상식에 참석한 반 총장은 여성에 대한 투자야말로 세계평화와 안전, 그리고 번영된 사회 구현을 위한 '가장 현명한 투자'라고 강조했다.

지속가능개발

반기문 총장이 2기 임기에 접어들면서 최우선 핵심과제로 꼽은 것은 'Rio+20'라고 불리는 '유엔 지속가능발전 정상회의'였다. 2012년 6월 20일 브라질 리우데자네이루에서 개최된 회의는 총 191개 유엔 회원국에서 정상급 인사 57명, 부통령급 인사 8명, 총리급 인사 31명, 부총리급 인사 9명, 장관급 인사 487명이 참석한 역대 최대 규모의 정상회의였다. 장관급 인사 487명은 유엔 역사상 최다 기록으로 확인되었다. 또한 비정부단체 인사 1만 47명이 참석하여 기록을 세웠다.

반기문 총장은 유엔 지속가능발전 정상회의에 참석하기 전 기고문을 통해 리오 정상회의에서 채택될 합의문도 중요한 의미를 갖겠지만, 그보다 더 중요한 것은 오랜 협상과정을 통해 3가지 분야에서의 거시적 목표, 즉 사회적 형평, 경제적 개발 및 환경보호의 균형적 추구를 통한 지속가능한 발전을 위한 범세계적 인식 제고임을 강조했다. 또한 '변화를 위한 전 지구적 움직임'(*Global Movement for Change*)의 중요성을 강조한 바 있다.

반기문 총장은 '지구 정상회의'라고 불리는 1992년 리오 정상회의를 상기시키면서 "성장과 발전을 위해 지구가 가진 제한된 재원을 무분별하게 소모하는 성장 모델은 이미 죽었다"고 선언하였다. 그리고 지구가 가진 땅, 바다 그리고 하늘은 무한정한 자원이 아니라 제한된 것임을 명심하고 이들 자원으로부터의 혜택을 우리 후손들에게 온전히 물려주는 방식으로 성장과 발전을 도모할 수 있는 모델을 찾아야 한다고 강조하였다. 반 총장은 한국을 예로 들면서 '녹색성장'을 채택하여 부족한 천연자원 활용을 극대화하고 저탄소 및 신에너지 기술을 통해 직업을 창출하는 윈-윈 전략을 펼쳐 나가야 한다는 점을 강조하였다.

이러한 신념하에 반기문 총장은 유엔 지속가능발전 정상회의의 참석 기간 중 녹색성장의 중요성을 거듭 강조하였다. 리오 회의 중 덴마크, 한국, 멕시코 3개국 공동주최로 개최된 '모두를 위한 녹색성장'(*Green Growth for All*) 행사에 참석한 반 총장은 폐기물 처리 기술의 혁신을 통해 환경도 보호하고 직업 창출을 통해 수입을 증대시키는 사례들을 적시하면서 친환경 기술 개발을 독려하였다. 브라질의 경우 폐기물 관리 및 재처리를 통해 50만 명의 직업을 창출했는데, 이러한 구체적인 예를 들면서 친환경적인 신기술 재생 에너지 개발이야말로 경제, 환경 및 사회적 형평성을 균형적으로 추구할 수 있는 금실(*golden thread*)라는 지론을 강조하기도 하였다.

여기서 반기문 총장이 2011년 발족한 '모든 사람을 위한 지속가능한 에너지' 이니셔티브를 간단히 언급코자 한다. 반 총장은 2030년을 목표로 '범세계적 에너지 접근', '에너지 효율성 2배 제고' 그리고 '전 세계적으로 재생 에너지 활용 2배 증대'라는 3가지 과제를 제시했다. 반기문 총장은 리오 정상회의 기간 중 한국 정부가 주도하여 개최된 글로벌녹색성장기구(*Global Green Growth Institute*)의 국제기구 출범 서명식 행사에 참석하여 자신의 이니셔티브를 거듭 강조하면서 정부와 시민사회의 적극적인 동참을 호소하였다.

유엔 지속가능발전 정상회의는 26개 분야에서 140개 항에 달하는 권고사항을 담은 결과문서(*outcome document*)를 이끌어 냈다. 결과문서가 다루는 26개 분야는 실로 방대하다. 빈곤 퇴치, 식량 안보, 수자원, 에너지, 지속가능한 관광, 보건, 직업창출, 해양, 기후변화, 교육 및 여성권익 신장 등 결과문서 제목이 반영하듯 '우리가 원하는 미래'(*The future we want*)를 위한 전 방위적 이슈들을 망라하고 있다.

반기문 총장은 폐막일 가진 기자회견에서 일각에서 리오 정상회의의 성과를 폄하하려는 시각을 단호히 거부하면서 이번 정상회의는 지구촌의 미래를 위해 '위대한 성공'(*great success*)을 거둔 회의라고 강조하기도 하였다.

혹자는 '녹색경제'(*Green Economy*)도 상기 정상회의 결과문서 중 권고사항의 한 분야로서 다루어지지 않았을까 하는 궁금증을 가질 만하다. 그러나 '녹색경제'는 26개 분야에는 포함되어 있지 않다. 비록 녹색경제라는 개념이 광범위하게 통용되고 기존 경제 모델과는 다른 모델을 표방하는 개념이라는 공감대가 형성되었으나 법률적으로는 명확한 정의가 정립되지 않았다. 경제학적 측면에서 이는 대체로 천연자원 사용량 감소와 에너지 효율성 제고를 통한 생산성 증진, 온실가스 및 오염물질 배출과 같은 경제활동으로 인한 환경침해 요소 억제, 그리고 재생에너지, 지속가능한 농업, 지속가능한 관광과 같은 친환경적인 분야에 대한 집중 투자(*focus on environment friendly areas*) 등을 포괄하는 개념으로 이해된다. 아울러, 녹색경제는 지속가능 개발 및 빈곤퇴치와의 관계에서는 아동, 여성, 원주민 등과 같은 사회적 약자와 취약그룹에 대한 사회보장과 같은 법적·제도적 장치 마련과 삶의 질을 보장할 수 있는 직업 창출 등을 비전으로 제시하는 개념이기도 하다.

한편, 이 대목에서 유엔 지속가능발전 정상회의가 유엔 천년개발목표(MDG)와 어떤 함수 관계에 있는지 살펴보는 것도 의미가 있다고 본다. 유엔 지속가능발전 정상회의는 유엔 천년개발목표 후속조치 측면에서도 중요한 의미를 갖는다.

2015년 목표연도에 도달하는 유엔 천년개발목표 이후 국제사회가 추구할 청사진으로서 '지속가능발전목표'(*Sustainable Development Goals*, SDG)를 제시한 것이다. 이 목표를 구체화시키고 이행 방안을 마련하기 위한 후속조치로서 총회 차원에서 5개 지역 그룹 대표 30개국으로 구성된 정부 간 실무그룹을 구성키로 합의하였다. 이와 별도로 반기문 총장은 post-2015 개발 어젠다를 위한 고위급 패널(*High-level Panel for Post-2015 Development Agenda*)을 만들기도 하였다. 27명으로 구성된 패널에는 한국의 김성환 전 외교장관도 포함되었다.

그런데 개도국들 입장에서는 빈곤퇴치를 가장 중요한 목표로 삼고 있는 유엔 천년개발목표와 비교할 때 빈곤타파라는 최빈국 및 개도국들의 요구에는 상대적으로 소홀해질 수 있다는 우려를 보이기도 하였다. 유엔 지속가능발전 정상회의가 사회적 형평, 경제적 개발 및 환경보호를 균형적으로 추구하고자 하기 때문이다. 게다가 이 정상회의에 참석한 회원국들 상당수가 개발장관이 아닌 환경장관을 수석대표로 파견한 점은 이런 우려를 뒷받침하기도 하였다. 이에 대해 반기문 총장은 유엔 천년개발목표 및 지속가능개발 목표는 상호 보완작용을 하면서 결국 한데 모아지는 것이라고 강조하며 우려를 일소했다.

여기서 유엔 천년개발목표와 관련된 재미있는 일화를 하나 소개한다. 2013년 4월 5일은 유엔 천년개발목표 목표연도인 2015년 말부터 역산할 때 정확히 1,000일이 남은 시점이 된다. 반기문 총장은 이 날을 국제사회에 유엔 천년개발목표 달성을 촉진하기 위한 모멘텀으로 삼기 위해 유엔 시스템 차원의 다양한 홍보 운동을 전개하였다.

2013년 4월 스페인을 방문하였는데 그때가 정확히 1,000일 카운트다운 시점이었다. 세계적으로도 유명한 스페인 레알 마드리드 클럽 경기장에서 열린 축구경기에서 반기문 총장이 시축을 하게 되었다. 반 총장이 입었던 유니폼 뒷부분에 '1,000'이라는 등번호가 새겨져 있었다. 또한 반 총장이 그라운드에 등장할 때 경기장 내 안내방송을 통해 "유엔 사무총장이 스페인 축구팬들을 만나 목표연도까지 1,000일 남은 유엔 천년개발목표 촉진을 홍보하기 위해 시축을 한다"고 소개된 바 있다.

그런데 유엔 내에서 '카운트다운'이라는 표현에 대해 거부 반응을 보이는 관계자들이 있었다. 이들은 "카운트다운이 뭔가가 종료된다는 인상을 줄 수 있다"며, 용어에서 오는 오해의 소지를 지적한다. 유엔 천년개발목표 8개 목표들 중 상당수가 2015년 목표연도까지 달성되지 못할 것이 분명한 만큼, 2015년이 종착역이 아니라 새로운 시발점이 되어야 한다는 논리를 들어 카운트다운이라는 용어를 쓰는 데 대해 매우 민감하게 반응하기도 했다.

국제보건

흔히 유엔 사무총장이라고 하면 지역분쟁 해결을 위해 동분서주하는 모습, 그리고 12만 명에 달하는 유엔 평화유지군의 최고 사령관으로서 유엔을 상징하는 파란색 모자를 쓰고 현장을 방문하는 모습을 떠올리기 쉬울 것이다. 그러나 반기문 총장은 국제보건 분야에도 상당한 시간과 노력을 투자하고 있으며, 국제보건 분야에서의 반 총장의 열정적인 노력에 대해 국제보건 분야 전문가들이 '반(半) 의사'라고 부를 정도로 보건 분야에 상당한 식견과 비전을 갖추었다.

사실 유엔 사무총장처럼 다양한 분야의 전문가들과 폭넓게 교류하는 직책도 드물 것이다. 반 총장이 취임 초기 보건분야 전문가들과 만나면서 '*anti-retroviral medicine for AIDS*'(항레트로바이러스 제제)와 같은 전문 용어를 이해하는 데 애를 먹었다는 말을 자주 했다. 그래서 관련부서에서 올라오는 자료들을 열심히 익히고 전문가들과 자주 만나 의견을 구하는 등의 노력을 기울였다.

사실 유엔 시스템 내에 의사 출신 국제기구 수장이 많은 데에 깜짝 놀랐다. WHO, 세계은행, 유엔여성기구(UN Women), 유엔인구기금, 유엔에이즈(UNAIDS), 인간 정주계획(UN HABITAT)의 전임 또는 현직 수장들이 의사 출신인데, 의사로서의 경험이 빈곤퇴치, 질병 대처 등 국제적인 개발 어젠다에 중요하기 때문으로 생각된다.

반기문 총장이 취임 직후부터 중점 어젠다로 추진한 과제가 천년개발목표(MDG)인데, 유엔 천년개발목표의 8개 목표 중 3개 분야가 보건 관련 분야이다. 유엔 천년개발목표 목표 4항은 아동 사망률 감소로서, 5세 미만 아동의 사망률을 2/3로 감소시키는 것을 목표로 한다. 목표 5항은 산모 보건 개선으로서 산모 사망률을 3/4로 감소시키는 것을 목표로 하였으며, 6항은 HIV/AIDS, 말라리아, 결핵 등 질병 퇴치를 제시하고 있다. 여기서는 반기문 총장이 임기 중 추진한 보건 분야 우선과제 몇 가지를 소개하고자 한다.

5대 '죽음의 병' 박멸 운동

반기문 총장은 2012년 임기 2기 핵심 추진과제 중 하나로 5대 '죽음의 병'(*killer diseases*) 인 말라리아, HIV 모자 전이, 산모 및 신생아 파상풍, 홍역, 소아마비 등을 임기 중 퇴치하겠다고 발표한다.

말라리아(malaria)의 경우 여전히 한 해 65만 명이 사망해 여전히 커다란 위협으로 남아 있다. 특히 아프리카의 경우 90% 이상 희생자가 발생하고 있으며, 5세 미만 어린이들이 가장 취약하다. HIV 모자 전이(New paediatric HIV infections)의 경우, 2009년 37만 명의 소아가 HIV에 전염되었고, 4만에서 6만 명에 이르는 임산부가 HIV로 사망한 것으로 보고된다. 파상풍(Tetanus)의 경우 2008년 한 해 약 6만 명의 임산부 및 신생아가 파상풍으로 사망하였는데, 대부분 아프리카 및 서남아 지역에서 발생한다.

2008년 한 해 16만 명 이상이 홍역(Measles)으로 사망했는데, 이는 하루 평균 450명꼴이다. 1980년대 한 해 평균 260만 명이 사망한 데 비하면 많은 진전을 이룬 것이라 하겠으나 여전히 큰 위협으로 남아 있다.

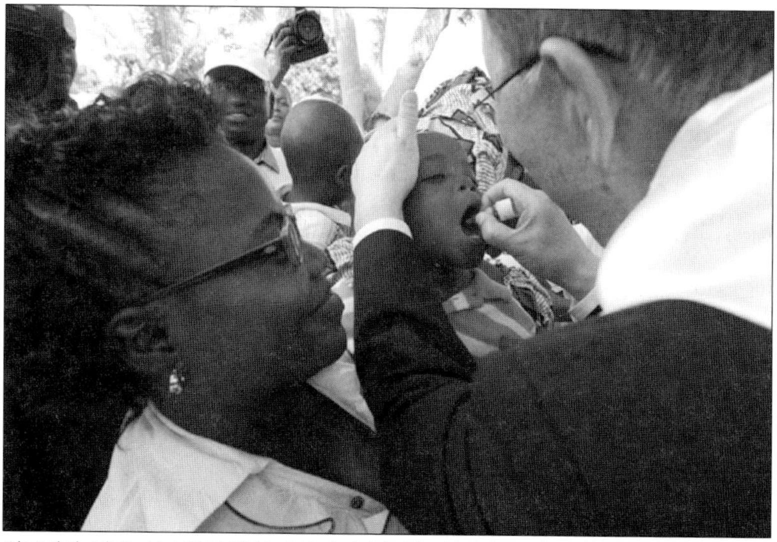

아프리카 방문 시 보건소에서 소아마비 접종을 실시하고 있는 반기문 총장.(사진제공: UN)

소아마비(Polio)의 경우, 대부분 5세 미만 아동에게 발생하는데 1988년 35만 건의 소아마비 발병 사례가 보고되었으나, 2011년에는 100여 건만 발생하였다. 소아마비는 현재 99%가 박멸되었으며, 아프가니스탄, 나이지리아, 파키스탄 등 3개국에서만 발생하고 있다.

비전염성 질병

비전염성 질병(Non-Communicable Diseases: NCDs)은 오랜 기간에 걸쳐 서서히 나타나는, 생활 습관에 기인한 질병이라고 할 수 있다. 아프리카를 제외한 전 세계적으로 가장 큰 사망 요인을 차지하는데, 매년 3천 6백만 명이 사망하는 것으로 집계된다. 이는 한 해 전세계 사망자의 63%를 차지하는 수치이다.

비전염성 질병이 특히 심각한 것은 생산연령인구 감소로 인해 국가 경제에 심각한 영향을 미친다는 점이다. 특히 비전염성 질병의 80%가 저소득, 중간소득 국가들에서 발생함으로써 국가 개발에 커다란 장애요소가 된다는 점에서 그 심각성이 크다고 하겠다. 개도국의 경우 치료비용이 커서 대부분 제대로 치료받지 못하는 악순환이 발생하고 있다.

4가지 핵심 비전염성 질병으로는 심장질환, 암, 만성호흡기 질환, 당뇨를 들 수 있는데, 이는 금연, 절주, 운동 및 적절한 식이 요법 같은 식생활 습관을 통해 충분히 예방할 수 있는 질환들이다. 한국의 경우, 사망자 80%의 사망원인이 비전염성 질병인 것으로 알려져 있다. 유엔 자료에 따르면 한국인 흡연비율이 전 세계 2위에 이르는데, 특히 여성 및 청소년 흡연율이 심각한 것으로 보고되었으며, 음주율도 전 세계 8위를 차지할 정도로 문제의 심각성이 크다.

2010년 7월, 자메이카에서 개최된 카리브 연합체(CARICOM) 정상회의에 참석한 반기문 총장을 수행했다. 당시 카리브 국가 정상들이 유엔이 새천년개발목표(MDG)에 명시된 HIV/AIDS, 말라리아, 결핵 퇴치에만 관심을 쏟지 말고 비전염성 질병(또는 만성질환) 예방 및 관리문제도 관심을 가지고 다룰 것을 요청했다. 이에 대해 반 총장은 2011년 유엔 총회 때 고위급 회의를 개최하여 국제사회의 관심을 제고하고 구체적인 행동계획을 도출하겠다고 약속하였다.

이런 배경에서 2011년 가을 제66차 유엔 총회 때 비전염성 질병에 관한 고위급 회의가 개최되었는데, 유엔 총회가 비전염성 질병을 다룬 것은 역사상 최초였다. 고위급 회의를 통해 비전염성 질병 예방 및 치료

함주군인민병원의 비전염성질병 퇴치 벽보

를 위한 국제사회의 의지를 결집하는 성과를 거두었다. 또한 2012년 5월 후속회의를 개최하여 2025년까지 비전염성 질병으로 인한 사망률을 25% 줄이는 야심찬 목표를 설정하기도 하였다.

그런 만큼 고위급 회의는 언론으로부터도 많은 관심을 모았다. 비록 구체적인 행동계획을 마련하지는 못하였지만 급증하는 비전염성 질병의 심각성에 대한 국제사회의 관심을 환기시킨 것 자체로도 큰 성과였다는 평가를 받았다. 이런 반기문 총장의 노력에 힘입어 2012년 6월 리우데자네이루에서 개최된 유엔 지속가능발전 정상회의 결과문서에서도 비전염성 질병을 '사회개발을 위한 우선 행동 대상'(*a priority area of action for social development*)로 인식하기에 이른다. 참고로 필자가 2011년 10월 북한을 방문했을 때 함주군 인민병원에서 한 벽보를 보았는데, (사진 참조) 북한 의료 당국도 비전염성 성인병의 심각성에 대해 계몽하고 있는 것을 알 수 있었다.

열대풍토 소외질환

비전염성 질병에 대한 국제사회의 인식을 제고시킨 반 총장은 다음 목표로서 열대풍토 소외질환(*Neglected Tropical Diseases*)을 선정하였다. 이 질환은 가난한 국가들에 집중적으로 발생하는 17개 질병군을 지칭한다. 10억 명 이상이 이 질환으로 고통 받는 것으로 추산되며, 이중 5억 명 정도가 아동이다. 이 질병들은 치사율이 크게 높지는 않지만, 불구 및 장애가 될 가능성이 높은 것으로 알려져 있다.

다행히 대부분의 열대풍토 소외질환이 충분히 예방 및 치료가 가능하다고 하며, WHO가 이러한 질환을 2020년까지 박멸하기 위한 청사진인 '이행 로드맵'을 제시했다. 또한, 2012년 1월 런던에서 세계적인 제약사들과 빌 엔 멜린다 게이트(Bill & Melinda Gates) 재단, 미국, 영국, 아랍에미리트 정부와 보건의료분야 국제기구 대표들이 모여 10가지 열대풍토 소외질환 박멸을 위한 노력을 제고하기로 합의했다.

반기문 총장이 열대풍토 소외질환을 차기 보건분야 과제로 선정한 것은 이들 질병이 대부분 열대우림지역, 즉 저개발 지역에서 발생하다 보니 제약 및 백신회사들로부터 관심을 받지 못해, 치료 및 예방 분야에서 너무 낙후되어 있다는 점을 인식한 데 따른 것이다. 이는 유엔 사무총장의 의제화(*agenda setting*)의 힘을 보여주는 대목이기도 하다.

HIV/AIDS

보건 분야에 있어 반기문 총장의 업적이 빛나는 대표적인 분야가 HIV/AIDS와 관련된 활동이다. 반 총장은 취임 초기부터 전임 사무총장들과는 달리 유엔 내 HIV/AIDS를 가지고 있는 직원들의 인권 보호 및 이들에 대한 차별 철폐를 위한 강력한 정책을 천명하고 유엔 케어스(UN Cares)라는 유엔 내 HIV/AIDS 보균 직원들과의 만남을 지속적으로 가졌다. 이는 전임 사무총장들에게서는 찾아보기 힘든 최초의 시도로서 인권에 대한 반 총장의 확고한 신념을 반영한 조치였다. 유엔 케어스에서는 반 총장의 이러한 인권 보호 및 에이즈 퇴치 노력에 대한 답례로서 2012년부터 에이즈 관련 차별 철폐에 기여한 인사들에게 반기문 총장의 이름으로 시상하기 시작하였다.

에이즈 퇴치와 관련하여 독자들이 흥미 있게 여길 만한 사실을 소개한다. 에이즈 치료 및 예방 프로젝트를 주도적으로 이끈 두 명의 한국인, 이종욱 전 WHO 사무총장과 김용 세계은행 총재의 이야기이다.

한국인 최초로 국제기구 수장에 취임한 고 이종욱 박사가 WHO 사무총장 재임 시 2005년까지 3백만 명의 AIDS 환자들에게 치료제를 제공하는 프로젝트를 추진하였다. '2005년'과 '3백만 명'이라는 목표를 부각시키는 차원에서 프로젝트 명칭을 '3 By 5 Initiative'라고 하였다. 이종욱 박사가 동 프로젝트를 추진하기 전까지만 해도 에이즈 치료는 '개인의 생명 연장'만을 위한 것이라는 인식이 강했다. 그렇기 때문에 공중보건을 다루는 WHO는 "치료보다는 콘돔 사용 등 예방에만 치중하여야 한다"는 견해가 지배적이었으나, 동 이니셔티브를 통해 현재는 치료를 통한 예방으로 전환하게 된 것이다. '항레트로바이러스 제제'를 사용한 치료를 통해 HIV 전염을 줄이기로 한 것이다. 이 이니셔티브는 이종욱 박사의 커다란 업적으로 평가되는데, 당시 이 프로젝트 담당 국장이 현 세계은행 총재인 김용 박사이다.

2008년 멕시코에서 개최된 AIDS 총회에서 반기문 총장을 수행하며 겪은 일화를 소개한다. 유엔에이즈(UNAIDS) 총재 등 동 분야 전문가들은 "한국이 HIV/AIDS 관련 가장 강력한 여행 제한조치를 취하고 있는 10여 개 국가에 포함되어 있다"면서, 이러한 제한조치 시정을 위해 힘써줄 것을 요청하였다. 당시 한국은 외국인 입국자가 HIV/AIDS를 가지고 있을 경우 추방 및 입국 거부를 가하는 가장 강력한 형태의 제한조치를 취했다. 이러한 조치를 시행하는 국가는 전 세계에서 불과 12개국 남짓한 상황이었다. 반 총장은 이 보고를 접하고 깜짝 놀라면서, 재임 기간 중 한국이 에이즈만을 근거로 한 입국 및 체류 등 여행 제한조치를 취하지 않도록 노력하겠다고 했다. 그해 11월 G20 정상회의가 워싱턴에서 열렸는데, 이때 반기문 총장은 당시 이명박 대통령에게 이 문제를 제기하여 그 이후로 한국 정부가 점진적으로 차별 조치들을 완화시키기로 하였다.

결국 2012년 7월 워싱턴에서 열린 AIDS 총회에서 한국 정부가 에이즈를 근거로 한 어떠한 차별 및 제한조치를 시행하지 않을 것이라는 정책을 공식 발표했다. 이로써 유엔에이즈는 한국을 '부분 제한조치 유지국'에서 '제한조치 완전 철폐국'으로 재분류하였다. 반 총장이 한국 정부에 문제를 제기한 지 4년여 만에 이루어진 성과라 하겠다.

국제보건 분야에 관한 반기문 총장의 업적으로서 빼놓을 수 없는 것이 '모든 여성과 모든 아동'(*Every Woman, Every Child*) 이니셔티브이다. 이는 21세기에 어린이와 여성과 같은 가장 취약한 그룹이 예방할 수 있는 질병으로 인해 사망하는 것을 막고, 모자 보건 분야에 국제적 노력을 결집하기 위한 이니셔티브이다. 반 총장은 모자보건 문제를 거론할 때면 종종 옛날에 산모가 출산하러 들어가기 전에 자기가 평소 신던 고무신을 물끄러미 쳐다보고 들어갔다는 애틋한 사연을 소개하곤 했다. 매일 800명의 임산부 및 매년 1만 8천 명의 아동이 예방할 수 있는 질병으로 인해 사망하는 현실은 바로잡아야 한다는 신념하에 2010년 이 이니셔티브를 출범하였다.

2010년 유엔 총회를 계기로 반기문 총장이 주재한 천년개발목표 정상회의에서 '여성과 아동의 보건 증진을 위한 범세계적 전략'(*Global Strategy for Women and Children's Health*)을 채택하여 400억 달러를 조성했다. 이를 통해 2015년까지 1천 6백만 명에 이르는 여성과 아동의 생명을 구할 수 있을 것으로 기대되는바, 이는 반 총장이 국제보건 분야에서 이룬 대표적인 성과로 평가받고 있다.

이 밖에도 반기문 총장은 보건관련 국제사회의 인식을 제고하기 위한 행보를 지속적으로 추진하고 있는데, 2012년 4월 인도 뭄바이에서 유엔 역사상 최초로 WHO, 유엔 인구기금, 유엔 에이즈 수장, 유엔 아동기금 부총재 및 말라리아 특사를 대동하여 다양한 보건 관련 행사를 가진 바 있다.

소수자 권익 보호

앞에서 LGBT 그룹의 권익 보호를 위한 반기문 총장의 노력에 대해 살펴본 바 있다. 여기서는 '수신제가후 치국평천하'(修身齊家後 治國平天下)라는 반 총장의 소신에 따라, 유엔 내부에서부터 소수자 인권 보호를 위해 어떤 노력을 기울였는지 간단히 살펴본다.

2012년 11월 8일 반기문 총장이 유엔 내 동성애 직원들의 조합인 유엔 글로브(UN Globe) 대표들을 접견하였다. 유엔 글로브는 이른바 LGBT라고 불리는 직원들의 조합인데 유엔 사무총장이 이들을 만난 것은 최초의 일이었다. 당시 반 총장이 이들을 만나 LGBT 그룹의 고민을 청취하고 의견을 나눈 것은 유엔 시스템 내에서 역사적인 일이었다.

유엔 글로브와의 만남은 어느 회의에 보낸 영상 메시지에서 시작되었다. 그해 3월, 제네바 소재 인권이사회에서 성적 지향(*sexual orientation*)을 근거로 한 차별과 폭력을 별도로 다룬 인권이사회 회의가 열렸는데, 이 회의에 반기문 총장이 영상메시지를 보낸 것이었다. 사실 성적 지향 문제는 종교 및 문화적 배경에 따라 회원국들 간 입장에 차이가 크기 때문에 매우 민감한 이슈이다. 인권이사회에 보낸 영상 메시지를 통해 반 총장은 자신도 이런 어젠다에 대해 표현을 삼가는 문화에서 성장하기는 하였으나, 성적 지향을 이유로 폭력에 노출되고 차별을 당하는 것은 국제법에 위배되는 행위로 규정하고 LGBT 그룹에 대한 차별과 박해를 중단해야 한다고 강력히 호소했다. 이후 반 총장은 같은 해 5월 열린 유엔 사무국 직원들과의 타운홀 미팅(*town hall meeting*)에서

LGBT 그룹에 대한 유엔 시스템 내부의 차별과 편견부터 바로 잡아야 한다는 점을 거듭 강조했다.

LGBT 그룹은 비자 발급부터 시작하여 배우자 수당, 건강 보험, 연금 및 여타 혜택에 있어 매우 불리한 여건에 놓여 있었다. 반기문 총장의 유엔 글로브 대표 면담이 이루어진 당시 193개 유엔회원국들 중 불과 32개국만이 동성결혼을 인정했기 때문에, 그렇지 않은 회원국 출신 직원들의 경우 출신국 법령상 결혼이 합법적인 것으로 인정되지 않았다. 이로 인해 유엔에서 제공되는 각종 혜택을 받을 자격이 부여되지 않는 문제가 있었던 것이다.

사무국 직원들의 근무 조건 및 각종 혜택의 경우 내부 행정적인 사항이기 때문에 유엔 사무총장이 '사무총장 공고문'(*Secretary-General's bulletin*)이라고 하는 사무총장 직권의 내부 규정을 통해 정할 수 있기는 하다. 실제 코피 아난(Kofi Annan) 사무총장 당시 LGBT 그룹에 대해 동성결혼 직원의 경우 어느 일방의 회원국 정부가 동성결혼을 합법적으로 인정하면 그 직원의 배우자에게 비자 발급 및 상기 각종 혜택을 받을 자격을 자동 인정하는 내부 규정을 발표한 바 있다(ST/SGB/2004/4). 그러나 동 조치에 대해 이슬람 지역 등 회원국들이 강력히 반발하자 수개월 후 이 방침을 철회한다고 다시 발표했다(ST/SGB/ 2004/13).

반기문 총장은 LGBT뿐만 아니라 유엔 사무국 내 에이즈 보균자들 및 가족들의 모임인 유엔 케어스(UN Cares) 대표들과도 만나 이들의 고민을 청취하고 HIV/AIDS 관련 유엔 시스템 내 편견과 차별을 타파하기 위한 노력에 앞장서기도 하였다.

유엔의 위기 대응 역량 제고

유엔 사무총장실은 기본적으로 '위기 대응반'이라고 해도 과언이 아닐 것이다. 국제적으로 큰 위기 상황을 다루는 과정에서 거의 대부분 유엔 사무총장의 직접적인 관심이 요구되기 때문에 그 부담은 이루 말할 수 없을 정도로 크다. 특히 위기가 동시다발적으로 발생하는 경우 유엔 사무총장 개인에게 실리는 부담감은 상상을 초월한다.

한 가지 예를 들어본다. 2012년 4월 시리아 사태와 관련 당시 코피 아난 특사(유엔 사무총장과 아랍연맹 사무총장의 공동 특사)가 제시한 휴전 약속이 지켜지지 않음에 따라 심각한 상황으로 접어들던 때의 일이다. 반기문 총장은 그 즈음 아프리카 말리에서 발생한 쿠데타로 인한 헌정 붕괴 상황을 해결하기 위해 아프리카 지역 주요 지도자들과 연쇄 전화통화를 통한 외교노력에 여념이 없었다.

그러던 중 가장 최근 유엔에 가입한 남수단과 수단 간 무력 분쟁이 발생할 기미가 보임에 따라 반 총장은 수단 및 남수단 정상은 물론 인근 지역 지도자들과 연쇄 전화통화를 가지면서 분쟁이 격화되는 것을 예방하기 위해 동분서주하였다. 당시 반 총장은 이스라엘 · 팔레스타인 분쟁 관련 '중동 쿼텟'(*quartet*) 참석차 워싱턴을 방문 중이었는데 동 회의에 참석한 클린턴 미 국무장관에게 수단 및 남수단 분쟁을 예방하기 위한 미 정부의 적극적인 개입을 요청하기도 하였다.

이 밖에도 회원국들이 저마다 크고 작은 민원사항들을 유엔 사무총장에게 직접 제기하기를 희망하기 때문에 유엔 사무총장을 면담하고자 하는 요청이 하루에도 수십 건씩 밀려든다.

현장 사건 사고시 유엔의 대응

2011년 4월 3일 아프리카 콩고민주공화국에 파견 중인 유엔 평화유지군 소속 유엔 항공기가 착륙 도중 추락하여 33명의 탑승객 및 조종사 전원이 사망하는 사고가 발생하였다. 당시 케냐에서 회의를 주재 중이던 반기문 총장은 사고보고 접수 후 즉각 유엔 사무국 해당부서인 유엔 평화유지군 현장 지원부서인 DFS(*Department of Field Support*) 사무차장을 단장으로 하는 비상대책반 구성을 지시했다.

평화유지군은 각국 정부로부터 파견된 군, 경찰 및 민간인들로 구성되는 방대하고 복잡한 조직이고, 임무 수행중 필요에 따라 국제사회 비정부기구들과 긴밀한 공조를 유지한다. 또한, 평화유지군에서 근무하는 민간인들의 경우 파견국 국민을 채용하는 경우(*local staff*) 도 있으며, 국제적 공개경쟁을 통해 채용된 경우(*international staff*) 도 있다. 상기 콩고민주공화국 소속 유엔기 추락사고 당시에도 이러한 다양한 그룹의 요원들이 탑승했는데, 그런 만큼 사고 후 수습 과정이 대단히 복잡하게 이루어졌다.

우선 유엔 사무총장이 임명하는 현장 평화유지군 부대장〔특별대표(*Special Representative*) 격〕은 비상대책반을 구성하여 주재국 정부와의 협조를 통해 사고기에 탑승한 군, 경찰, 민간인, 그리고 유엔 소속이 아닌 탑승자들에 대한 신원확인에 나섰다. 항공기 사고의 경우 사고의 성격상 신원확인 과정에서 과학수사(*forensics*) 도 동원되는 경우가 있기 때문에 사망자 신원확인 작업이 난항을 겪는 경우가 많다. 신원확인 작업을 마치는 대로 유가족에게 통보하게 되며, 유가족 통보 절차는 평화유지군에 파견된 군 및 경찰의 경우와 민간인의 경우로 나누어 시행된다. 군 요원의 경우 사무국 평화유지부서(*Department of Peacekeeping Operation*, DPKO) 내의 OMA(*Office of Military Affairs*)를 통해서, 그리고 경찰 요원의 경우에는 DPKO 내의 PD(*Police Division*)을 통해서 파견국 정부(대개 각국 주 유엔대표부)에 통보한다. 민간인의 경우 평화유지군 현장지원 부서인 DFS에서 통보를 맡는다.

사고 직후 해당 평화유지군에 근무 중인 요원들의 가족, 친지 및 지인들로부터 사고 관련 문의가 폭주했다. 유엔은 사고 직후부터 24시간 가동되는 콜센터를 유지하는데, 이때 사고기 탑승자 명부(*manifest*)만 보고 탑승 및 사고확인을 하는 것이 아니다. 유엔 평화유지활동의 경우 다양한 비상 시나리오가 작용하기 때문에 경우에 따라서는 탑승자 명부와 실제 탑승자 간에 차이가 있는 경우가 있다. 상기 콩고민주공화국 유엔기 사고 당시에도 조종사 등 비행요원 4명 중 3명의 신원이 탑승 명부와 일치하지 않는 것이 확인되었다. 이러한 오류와 혼선을 피하기 위하여 유엔은 사고 발생 시 신원확인 작업이 완료될 때까지 가족, 친지 및 지인들로부터의 확인 요청에 대해 신중한 입장을 취한다. 유가족 통보의 경우에도 사고지에서의 추모식, 시신 이송, 피해 보상 등 사고 수습 과정의 효율성을 위하여 유가족별 접촉 창구를 단일화하는데, 이를 '유족별 단일접촉 창구'(*single family focal point*)라고 한다.

세계 각지의 분쟁 및 재해지역에서 활동하는 유엔 요원들은 갈수록 테러리즘 및 혐오범죄의 대상이 되기 때문에 각종 사고에 취약할 수밖에 없다. 따라서 사건 사고 시 긴급대응 절차를 상세하게 담은 매뉴얼을 유지하고 있다. 이러한 매뉴얼을 '임무 수행 중 사망 사고에 대한 대응 지침'(*Handbook for Action in Cases of Death in Service*)이라고 하는데, 2010년 1월 아이티 대지진 당시 100명이 넘는 유엔 평화유지군 소속 요원들이 사망하는 초유의 사고를 맞아 그동안 유지하던 매뉴얼을 현실에 맞게 대폭 수정했다. 이렇게 수십 년 동안의 노하우를 바탕으로 발전시킨 긴급 대응 매뉴얼은 상기 콩고민주공화국 소속 유엔기 추락사고 당시 매우 유용하게 쓰였다.

이와 같은 불행한 사건 사고가 발생하지 말아야 하겠지만, 한국 정부가 유엔 평화유지군 참여는 물론 다양한 방식을 통한 해외 지원사업을 확대하는 과정에서 있을 수 있는 테러공격 및 피랍 사고 등 각종 사건 사고에 대비하여 유엔이 보유한 긴급대응 매뉴얼을 참고하는 작업도 유용할 것이다.

유엔 위기대응실 조직 개편

반기문 총장은 2011년 유엔의 위기대응 기능을 강화하기 위한 조치로서 기존에 평화유지활동국 내의 상황실(*Situation Center*) 및 안전·보안국(*Department of Safety and Security*)의 상황실(*Crisis Center*)을 통합하여 유엔 위기대응 종합상황실(*United Nations Operations and Crisis Center*)을 창설하였다. 이 상황실은 뉴욕 유엔본부 7층에 있다.

반 총장은 위기대응 종합상황실을 사무총장에게 직접 보고하는 유엔 사무국 내 단일 위기대응 부서로 그 권한과 기능을 강화한 것이다. 사실 유엔 시스템 내에 현장 기능을 중심으로 하는 사무국 부서와 유엔 산하기구들이 다양하게 존재한다. 따라서 이들이 현장에서 활동하면서 수집하는 정보와 현장 활동 중 발생하는 긴급 상황에 관한 실시간 보고들을 유엔본부 내 한 곳에서 종합 수렴하여 사전 경보 및 위기 신속 대응에 효율성을 높이자는 취지였던 것이다. 이것도 반 총장이 늘 강조하고 있는 '하나의 팀으로 일하기'(*Delivering as One*)의 일환이라고도 할 수 있다. 반기문 총장은 2013년 2월 초 상황실 공식 창설 기념행사에 직접 참석해 축하연설을 하였다. 이 연설에서 유엔이 다루는 모든 어젠다마다 위기상황이 발생할 수 있다고 역설하였다. 유엔이 이에 효과적으로 대응하기 위해서는 이러한 종합상황실이 절실히 필요하다고 하면서 관계자들의 노고를 치하한 바 있다.

위기대응 종합상황실은 크게 3가지 기능을 수행한다. 첫째, 현장에서 보고되는 각종 정보들을 중요도 및 긴급성을 감안하여 정리한 '일일동향보고'(*Daily System-wide Operational Report*)를 발간하여 사무총장 및 고위 간부에게 제공한다. 이를 위해 동 상황실은 24/7, 즉 주 7일 24시간 운영되는 감시반(*Watch Room*)을 가동한다. 둘째, 위기 상황 시 신속대응반 구실을 한다. 긴급 사태 발생 시 현장을 화상회의로 연결하여 사무총장을 비롯한 관련부서 간부들이 긴급 회동을 갖고 대응방안을 마련하는 지휘부 기능을 수행할 수 있도록 모든 설비가 구비되어 있다. 셋째, 고위간부들의 비상연락망 기능도 수행한다. 유엔이 전 세계를 대상으로 활동하는 만큼 낮과 밤, 그리고 주중과 주말을 불문하고 비상연락망이 필수적이다. 필요 시 위기대응 종합상황실에 접촉하면 필요한 간부와 바로 연락이 닿을 수 있도록 시스템을 갖추고 있다.

유엔 개혁

유엔 개혁은 반기문 총장이 2007년 1월 유엔 사무총장 취임 전부터 강한 의지를 가지고 솔선수범의 자세로 임기 내내 추진한 분야이다. 변화에는 언제나 저항이 있게 마련이다. 유엔도 예외는 아니다. 잘 참고 화가 나도 잘 드러내지 않는 성품의 반기문 총장이 아마 유엔 사무총장직을 수행하는 동안 답답함을 가장 많이 드러낸 분야가 유엔 개혁이 아닐까 싶다. 반기문 총장이 시행한 개혁 및 혁신 조치들에 대해서 취임 초기 냉소적이고 방어적인 자세들이 있었으나 이러한 저항을 극복하고 유엔의 책임성과 규율을 제고하는 데 실로 많은 성과를 거두었다고 생각한다.

코피 아난 전임 사무총장 임기 말기에 터진 '석유-식량'(*oil-for-food*) 스캔들로 인해 유엔은 여러 가지 오명을 입었다. 유엔이 비대하여 복지부동의 타성에 젖어 있고 수십 년간 개혁에 실패함으로써 부패하고 타락한 조직으로 전락했다는 것이다. 반기문 총장은 이러한 유엔의 이미지를 바로 잡고, 변화의 물결에 맞추어 지속적으로 유엔 조직을 변모시키며 혁신에 앞장서는 조직으로 만들어 가고자 부단히 노력했다. 수십 년 간 개혁에 수동적이던 유엔의 풍토에 비추어 볼 때 반 총장의 시도 자체가 높이 평가받아야 한다고 본다.

반기문 총장은 취임 전부터 이미 재산 신고를 일반에 공개할 것을 결심하여, 2007년 1월 취임 첫날 윤리실(*Ethics Office*)에 재산 신고서를 제출했다. 재산신고에 대한 비밀 관리를 자발적으로 포기하고 이를 일반에 공개한 조치는 유엔 역사상 전례 없는 것이었다. 반 총장은 정무직인 사무차장보 이상의 고위간부들은 물론, 조달(*procurement*) 및 유엔 연금 관리부서 등 자금을 관장하는 부서 관계자들에게도 사무총장이 솔선수범을 보인 재산신고 및 비밀관리 유예조치를 따라줄 것을 기대하였다. 이러한 유엔 수장의 투명한 조치에 대해 해가 갈수록 자발적으로 참여하는 사례가 증가하였으나, 여전히 비밀관리 유예를 거부하는 고위간부들이 있다. 2기 임기 들어서는 새로 임명된 정무직 인사의 계약서에 재산신고 공개를 의무화하는 내용을 포함시킴으로써 재산공개 조치를 제도화시켰다.

행정학에서는 '평가를 잘못하는 것은 실패를 보상하는 것과 마찬가지'라고 한다. 반기문 총장은 조직문화에 결과지향성 및 책임성을 정착시키기 위하여 고위직 간부들과 업무 성과 목표 및 이에 대한 평가 계약(*compacts*로 명명) 제도를 도입하였다. 이는 고위 간부들과의 개별 성과 계약서를 유엔 웹사이트에 올리는 제도이다. 비단 사무총장과 고위 간부간의 성과 평가뿐만 아니라 부서 직원들이 각자가 속한 부서장이 제시한 목표를 정확히 인식하고 하위 직원들도 스스로 이러한 평가 시스템에 참여할 수 있도록 하였다.

또한 직원들의 인사평가 제도에서도 이른바 '360도 평가'라고 하여 상급자로부터의, 동료들 간의, 그리고 하위 직원들로부터의 평가를 입체적으로 반영하도록 하여 신뢰성을 제고한 바 있다.

반기문 총장은 유엔의 인사 제도 및 관행을 혁신적으로 변모시키기 위한 다양한 이니셔티브도 취하였다. 유엔 역사상 최초로 고위직 간부들의 경우 '5년 제한 조치'를 도입하여 동일한 자리에서 5년 이상 근무하지 못하도록 하였다. 2기 임기 들어 사무총장 비서실부터 동 5년 제한 조치를 시행한바, 비서실장, 비서실 차장을 비롯하여 비서실에서 5년간 근무한 국장급 이상 간부들을 예외 없이 전원 다른 자리로 옮기도록 하여 변화를 모색하는 노력에 솔선수범하였다.

반기문 총장의 개혁조치로서 특히 주목받을 만한 부분은 직원들의 순환 근무(*mobility*)이다. 반기문 총장은 평소 자신이 30년 넘게 봉직한 외교부의 인사 시스템과 유엔의 인사제도를 비교하면서 특히 안타깝게 생각한 부분이 직원들의 순환근무 문제였다. 유엔의 경우 특정 부서에서 같은 일만 10년 간 하고 있는 직원들을 쉽게 찾아 볼 수 있다. 이는 전문성 측면에서는 큰 장점이 될 수 있으나, 개인의 역량 계발이라는 측면에서 볼 때는 심각한 문제이다.

또한 '고인 물이 썩는다'는 옛말이 있듯이 한 자리에 10년 넘게 있다 보면 사람이 타성에 젖게 마련이고, 그 속에서 자신의 아성을 구축하려고 하는 등의 부작용도 나타나게 마련이다. 반기문 총장은 관리자로 성장하기 위해서는 전문성을 함양함과 동시에 다양한 분야에서 경험을 쌓음으로써 관리자로서의 자질을 키워야 한다는 소신을 가지고 있었다.

유엔의 경우 평화유지군, 인도적 지원 및 난민 지원 활동을 수행하는 미션들이 생활 여건이 힘든 험지(險地)에 해당하기 때문에, 유엔본부가 있는 뉴욕 또는 제네바에 자리를 잡게 되는 경우 직원들이 어떻게 해서든 떠나지 않기 위해 안간힘을 쓰는 경우가 많다. 일단 뉴욕 또는 제네바처럼 가족들과 함께 생활하기에 좋은 보직을 차지한 경우는 다행스러운 일이겠으나, 험지 공관에서 근무하는 직원들의 경우 10년이 넘도록 뉴욕 또는 제네바로 옮기지 못하는 경우가 허다하기 때문에 직원들의 사기 측면에서도 유엔의 인사구조는 큰 괴리감을 가져왔었다.

유엔 직원들 중 이렇게 해외 공관에서만 떠도는 생활을 하는 사람들을 이른바 '인공위성'이라고 자조적으로 표현하곤 하는데, 나도 사무총장 비서실에 근무하면서 한국인 유엔 직원들 중 해외 험지 공관에서 오랫동안 근무한 분들로부터 자신의 애로사항을 전하면서 뉴욕 또는 제네바로 자리를 옮길 수 있도록 도와달라는 전화를 여러 차례 받고 안타까워했던 적이 많다.

반기문 총장은 공직 윤리의 중요성을 강조하면서 기존 윤리관실의 기능을 강화하는 한편, 이 부분에 대한 회원국들과의 소통을 강화하기 위하여 2008년 1월 유엔 윤리위원회를 창설했다. 또한 유엔 산하기구들 전반에 걸친 윤리의식 강화를 위하여 유엔 시스템 차원의 윤리 규범(*Code of Ethics*)을 만들어 2009년 유엔총회의 승인을 받기도 하였다. 또한 유엔 내부의 인사 및 여타 분쟁을 보다 효율적으로 조정하기 위한 노력의 일환으로 옴부즈맨실을 설치하여 분쟁이 유엔 법정까지 가기 전에 중재해 원만히 해결되도록 하는 제도를 도입하였다.

반기문 총장은 종종 사석에서 유엔 개혁의 어려움을 호소했다. 과거 외교장관으로 재직할 당시에 외교부가 혁신 평가에서 국내 부처 중 늘 하위권에 머물었다고 회상하면서, 그 당시 경험이 유엔 수장으로서 개혁을 이루어나가는 과정에 많은 도움이 되었다고 소회한 바 있다. 또한 유엔에서 시행하는 혁신 조치들에 대해 '과격한 개혁 조치를 취한다'는 볼멘소리들이 들리기도 한다고 농담을 하기도 하였다.

유엔 사무총장은 대기업 소유주가 아니다. 물론 요즘 같은 세상에는 대기업 소유주도 노조와 어느 정도 타협하에 추진해야겠지만 여전히 소유주가 마음먹기에 따라 상당한 강도의 구조조정을 단행할 수 있다. 하지만 유엔 사무총장은 자신이 책임지는 사무국 내 인사 및 예산권에서조차 자유롭지 못하며, 예산 행정을 담당하는 ACABQ 및 5위원회의 심의 및 승인절차에 따라야 한다. 이 과정에서 193개 유엔 회원국들은 사무총장이 추진하는 인사 개혁 조치가 자국 인사들의 유엔 진입과 승진에 유리한지 등을 따져 그에 맞게 대응을 하는 것이 현실이다.

위에서 열거한 현실에도 불구하고 반기문 총장은 직원들의 순환 근무를 강력한 의지를 가지고 추진하였다.

시리아 화학무기 제거

시리아 화학무기 제거 문제는 반기문 총장을 가까이서 모시면서 가장 보람 있던 순간 중 하나이다. 화학무기 사태는 21세기 들어 처음으로 '화학무기'라는 대량살상무기(*weapons of mass destruction*)가 사용된 중대 사건이었으며, 아랍의 봄이라는 거대한 서사시에서 가장 오래 지속되고 최대 규모의 인명 피해를 발생시킨 시리아 사태 속에서도 가장 핵심적인 부분이었다.

마침 나는 유엔 사무총장 비서실 내에서 군축 이슈를 담당하고 있었기 때문에 동 이슈의 전개과정을 하나하나 가까이서 다룰 수 있었던 만큼 이 과정 전체를 기록하자면 작은 수필집 하나를 쓸 수도 있다는 생각이 들 정도다.

반기문 총장을 7년간 모시면서 미국 대통령이 불과 몇 주 사이에 반 총장에게 두 차례나 전화를 먼저 걸어온 사안은 시리아 화학무기 문제가 유일했다. 전 세계 정상들과 수시로 전화 외교를 하는 유엔 사무총장에게도 미국 대통령과 직접 통화할 일은 그렇게 흔하지 않다. 더군다나 미국 대통령이 국무장관이나 대통령 국가안보보좌관, 또는 주 유엔 대사를 시키지 않고 직접 유엔 사무총장과의 전화 통화를 요청하는 사례는 사실 몇 년에 한 번 일어날 법한 일이다. 이 사실만 보더라도 시리아 화학무기 이슈가 가지는 무게를 이해할 수 있을 것이다.

이 절에서는 시리아 화학무기 사태가 전개되는 과정에서 중요한 전환점들이 무엇이었으며, 그 속에서 유엔 외교가와 국제정치적 역학관계(*dynamics*)가 어떻게 변화되고, 또한 반기문 총장이 어떤 리더십을 발휘하였는지를 중심으로 기술해보고자 한다.

2013년 여름 현재 이미 2년 반을 넘긴 시리아 사태가 악화일로(惡化一路)에 들어서는 가운데, 국제사회는 시리아 화학무기에 대해 크게 우려했다. 당시 화학무기금지협약(*Chemical Weapons Convention*) 당사국이 아니었던 시리아는 화학무기를 보유하고 있음을 인정한 바 있다.

반기문 사무총장은 2012년 7월 시리아 아사드(Assad) 대통령에게 서한을 보내 시리아 정부에 의한 화학무기 사용 가능성에 대해 강력히 경고하는 한편, 시리아 내 화학무기에 대해서는 시리아 정부가 철저히 책임을 져야 한다고 강조하였다. 반 총장은 이후에도 한 차례 더 시리아 대통령에게 "화학무기 사용은 반인류적 범죄로서 절대 용납되지 않을 것"을 분명히 경고했다.

2012년 중반 이후 시리아 정부에 의한 화학무기 사용 가능성, 그리고 시리아 반군에 의한 화학무기 탈취 가능성에 대해 국제사회는 지속적으로 우려를 제기했다. 2013년 3월, 시리아 정부는 반기문 총장에게 테러리스트 집단에 의한 화학무기 공격이 이루어졌음을 통보하면서 유엔 차원의 조사를 공식 요청하였다.

유엔 사무총장은 회원국이 화학무기 및 생물무기 또는 독소 사용에 관한 의혹을 제기하는 경우 이에 대한 조사를 실시할 수 있다. 1925년 제네바 의정서(*1925 Protocol for the Prohibition of the Use in War of Asphyxiating, Poisonous or Other Gases, and of Bacteriological Methods of Warfare*)는 화학무기, 생물무기 및 독소를 전쟁 수단으로 사용하는 것을 금지하였다. 그런데 동 의정서는 조사 또는 사찰과 같은 검증수단에 대한 규정이 없다. 이러한 결함을 보완하기 위해 국제사회는 1997년 체결된 화학무기금지협약을 통해 화학무기 사용 의혹에 대한 검증수단을 도입한 바 있다. 그러나 동 협약 당사국이 아닌 경우 강제수단이 없다는 한계는 여전히 남는다.

유엔 사무총장은 화학무기 및 생물무기 사용 의혹에 대한 조사 실시를 지시할 수 있다. 유엔 총회는 1987년 유엔결의 42/37C를 채택, 회원국으로부터 화학무기 및 생물무기 사용 의혹이 제기될 경우 유엔 사무총장에게 해당 사안을 조사할 수 있는 권능을 부여하였다. 유엔 총회는 이후 결의 44/115B(1989) 및 45/57C(1990)를 통해 유엔 사무총장의 조사 권능을 재확인하였으며, 유엔 안보리도 1988년 결의 620호를 통해 유엔 사무총장의 조사 권능을 확인하였다.

시리아 화학무기 사용 혐의에 대해 2013년 8월 실시된 유엔조사단의 현장 활동은 21세기 들어 대량살상무기 사용 의혹에 대해 유엔 차원에서 실시된 최초의 조사 활동이라는 점에서 상당한 의미가 있다. 대량살상무기 관련 국제법 분야에서 이렇게 중요한 사건인 만큼 유엔조사단 발족 및 활동 과정에서 많은 우여곡절이 있었다. 다음은 시리아 화학무기 조사단 발족, 전개 및 보고서 이후 과정에서 중요한 대목 위주로 소개해본다. •

3월 19일

시리아 정부, 부총리 명의 서한을 통해 알레포(Aleppo) 지역의 칸 알 아살(Khan al-Asal)에서 무장 테러리스트 집단에 의한 화학무기 공격이 있었음을 알리면서 이에 대한 유엔 사무총장의 조사를 요구.

3월 20일

반기문 유엔 사무총장, 오전 9시 긴급 기자회견을 통해 시리아 화학무기 사용 의혹에 대한 조사 방침 발표.

반기문 총장은 시리아 사태가 3년차에 접어든 시점이었고, 무수한 인명 피해와 대규모 난민 사태가 발생하는 상황에서 화학무기 사용 가능성에 크게 우려하면서 유엔조사단 발족에 대해 신속한 결정을 내렸다. 반기문 총장은 3월 19일 오후 간부회의를 긴급 소집, 유엔 차원의 대응 방침을 논의하였다. 사실 이 과정에서 일부 간부들은 시리아 측

• 시리아 화학무기 폐기 시점이 2014년 상반기로 정해져 있으나, 이 책에서는 2013년 말 현재 시점까지만 다룰 수밖에 없는 상황임.

주장에 상세한 정보가 없다는 점을 들면서 시리아 정부에 상세한 보강 자료를 요청한 후 이를 토대로 조사단 발족을 결정할 것을 주장하기도 하였다. 그러나 반 총장은 사태의 심각성은 물론, 화학무기의 특성상 일정 시간이 지나면 증거 자료를 확보하는 것이 어려워질 것이라고 반박했다. 뿐만 아니라 조사단을 신속하게 발동하는 것이 향후 시리아 정부는 물론 반군단체에 대해서도 상당한 심리적 제어장치 역할을 할 것이라고 하면서 조사단 발동을 즉각 결심하였다. 지도자다운 결단력이 돋보인 대목이었다.

한편 반 총장은 기자회견에서 시리아 정부가 제기한 의혹뿐만 아니라 여타 비슷한 의혹들도 심각하게 다루어져야 한다는 점을 강조하는 한편, 시리아 정부에게 자국 영토 내 화학무기의 안전 관리에 대한 궁극적 책임이 있음을 지적하였다. 이는 조사단 발동 시 시리아 정부가 제기한 의혹뿐만 아니라 다마스쿠스(Damascus) 인근 지역에 대한 조사도 불가피하다는 점을 암시한 것이었다.

3월 20일

프랑스 및 영국, 유엔대표부 대사 명의 공동 서한을 통해 알레포 지역 칸아살에서의 두 차례 화학무기 사용 의혹 및 다마스쿠스 인근 아타이바(Ataybah) 및 홈스(Homs) 지역에서의 화학무기 사용 의혹도 조사되어야 한다는 요지의 서한을 반기문 총장에게 발송.

3월 21일

반기문 총장, 시리아, 영국, 프랑스 앞 별도서한을 통해 화학무기 사용 의혹 관련 조사단 발동에 관한 결정을 통보하면서 조사단 활동에 필요한 추가 자료를 요청.

주 유엔 영국과 프랑스 대사들은 반기문 총장에게 유엔조사단 발동 시 여타 의혹도 반드시 조사되어야 한다고 강력하게 요청했다. 이들은 심지어 반 총장이 3월 20일 아침에 갖기로 한 기자회견 시점도 자신들의 서한 접수 이후로 늦춰줄 것을 강하게 요청했다. 그러나 이 부분에서도 반 총장의 판단력이 주효했다. 반 총장이 만약 영국과 프랑스 측 서한을 접수한 이후 조사단 발동에 관한 기자회견을 가졌더라면 결국 시리아 정부의 요청보다는 영국과 프랑스라는 서방의 압력이 더 작용했다는 비난에 직면했을 것이다. 또한 조사단 활동 범위(*scope*)가 결국 가장 큰 쟁점인 상황이었던 만큼 사안 자체가 정치화됨으로써 조사단 발동 자체를 장담할 수 없게 만들었을 것이다.

3월 22일

반기문 총장은 안보리 의장(러시아) 앞 서한을 통해 시리아 화학무기 사용 의혹 관련 조사단 발동에 관한 결정을 공식 통보. 동 서한에서 반 총장은 시리아 정부가 제기한 알레포 지역에 대한 의혹뿐만 아니라 여타 의혹에 대한 조사 필요성에 대해서도 3월 20일 발표 당시보다 분명한 의지를 표명.

안보리 의장 앞 서한에서 반기문 총장은 화학무기 사용 의혹을 제기한 시리아 및 영국·프랑스 정부에 추가 정보를 요청했음을 안보리에 알렸다. 이에 덧붙여 "이러한 정보들은 유엔조사단의 활동 범위 및 조건(*terms of reference for the mission and the scope of its work*)을 정함으로써 시리아 내 화학무기 사용에 관한 의혹들을 규명하는 데 있어 매우 중요하다"고 하였다. 한편 반 총장은 시리아 정부가 자국 영토 내 화학무기의 안전에 대해 책임을 져야 한다는 점을 지속적으로 강조했음을 상기시키면서 유엔조사단이 이러한 분야에서도 필요한 지원을 제공할 용의가 있음을 시사했다.

시리아 내 화학무기(*stockpiles of chemical weapons*)에 대한 안전성 문제(*safety and security*), 그리고 시리아 정부 또는 반군에 의한 화학무기 사용 의혹, 이 두 이슈는 사실 유엔조사단 임무라는 측면에서 볼 때 엄밀한 의미에서 구분되는 문제이다. 반 총장이 안보리 의장 앞으로 보낸 서한은 문구 하나 하나를 상당히 엄격히 검토해 만든 것으로서, 사무국 내 협의 시 상기 '*stockpile*'(화학무기 재고)라는 단어의 문제는 민감하기 때문에 당시 시점에서는 거론하지 말자는 의견도 상당히 많았다.

그러나 이 문제에서도 화학무기 금지협약 당사국이 아닌 시리아 내에 화학무기가 존재한다는 사실 자체가 국제사회의 우려를 자아내기에 충분하다고 인식한 것이다. 이 부분에 대한 언급을 간접적인 형태로 포함함으로써 궁극적으로 시리아의 화학무기 보유 자체를 다루겠다는 의지의 표현이었다.

안보리 의장 앞 서한은 오후 6시경 러시아 측에 전달되었으며 관례에 따라 러시아 측 동의하에 안보리 이사국들에게 오후 7시경 회람되었다. 그런데 예측 못한 상황이 발생했다. 러시아 대사가 서한 내용을 보고받고 반기문 총장과 긴급 면담을 요청한 것이다. 당일 반 총장은 유엔총회장에서 열린 콘서트 행사에 참석 중이었는데 추르킨(Churkin) 러시아 대사가 유엔총회장으로 황급히 찾아와 밤 8시 무렵부터 반 총장과 약 45분 간 설전을 벌이는 일이 발생하였다. 왜 여타 의혹에 대해서까지 조사단 활동을 확대하려고 하는 것이냐고 항의한 것이다. 그런데 반 총장과 추르킨 러시아 대사 모두 동 서한이 이미 안보리 이사국에 회람되고 난 뒤라는 사실을 몰랐다.

반기문 총장과 러시아 대사는 그 다음 날 다시 이야기를 나누기로 하고 대화를 마쳤는데, 러시아 대표부에서 일방적으로 안보리 이사국들에게 이메일을 보내 "당일 오후 회람된 유엔 사무총장 서한은 '기술적인 이유로' 회수되었으며, 추후 재발송될 것"이라고 통지한 것이다. 사실 유엔 사무총장 서한 회수는 안보리 의장국이 아니라 사무국 내 안보리 담당부서 국장이 할 수 있는 것이다. 그런데 러시아는 다급한 나머지 사무총장의 의사에 반해 이사국들에게 유엔 사무총장 서한이 회수되었다고 공지하는 황당한 일을 저지른 것이다.

3월 23일

토요일 아침 반기문 총장이 긴급 간부회의를 사무총장 관저에서 소집, 러시아 측 행위에 대한 대응조치를 협의. 장시간 협의 끝에 사무총장 서한을 회수하거나 수정하는 일은 불가하다는 결론을 내리는 한편, 신속한 조사단 파견을 위해서 시리아 및 영국/프랑스 측에 추가 정보를 최대한 조속히 제공해줄 것을 거듭 촉구.

조사단 활동 범위는 운영세칙(*Terms of Reference*)에 따라 결정될 문제이며, 운영세칙은 관련국이 제공하는 추가 정보에 달려 있다고 러시아

측을 이해시켰다. 그러므로 러시아가 무단으로 유엔 사무총장 서한을 회수한다는 요지의 통지를 한 것을 즉각 바로잡아줄 것을 요청하였다. 또한 신속한 조사단 파견을 위해 화학무기 금지기구(OPCW) 및 세계보건기구(WHO) 등 관련 기구들과의 사전 정지작업은 미리 완벽하게 진행해두기로 하였다. 반 총장이 상기 진행계획을 러시아 측에 설명하여 유엔 사무총장 서한이 원래 내용 그대로 유효함을 통보하였다. 다만 러시아 측 체면을 살려주기 위해 사무국 안보리 담당 국장이 안보리 이사국들 앞으로 메일을 보내 유엔 사무총장 서한을 재발송한다고 통보함으로써 안보리 앞 유엔 사무총장 서한 불법 회수 문제는 일단락되었다.

3월 25일

러시아 외무성 대변인이 유엔조사단에 러시아와 중국 전문가가 포함되어야 한다고 주장하면서 반기문 총장이 서방의 압력을 받고 조사단의 활동범위를 부당하게 여타 의혹으로 확대하려고 한다고 비난.

이 대목에서 유엔 사무총장이 얼마나 어려운 입지에 처해 있는지 짚고 넘어가고자 한다. 사실 프랑스와 영국은 반기문 총장이 기자회견을 통해 유엔조사단 발동을 발표할 때 "자신들이 여타 의혹에 관한 조사를 요청하는 서한을 송부할 테니 기자회견을 그 이후로 미뤄 달라"고 강력히 요구하였다. 이에 비서실장이 이미 기자회견 계획이 발표된 만큼 이를 변경하기 어렵다고 하자 비서실장에게 거세게 항의한 바 있다. 한편 러시아는 반기문 총장이 기자회견에서 여타 의혹들에 대한 조사 필요성을 시사하자 반 총장이 서방의 압력에 굴복하여 조사 범위를 확대하고 있다고 비난하고 나선 것이다. 그러나 반 총장은 처음부터 화학무기 사용에 관한 의혹이 제기될 경우 그러한 의혹을 제기한 당사국이 어디인지에 상관없이 모든 의혹에 대해서 철저히 조사가 이루어져야 한다는 원칙을 견지하였다.

반 총장의 지시에 따라 안젤라 케인(Angela Kane) 군축담당 사무차장이 러시아 대사를 접촉, 유엔조사단 구성은 전적으로 유엔 사무총장의 권한으로서, 화학무기 사용 의혹을 규명하는 데 필요한 전문가로 구성될 것임을 분명히 하였다. 또한 정치적인 해석이 개입될 요소를 없애기 위해 P5 국가 출신은 조사단에 일절 포함시키지 않는다는 것이 반기문 총장의 확고한 입장이라는 점도 전달하였다. 러시아 대사는 반 총장의 입장을 수긍하였다. 한편 반기문 총장은 P5의 일원인 중국 대사도 조용히 불러 조사단 구성 및 파견과 관련된 사항을 직접 설명했다. 리바오둥(李保東) 당시 중국 대사는 조사단 구성 등에 있어 반 총장의 판단을 전적으로 믿는다고 하였다.

3월 26일

유엔조사단을 이끌 조사단장으로 과거 이라크 대량살상무기 사찰기구였던 UNSCOM(유엔무기사찰단) 활동 경험을 갖춘 군축·안보 전문가인 스웨덴 출신의 아쿠 셀스트롬(Åke Sellström)을 임명.

3월 27일

조사단 운영세칙(Terms of Reference) 및 조사단 활동관련 시리아 정부와의 양해각서 완성.

4월 7일

키프로스(Cyprus)에 화학무기 금지기구, 세계보건기구 및 유엔 전문가로 구성된 선발팀 배치.

4월 8일

반기문 총장, 화학무기금지협약 평가회의 참석, 기조연설.

4월 10일

반기문 총장, 오바마 대통령과의 회담을 위한 워싱턴 방문을 앞두고 가진 기자회견에서 시리아 정부의 조사단 방문활동 수용을 재차 촉구하는 한편, 조사단이 시리아 외부에서 확보한 정보들에 입각한 사실 확인 활동(off-site- fact-finding activities)을 진행할 것임을 발표.

4월 25일

미 정부, 시리아 화학무기 사용 가능성 공개 확인.

5월 2일

아쿠 셀스트롬 단장, 워싱턴 방문 후 미 정부 전문가 면담.

8월 18일

아쿠 셀스트롬 단장 및 안젤라 케인 군축담당 고위대표(사무차장급)가 이끄는 유엔조사단, 다마스쿠스 도착. 8월 19일부터 칸 알 아살, 사라퀘브(Saraqueb) 및 셰이크 막수드(Sheikh Maqsood) 등 세 지역에서의 화학무기 사용 의혹에 대한 현장 조사활동 개시.

8월 21일

다마스쿠스 인근 동 구타(East Ghouta) 지역에서의 대규모 화학무기 공격으로 인해 1천 명이 넘는 사상자 발생 보도.

8월 26일

현장 활동 수행 중인 유엔조사단 전원을 구타(Ghouta) 지역에 투입, 8월 26, 28~30일 총 나흘간 현장 활동을 마치고 8월 31일 헤이그로 철수, 9월 2일부터 화학무기 금지기구 지정 4개 실험실에서 샘플 분석 작업 시행.

8월 31일

오바마 미 대통령, 시리아 화학무기 사용에 대한 미국의 군사조치에 보다 광범위한 지지를 확보하기 위해 이에 대한 미 의회의 승인을 요청하기로 결정했다는 대국민 연설.

9월 9일

런던을 방문 중인 존 케리 미 국무장관이 "만약 시리아 정권이 모든 화학무기를 즉각 내려놓고 국제사회의 감독하에 폐기하는 데 동의한다면 미국에 의한 무력조치를 피할 수도 있다"고 언급.

러시아 정부, 시리아 화학무기에 대한 국제적 감시·폐기 제안.

9월 10일

미국 오바마 대통령, 대국민 연설을 통해 시리아 화학무기 사태를 외교적으로 해결하기 위한 마지막 노력을 시도해보겠다는 입장을 밝히면서 자신이 요청한 대 시리아 군사조치에 필요한 의회 승인을 잠시 보류해줄 것을 요청.

9월 12일

시리아 정부, 화학무기금지협약 가입 기탁서를 반 총장에 제출.

9월 15일

반기문 총장, 아쿠 셀스트롬 단장으로부터 8월 21일 구타 지역에서의 대규모 화학무기 사용 의혹에 대한 시리아 화학무기 조사단의 보고서 접수.

9월 16일

반기문 총장, 유엔조사단 현장 활동 결과 8월 21일 구타 지역에서 화학무기인 사린(Sarin)이 사용되었음을 안보리에 보고.

9월 25일

아쿠 셀스트롬 단장이 이끄는 조사단, 칸 알 아살 등 3개 지역에 대한 현장 조사활동을 계속하기 위해 시리아 재입국(동 조사단은 임무를 마치고 9월 30일 철수).

9월 27일

안보리 결의 2118(2013)호 채택, 2014년 상반기까지 시리아 화학무기 제거를 위한 조치 승인.

10월 7일

반기문 총장, 안보리 결의 2118호 요청에 따라 화학무기 금지기구-UN 간 합동 미션(Joint Mission)에 필요한 보고서(유엔 사무총장 서한 S/2013/591) 제출.

10월 11일

화학무기 금지기구, 2013년 노벨평화상 수상.

10월 16일

반기문 총장, 화학무기 금지기구-유엔 간 합동 미션의 조정관(Special Coordinator)으로 UNDP 사무차장보인 시그리드 케그(Sigrid Kagg)를 임명.

상기는 조사단 구성 및 종료까지의 주요 연혁을 기술한 것이고, 지금부터는 시리아 화학무기 문제가 전개되는 과정에서 중요한 전환점이 된

순간들에 얽힌 뒷이야기, 그리고 반기문 총장의 리더십 부분을 살펴보기로 한다.

유엔 사무총장의 화학무기 조사단 메커니즘에 얽힌 국제정치학

조사단 활동에 관한 세부사항을 담은 운영세칙(*Terms of Reference*, ToR)을 만드는 데 상당한 시일이 소요되었다. 사무국 내 협의는 물론 화학무기 금지기구 및 세계보건기구와의 문안 합의에 상당히 진통이 있었다. 특히 조사단 활동범위 문제가 가장 큰 쟁점이었는데, 여기서 반기문 총장이 처음부터 분명히 방향을 설정한 것이 중요하게 작용했다.

반 총장은 화학무기 사용관련 모든 의혹(*all allegations*)을 대상으로 한다는 점을 분명히 하였다. 다만 운영세칙에 대한 합의를 조기에 도출하기 위한 방안으로서, 운영세칙상에 시리아 및 프랑스·영국이 제기한 지역들을 명시하지는 않기로 하였다. 알레포 지역의 칸 알 아살은 시리아 및 영국·프랑스가 공통적으로 요청한 곳인 만큼, 상식적으로 이 지역부터 조사단 활동이 이루어진다는 것은 지극히 당연한 일이었다.

이와 관련하여, 프랑스와 영국 대사들이 3월 27일 반기문 총장을 면담, "유엔 대변인이 칸 알 아살 지역에 대한 조사만을 강조하고 있다"고 하면서 "여타 지역에 대한 조사도 이루어질 것이라는 점을 보다 분명히 해주면 좋겠다"는 뜻을 표명했다. 이에 마틴 네지르키(Martin Nesirky) 유엔 대변인은 영국 대표부 관계자에게, 시리아는 물론 여타 회원국들이 공통적으로 문제를 제기한 만큼 칸 알 아살이 조사단 활동의 초기 대상(*initial focus*)이 될 것이라는 점을 언급했다. 이로써 반 총장이 누누

이 강조한 바와 같이 조사단은 모든 의혹에 대해서 조사할 것이라는 점을 설명하였다.

이 대목에서 조사 대상 선정에 있어 반기문 총장이 얼마나 어려운 입장에 있었는지 잠시 부연 설명코자 한다. 시리아 아사드 정권이 이른바 '불량정권'이긴 하지만 그래도 주권국가인데, '카더라' 식으로 제기되는 화학무기 사용 의혹을 시리아 정부가 모두 수용하기를 기대하기는 어려웠다. 또한 유엔 사무국으로서는 프랑스 · 영국 등이 의혹을 제기할 경우 접수는 하되 이들이 제기하는 의혹을 뒷받침할 만한 추가적 정보를 요구할 수밖에 없는 입장이었다. 이에 반해 영국 · 프랑스측은 증거가 있다면 왜 유엔조사단에 현장조사를 요청하겠느냐고 반박하면서, 유엔이 자신들이 제기한 모든 지역에 대한 현장조사를 실시하겠다는 확고한 입장을 보여줄 것을 요구했다. 한편 시리아는 물론 시리아를 비호하고 있는 러시아는 반 총장이 미국 · 영국 · 프랑스 등 서방의 입장에 동조한다면서 강하게 비난했다.

이해관계를 달리 하는 여러 그룹이 상충되는 요구를 하는 상황에서 반기문 총장이 "화학무기 사용은 반인륜적 범죄행위로서 어떠한 경우에도 용납될 수 없다. 따라서 유엔조사단의 시리아 화학무기 사용관련 현장조사 활동은 모든 의혹을 대상으로 한다"는 원칙을 초지일관 고수한 것은 높이 사야 한다.

앞에서 언급했듯, 화학무기의 경우 핵무기와 달리 일정한 시간이 지나면 현장 활동을 통해 샘플을 확보하기가 매우 어렵다. 따라서 신속한 조사단 파견이 가장 중요한데, 내전 상황이던 시리아의 치안 사정이 매우 불안하여 현장 접근 자체가 쉽지 않았다.

2013년 4월 반기문 총장을 수행하여 헤이그에서 개최된 화학무기 금지협약 제3차 평가회의에 참석했다. 화학무기 금지기구 사찰국장은 화학무기 사용을 증명할 샘플 확보의 어려움에 대해 언급했다. 화학무기 사용이 의심되는 시점에 수일 내 현장 검식활동이 이루어지지 않는 경우, 가장 신뢰할 수 있는 샘플은 화학무기 사용으로 숨진 사망자 부검 또는 부상자의 몸에서 혈액 또는 머리털 샘플을 채취하여 분석하는 것이라고 했다. 이렇게 확보된 샘플의 경우 6개월, 길게는 1년 정도 유효하다고 한다.

그런데 이 부분에서도 민감한 정치적 함수가 존재한다. 이른바 '핵감식'(*nuclear forensic*)이 적용되는 핵무기와 달리, 화학무기의 경우 신속한 현장 조사가 필수적이기 때문에 설령 유엔조사단이 현장조사를 하더라도 얼마나 빨리 현장에 투입되는지, 그리고 조사단이 얼마나 신뢰할 만한지에 대해서 여러 가지 말들이 많았다. 들어가서 빈손으로, 또는 매우 모호해서 여러 가지로 해석될 수 있는 보고서만 들고 나오는 것 아니겠느냐는 부정적인 의견이 많던 상황이었다. 현실적 제약도, 정치적 부담도 상당한 구조였다.

결국 어려운 과정 끝에 조사단 파견은 두 갈래로 진행하기로 결정하였다. 조사단원들과 장비는 키프로스에서 시리아 북부의 아타키아(Atakia)로 항공편을 통해 이동한 후, 아타키아에서 알레포 지역으로는 육로로 이동하기로 하였으며, 육로 이동을 맡게 될 차량은 레바논 수도 베이루트(Beirut)에서 시리아 수도 다마스쿠스를 거쳐 아타키아로 이동시키는 것으로 결정되었다. 조사단이 조사 대상 지역에 투입되는 지점을 '입국지점'(*point of entry*)이라고 하는데, 특정 지역을 입국지점으로 설정하기 위해서는 해당국가의 양해가 있어야만 한다. 따라서 키프로스 및 레바논 정부와도 조사단 활동에 필요한 협조를 구하는 양해각서를 체결하였다.

위에서 언급한 제3차 화학무기 금지협약 평가회의는 협약 이행상황 평가를 위하여 5년 주기로 개최되는 회의로서, 반기문 사무총장은 유엔 사무총장으로는 최초로 평가회의에 참석한 것이다. 시리아 화학무기 사용 가능성에 대한 국제사회의 우려가 최고조에 이른데다가, 유엔 사무총장의 조사단이 구성된 상황에서 개최된 화학무기 금지협약 평가회의였던 만큼 반 총장의 참석은 언론의 지대한 관심을 모았다.

반 총장은 평가회의 기조연설에서 화학무기 사용은 반인류적 범죄행위로서 어떠한 상황에서도 용납될 수 없음을 재차 강조하고, 시리아 정권에 대해 "지체 없고 예외 없이, 그리고 아무런 조건 없이"(*without delay*, *without exception*, *without conditions*) 유엔조사단의 방문 조사활동을 수용할 것을 촉구하였다.

시리아 정권은 도덕적 권위를 가진 반기문 총장이 단호한 입장을 표명하는 데 대해 상당한 부담을 느끼고 알레포 지역 이외의 조사에 대해서 초지일관 반대하였다. 나중에는 알레포 조사활동 결과에 따라, 그리고 조사단의 활동에 대한 자신들의 평가에 따라 홈스 등 여타 지역에 대한 조사활동 허용 여부를 결정하겠다는 조건부 수용 의사를 보였으나, 반 총장은 이를 거부하였다.

시리아 정권의 속셈은 뻔한 것이었다. 내전이 지속되면서 궁지에 몰리자 반군이 화학무기를 사용했다는 구실을 들어 불리한 형국을 뒤집어 보겠다는 것이었다. 그래서 처음부터 모든 의혹에 대한 조사를 분명히 하고 영국, 프랑스로부터 구체적인 조사 요청이 제기되자 시리아는 자신들을 맹목적으로 비호하는 러시아의 힘을 빌려 포괄적 조사에 대해 맹렬히 반대한 것이다.

아래에서 다시 다루겠지만 시리아가 화학무기를 모두 신고하고 폐기하겠다는 항복 선언을 한 후 그전까지 시리아 화학무기 조사단을 중심으로 사태의 중심에 있던 유엔과 화학무기 금지기구 간 미묘한 줄다리기를 잠시 짚고 넘어간다.

당시 시리아는 화학무기 금지협약 당사국이 아니었기 때문에 시리아 화학무기를 2014년 상반기까지 모두 폐기하는 작업을 누가 어떤 방식으로 수행하느냐는 그렇게 간단한 문제가 아니었다. 군축을 쉽게 이야기할 수 있으나, 무기 폐기는 엄청난 재원이 소요되고 환경 및 안전 문제 등 부수적인 과제가 따르는 복잡한 과정이다. 오랜 내전으로 만신창이가 된 시리아가 화학무기를 자체적으로 폐기할 능력도 되지 않았을뿐더러, 국제사회가 시리아 같은 불량정권에게 화학무기 폐기를 믿고 맡길 리도 만무하였다. 더구나 화학무기 폐기는 상당한 시일이 소요되는데도 불구하고 2014년 상반기까지 모든 시리아 화학무기 폐기라는 야심찬 계획을 세운 만큼 이를 이행하기 위해서는 정치적·재정적·기술적 측면에서 국제적인 뒷받침이 필수적이었다.

이런 이유로 반기문 총장은 화학무기 금지기구 측에 유엔과 공동으로 시리아 화학무기 폐기라는 역사적 소임을 이행하자는 '합동 미션'을 제안하였다. 시리아 화학무기 폐기에 소요되는 막대한 재원을 마련하기 위해서는 국제사회의 적극적인 동참이 필요한데, 화학무기 검증을 수행하는 기술적인 전문기구인 화학무기 금지기구의 힘만으로는 부족한 것이 자명했다. 대규모 재원 조달을 위해서는 유엔 사무총장의 권위와 동원력이 절대적으로 필요했다.

또한 산재한 시리아 화학무기를 모으고 폐기시설로 이송하는 문제는 당시 반군과 치열한 교전이 한창이던 시리아 상황에서 볼 때 결코 간단한 작업이 아니었다. 유엔과 다국적군에 의한 치안 확보가 절대적으로 필요한 상황이었다. 반군과의 협조 확보 또한 유엔이 아니면 수행하기 어려운 일이었다.

그럼에도 불구하고 당시 아흐메트 우줌추(Ahmet Uzumcu) 화학무기 금지기구 사무총장은 초기에는 소극적이고 방어적인 입장을 보였다. 국제원자력기구 및 화학무기 금지기구와 같은 기술적인 전문기구에서는 자신들의 업무에 대한 독립성과 기술적 충실성(*independence and technical integrity*)을 지키는 데 매우 엄격한 입장을 보인다. 이들 전문기구가 가진 고유한 기술적 성격상 이해 못 할 바는 아니었다. 화학무기 금지기구 입장에서 볼 때는 시리아 화학무기 폐기라는 국제적 이목이 집중된 미션을 독차지함으로써 자기들 기구의 정치적 입지를 끌어올리고 싶은 욕심이 없지 않았을 것이다.

그런데 그 이면을 보면 꼭 기술적인 이유만 있는 것은 아니다. 당시 우줌추 사무총장은 재임을 앞두고 화학무기 금지기구 이사국들의 지지가 절실한 상황이었다. 몇 달 뒤 화학무기협약 당사국 총회에서 자신의 연임이 결정될 예정이었고, 그에 앞서 열릴 집행이사회에서 차기 사무총장 후보 추천이 예정되었던 상황이었다. 이런 상황에서 화학무기 금지기구 사무총장으로서는 유엔이 제시한 '합동 미션'이 집행이사회에서 어떻게 받아들여질지 자신이 없었을 것이다. 이런 이유로 우줌추 사무총장은 일단 신중하고 방어적인 자세를 보인 것이다.

최강대국 미국의 지도력

시리아의 포괄적 조사 거부로 조사단 입국이 난항을 겪는 상황에서 새로운 국면으로 전환되는 계기가 있었다. 4월 26일 미국 정부가 정보당국의 분석을 인용하여 "시리아가 화학무기를 사용한 것으로 본다"는 입장을 공식적으로 발표한 것이다. 영국과 프랑스가 제기한 의혹과 미국이 제기한 의혹 간 중량감은 상당한 차이가 있는 것이 사실이다.

화학무기 사용은 '레드 라인'(*red line*)이라는 입장을 취해온 미 정부의 이 같은 공개적 의혹 제기는 오바마 대통령이 언급한 바와 같이 일종의 '게임 체인저'(*game changer*, 결과나 흐름의 판도를 뒤바꿔 놓을 만한 중요한 역할을 한 인물이나 사건)였던 것이다. 당시 백악관 발표 내용을 보면 시리아 내 화학무기 사용에 대해 '확증 수준은 아님'(*with varying degree of confidence*)을 시사하면서도, 사용 의혹을 사고 있는 화학무기로서 '사린'이라는 이름까지 거명함으로써 모호성과 함께 상당히 구체적인 내용까지 담고 있었다.

마침 4월 29일 아쿠 셀스트롬 단장이 뉴욕을 방문하여 반기문 총장과 면담을 가졌다. 이에 앞서 반 총장은 존 케리 미 국무장관과 전화통화에서 상기 미 정부의 발표 내용을 심각하게 받아들이고 있으며, 미 정부가 포괄적 조사 필요성에 대한 반 총장의 입장을 지속적으로 지지하고 있는 데 대해 사의(謝意)를 표하였다. 반기문 총장은 셀스트롬 단장이 뉴욕을 방문하는 계기에 미국측 전문가들과 협의를 갖도록 할 것을 제안한바, 케리 국무장관은 이를 흔쾌히 수용하였다.

사실 셀스트롬 단장은 워싱턴 방문에 앞서 4월 22일 런던을 방문하여 영국의 전문가들과 협의한 바 있다. 시리아 화학무기 사용 의혹과 관련한 미국과 영국 정보당국의 분석은 상당히 일치하였는데, 시리아 정권이 극히 소량의 사린을 제한된 공간에서 사용하면서 국제사회가 이를 알아차리는지 시험하고 있다는 것이었다. 이 과정에서 러시아는 시종일관 시리아 정권의 입장을 대변하였다. 미국의 정보 분석이 제기된 이후 러시아 외교장관은 미국이 과거 2003년 이라크 침공의 구실로 핵무기 프로그램을 조작한 것을 상기시키면서, 미국과 서방이 시리아 침공을 위한 구실로서 시리아 화학무기 의혹을 제기하는 것이라면서 강하게 저항하였다.

한편, 조사단 활동범위를 둘러싸고 답보상태가 지속되자 5월 초 해당부서에서는 우선 키프러스에 배치된 선발팀을 철수시키고 궁극적으로 조사단 활동의 종료(*terminate*)를 선언할 것을 반기문 총장에게 건의하였다. 이 부분은 국제적 사안에 있어 기술적 이슈와 정치적 이슈의 경계선이 겹쳐지는 상황에서 사안이 어떻게 잘못 전개될 수도 있는지 보여주는 예가 되겠다.

정무적 이슈로서 유엔이 다루는 사안 중 순수하게 기술적 영역에만 머무는 이슈는 없다고 생각한다. 유엔 무대에서 기술적이고 법적인 접근에 치우쳐 정치적 관점에서 이루어지는 큰 숲을 보지 못한다면 수읽기에서 낭패를 보기 십상이다. 안보리 상임이사국인 P5를 비롯하여 강대국들의 이해가 첨예하게 걸린 이슈는 물론이거니와 수적 우세를 바탕으로 한 비동맹 그룹의 세몰이 등을 감안해야 하기 때문이다.

여기서 조사단 미션을 종료하자는 건의가 제기된 5월의 시리아 사태와 관련된 전반적인 상황을 되짚어본다. 시리아 특사인 라흐다르 브라히미(Lakhdar Brahimi)가 강대국들의 이해관계로 인해 사태에 전혀 진전이 없는 데 좌절감을 느끼고 사퇴를 결심한 상황이었다. 언론에서는 낌새를 채고 브라히미 특사의 사퇴 시점을 캐묻는 상황에서 유엔 사무총장이 화학무기 조사단 임무 종료를 선언하는 것이 언론에 어떻게 비칠지는 너무 자명한 상황이었다. 이러한 고려 없이 현장조사 활동 개시에 대한 전망이 극히 어두운 상황이니 유엔조사단의 미션을 종료할 것을 제안한 것은 정말 정치적인 감이 없는 처사였다.

기술적·법적인 이슈를 다루는 실무선에서는 원칙에 입각한 건의를 해야 할 것이다. 그러나 부서장 입장에서는 실무자들이 보지 못하는 큰 그림 속에서 정무적 판단을 통해 사무총장실에 종합적인 건의를 해야 하는 것이 마땅하다. 사무총장에게 정치적 '공간'을 마련해주는 것이 정무직에 임명된 고위간부의 역할이요 책임이라 할 수 있다. 그러나 간혹 자기 부서가 다루는 영역 안에서만 판단을 내리는 우를 범하는 경우를 보게 된다.

실무부서의 이 같은 건의에 대해 반기문 총장은 일언지하에 유엔조사단 미션 종료 발표는 있을 수 없는 일이라는 입장을 보였다. 키프러스에 배치된 대기조와 화학무기 금지기구 및 세계보건기구에서 차출된 전문가 수를 다소 줄이되, 조사단의 대기상태는 계속 유지해야 한다는 훈령을 분명히 내렸다. 돌이켜 보건대 만약 그 상황에서 하부부서의 건의에 따라 미션 종료를 선언했다면 어떻게 되었겠는가. 반기문 총장의 경륜과 리더십이 돋보인 또 하나의 대목이다.

시리아 화학무기 조사단 활동에 있어 또 하나의 큰 전기가 있었다. 6월 13일, 미국 백악관에서 "시리아 정권이 반군을 상대로 소규모 단위로 사린을 포함한 화학무기를 사용해왔다고 판단한다"고 발표한 것이다. 사실 영국과 프랑스는 반기문 총장에게 화학무기 조사단 발동을 요청할 때 미국에게도 공조할 것을 제안했으나, 미 정부는 초기 단계에서 매우 조심스런 입장을 유지하였다. 그런 만큼 미 백악관의 발표는 국제사회의 지대한 관심을 불러일으키기에 충분했다.

오바마 대통령이 언급해 온 이른바 '레드 라인'과 관련하여 미국의 향후 대응방향에 대해 이목이 집중된 것이다. 미국 측은 "시리아의 화학무기 사용은 시리아 사태를 다루는 미국의 입장에 있어 '계산의 차이'를 가져올 것이며 실제 그렇게 진행되고 있다"고 밝힌 바 있다. 실제로 미국은 그간 시리아 내 반군에 대한 무기 지원에 부정적 입장을 견지했으나, 백악관 발표 직후 반군에 대한 소형무기 지원을 개시한 바 있다.

유엔조사단 현장 조사활동 개시 및 복잡한 역학관계 변화 과정

결국 수개월 간의 지루한 협상 끝에 현장 조사가 이루어졌다. 8월 19일 칸 알 아살, 사라퀘브 및 셰이크 막수드 등 3개 지역에 조사단이 투입되었다. 그런데 칸 알 아살 지역의 경우 상당부분 반군이 장악하고 있고 교전이 치열하게 벌어지는 곳이었기 때문에 자칫 잘못하면 조사원들의 생명이 위협을 받을 수도 있는 상황에서 조사활동을 벌여야 했다.

실제 첫날 조사단을 호송하던 차량 한 대가 저격수의 공격을 받아 반파되는 위험천만한 사고가 발생하였다. 그런 상황임에도 불구하고 조사단은 차량을 교체한 후 다시 조사지역으로 들어가 현장 조사활동을 수행하였다.

상기 3개 지역에서의 조사활동을 수행하던 중 8월 21일 시리아 수도 다마스쿠스 근방의 동 구타(East Ghouta) 지역에서 화학무기 사용으로 추정되는 공격으로 인해 상당한 규모의 희생자가 발생했다는 보도가 터졌다. 그동안의 의혹은 소량의 화학무기를 제한된 지역에서 사용했다고 추정된 것들이었으나, 이 경우는 전혀 다른 규모였으며 보도에 따르면 1천 5백 명 이상의 사상자가 발생하였다. 당시 서울 방문 직전이던 반기문 총장은 즉각 비상체제에 돌입, 셀스트롬 단장에게 동 구타 지역에 모든 요원을 투입하여 철저한 조사를 벌이도록 지시하였다.

마침 반기문 총장은 8월 22일 한국에 도착하였는데, 도착하는 순간부터 이 사태와 관련하여 국제사회 지도자들과 수많은 전화 통화를 가졌다. 특히 미국은 존 케리 국무장관, 수잔 라이스(Susan Rice) 국가안보보좌관, 그리고 사만다 파워(Samantha Power) 주 유엔 대사가 하루에도 수차례 반 총장에게 긴급 전화를 요청했다. 이 밖에도 반 총장은 영국, 프랑스, 중국, 호주, 캐나다, 뉴질랜드, 노르웨이, EU, 아랍연맹 등 주요 지도자들과 연쇄 전화통화를 가지면서 사태 처리를 위한 노력을 기울였다.

미국의 경우, 자신들의 정보망을 통해 시리아 정부가 반군이 장악한 주거지역에 대규모 화학무기 공격을 자행한 것이라고 확신하고 있었으며, 반 총장에게 현장에서 조사활동 중인 유엔조사단을 당장 철수시켜 줄 것을 강력히 요청하였다. 특히 오바마 대통령이 8월 28일 반 총장에게 전화를 하여 거의 '최후통첩'식으로 그 다음 날(8월 29일) 중으로 유엔조사단을 철수시킬 것을 강하게 요청하였다.

이 대목에서 두 가지 측면에서 흥미로운 관찰사항이 있다. 우선, 미국, 영국, 프랑스라는 강대국 정상들이 돌아가면서 유엔조사단의 즉각적인 철수를 요구하는 상황이라면, 어지간한 사람은 진작 한발 물러났을 것이다. 앞에서도 다루었듯이 유엔조사단 현장조사 결과에 대한 회의적인 시각이 있는 상황에서 공습이 임박한 만큼 조사단의 안전을 최우선적으로 고려해야 한다는 구실을 들어 얼마든지 조사단 조기 철수를 결정했을 수도 있는 상황이었다. 그러나 반 총장은 미국 대통령까지 나서서 조기 철수를 요구하는 상황에도 굴복하지 않고 유엔조사단은 예정한 현장 활동을 마칠 것임을 분명히 하였다. 반기문 총장이 친미적이고 서방의 입장에 약한 모습을 보인다고 주장하는 사람들에게 반드시 들려주고 싶은 뒷이야기이다.

다른 한 가지 흥미 있는 관찰사항은 유엔조사단과 관련된 미국의 입장이 전개된 양상이다. 반 총장이 발족한 유엔조사단은 유엔 총회 및 안보리의 결의를 통해 그 정당성이 확보된 대량살상무기 사용 의혹을 다루기 위한 매우 의미 있는 메커니즘이다. 미국은 반기문 총장이 유엔조사단을 발족한 것을 처음부터 적극적으로 지지한 바 있다. 그런데 8월 21일 구타(Ghouta) 지역에서 발생한 대규모 화학무기 사용 의혹에 대해 유엔조사단이 현장 조사활동을 하고 있었음에도 불구하고 "자국 정보력을 통해 이미 필요한 사실을 모두 확인했고 유엔조사단을 통해서는 자국이 알고 있는 사실들 이외의 것은 알아낼 수 없으니 당장 현장 조사 활동을 중단하고 철수하라"고 요구한 것이다.

대량살상무기 관련 국제협약들은 검증 메커니즘(*verification mechan-*

ism) 을 갖추고 있다. 이러한 검증 메커니즘의 효율성을 제고하기 위해 회원국들이 자체 정보력에 의해 확보한 정보도 제공받고 있는데, 이를 NTM (*National Technical Means*) 이라고 한다. 그러나 문제는 힘 있고 정보력이 우수한 회원국이 자국의 정보력에만 의존하여 자신이 가입한 협약의 검증 메커니즘을 무시하는 경향이 있다는 데 있다. 국제협약상 검증 메커니즘 역시 회원국들이 협상을 통해 만들어낸 것인 만큼 완벽할 수는 없다. 그러나 이것이 중요한 이유는 비록 한계가 있을 수 있다 하더라도 검증 결과의 공정성과 객관성, 독립성을 담보할 수 있기 때문이다. 유엔조사단의 현장 활동이 8월 30일까지 예정된 상황에서 하루 이틀을 기다리지 못한 채, 유엔조사단 활동에는 더 기대할 것이 없으니 당장 철수하라고 요구한 점은 정말 아쉬운 대목이다.

결국 유엔조사단은 8월 30일까지 예정했던 나흘간의 현장조사 활동을 모두 마치고 헤이그로 철수한다. 반기문 총장의 단호한 입장이 주효했던 것일까. 미국 오바마 대통령은 8월 31일 긴급 기자회견을 통해 "대시리아 군사행동에 대한 광범위한 지지를 확보하기 위해 미 의회의 승인을 구하겠다"고 발표했다.

이와 관련하여, 〈크리스천 사이언스 모니터〉(*Christian Science Monitor*) 지는 9월 5일자 기명 논평 기사를 통해 "미국은 시리아에 대한 군사행동에 앞서, 우선 유엔조사단의 조사 결과를 지켜볼 필요가 있다"는 입장을 게재하였다. 유엔조사단이 8월 21일 사태에 대한 현장조사 결과 화학무기가 실제로 사용되었다는 객관적이고 과학적인 보고서를 제출하면 미국이 주도하는 군사행동에 대한 정당성을 확보하는 데도 도움이 될 것이라는 주장을 펼친 것이다.

조사단 보고서 제출과 그 이후 국제사회의 대응

여기서 유엔조사단과 관련하여 마지막으로 조사단 활동 보고서 이야기를 덧붙이고자 한다. 유엔 사무총장이 발족시킨 조사단 활동 보고서는 전 유엔 회원국에 배포하도록 되어 있다. 셀스트롬 단장은 6월 말부터 터키, 요르단 등 시리아 난민들이 탈출하는 주변국을 방문하여, 화학무기 피해자들을 치료했다고 알려진 의료진을 대상으로 인터뷰 활동을 벌였다.

그러나 앞서 설명한 바와 같이 현장조사 활동이 없는 상태에서는 샘플의 역학관계(*Chain of Custody*)를 입증할 수 있는 방법이 없다. 시리아 정부가 조사단 입국을 계속해서 거부하는 가운데 미국 정부도 시리아 정권의 화학무기 사용에 대한 자국 입장을 발표하자, 일부 회원국들과 언론에서는 조사단 활동 보고서에 대해 의문을 제기하기 시작하였다. 유엔으로서는 뜨거운 감자가 아닐 수 없었다.

원칙적으로는 조사단 임무의 골자인 현장조사가 없는 상태에서 정식 활동 보고서를 제출할 수는 없는 일이다. 그러나 조사단이 주요국 수도 방문을 통한 전문가 협의 그리고 시리아 주변국 방문을 꾸준히 진행한 만큼, '현장조사를 제외한 부분에 대한 잠정 결론은 있을 것 아니냐'는 질문에 대해서는 대답하지 않을 수 없는 일이었다. 문제는 설익은 잠정 결론을 내놓는 경우 시리아 정권의 화학무기 사용을 확신하는 캠프와 시리아를 두둔하는 캠프 양측으로부터 정치적으로 이용될 소지는 얼마든지 있는 상황이었다.

8월 21일 대규모 화학무기 공격 의혹에 대한 조사와 관련하여 셀스트롬 단장은 9월 15일 반기문 총장에게 이 사태에 관한 조사 보고서를 우선 제출하였다. 반기문 총장은 21세기 들어 처음 이루어진 화학무기 사용이라는 사안의 심각성에 비추어 동 보고서를 안보리 및 유엔 전 회원국에 배포함은 물론 유엔 웹사이트에도 올림으로써 전 세계 모든 사람들이 볼 수 있도록 공개하였다.

반기문 총장은 9월 16일 안보리 보고를 통해 생존자 인터뷰, 희생자 몸에서 추출한 샘플 분석 그리고 사린을 발사한 로켓포 잔재에 대한 분석 결과를 조목조목 들면서 8월 21일 구타 지역에서 화학무기 사린(Sarin)이 사용된 것은 반박할 수 없는 분명한 사실이라고 발표하였다. 반 총장은 미국과 러시아가 2014년 상반기 중 시리아 화학무기 전량을 폐기하기로 합의한 것을 환영하면서, 동 플랜의 이행을 보장하기 위한 구속력 있는 결의를 지체 없이 채택할 것을 안보리에 촉구하였다.

안보리는 9월 27일 안보리 결의 2118(2013)호를 만장일치로 채택하였다. 안보리가 시리아 사태와 관련하여 결의를 채택한 것은 처음이었다. 동 안보리 결의에 의거하여 반기문 총장은 시리아 화학무기 프로그램 제거를 위한 유엔과 화학무기 금지기구 공동 미션(*Joint Mission to eliminate the chemical weapons programme in the Syrian Arab Republic*)을 제안하는 보고서를 제출했다. 유엔 사무총장의 안보리 의장 앞 서한 형식으로 작성된 동 보고서에서 반기문 총장은 시리아 화학무기 프로그램 제거를 위해 유엔이 시리아 정부 및 반군들과의 협의, 현장 활동에 필요한 안전문제 및 제반 행정적인 사항들을 관장하고, 화학무기 금지기구는 시리아 정부의 화학무기 신고 및 폐기를 검증하는 기술적인 역할을 수행할 것을 제안한다.

이 보고서에서 반기문 총장은 유엔과 화학무기 금지기구가 수행할 시리아 화학무기 프로그램 제거 미션은 '역사상 전례 없는 성격의 작전'(*an operation the likes of which have never been tried before*) 이 될 것이라고 하면서, 화학무기 폐기의 주된 책임을 지게 될 시리아 정부는 물론 국제사회의 전폭적인 지지를 호소했다. 서양 속담에 '*Devil lies in details.*'(악마는 세부적인 것에 숨어있다) 라고 했듯이 구체적인 이행단계에 들어서면 험난한 도전이 기다리고 있을 것이다.

반 총장이 안보리에 제출한 보고서에 따르면 시리아 화학무기 프로그램 제거 미션은 크게 3단계로 나뉘어 시행될 것으로 보인다. 첫 번째 단계에서는 시리아 정부가 제출한 화학무기 프로그램에 대한 최초신고를 검토하여 어떻게 폐기 작업에 들어갈지 분석하게 된다. 두 번째 단계는 2013년 11월 초까지 시리아 화학무기 생산 능력을 무능화시키는 것을 목표로 한다. 문제는 마지막 단계인 시리아가 이미 생산, 보유한 것으로 추정되는 화학무기를 폐기하는 작업인데, 폐기작업에 동원되는 요원들의 안전뿐만 아니라 환경에 미치는 영향이 지대하기 때문에 이 부분이 계획한 대로 이행될지는 두고 볼 문제이다.

화학무기 금지기구와 유엔은 시리아 화학무기 프로그램 제거 진전 상황에 대해 매월 안보리에 보고를 하게 되어있으며, 만약 시리아 정부의 불이행 발생 시 안보리는 즉각 헌장 7조(강제조치) 에 의거하여 다루도록 되어있다.

시리아 화학무기 제거에 대한 내용에 지면을 많이 할애한 것은 아랍의 봄에서 시리아 사태가 차지하는 의미, 그리고 그 속에서 화학무기 사용 협의가 차지하는 특별한 위치 때문이다. 아울러, 시리아 사태 해결과정 그리고 대량살상무기에 대한 국제 규범 강화라는 측면에서 유엔조사단 구성에 있어 결단을 내린 반기문 총장의 업적이 될 것이기도 하다.

또 한 가지 한국의 입장에서 중요한 점은 북한의 화학무기이다. 북한은 러시아, 미국에 이어 제3대 화학무기 보유국으로 추정된다. 물론 화학무기 금지협약에도 가입하지 않았다. 2007년 가을 이스라엘에 의한 시리아 핵 프로그램 시설 공습에서 볼 수 있듯이, 시리아와 북한 간 화학무기 관련 거래가 있었을 것으로도 의심해볼 수 있다.

또 한 가지 시리아 화학무기 제거가 북한 화학무기와 관련하여 향후 통일 과정에서 교훈을 줄 수 있는 대목은 기술적인 측면에서의 독창성이다. 시리아 화학무기는 보유국인 시리아 정부가 자체적으로 폐기할 능력을 갖추고 있지 못하기 때문에 일종의 국제적 컨소시엄 형태로 추진되고 있다.

이 책을 탈고할 시점인 2014년 1월 현재 시리아 화학무기는 험난한 육상 수송 작전을 통해 아타키아 항구로 집결, 화학무기를 적재한 컨테이너들을 북유럽 국가가 제공한 선박에 선적한다. 그런 연후, 이태리 남부 항구로 이동시킨 뒤 대기 중인 미국의 특수 제작 바지선에 화학무기를 옮겨 실고 공해상으로 나가 선상에서(*on ship*) 폐기하는, 기술적으로 매우 복잡하고 전례가 없는 작전이 시행된다.

한국 윤병세 외교장관은 "'화학무기 지니'(*chemical genie*)가 다시는 램프 속에서 나오는 일이 없어야 한다"고 언급한 바 있다. 북한 화학무기가 사용되는 일이 있어서는 안 된다는 말이다. 전적으로 맞는 말이다. 북한 화학무기 직접 당사자인 한국으로서는 시리아 화학무기 폐기

과정의 정치적 역학관계 그리고 기술적인 창의성에서 연구할 바가 많다고 생각한다.

21세기 국제사회와 유엔의 미래를 위한 비전 제시

반기문 총장은 1기 임기 5년(2007~2011) 간 주요 연설문 100개를 엄선한 연설문집 《*Building a Better Future for All*》(모두를 위한 더 나은 미래를 건설하며) 을 2013년 2월 유엔 출판물로 발간했다. 이 연설문집은 국제평화와 안전, 인권, 개발 등 반 총장 첫 임기 5년간 유엔이 다룬 주요 어젠다와 관련된 주요 연설문들을 망라한 만큼 유엔에 대해 관심 있는 일반인들에게 좋은 안내서가 될 수 있다고 본다. 또한 유엔 시스템 내에서 최고로 솜씨 좋은 연설문 작성팀이 초안을 만들고 감수한 내용이기 때문에 훌륭한 영어 교재로서도 손색이 없을 것이다.

여기서는 2기 임기를 시작하면서 변환기 국제사회가 직면한 도전에 대해서 반기문 총장이 행한 주요 연설, 그리고 2012년 한국 방문 시 국회 연설 그리고 서울평화상 수상 시 한반도 및 동북아가 처한 문제들에 대한 반기문 총장의 비전에 대해서 소개하고자 한다.

사무총장 임기 2기 기조연설

2011년 9월 반기문 총장의 제66차 유엔 총회 기조연설은 연임 확정 이후 첫 번째 유엔 총회 기조연설로서 2012년 이후 임기 5년에 대한 청사진을 제시하는 중요한 의미를 가진다.

기조연설에서 반 총장은 유엔헌장에 맨 처음 등장하는 유엔 헌장의 기본 이념이라 할 수 있는 '우리, 인류', 즉 민본주의를 제시하면서 국제사회가 당면한 과제와 해결 방안에 대한 자신의 견해를 제시하였다. 여기서 반 총장은 다음 5개 분야를 절대과제(*five imperatives*)라고 하면서, 이 과제의 달성 여부가 향후 지구의 미래를 판가름할 수 있는 '세대적 기회'(*generational opportunities*)라고 하였다.

① 지속가능한 발전

1945년 유엔이 창설된 이후 지구의 인구는 3배나 증가하였다. 한정된 재원 속에서 물, 에너지, 식량 부족, 기후변화, 보건, 여성의 지위 향상 문제를 다루는 것은 곧 인류의 생존과 직결된 문제였다. 이런 의미에서 반기문 총장은 2012년 6월 브라질에서 개최되는 유엔 지속가능발전 정상회의가 성공을 거두어야 한다는 점을 역설하면서, '지속가능한 발전'이 가장 중요한 최우선 과제(*first and greatest*)라고 하였다.

반 총장은 지속가능 발전을 위한 단초로서 기후변화 대응을 위한 국제사회의 노력을 제시하면서, 법적 구속력 있는 기후변화 협약 체결의 중요성을 재차 강조하였다. 또한 에너지 부족 문제에 대응하기 위한 새로운 이니셔티브인 '모든 사람을 위한 지속가능한 에너지'를 발족했다.

에너지 관련 반 총장의 이니셔티브는 별도 항목에서 다루고자 한다.

② 예방 외교

반기문 총장은 유엔 평화유지군 유지를 위한 예산이 80억 달러에 달했음을 지적하면서 분쟁발생 가능지역에 대한 시의적절한 예방 외교의 중요성을 역설하였다. 유엔과 지역 안보기구를 통한 중재 활동, 법의 지배를 위한 조직과 문화 정착, 인권보호를 위한 보호책임, 대규모 자연재해에 대한 재난대응 능력강화, 그리고 개발을 통한 빈곤해소 및 빈부격차 완화 등 선제적인 예방 노력에 더 많은 재원이 투자되어야 한다고 강조하였다.

③ 보다 안정되고 안전한 세계 건설

반기문 총장은 중동, 아프간, 이라크, 수단 등 세계 주요 분쟁지역에서의 유엔의 활동을 설명하면서 유엔 헌장에 명시된 유엔의 가장 주된 책무를 위한 국제사회의 단합된 노력이 중요하다고 역설하였다. 또한, 갈수록 늘어가는 대규모 자연재해에 맞서기 위한 유엔의 긴급 구호 제공 기능을 강화할 필요성과, 핵무기 없는 세상 구현을 위한 군축·비확산 노력의 중요성도 강조하였다.

④ 전환기에 있는 국가 지원

반기문 총장은 2011년 벽두부터 전 세계의 이목을 집중시킨 북아프리카·중동 등 아랍권에서의 자유·민주주의를 향한 시민봉기, 즉 아랍의 봄을 언급하면서 국제사회가 이를 통해 교훈을 얻어야 한다고 역설하였다. 한편, 아프리카 등지에서 선거를 통해 독재 및 권위주의 정권을 무너뜨리고 민주주의를 향해 나아가는 전환기 국가들에 대해 선거 시행 및 헌법 제정 등 법의 지배가 확립되는 과정에서 유엔의 지원 확대도 필요하다고 하였다.

⑤ 여성과 젊은이들의 중요성

반기문 총장은 앞서 제시한 목표들을 달성하기 위해서는 여성의 능력 개발과 참여를 확보하는 것이 필수적이라고 역설하면서 2011년 초 발족한 유엔 여성기구(UN Women) 활동에 대한 기대를 표명하였다. 또한 젊은 세대들을 잠재력을 가진 미래의 주인공으로만 볼 것이 아니라, 이미 이들은 정치·사회 변혁의 주인공으로서 활동하고 있다고 하면서 전 세계 젊은 세대들을 위한 직업 창출과 실업 해소의 중요성을 강조하였다.

반기문 총장은 상기 5개 분야 핵심 어젠다를 가능하게 하기 위한 촉매제(*enabler*)를 두 가지 제시하였다. 그 한 가지는 '파트너십 증진'이다. 반 총장은 다중적 위기를 헤쳐 나가기 위해서는 정부만의 힘으로는 불가능하며 지방 정부, 기업, 시민단체, 종교, 언론, 학계, 청소년 등 모든 행위주체들의 적극적인 이해와 동참을 확보하는 것이 중요하다고 역설하였다.

다른 한 가지 촉매제는 '유엔 개혁'이다. 사실 반기문 총장처럼 취임 초기부터 유엔 시스템 전반에 걸친 광범위하고 지속적인 개혁을 추진한 사무총장도 없다. 특히 반 총장은 2008년 하반기부터 국제사회를 강타한 금융·경제 위기가 장기화되면서, 유엔도 이러한 재정적 압박 속에서 허리띠를 졸라매고 기존의 활동을 예산 절감 방식을 통해 수행해야 한다고 지속적으로 강조하였다.

실제로 유엔의 예산은 금융·경제위기로 인한 여파로 심각한 압박을 받아, 2012~2013년 유엔 사무국 예산이 5% 삭감되기에 이른다. 이러한 사무국 예산 삭감은 유엔 역사상 두 번째였다. 반 총장은 사무국 직원들의 이해를 적극적으로 구하면서 '더 적은 예산을 가지고 더 잘하자'(*Do Better With Less.*) 라는 기치하에 비서실 예산을 포함하여 전 부서에 경비 절감을 위한 적극적인 노력을 독려하였다.

한편, 반 총장은 2기 임기 들어 유엔 개혁을 보다 강력히 추진하기 위하여 2011년 신설된 사무국 혁신팀(*Change Implementation Team*)의 책임자로 김원수 유엔 사무총장 비서실 차장 겸 특별보좌관을 임명했다. 김 특보는 반 총장의 가장 큰 신임을 얻고 있으면서 유엔 개혁에 관한 사무총장의 의중을 누구보다 정확히 이해하고 있는 측근이었다. 김원수 특보는 탁월한 전략과 강력한 업무 추진력을 바탕으로 유엔개혁의 소임을 잘 수행하였다.

대전환기와 리더십

반기문 총장은 2012년 5월 7일 워싱턴 소재 저명한 싱크탱크인 대서양위원회(Atlantic Council)에서 수여하는 '탁월한 국제 지도자상'(Distinguished International Leadership Award)을 수상했다. 대서양위원회에서는 매년 국제적 리더십 분야 및 인도 지원, 안보, 문화·예술, 경제 분야에 있어 탁월한 리더십을 발휘한 지도급 인사를 선정하여 수상하고 있다. 대서양위원회에서는 반 총장이 지난 5년 간 유엔 사무총장으로서 기후변화, 인권, 아랍의 봄 등 다양한 국제적 도전을 다루는 데 있어 탁월한 리더십을 보여준 것을 긍정적으로 평가하면서 2012년 수상자로 선정하였다.

반 총장은 시리아 유혈 사태가 15개월째로 접어드는 상황에서 중동지역의 계속되는 긴장, 남・북 수단 간 갈등, 아프리카 지역에서 연이어 발생한 정변 및 기근 사태 그리고 그리스 국가부채로 인한 유로존 위기 등 쉴 새 없이 터지는 국제적 규모의 위기가 계속되는 상황을 '문제의 과잉공급과 해결방안 부재'(*Over-supply of problems and a deficit of solutions*)로 정의하면서 국제사회의 리더십 부재에 대한 깊은 우려를 표명하였다.

반기문 총장은 이러한 국제사회 리더십 부재의 배경으로 냉전 종식 후 미국 및 미국의 전통적 우방국들 위주로 진행된 국제사회의 질서가 변화하고 있는 점에 주목하였다. 기존 미국의 절대적 힘에 의해 좌우되던 국제사회 힘의 구조가 재편되는 과정에서 어떤 새로운 질서가 만들어질지는 아무도 확언할 수 없는 '깊은 불확실성의 시대'(*Times of deep uncertainty*)라는 점을 강조하면서, 이러한 대전환의 시대에 필요한 리더십에 대한 소견을 제시하였다.

또한 "오늘날의 깊은 불확실성의 시대에는 범세계적 가치를 존중하고 공공재(*global common goods*) 증진을 위해 국가 간 화합을 이끌어 낼 수 있는 리더십이 필요하다"고 하면서 그 해답으로 유엔을 통한 적극적인 문제해결 노력을 제시하였다. 반 총장은 한국을 예로 들면서 "한국전쟁이라는 암울한 시기에 유엔은 희망의 횃불이었다"고 회고했다. 이는 유엔이라는 장을 통해서 범세계적 가치에 대한 신념을 공유하는 국가들이 책임과 희생을 분담한 구체적인 사례라고 하면서, 2011년 코트디부아르 사태 해결 및 리비아 사태 해결과정에서 유엔의 중심적 역할을 부각시켰다.

대서양위원회 수상이 있기 열흘 전 시에라리온 전범 재판소의 찰스 테일러(Charles Taylor)에 대한 유죄 확정도 예로 들었다. "자유와 인권에 대한 국민의 열망을 외면하는 지도자는 미래가 없다"고 하면서, 시리아 사태에 대한 자신의 확고한 신념을 거듭 강조하였다. 또한 이를 통해 민본주의에 입각한 유엔헌장의 정신과 함께 사람을 항상 최우선적으로 고려하는 리더십을 강조하였다.

한반도와 동북아

①한국 국회 연설

반기문 총장은 유엔 사무총장에 취임한 이후 처음으로 2012년 10월 30일 한국 국회 본회의에서 '유엔과 한국: 다함께 이루는 인류의 꿈'이라는 주제로 연설을 하였다. 사실 유엔 사무총장이 회원국 의회에서 연설하는 것은 자연스러운 일이며, 회원국 방문 시 그러한 요청을 자주 받는다. 그런데 반기문 총장은 2012년 여름까지 7차례나 유엔 사무총장 자격으로 한국을 방문했음에도 불구하고 정작 출신국 국회에서 연설할 기회가 없었다.

2012년 여름 여수 세계박람회 폐막식 참석차 한국을 방문했을 때 면담한 제19대 상반기 국회의장인 강창희 의장이 다음 번 방문 시에는 꼭

2012년 10월 30일 대한민국 국회연설 중.(사진제공: UN)

국회에서 연설을 해달라고 요청하여 이루어진 것이다. 반기문 총장은 고국 방문 계기에 취임 이후 처음으로 국회 본회의에서 연설하게 된 것을 매우 소중한 기회로 여기면서 연설문의 큰 방향을 직접 구상하는 등 수차례에 걸친 독회를 거쳐 연설문 원고를 완성하였다. 반기문 총장을 수행하며 옆에서 지켜본 바에 따르면 아마 유엔 사무총장 취임 이래 가장 공을 많이 들인 연설문 중 하나가 아닐까 생각한다.

또 한 가지 특이한 점은 강창희 국회의장이 인사말에서 언급한 대로 유엔 사무총장이 회원국 의회에서 연설할 때 당연히 영어 등 유엔 공용어로 해야 마땅할 것이나 국회 측 요청에 따라 특별히 한국어로 연설하였다. 한국인 출신 유엔 사무총장이 한국 국회에서 한국어로 한 연설로써 역사에 남을 사료가 될 것이라고 생각하며, 이런 점에서 반기문 총장의 연설문 전문을 여기에 담아본다. 당시 국내 유력 일간지 논설위원은 "반기문 총장의 국회 연설 내용이 리더십과 비전을 담은 '때림의 철학'이 실린 힘 있는 연설이었다"고 높이 평가하기도 하였다.

존경하는 국민 여러분,

존경하는 강창희 국회의장님과 국회의원 여러분,

그리고 주한 외교단과 내외귀빈 여러분,

저는 오늘 유엔 사무총장으로서 처음으로 대한민국 국회에서 말씀드릴 기회를 갖게 된 것을 무한한 영광으로 생각합니다. 한국과 유엔의 길고 특별한 인연을 생각할 때, 저의 두 번째 임기를 시작하면서 대한민국 민의의 전당인 이 자리에 서게 되어 더욱 감회가 깊습니다.

한국의 눈부신 발전은 유엔과 함께 이루어왔다고 해도 과언이 아닐 것입니다. 한국과 유엔의 특별한 관계는 1948년에 시작되었습니다. 한국 최초의 총선에 유엔이 사상 처음으로 선거감시단을 파견하였습니다. 2년 뒤 한국전 발발로 유엔이 한국을 수호하기 위해 오면서 한국민에게 더욱 소중한 희망의 등대가 되었습니다. 유엔의 도움으로 한국은 전쟁의 참상을 극복하고 짧은 기간 동안 놀라운 경제발전과 성숙한 민주주의를 이루어냈습니다. 오늘 한국은 유엔이 추구하는 이상과 목표를 잘 대변하는 모범 사례입니다.

저는 세계 각국을 다닐 때마다 한국의 민주화와 경제개발 경험을 소개하고 있습니다. 세계 지도자들의 한국배우기 열풍이 얼마나 큰지 저 자신도 놀랄 때가 많습니다. 이제 한국은 문화, 스포츠, 예술에 이르기까지 다양한 분야에서 커다란 성공을 거두고 있습니다. 최근의 '강남스타일' 열풍이 보여주듯이 한류, K-pop을 통하여 한국은 세계 문화의 새로운 흐름을 주도하고 있습니다. 런던올림픽에서 보여준 한국의 저력에도 세계 스포츠계가 놀랐습니다. 이처럼 젊고 창의적이며 역동적인 한국은 지구촌의 새로운 희망으로 떠오르고 있습니다.

존경하는 국회의장님과 국회의원 여러분,

저는 오늘 이 자리에서 인류가 꿈꾸는 보다 안전하고 번영하는 세계의 미래를 향해서 한국과 유엔이 어떻게 함께 나아갈 수 있을지에 대해 말씀드리고자 합니다. 유엔 사무총장으로서 저는 국민의 뜻과 열망을 대변하는 국회의 중요성을 누구보다 잘 인식하고 있기 때문입니다. 그러기에 세계 어디를 방문해도 그 나라의 의회 지도자들과 대화를 가지고 있습니다. 의회는 '국민을 가장 우선적으로 섬기는'(*Put people first*) 국가기관이며, 이러한 의회의 역할은 유엔 헌장의 정신(*We, the peoples*)과 일맥상통하기 때문입니다.

존경하는 국회의원과 내외귀빈 여러분,

지금은 불확실성과 격변의 시대입니다. 전 세계 도처에서 불안정(*insecurity*)과 불평등(*inequality*), 부정의(*injustice*)와 불관용(*intolerance*)이 증가하고 있습니다. 이러한 문제는 어느 한 국가 또는 어느 한 조직의 노력만으로는 대처가 불가능합니다. 이러한 전 지구적 도전은 보다 효율적인 전 지구적 개입과 리더십을 요구하고 있습니다. 특히 유엔은 다자주의를 새롭게 강화하는 데 더 큰 역할을 할 것을 요청받고 있습니다. 유엔은 가장 보편적인 범세계적 기구로서, 인류의 공동가치를 실현하기 위해 전 세계 도처에 가장 광범위한 조직을 유지하고 있습니다. 그러나 세계 경제위기로 인해 유엔의 재정형편은 어려워지고 있습니다. 또한 상황의 악화로 세계의 취약 계층을 도와야 하는 유엔의 활동수요는 증대되고 있습니다. 세계의 평화안보, 개발, 사회분야에서 늘어나는 수요를 다룰 수 있는 방안을 찾아야만 하는 상황입니다.

세계가 한국을 도와주었을 때, 외국의 많은 사람들이 "우리도 경제가 어렵고 국내에 많은 문제가 있는데 왜 멀리 있는 그들을 도와주어야 하느냐"는 의문을 제기했었던 사실을 잊으면 안 됩니다. 그러한 의문에도 불구하고 그들은 올바른 일이라는 확신을 가지고 한국이 도움을 필요로 할 때 도와주었던 것입니다.

금년 초에 저는 이러한 세계적 연대의 중요성을 염두에 두고 향후 5년간 중점을 둘 우선순위 과제를 제시하였습니다. 이와 함께 유엔의 전면적인 개혁, 그리고 민간부문과의 파트너십 확대를 통해 '보다 작은 재원으로 보다 큰 성과를 거두기 위한'(*do more with less*) 노력을 회원국들과 협력하여 펼쳐나가고 있습니다.

저는 유엔이 보다 투명하고 효과적이면서 책임성 있는 조직이 될 수 있도록 노력하고 있습니다. 이에는 국제사회가 유엔과 더불어 세계적 '선정'(*good governance*)을 펼쳐가겠다는 의지가 뒷받침되어야 합니다.

분쟁에 효과적으로 대처하기 위한 예방과 즉시대응의 강화, 그리고 자연재해의 피해를 줄이기 위한 준비태세 제고에도 힘을 기울이고 있습니다.

불안한 국제 안보환경 속에서 대량살상무기와 재래식 무기의 감축, 비확산 노력도 배가해야 합니다. 핵 안전을 제고하고 핵 테러리즘을 차단하는 데에도 만전을 기해야 합니다.

내외귀빈 여러분,

지금 이 순간에도 우리 모두의 가슴을 무겁게 누르고 있는 국제적 현안들이 있습니다. '아랍의 봄'은 튀니지, 이집트, 예멘, 리비아, 그리고 시리아에 이르기까지 거스를 수 없는 역사의 흐름이 되고 있습니다. 민심은 천심입니다. 각국의 지도자들이 국민의 여망에 귀 기울이지 않을 때 어떤 결과가 오는지를 잘 보여주고 있습니다.

국민의 힘으로 어렵게 이룬 과거 한국의 민주화 경험에서 배울 교훈이 많습니다. 저는 과도기를 겪는 지도자들이 편협한 이익을 넘어서서 국민의 열망에 조속히 호응하여 역사의 대세에 따를 것을 촉구하고 있습니다.

시리아에서는 지금 이 순간에도 무고한 시민의 비극적 희생이 매일 계속되고 있습니다. 저는 최근 이루어진 휴전이 양측에 의해 무시되고 위반된 데 대해 경악하고 있습니다. 휴전이 지켜지지 않은 채 이슬람 사회에서 가장 중요한 휴일 동안 450명 이상의 희생자가 발생하였습니다. 시리아 지도자와 반정부 단체들은 물론 모든 인류에게 이는 결코 용납될 수 없는 일입니다. 시리아 사태 해결을 위한 정치적 해법에 어떠한 이견이 있더라도 인명 살상이 반드시 중단되어야 한다는 데 대해서는 이견이 있을 수 없습니다. 시리아 국민들은 자국이 보다 민주적인 사회로 전환되고 변화하기를 갈구하고 있습니다. 폭력은 이러한 변화를 촉진하거나 중단시키는 방법이 될 수 없습니다. 군사적 해법은 없습니다. 저는 대화와 중재 대신 무기에 의존하는 양측 모두를 규탄합니다. 시리아 국민들은 이미 너무나 많은 고통을 겪고 있습니다. 시리아에서 진행되는 유혈사태를 즉시 중단시켜야 할 책임이 우리 모두에게 있으며, 그 책임은 시리아 정부와 무장 반군단체로부터 시작되어야만 합니다. 이러한 상황은 도저히 용납될 수 없습니다. 시리아 지도자들이 즉각적으로 폭력을 중지하고 대화를 통해 문제 해결에 나설 것을 저는 다시 한 번 촉구합니다. 국제사회 전체가 합심해서 해결 방안을 찾아내야 합니다. 국제평화와 안전을 책임지는 유엔 안전보장이사국들이 단합된 목소리를 내는 것이 무엇보다 중요합니다.

유엔은 지난 5년간 '국민보호 책임'(*Responsibility to Protect*) 원칙을 국가주권의 불가분의 책임으로 발전시켜왔습니다. 국민보호 책임은 국가가 자국민들에게 심각한 국제범죄, 즉 대량살상, 인종청소, 전쟁범죄 또는 반인도적 범죄를 저지르는 것이 비도덕적이며 용납될 수 없다는 세계적 확신을 대변하고 있습니다. 이제 이러한 중대한 범죄를 저지른 인사는 결국 책임을 면할 수 없으며, 국제적 범죄는 더 이상 면책이 되지 않는다는 것이 더욱 분명해지고 있습니다. 작년에 국민보호 책임원칙이 시험을 받았으나 확고히 견지되었습니다. 완벽한 결과는 아니었지만 민주주의가 코트디부아르에서 복구되었으며, 독재에 대한 민중봉기가 일어났던 리비아에서 많은 생명을 구하였습니다. 최근 20년간 유고, 르완다, 캄보디아, 레바논, 시에라리온에서 특별법원이 세워졌습니다. 그리고 상설 국제형사재판소가 설립되었습니다. 이는 국제 형사 정의 실현에 중요한 제도적 진전입니다. 여기에서도 다수의 한국인 판사들이 크게 기여하고 있습니다. 아랍의 봄에서 시작된 변혁의 바람은 계속될 것입니다. 이 바람은 그 누구도 막지 못할 것입니다. 앞으로도 저는 시리아뿐만 아니라 다른 국가들의 지도자들에 대해서도 국민의 뜻에 부합하는 조치들을 취해야 할 것임을 지속적으로 촉구해나가겠습니다.

존경하는 국민 여러분, 국회의원과 내외귀빈 여러분,

국제사회는 유엔을 중심으로 지속 가능한 개발, 분쟁예방과 대처, 그리고 인권과 민주주의의 확립 등 3가지의 큰 과제를 추진해오고 있습니다.

한국은 이 모두에서 성공한 세계에서 유례를 찾기 어려운 모범사례입니다. 따라서 한국은 국제사회의 역량을 결집시키는 촉매 역할(*catalyst*)을 능히 감당할 수 있습니다. 한국은 한 세대 만에 저개발국에서 선진국으로 진입하고, G20 정상회의를 성공적으로 개최하였습니다. 한국의 개발경험 전수에 대한 국제사회의 기대는 실로 큽니다. 과거 '수혜자'이었던 한국이 이제 '기여자'로서 많은 일들을 해오고 있는 데 대하여 경의와 감사의 뜻을 표합니다. 아울러 이 자리를 빌려 다음 5가지 사항에 대해 특별한 당부의 말씀을 드리고자 합니다.

첫째, 한국은 대외개발원조(ODA)의 확대를 공약했습니다. 이 공약을 충실히 이행해주시기 바랍니다. 이는 과거의 도움에 대해 보답하고 한국이 존경 받는 국제사회의 일원으로 인식되는 첩경입니다. 하지만 그것보다 더 큰 의미가 있습니다. 아프리카는 한국의 중요한 개발원조 대상 중 하나입니다. 또한 아프리카는 자원의 보고이자 경제적으로 가장 빨리 성장하고 있는 지역이기도 합니다. 개도국에 대한 지원은 온정적 기부(*charity*)

를 훨씬 넘어서는 것입니다. 미래에 대한 투자(*investment*)인 것입니다.

대외개발 원조의 질적 효과성을 개선하는 선진체제도 갖추어야 합니다. 이런 점에서 한국 정부가 지난 8월에 민관이 함께 하는 개발협력연대를 출범시킨 것을 매우 바람직하게 생각합니다. 어려운 국내외 경제 환경 속에서도 대외개발 원조를 2015년까지 국민 총소득의 0.25%로 증액하겠다는 한국의 방침을 높이 평가합니다. 한국이 진정한 선진 강국으로 발돋움하기 위해서는 이에 그치지 말고 국제적 목표인 0.7%를 향해 계속 나아가야 한다고 생각합니다. 국제사회에 명확한 목표를 제시하고 이를 달성하기 위한 노력을 계속해주시기를 당부 드립니다. 아울러 이러한 목표를 향해 나아가는 데 국회의 선도적인 역할을 희망합니다.

둘째, 새천년개발목표(*Millennium Development Goals*: MDG)를 달성하기 위해 2015년까지 남은 3년간 한국의 적극적인 협력과 지원을 기대합니다. 유엔 천년개발목표 목표 년도인 2015년은 종착역이 아닌 새로운 출발점입니다. 2015년 이후의 개발 의제와 지속 가능 개발목표(*sustainable development goals*)를 확립하는 과정에서 한국이 적극적으로 동참해줄 것을 아울러 기대합니다. 이러한 노력에는 많은 협력이 필요합니다. 국회 UN-MDG 포럼이 큰 역할을 해주실 것으로 믿습니다. 새롭게 선출된 제19대 국회가 제1호 안건으로 빈곤 퇴치 기여금 연장법안을 통과시킨 것은 국회의 세계적 지도력을 확인한 중요한 사례입니다.

셋째, 유엔은 지속가능한 개발을 위한 여러 가지의 특별사업을 추진하고 있습니다. 우선 '영양 증진'(SUN: *Scaling Up Nutrition*)과 '기아 종식'(*Zero Hunger Challenge*) 사업입니다. 이 사업들은 영양실조와 기아문제를 다루는 방식을 혁명적으로 변화시키기 위한 것입니다. 저는 한국이 기아를 종식시킴으로써 다른 국가들이 따를 모범을 보인 것을 자랑스럽게 생각합니다. 작년 부산 개발원조 총회의 주최국으로서 한국은 모든 사람들의 식량권(*right to food*) 향유와 모든 식량체계의 지속 가능한 공급목표에 대외개발 원조가 부합되도록 노력해야 합니다.

모자 보건은 새천년개발목표(MDG) 달성의 중심적 사안입니다. '모든 여성과 모든 아동'(*Every Woman, Every Child*) 사업은 2015년까지 1,600만 명의 생명을 구하기 위해 260여 민관 협력파트너들이 참여하고 있습니다. 한국은 2015년까지 전국민 의료보험(*Universal Health Coverage*) 공약을 이행하고 의료보험 제공을 위한 통합적 접근법을 취함으로써 이 목표의 달성에 기여할 수 있습니다.

또한 우리는 '교육우선'(*education first*) 사업도 출범시켰습니다. 저는 세계 각국을 방문할 때마다 한국의 교육투자가 어떻게 성공에 기여했는지를 설명합니다. 한국이 어려웠던 시절, 유엔의 도움으로 교과서를 받아서 공부한 경험에 대해서도 말해주고 있습니다. 한국의 성공사례에서 세계 많은 나라가 큰 교훈을 얻고 있습니다. '교육우선' 사업은 모든 아동들에게 학교의 문을 열고, 학습의 질을 개선함으로써 세계시민을 양성하는 것을 도와주게 될 것입니다. 한국이 이 분야에서 적극적인 역할을 할 것을 기대합니다.

우리는 '모든 사람을 위한 지속가능 에너지' 협력을 강화하고 있습니다. 이 사업은 2030년까지 3가지의 보완적인 목표를 추구하고 있습니다. 첫째, 현대적인 에너지 서비스에 대한 보편적 접근 보장, 둘째, 에너지 효율성을 두 배로 개선, 셋째, 세계적 에너지원에서 재생 에너지의 비율을 두 배로 증대하자는 것입니다. 한국정부는 이 분야에서 강한 지도력과 의지를 보여주었습니다. 저는 지난 세기에 한국에서 이루어졌던 에너지 변혁을 직접 지켜보고 그 혜택을 누렸습니다. 한국이 유엔과 함께 세계 에너지 분야의 변혁을 주도하기를 바랍니다.

내외 귀빈 여러분,

특히 기후변화는 명확하며 현존하는 위험입니다. 2015년까지 구속력 있는 온실가스 감축합의를 달성해야 하는 의무를 이행하는 정치적 의지를 결집해나가야 합니다. 우리 세대는 다음 세대들로부터 이 지구(*planet*)를 빌려 쓰고 있다는 엄중한 사실을 잊지 말아야 합니다. 우리 세대는 다음 세대들이 극심한 기상이변의 공포 없이 살 수 있도록 지구를 잘 보존해야 하겠습니다. 한국이 주도하고 있는 녹색성장은 기후변화와 경제성장이라는 두 마리 토끼를 잡을 수 있는 미래지향적 전략입니다. 한국은 스스로 설정한 국가적인 온실가스 감축목표를 달성하고, 이를 통해 세계적 감축을 선도하는 역할까지 해낼 수 있을 것입니다. 이런 점에서 지난주 서울에서 세계 녹색성장연구소(GGGI)의 국제기구 출범식이 개최된 것과 녹색기후기금(*Green Climate Fund*) 이사회가 사무국 소재지로 한국을 선정한 것을 매우 뜻 깊게 생각하며 축하합니다. 이는 한국에 대한 국제사회의 기대를 반영합니다. 선발개도국으로서의 경험을 바탕으로 하여 기후변화에 대한 선진국들과의 협력을 잘 이끌어낼 것이라는 기대가 반영된 것입니다. 앞으로 세계적인 기후변화 합의를 이끌어내고 이행 기금을 확보하는 데 한국정부와 국민의 적극적 역할과 협력을 희망합니다.

넷째, 자유민주주의를 지키고 평화, 번영을 추구해온 한국의 경험은 국제평화유지 기여에 소중한 자산입니다. 한국은 1991년 유엔 가입 이래 재정적 기여와 함께 평화유지 활동에 꾸준히 참여해 왔습니다. 모범적인 기강과 진정 어린 대민 봉사활동으로 한국부대는 주어진 임무를 완수하고, 지역주민들과의 교량 역할도 훌륭히 수행하고 있습니다. 한국이 레바논과 아이티에 이어 최근 남부 수단에 평화유지군 파견을 결정해주신 데 대해서 유엔을 대표하여 감사드립니다. 앞으로 더 많은 평화유지군과 더불어 경찰 인력, 특히 여성 경찰관 파견도 적극 추진해주시기를 희망합니다. 한국이 2010년 'PKO법'을 제정하고 상비부대를 창설한 것을 평가하며, 앞으로 평화유지활동을 위한 협력들이 더욱 강화되어 나가기를 기대합니다.

지난 18일 한국은 유엔 안보리 이사국에 선출되었습니다. 1996년에 이어 두 번째로 이사국으로 활동하게 된 것을 축하합니다. 이는 그간 한국의 유엔 기여에 대한 회원국들의 평가이자, 앞으로 국제 평화와 개발에 더 큰 기여를 바라는 희망을 반영한 결과입니다. 국제평화 기여국 이미지를 확고히 함으로써 한국의 국격 제고에 좋은 기회가 될 것으로 믿습니다. 한국이 보다 효과적인 분쟁예방 장치의 마련, 그리고 보편적 인권과 가치의 증진에 기여할 수 있을 것입니다. 저는 사무총장으로서 인권, 부패 등 문제를 안고 있는 국가의 지도자들과 대화할 때가 많습니다. 저는 이들에게 한국의 경험에 바탕하여 솔직한 충고를 해줍니다. 지도자들이 처음에는 듣기 거북해 하지만 한국의 경험을 듣고 변화의 가능성에 마음을 여는 것을 보아 왔습니다. 이런 점이 한국이 갖고 있는 연성 국력(*soft power*)의 중요한 원천이라고 생각합니다.

다섯째, 한국이 여성과 젊은 세대의 권익신장에 더욱 힘써 주시기를 기대합니다. 한국은 급속한 고령화 추세에 있지만, 세계 인구는 개발도상국에서 늘어나면서 지금 인류의 반 이상이 25세 이하입니다. 젊은 세대들에게 행복한 삶을 위한 일자리가 필요합니다. 이 문제는 전 세계적인 도전이며, 기회균등과 인간의 존엄성을 확보하기 위해서도 시급히 대처해야 합니다. 저는 회원국 지도자들을 만날 때마다 고위직에 여성을 더 많이 배려해 줄 것을 강조하고 있습니다. 취임 직후부터, 유엔 고위직에 여성의 진출을 획기적으로 늘리기 위해서도 최선을 다해 왔습니다. 그 결과 지금은 최고위직인 사무차장급의 여성 비율이 이전보다 60% 이상 증가되었습니다. 또한 해외주둔 병력을 지휘하는 사무총장 특별대표의 문호도 여성들에게 대폭 열고 있습니다.

아울러 한국이 소수자 인권보호에도 지속적인 관심을 가져주실 것을 당부합니다. 장애인과 외국인 근로자의 권익, 난민 보호와 늘어나는 다문화 가정에 대하여 보다 적극적인 사회적 배려가 필요합니다. 최근 한국정부가 HIV 양성자에 대한 여행 제한을 철폐한 것은 매우 고무적인 조치로서 환영합니다. 북한에서 자유를 찾아 이주한 주민들의 한국 정착과 사회동화를 촉진하는 지원이 체계적으로 이루어지고 있는 것을 평가하며, 더욱 진전되어 나가기를 기대합니다. 또한 관련국들은 이들을 보편적 인권과 인도적 고려에 입각하여 도와주시기를 희망합니다.

존경하는 국민 여러분, 국회의원과 내외귀빈여러분.

한국 국민의 한 사람으로서 한반도 상황이 보다 안정되고 통일을 향해 나아가기를 바라는 저의 열망은 누구보다 큽니다. 북한의 새로운 지도부가 한반도 비핵화에 대한 국제사회의 요구에 조속히 부응하고 주민생활 개선에 앞장섬으로써 책임 있는 국제사회의 일원이 되기를 희망합니다. 이와 관련하여, 지난 4월 15일 김정은 국방위 제1위원장이 행한 첫 공개연설에서 "나라의 통일을 원하고 민족의 평화와 번영을 바라는 사람과 손잡고 나갈 것이며 인내심 있는 노력을 기울일 것이다"라고 언급한 데 주목하고 있습니다. 유엔 국별 인권심사의 권고가 이행되어 인간의 보편적 존엄성이 확대되어야 합니다. 저는 남북이 궁극적 통일, 그리고 핵으로부터 자유롭고 평화로운 한반도를 향해 나가는 데 어떠한 노력도 아끼지 않을 것입니다. 유엔 사무총장으로서 한반도 평화 증진을 위해 필요한 모든 역할을 할 준비가 되어 있습니다. 여건이 갖춰지는 대로 북한 방문도 고려하고 있습니다. 유엔은 북한의 취약 주민을 돕는 인도적 지원을 계속해 오고 있습니다. 특히 북한 영유아들의 영양 결핍에 따른 발육부전은 심각한 문제입니다. 우리 민족의 미래를 위해서도 시급한 도움이 필요합니다. 유엔은 지원물품이 전용 없이 꼭 필요한 사람들에게 전달되도록 하는 최선의 제도적 장치를 갖추고 있습니다. 한국이 민족 전체의 이익을 보는 큰마음으로 이 문제를 다루고, 국회가 선도적 역할을 해주시기를 기대합니다. 저는 우리 민족의 미래를 내다보면서 한반도가 '도전의 땅'에서 진정한 '기회의 땅'으로 거듭나기를 소망합니다. 이에는 지역적 협력이 필수적입니다.

세계 중심축의 하나로 부상하고 있는 동북아는 역내교역과 교류가 획기적으로 증대되고 있습니다. 그러나 과거로부터의 갈등요인이 아직도 없어지지 않고 있습니다. 올바른 역사인식과 대화에 기초하여 미래를 내다보면서 갈등을 평화적으로 관리하고 다방면의 교류를 확대해나가는 양자 간 협력이 증진되어야 합니다. 이와 함께 역내 경제적 통합과 정치적 협력을 증진하는 노력도 병행되어야 합니다. 유럽, 아프리카, 남미대륙에서 활발히 진행되고 있는 역내 통합과 협력의 가속화 추세에서 교훈을 얻을 수 있습니다. 이 과정에서 다자주의가 긴요하며, 한국이 교량 역할을 할 수 있습니다. 이를 통해 한국이 새로운 동아시아의 질서 형성과정을 주도할 수 있기를 아울러 소망합니다.

내외귀빈 여러분,

저는 유엔 사무총장으로서 세계 곳곳을 방문하면서 수많은 한국의 젊은이들이 봉사하는 모습을 보아왔습니다. 험지와 분쟁지역을 마다하지 않고 인류애를 실천하는 한국인들을 만날 때마다 가슴 뿌듯했습니다. 그러나 얼마 전에 스리랑카에서 순직한 젊은 봉사단원들을 생각하면 너무도 가슴이 아픕니다. 이 분들의 진정한 봉사정신은 지구촌의 많은 사람들에게 귀감이 되고, 오래도록 기억될 것으로 믿습니다.

저는 이들 봉사자들을 통해 한국의 밝은 미래를 봅니다. 한국의 봉사단원들의 규모는 국력을 감안할 때 세계 최고 수준입니다. 한국인들의 순수한 열정과 따뜻한 봉사정신은 국제사회에 감동을 주고 있으며, 유엔 봉사단(UN Volunteers)에게도 좋은 모델이 되고 있습니다. 한국의 젊은이들이 세계를 향해 꿈을 더욱 키워나가고, '세계 속의 한국', '한국 속의 세계'를 실현하는 세계시민(*global citizen*)으로 성장할 것으로 확신합니다.

존경하는 국민 여러분,

존경하는 국회의장님과 국회의원 여러분,

국무총리님과 국무위원 여러분,

그리고 주한 외교단과 내외귀빈 여러분,

우리가 꿈꾸는 이상적인 세계는 어느 누구도 혼자 이룰 수 없습니다. 저는 작년 두 번째 임기의 취임연설에서 '함께 하면 불가능한 것은 없다'(*Together, nothing is impossible*) 고 강조한 바 있습니다. 저는 늘 "빨리 가고 싶으면 혼자서 가라, 그러나 멀리 가고 싶으면 함께 가야 한다"는 금언을 마음에 새기고 있습니다.

저는 또한 6년 전 유엔 사무총장으로 취임하면서 한국적인 가치와 경험을 바탕으로 좋은 '성공이야기'(*success story*) 를 더 많이 만들어나가겠다고 다짐한 바 있습니다. 저는 조국 대한민국이 국제사회에서 보다 크게 기여하고, 보다 큰 존경을 얻어 선진강국으로 우뚝 서는 모습을 보고 싶습니다. 한국의 성공이야기에 새로운 장을 추가할 수 있는 '기회의 창'이 대한민국에 활짝 열려 있습니다. 우리는 절대로 잊지 말아야 합니다. 빈곤 종식, 민주주의 실현, 인권 신장, 평화 증진, 이 모든 것이 불가능한 꿈이 아님을 말입니다. 바로 이것이 한국의 이야기입니다 그리고 여러분들의 도움으로 우리는 이것을 세계의 이야기로 만들 수 있습니다.

유엔이 추구하는 꿈, '우리가 원하는 미래: 더 안전하고 더 살기 좋은 세상'을 만드는 여정에 대한민국이 유엔의 든든한 파트너가 되어줄 것으로 확신합니다.

유엔 사무총장 취임 이래 저를 한결같이 성원해주신 모든 국민 여러분께 이 자리를 빌려 다시 한 번 진심으로 감사드립니다. 어제는 제11회 서울평화상을 수상하였습니다. 권위 있는 서울평화상 수상은 개인적으로 큰 영광이며, 그간 유엔의 노력에 대한 평가라고 생각합니다. 인류복지와 세계평화 증진을 위해 변함없이 최선을 다하겠습니다.

저는 유엔 사무총장에 취임한 첫 날부터 솔선수범하며 일신우일신(日新又日新: 나날이 더욱 새로워짐) 하는 자세로 지내왔습니다. 앞으로도 여러분들의 성원과 국제사회의 기대에 부응토록 혼신의 열정(*passion and compassion*)으로 더욱 열심히 하겠습니다.

대한민국의 앞날에 무궁한 영광이 깃들고, 국민 여러분께 만복이 충만하시기를 빕니다. 경청해주셔서 감사합니다.

② 서울평화상 수상

반기문 총장은 2012년 서울평화상문화재단이 시상하는 제11회 서울평화상 수상자로 선정되었다. 한국인으로서는 최초로 서울평화상을 수상하는 인물이 된 것이다. 반기문 총장은 2012년 10월 29일 서울 신라호텔에서 거행된 시상식에서 평화와 안보를 주제로 수상 소감을 발표하였는데, 국제사회가 지속가능한 평화와 안보를 유지하기 위해서는 평화와 안보, 개발 그리고 인권 및 민주적 가치가 함께 이루어지는 포괄적인 평화(*peace in the fullest sense*)가 되어야 한다는 점을 역설하였다.

반 총장은 국제사회는 대변혁기에 있으며 지금 인류는 매우 중요한 기로에 서있다고 하고 국제사회에 불고 있는 경제적, 사회적, 정치적 변혁에 대해서 다음과 같이 설명하였다.

우선 디지털 혁명과 신흥 강국들의 등장에 따른 경제적 변혁과 관련, 최근 세계경제의 성장 동력은 주로 개발도상국가들로부터 창출되고 있다고 강조하였다. 2010년 한국이 G20 정상회의를 유치한 사실을 들면서, 과거 서양 주도에서 동양 주도로, 그리고 선진국 그룹인 북반구에서 개도국 그룹인 남반구로 중요한 변혁의 물결이 옮겨지고 있음을 지적하였다.

또한 국제사회가 지속가능한 개발을 추구하면서 겪고 있는 개발 분야의 커다란 변혁에 대해서 다루었다. 불평등 심화와 실업의 증가로 인한 사회적 문제가 심각하며 지구가 감당하기 어려울 정도로 환경이 훼손되고 있다는 경종을 울리면서, 또 다른 지구(*Planet B*)가 없듯이 또다른 대안(*Plan B*)이란 있을 수 없음을 강조하였다.

한편, 세계 각지에서 압제, 부패 그리고 잘못된 통치에 맞서 분연히 일어나는 각성과 함께 정치도 변화하고 있다고 하면서 지금 국제사회는 누구도 예상하지 못했던 빠른 속도로 국제범죄와 중대한 인권침해에 대한 '책임성의 시대'(*age of accountability*)를 이룩하였다고 하였다.

반기문 총장은 평화, 안보, 개발 그리고 인권은 상호 불가분의 관계에 있다고 하면서, 국제사회는 "이 모든 요소를 골고루 갖춘 그런 평화(*peace in the fullest sense*)를 추구해야만 한다"고 강조하며, 유엔의 관련 노력과 성취를 다음과 같이 설명하였다.

먼저 유엔 평화유지 활동에 대해 언급하였다. 유엔 평화유지 활동에 대한 수요가 갈수록 커지고 있음과 관련하여, 이는 분쟁이 끊임없이 발생하고 있다는 반증이기도 하지만, 유엔 평화유지군이 해당 국가의 미래를 밝히는 역할에 대한 신뢰의 표시이기도 하다고 하였다. 전후 재건 과정에 있는 취약한 국가를 지원하는 유엔의 '평화 건설'(*peace-building*) 노력도 강조하였다. 유엔은 이러한 국가들이 분쟁의 악순환에 회귀하는 일이 다시 생기지 않도록 중점 지원하고 있다.

또한 중재 및 예방외교뿐만 아니라 평화적 분쟁해결을 위한 여타 방안들에 대해서도 설명하였다. 유엔은 마약거래, 초국가적 범죄 그리고 테러리즘에도 더욱 주의를 기울이고 있다. 이들 범죄는 위험도를 서로 가중시키면서 심각한 안보위협을 가한다. 반 총장은 평화·안보 및 개발과의 관계를 강조하면서, 2015년 목표년도까지 불과 3년도 채 남지 않은 새천년개발목표 이행을 위한 노력이 필요하다고 강조하였다. 반 총장은 국제사회가 세상에서 가장 가난하고 가장 취약한 사람들과의 약속을 지켜야만 한다고 역설하였다.

한편 임산부 보건, 모든 신생아들이 건강한 삶을 시작하는 데 필요한 영양 공급, 지식경제 사회에서 성공적으로 능력을 발휘하도록 하는 교육, 장기적인 번영을 가능케 하는 에너지의 지속 공급, 하나밖에 없는 우리의 지구를 보호하기 위한 친환경 개발, '우리의 모든 희망에 중요한 열쇠를 쥐고 있는' 세계 여성과 젊은 세대의 권익 신장 등이 균형 있게 추진되어야 한다는 점들도 강조하였다.

아울러 이러한 새천년개발 목표 달성을 위한 노력을 계속하는 가운데 2015년 이후 개발의제에 대한 구체적인 청사진도 제시해야 한다고 하였다. 반 총장은 인권과 민주적 가치를 고양시키고자 하는 노력도 평화를 추구하는 데 있어 빠질 수 없는 요소로 꼽았다.

반 총장은 광범위한 규율과 법 체계, 독재와 부패 정권의 몰락, 전쟁범죄를 저지른 국가 원수에 대한 유죄판결, 새로운 규범의 형성, 대량학살 및 여타 중대범죄행위로부터의 국민보호책임 등 국제사회가 인권과 민주적 가치 신장 측면에서 그간 괄목할 만한 진전을 이루었다고 평가하였다.

그러나 세계에서는 여전히 잔혹한 학대와 차별 행위가 자행되고 있다고 하면서, 시리아 정권이 인구 밀집 도시에 있는 자국민들을 상대로 폭격을 가하고, 아프리카 북부 말리와 파키스탄에서 극단주의자들이 종교를 증오와 왜곡으로 그릇 해석함으로써 잔인한 행위를 벌이는가 하면, 과거에 전쟁 중에도 안전한 피난처로 인식되었던 병원과 종교 시설들이 공격 대상이 되는 현실에 개탄하였다.

반 총장은 시리아는 물론 다른 곳에서도 범죄행위가 반드시 단죄 받을 수 있도록 하는 노력을 강화해야 한다고 하면서 특히 국제형사재판소(ICC)가 정의 실현을 위해 추진 중인 활동을 지원해야 한다고 강조하였다. 이와 관련, 국제사회가 '국민보호 책임' 원칙을 현실에 적용시키겠다는 진정한 의지를 보여주어야 한다고 역설하였다.

세계 시민으로서의 기여

반기문 총장이 만나는 사람들, 특히 젊은이들에게 한결같이 주문하는 바가 있다. 세계시민(*global citizen*)으로 생각하고 행동해달라는 것이다. 세계시민은 그럼 어떤 사람을 말하는 것일까. 너무 정의를 어렵게 하려고 고민할 필요가 없다고 생각한다. 반 총장이 당부하는 세계시민의 자질은 어떻게 보면 간단하다. 그러나 실천하기는 결코 쉽지 않다. 젊은 시절부터 부단한 노력을 통해 자신의 견문을 넓히고, 마음을 열고, 우리가 지구촌이라고 부르는 이 지구공동체를 "그들과 우리"라는 단절된 시각이 아닌 진정한 "우리"로 보는 사고, 그리고 자신이 어떤 위치에 있던 관계없이 자신의 재능을 나누는 자세, 즉 열정(*passion*)과 따뜻한 마음(*compassion*)을 함께 가진 성숙한 시민, 이것이 세계시민이라고 생각한다.

반 총장은 최근의 국제상황을 대변혁의 시대(*time of great transition*)라고 정의하면서, 대변혁의 시대에 인류가 직면한 도전들을 이겨내기 위해서는 각자가 세계시민으로 성장하고 모든 주체들이 견고한 파트너십을 이루는 수밖에 없다고 강조하였다. 반 총장이 2013년 2월 미국 워싱턴에서 개최된 "글로벌 리더십 연합"(*Global Leadership Coalition*) 행사에 참석하여 행한 연설의 주요 내용을 소개한다.

반 총장은 우리가 오늘날 경험하는 대변혁(*great transformation*)의 성격을 4가지 측면에서 규정하였다. 첫째, 경제적 측면의 변혁이다. 세계경제 성장의 새로운 구심점들이 생기면서 국가 간 역학관계의 변화도 수반한다. 둘째, 인구학적 변혁으로서, 어떤 지역은 급속한 노년사회로 들어서는 반면 어떤 지역은 생산인구 과잉으로 문제를 겪고 있다. 셋째, 젊은 세대들이 보다 많은 기회와 자유, 그리고 책임성(*accountability*) 및 선정(*good governance*)을 요구함으로 인해 생기는 정치적 측면의 변혁이다. 그리고 네 번째 변혁은 기후변화로 인해 인류가 짊어져야 할 환경적 측면의 변혁이다.

반 총장은 이러한 도전의 심각성을 강조하면서 대변혁의 시대에 인류가 직면한 범세계적 도전은 한편으로는 개인과 기업 그리고 국가들에게 기회도 될 수 있다고 설명한다. 즉, 이들 도전은 어느 한 국가 또는 일부 국가 간 연합으로만 해결될 수 없는 만큼, 그 전에 국제사회가 경험하지 못한 정치적 연대감 그리고 파트너십들이 형성되고 있음을 주목한 것이다. 그리고 이러한 파트너십과 새로운 시도들이 성공을 거두기 위해서는 개개인의 역량을 최대한 끌어올리고 이들이 서로 나누고 베푸는 성숙한 시민으로 성장케 하는 것, 즉 세계시민이 되는 것이 중요하다는 점을 강조하였다.

이런 정신에 입각하여 반 총장은 앞서 다룬 한국 국회 연설에서도 한국의 젊은이들이 세계를 향해 꿈을 더욱 키워나가고, '세계 속의 한국', '한국 속의 세계'를 실현하는 세계시민으로 성장해줄 것을 당부했다.

3부

세계 속의 유엔

07
국제평화·안전유지를 위한
유엔 구조와 주요활동

08
유엔과 한반도

07

국제평화와 안전을 위한 유엔의 주요활동

이 장에서는 반기문 총장이 국제평화와 안전 유지를 위해 활동하는 데 있어 어떤 도구들이 있으며, 유엔의 메커니즘은 어떻게 작동을 하는지 소개해 보고자 한다. 그러기에 앞서 한 가지 단서를 달아야 할 것 같다. 앞서도 언급했지만 평화 및 안전은 개발, 인권과 불가분의 관계에 있으며 상호 보완작용을 하기 때문에, 이 장에서 소개하는 분야들만 가지고 유엔 사무총장의 국제평화 및 안전 유지에 관한 활동을 전부 설명하는 것은 불가능한 일이다. 특히 유엔이 중심적인 역할을 수행하고 있는 기후변화 및 개발증진 같은 문제들은 평화와 안전 그리고 인권과 매우 긴밀한 관계에 있다. 기후변화와 개발증진은 반기문 총장이 취임 직후부터 최우선 역점과제로 다루어오면서 많은 성취를 이룬 대표적인 분야기이도 하다. 그러나 아쉽지만 이 책에서는 이런 부분까지 망라할 수 없는 만큼 독자들의 이해를 구한다.

이 장에서는 독자들에게도 친숙한 유엔 안전보장이사회, 평화유지군, 예방외교, 유엔 사무총장 특사 등을 소개하면서 반기문 총장이 임무를 수행하는 데 있어 유엔은 어떤 제도적 장치를 가지고 있으며, 이들이 실제 어떻게 운용되는지 몇 가지 예를 통해 살펴보고자 한다.

유엔안전보장이사회

안전보장이사회의 결정

흔히 유엔 안전보장이사회(UN *Security Council*)의 입장 표명 방식으로 '결의'(*resolution*)를 떠올리기 쉽다. 그러나 안보리는 결의 이외에도 다양한 방식으로 이사회의 입장을 표명할 수 있으며, 사안별로 이사회 판단에 따라 어떤 방식으로 입장을 표명할지 정한다.

구체적인 방법으로는 결의, 안보리 의장 성명(*Presidential Statement*: PRST), 안보리 의장 명의 공한(*notes*) 또는 의장 명의 서한(*letter*)이 있다. 이러한 방식으로 표명되는 안보리의 결정사항은 모두 안보리의 공식 문서로 등록, 관리된다.

이해를 돕기 위해 한반도 관련 구체적인 예를 들어보자. 2009년 5월, 북한 핵실험 이후 채택된 안보리 결의 1874호, 2008년 4월 북한의 미사일 발사 실험(북한은 인공위성 발사였다고 주장) 이후 채택된 안보리 의장

성명(S/PRST/2009/7), 그리고 2009년 북한 핵실험 이후 안보리 요청에 따라 반기문 사무총장이 설치한 안보리 대북제재 전문가 패널의 2010년 5월 보고서(S/2010/571) 등은 모두 안보리의 공식 문서로서, 유엔 웹사이트를 통해 열람할 수 있다.

이 중 안보리 결의 및 의장 성명의 경우 모두 웹사이트를 통해 대외 공개되는 데 비해, 안보리 의장 명의 공한의 경우 안보리 이사국 간 컨센서스가 있어야만 관련 문서가 웹사이트를 통해 공개된다. 예컨대 2010년 11월 북한의 연평도 포격과 관련, 유엔사령부의 조사 보고서 및 안보리 대북제재 전문가 패널의 2010년 하반기 보고서가 작성되었다. 이를 안보리 의장이 자신 명의 공한으로 회원국들에게 배포했는데, 이때 안보리 이사국 내 일부 이사국의 반대로 공개되지 않았다.

안보리 결의는 만장일치를 통해서도 채택될 수 있으나, 표결을 통해서도(표결의 경우 상임이사국의 거부권 행사가 없는 경우) 채택이 가능하다. 이에 비해, 상기 안보리 의장 성명 및 안보리 의장 명의 공한/서한의 경우에는 안보리 이사국들의 컨센서스를 수반한다.

다양한 안보리 결정들의 법적 성격과 관련, 상기 방식을 통해 표명되는 안보리의 결정들은 공히 구속력을 갖는다. 유엔과 관련하여 가장 흔히 잘못 이해하고 있는 사항 중 하나로 유엔헌장 7장(집단적 조치)에 따른 안보리 결의만이 구속력을 가진다고 생각하기 쉬운데, 안보리 의장 성명 및 안보리 의장 명의 공한/서한도 모두 안보리의 입장을 담은 공식 문서로서, 유엔 회원국 개별국가 차원의 이행을 기대한다는 점에서는 마찬가지이다.

예컨대 기존 안보리의 결의가 다루는 사안에 대해 안보리 의장 성명 또는 안보리 의장 명의 서한이 기존 결의의 내용을 변경하는 내용을 포함하는 경우가 있다. 이 경우, 안보리 의장 성명 또는 안보리 의장 명의 서한을 통해 기존 내용을 변경시키는 효력을 발생한다. 구체적인 예로서, 2001년 1월 19일자 안보리 의장 명의로 된 유엔 사무총장 앞 서한(S/2001/63)을 들 수 있다. 이 서한은 구 유고 국제 전범재판소 설치와 관련해 유엔 사무총장에게 서한을 통해 변경 내용을 통보한 것이다. 기존 안보리 결의상 명시된 재판관 지명에 필요한 기간을 연장하기 위함이다. 이는 기존 안보리 결의사항에 변경을 가하는 구속력 있는 정책적 결정인 것이다.

이와 같이 안보리 결의뿐만 아니라 여타 방식을 통한 안보리의 입장 표명 모두 구속력을 가지는 것인바, 다만 안보리 결의가 여타 방식의 결정에 비해 훨씬 정치적인 무게를 지니며 강제성을 수반한다고 이해하면 될 것이다.

안보리 의장 성명의 경우도 마찬가지이다. 흔히들 헌장 7장을 인용한 안보리 결의가 본문에서 '요구'(*demand*)라는 강제성을 내포한 단어를 쓰는 것으로 생각하는데, 안보리 의장 성명의 경우에도 '*demand*'를 포함하는 경우가 많다.

예컨대 2012년 4월 13일 이루어진 북한의 로켓 발사 후 채택된 안보리 의장성명에서는 북한에 대해 "탄도미사일 기술을 이용한 추가적 로켓 발사, 핵실험 또는 여타 긴장을 고조시키는 도발적 행위를 하지 말 것을 요구"하고 있다. 또한 거의 비슷한 시기에 채택된 남·북 수단 간 분쟁에 관한 안보리 의장성명 역시 양국이 군사 충돌을 일으킨 지역으로부터 자국 군대를 10km 후방으로 후퇴할 것을 요구하는 내용을 담고 있다.

안보리 기자회견 중인 반기문 총장.(사진제공: UN)

여기서 한 가지 유의할 사항은 안보리 의장이 안보리 협의 후, 안보리 회의실 밖에서 대기한 언론에 대해 안보리 협의내용을 구두로 설명하는 것이 있는데 이를 '언론에 대한 구두 설명'(*statement by the Council president to the press*, 또는 *Press statement*)이라고 한다. 상기 설명한 안보리의 입장표명 방식과는 달리, 언론 설명은 안보리의 공식결정으로 간주되지 않으며, 아무런 법적 구속력을 갖지 않는다. 언론 설명은 안보리 공식문서로서의 지위도 갖지 않는바, 유엔 웹사이트에 들어가 보면 안보리 의장 관련 기록에서 언론 발표 기록을 찾을 수는 있지만 관련 기록 하단에 분명히 '공식 기록물이 아님'(*not an official record*)라는 단서를 두고 있다.

이와 함께, 의장이 언론에 구두 설명하는 방식에 관해서도 안보리 이사국들 간 합의를 이루지 못하는 경우도 있다. 그 예로서 북한이 2012년 12월 12일 장거리 로켓(은하 3호) 발사에 성공했을 때, 안보리는 일단 의장이 언론에 대해 북한의 조치에 대해 우려하고 추가적인 조치를 협의키로 했다는 수준의 극히 원칙적인 언론 설명(*press statement*)을 하고자 하였으나 이에 대해서도 합의에 이르지 못하였다. 결국 의장(당시 모로코)이 몇 가지 항목의 '요소'(*elements*)를 언론에 설명하는 데 그쳤다. 이 '*elements*'에는 안보리 이사국들 간 이견을 반영하여 '이사국들'(*The Council members*)이라는 표현 대신 대개 '이사국 중 몇 이사국'(*Members of the Council*)이라고 언론에 구두 설명하게 된다.

안보리 결의의 차이점

위에서 안보리가 입장을 표명하는 방식들 중에서 안보리 결의가 형식적으로 가장 큰 정치적 중요성을 지닌다고 살펴보았는데, 이는 안보리 결의가 대개 회원국들의 행동을 수반한다는 점에서 그렇다고 할 수 있다. 이렇듯 안보리 결의도 그 형태에 있어 다음과 같이 몇 가지 유형으로 구분된다.

① 헌장 7장 인용 여부

우선, 안보리 결의가 강제조치를 규정한 유엔 헌장 7장에 따라 발동되는 경우와 그렇지 않은 경우가 있다. 분쟁의 평화적 해결 방식을 규정한 헌장 6장과 달리, 헌장 7장은 회원국들에게 강제적 조치를 취할 권한을 부여하고 회원국들의 이행을 요구한다는 점에서 중요한 차이가 있다.

‘핵무기 없는 세상’을 주요 정책 목표로 표방하면서 2009년 노벨 평화상을 수상한 미국 오바마 대통령이 2009년 9월 유엔 총회를 계기로 안보리 역사상 최초로 핵 군축·비확산을 의제로 한 안보리 정상회의를 개최한 바 있다. 반기문 사무총장도 안보리 정상회의에 참석하여 연설했는데, 정상회의 결과로서 안보리 결의 1887호가 컨센서스로 채택된다. 동 결의는 핵 비확산 및 핵 군축 진전을 위한 안보리 이사국 및 회원국들의 다양한 조치를 포괄하고 있다. 그러나 회원국들의 자발적인 이행을 촉구, 권고하고 있다는 점에서 강제성을 수반하는 헌장 7장에 따른 결의와는 구분된다.

안보리 결의는 전문(*preambular part*)과 본문(*operative part*)로 나뉜다. 헌장 7장을 인용하지 않는 결의의 경우, 본문에서 대개 ‘*call upon*’, ‘*encourage*’, 또는 ‘*urge*’와 같은 용어를 사용한다. ‘촉구한다’, ‘장려한다’와 같은 뉘앙스를 가진다고 이해하면 될 것이다. 이에 비해 헌장 7장에 따른 제재조치를 수반하는 결의의 경우 대개 ‘*decide*’의 용어가 포함되는데, 상기 단어들보다 행동적 측면이 강한 ‘결정한다’로 보면 된다.

② 헌장 7장에 의거한 결의

헌장 7장에 따라 발동되는 안보리 결의는 결의 전문과 본문 사이에 “*Acting under Chapter VII of the Charter of the United Nations,*”(유엔헌장 제7장에 따라서) 라는 문장이 나온다. 헌장 7장에 따라 발동되는 결의도 상황에 따라 39조(평화에 대한 위협, 평화 파괴 및 침략행위의 존재를 규정) 및 40조(41조 또는 42조에 의거한 조치 이전에 잠정적 조치 적용)와 같이 구체적인 제재조치 적용 이전의 조항이 있으며, 41조(무력을 수반하지 않는 강제조치) 및 42조(무력 조치)와 같은 구체적인 제재조치를 수반하는 결의로 구분이 가능하다.

1990년 8월 2일 이라크의 쿠웨이트 침공 당시 안보리가 처음 채택한 안보리 결의 660호는 일단 이라크의 침공을 규탄하면서 이라크의 즉각적이고 무조건적인 철수를 요구하고 있는데, "*Acting under Articles 39 and 40 of the Charter of the United Nations*"(유엔헌장 39조 및 40조에 따라서)의 문장을 지닌다. 안보리는 동년 8월 6일 안보리 결의 661호를 채택함으로써 대이라크 경제제재 조치를 부과하였는데, 이때 채택된 결의는 "*Acting under Chapter VII of the Charter of the United Nations*"(유엔헌장 7장에 따라서)의 문장을 포함한다.

한편, 이란의 핵 프로그램에 대한 국제사회의 우려가 고조되면서 이른바 P5+1, 즉 미국, 중국, 러시아, 영국, 프랑스 등 안보리 내 5개 상임 이사국과 독일 주도로 이란과 협의를 진행했다. 그러나 진전이 없자 안보리는 2006년 7월 안보리 결의 1696호를 채택, 이란으로 하여금 우라늄 농축 및 재처리 활동을 일체 중단할 것을 요구한다.

이 단계는 구체적인 제재조치 이전 단계로서, 관련 결의는 "*Acting under Article 40 of Chapter VII of the Charter of the United Nations*"(유엔헌장 7장 40조에 따라서)의 문장을 지닌다. 그러나 이란 정부의 농축 활동이 계속됨에 따라 이후 안보리는 4차례의 제재 결의를 채택하게 되는데, 관련 결의들은 공통적으로 "*Acting under Article 41 of Chapter VII of the Charter of the United Nations*"(유엔헌장 7장 41조에 따라서)의 문장을 지닌다.

헌장 7장 41조의 경우, 군사적 조치를 제외한 여타 수단을 포괄적으로 취할 수 있는 근거를 제공하는데, 특정인사에 대한 여행제한조치(*travel restriction*), 무기금수(*arms embargo*), 금융제재(*financial asset freeze*) 및 의심스러운 선박 및 항공기에 대한 검측(*inspection*) 및 차단조치(*interdiction*) 등을 포함한다.

한편, 헌장 7장 42조는 군사적 조치를 승인하는 근거가 된다. 북한의 2009년 5월 핵실험에 대한 안보리 결의 1874호 및 이란 핵 프로그램 관련 2010년 6월 안보리 결의 1929호는 군사적 조치를 제외한 포괄적인 제재 조치를 수반하는 헌장 7장 41조에 의거한 결의의 대표적인 예라고 할 수 있다.

2011년 3월, 리비아 사태 관련 안보리가 결의 1973호를 통해 비행금지 구역을 설정하는 결의를 채택한 바 있다. 비행금지 구역 설정은 군사작전에 대한 법적 근거를 제공하기도 한다. 이 결의안이 채택되고 수일 후에 프랑스, 영국, 미국 등 서방국가들과 카타르 등 일부 아랍 국가들에 의한 연합 군사작전〔일명 '오디세이의 새벽'(Operation Odyssey Dawn)〕이 합법적으로 이뤄졌다. 이와 관련, 이라크의 쿠웨이트 침공 관련 안보리가 채택한 일련의 결의 중 주목할 만한 것은 1990년 9월 25일 채택된 결의 670호로서, 비행금지 구역 설정을 규정하고 있다.

군사적 조치의 근거가 되는 비행금지 구역 설정을 승인하는 안보리 결의와 관련된 흥미로운 점이 있다. 헌장 7장 41조를 인용하는 결의의 경우 "*Acting under Chapter VII of the Charter of the United Nations, and taking measures under its Article 41,*"(유엔헌장 7장에 의거하여, 그리고 41조에 따른 조치를 취하면서) 라고 41조에 따른 강제조치임을 명시하는 데 비해, 비행금지 구역 설정과 같은 군사행동 발동을 승인하는 결의의 경우 헌장 42조를 명시하지 않고 "*Acting under Chapter VII of the Charter of the United Nations*"(유엔헌장 7장에 따라서) 라고 7장을 포괄적으로 인용한다.

유엔 사무국 정무국 내 안보리 담당부서 조사실 기록에 따르면, 1946년 이후 현재까지 헌장 42조를 명시적으로 인용한 안보리 결의는 단 한 차례도 없다. 동 조사실 기록에 따르면 1960년대 남로디지아, 짐바브웨, 잠비아, 말라위 분리 독립 과정과 관련된 안보리 결의 초안에 헌장 7장 42조를 구체적으로 명시한 조항이 포함되어 있었으나, 결의안 토의 과정에서 삭제되었다고 한다.

여기서 한 가지 유의할 점은 헌장 7장에 따라 발동되는 안보리 결의는 구속력이 있고, 그렇지 않은 결의는 구속력이 없다고 혼동하면 안 된다. 안보리 결의는 안보리가 취하는 공식 입장의 한 형태로서, 헌장 7장 인용 여부와 관계없이 그 자체로서 모두 법적 구속력을 지니는 안보리의 공식 입장이다.

진화하는 안보리 영역

아랍의 봄이라고 불리는 중동 및 아프리카 지역의 자유와 민주화 운동이 거세게 일었던 2011년은 어떤 측면에서 안보리 결의가 진화하는 계기가 되었다. 앞에서 살펴본 바와 같이 리비아 비행금지 구역을 설정한 안보리 결의 1973호는 '민간인 보호' 제하 본문 4항을 통해, 회원국이 민간인 보호를 위해 '필요한 모든 조치'(*take all necessary measures*)를 취하도록 승인했다. 반 총장은 동 안보리 결의 채택 직후 성명을 통해 '역사적인 결정'을 내린 안보리의 조치를 환영했다.

한편, 코트디부아르 대선에서 패한 로랑 그바그보 대통령의 퇴진 거부로 인한 내전 상황이 막바지에 접어들면서 그바그보 대통령을 지지하는 세력이 정권퇴진을 요구하는 시민들에게 무자비한 무력을 행사하고, 심지어 외교단지에 대한 공격까지 자행하였다. 이런 상황에서 안보리는 그바그보 세력의 '중화기 사용을 저지하기 위한 조치'(*including to prevent the use of heavy weapons against the civilian populations*)를 포함한 민간인 보호를 위한 모든 조치를 취할 것을 승인하는 전례 없이 강력하고 분명한 결의를 채택했다. 안보리가 저항세력의 '중화기 무력화'라는 분명하고 구체적인 임무를 부여한 결의를 승인한 것도 최초의 사례이다.

여기서 한 가지 반 총장의 결정적인 리더십이 빛을 발한 사례를 하나 소개한다. 대선 패배 후 퇴진을 거부하면서 저항하던 그바그보 대통령 지지세력이 막판에 몰리면서 외교단 공관에 대한 무력 사용까지 서슴지 않았다. 반 총장은 상기 '중화기 무력화' 결의에 힘입어 인근 라이베리아에 있는 유엔 평화유지군 소속 공격용 헬기 3대를 코트디부아르로 이동하는 조치를 단행한다. 이 조치는 그바그보 대통령 진영의 중화기들을 무력화하는 데 결정적 역할을 하게 되는데, 공격용 헬기 이동 과정에서 일부 안보리 이사국들의 이견이 있었으나 이를 적극 설득하여 코트디부아르 내전 국면을 반전시켰다. 이 과정에서 그바그보 세력이 한국 공관까지 공격하여 공관원들이 위기에 처하게 되었다. 반 총장의 명령에 따라 유엔 평화유지군과 프랑스 군이 합동작전을 수행하여 공관원들을 무사히 구출한 것은 국내 언론을 통해서도 잘 알려진 바 있다.

한편, 아리아 포뮬러(*Arria-Formula*)에 대해서 살펴보기로 한다.

안보리는 국제평화와 안전에 관한 문제를 다루는 기관이다. 그러나 좁은 의미에서 국제평화와 안전에 직결된 사안은 아니지만 분쟁의 간접적 원인이 되거나 현재 진행 중인 분쟁을 악화시킬 수 있는 사안, 또는 분쟁 후 복구를 어렵게 만들 수 있는 사안에 대해서 안보리의 관심을 환기시킬 필요가 있다. 아리아 포뮬러는 이런 취지에서 고안된 안보리 차원의 비공식 의견교환의 장이다.

아리아 포뮬러는 1992년 안보리 비상임이사국으로 활동하던 베네수엘라의 주 유엔 대사인 디에고 아리아(Diego Arria) 대사가 처음 제안한 데서 유래된 이름이다. 아리아 포뮬러 회의는 몇 가지 측면에서 안보리 이사국들 간 비공식 협의(*consultations of the whole of the Council*)와는 다르다. 우선 아리아 포뮬러 방식에 따라 개최되는 회의는 안보리 협의로 간주되지 않는다. 이는 안보리 이사국의 제안에 따라 개최될 수 있는데, 안보리 회의장이 아닌 유엔 내 일반 회의장에서 개최되며, 안보리 이사국뿐만 아니라 유엔 일반회원국들도 초청 대상이 된다.

여기서 아리아 포뮬러가 북한 인권에 적용될 수 있는 가능성을 살펴본다. 유엔은 2013년 5월 북한 인권 실상의 심각성에 대한 국제사회의 인식을 제고하고 인권침해 사례를 조사하기 위해 북한 인권조사단(*Commission of Inquiry*)을 발족하였다. 마이클 커비(Michael Kirby) 전 호주 대법관을 조사단장으로 임명하였다. 커비 조사단장은 2013년 말 반기문 총장을 예방, 조사단 활동에 대해 보고하는 자리에서 북한 인권 문제를 아리아 포뮬러로 다루는 방안을 제기한 바 있다. • 유엔 안보리는 영국, 프랑스 및 호주 주도로 2014년 4월 17일 북한 인권문제를 아리아 포뮬러를 통해 다루었다. 이는 북한 인권문제가 안보리 차원에서 처음 다루어졌다는 의미를 갖는 행사였다.

아리아 포뮬러로 개최된 회의의 예를 하나 더 들어본다. 2013년 2월 한국이 안보리 의장국을 수임하고 있을 때의 일이다. 영국(안보리 상임이사국)과 파키스탄(안보리 비상임이사국)이 공동으로 '기후변화가 국제안보에 미치는 영향'을 주제로 아리아 포뮬러 회의를 개최코자 한다면서 반기문 총장의 참석을 요청하였다. 독자들도 잘 알다시피 기후변화 어젠다는 반 총장이 2007년 유엔 사무총장에 취임한 직후부터 최우선 과제로 선정하여 국제사회의 정치적 인식을 제고하는 데 중요한 기여를 한 분야이다. 안보리는 이러한 반 총장의 적극적인 자세에 호응, 2007년 4월 안보리 차원에서는 처음으로 아리아 포뮬러가 아닌 방식으로 기후변화 이슈를 주제로 다룬 바 있다. 또한 2011년 7월에도 안보리에서 기후변화 이슈를 협의하고 최초로 안보리 의장 성명을 채택하였다.

반기문 총장은 기후변화가 국제평화와 안보에 미치는 영향에 주목하고 국제평화와 안전 증진을 주 책무로 하는 안보리가 이 문제에 대해 보다 적극적인 관심을 가져야 한다는 입장을 줄곧 견지했다. 2009년 '기후변화와 국제안보에 대한 영향' 제하의 총회 보고서를 통해 기후변화를 '위협 증가 요소'(*potential threat multiplier*)로 규정했다.

- 상기 북한 인권조사단은 2014년 2월 17일 보고서를 제출하였다. 조사단은 보고서를 통해 북한의 인권침해 상황이 인륜에 반하는 범죄(*crimes against humanity*)에 도달했다고 결론지으면서 국제사회가 북한 인권문제를 국제형사재판소(International Criminal Court)에 회부할 것을 권고하였다. 그러나 동 보고서는 권고사항에서 유엔 안보리가 북한 인권문제를 아리아 포뮬러(Arria Forumla)를 통해 다루는 문제는 포함시키지 않았다.

실제로 아프리카 차드, 수단, 소말리아, 부룬디 그리고 아프가니스탄 등에서 사막화 등으로 인한 물 부족과 농지부족 현상으로 인해 부족한 자원을 둘러싼 경쟁은 분쟁의 씨앗이 되어왔다. 중앙아시아의 경우 수자원 분쟁이 전쟁으로 이어질 수도 있는 상황이다. 중앙아시아 상류에 있는 산악국가인 타지키스탄과 키르기스스탄은 전력을 대부분 수입에 의존하고 있어 이를 타개하기 위해 세계 최대 규모인 335m 높이의 로군(Rogun) 댐 건설을 추진하였다. 그러나 이웃국가인 우즈베키스탄의 강력한 반발과 전쟁 경고에 직면하기에 이르렀다. 우즈베키스탄으로서는 로군 댐 건설 시 국가 경제에 대단히 중요한 면화 재배에 절대적으로 필요한 물 부족 사태가 자명한 상황에서, 수원지 상류에 위치한 국가의 댐 건설에 국운을 걸고 반대한 것이다.

반 총장은 2013년 4월 매년 열리는 안보리 연찬회에서 처음으로 이 문제를 공식 의제로 다루었다. 사실 반 총장은 '블루 헬멧'(*blue helmet*)으로 대변되는 유엔이 기후변화 대응에 앞장서야 한다는 철학을 취임 초기부터 몸소 실천하였다. '유엔 활동의 환경 친화적 수행'(*Greening the Blue*) 이니셔티브를 통해 유엔 평화유지군들이 주둔한 지역의 환경보호에 앞장설 것을 정책 과제로 삼은 것이다.

동 이니셔티브에 근거하여 2009년 유엔 평화유지관련 부서인 DPKO(Department of Peacekeeping Operations , 평화유지활동국) 및 DFS(임무지원국)에서 '유엔 현장임무 시 환경수칙'(*Environmental Policy for UN Field Missions*)을 하달, 대규모 병력과 민간인 요원으로 구성된 평화유지군이 현지 지역 사회에서 부족한 재원을 두고 경쟁하는 집단으로 잘못 인식되지 않도록 환경보호와 재원의 효율적 활용에 앞장설 것을 주문하였다.

사실 유엔 평화유지군이 주둔지 지역사회 경제에 미치는 영향은 두 얼굴을 가지고 있다. 많게는 만 명 이상, 적게는 수천 명의 대규모 병력과 지원 인력이 배치된 만큼 평화유지군 주둔 자체가 지역 경제에 미치는 파급효과는 대단히 크다. 반면, 폐기물 무단 방류 등 환경 침탈 또는 물과 같은 부족한 재원을 두고 지역주민들과 어쩔 수 없이 경쟁하는 것처럼 인식될 수 있다.

그러나 안보리 내에서 기후변화 이슈를 다루는 데 있어 컨센서스가 있는 것은 절대 아니다. 안보리 연찬회에서 제기된 몇 가지 재미있는 논쟁을 소개한다.

영국과 호주 대사는 마셜 제도의 예를 들면서 해수면 상승으로 인해 국가 존립 자체가 위험에 처한 나라들에게 기후변화 이슈는 생존의 문제임을 들어, 안보리가 국제평화와 안전의 측면에서 이 문제를 보다 적극적으로 다룰 필요가 있다고 주장하였다. 이에 대해 러시아 대사는 만약 마셜 군도가 해수면 상승으로 인해 인근국인 호주로 국민들이 대량 이주할 필요가 생기면 이러한 사태를 유엔헌장 7장을 통한 강제조치를 시행할 것이냐고 반문하였다. 즉, 그러한 대량 이주(*massive migration*) 사태가 생기더라도 이는 지역 차원의 협력 메커니즘을 통해서 해결할 사안이지, 안보리가 나서서 해결할 문제가 아닌 만큼 기후변화 이슈는 안보리에서 다루는 것이 적절치 않다는 입장을 강하게 견지하였다. 중국과 파키스탄, 과테말라의 경우도 기후변화 이슈를 다루는 데 있어 안보리는 적절한 장이 아니라는 입장을 보였다.

숫자로 본 안보리 결의 추세

유엔 창설 이후 안보리가 매년 채택한 결의의 숫자를 보면 흥미로운 사실을 발견하게 된다. 1946년 유엔 창설 이후 다자주의에 대한 희망은 채 오래가지 않는다. 미국-소련 간 냉전이 본격화된 1949년부터 안보리는 미・소의 잦은 거부권 행사로 인해 한 해 10개의 결의도 채택하지 못했다. 특히 1952년과 1954년에는 각각 단 2개의 결의밖에 채택하지 못하였으며, 1959년에는 안보리 역사상 기록인 단 1개만의 결의를 채택하게 된다.

국제 평화와 안보 증진을 책임지는 안보리의 파행은 1980년대까지도 이어져, 동 기간 중 안보리는 매년 20개의 결의도 채택하지 못했다. 이러한 안보리 파행은 냉전이 종식된 1991년을 계기로 대전환을 맞게 된다. 1991년을 분기점으로 하여 안보리 결의는 그 숫자가 대폭 증가하는데, 1991년 42개의 결의 채택에 이어 1992년에는 전년 대비 75%가 증가한 74개의 결의를 채택했다. 그리고 1993년에는 안보리 역사상 기록인 93개의 결의를 채택함으로써, 냉전 종식 이후 국제정치 현실을 반영하는 동시에 일종의 '안보리의 봄'이 열렸다고 할 수 있다. 이러한 추세는 대체로 계속 이어져 48개의 결의를 채택한 2009년을 제외하고는 1992년 이후, 안보리는 매년 50개 이상 결의를 채택하고 있다. 다만 예외적으로 2012년에는 53개의 결의가 채택된바, 전년도인 2011년의 66개 결의에 비해 20% 가까이 감소한 바 있다.

상임이사국의 거부권 행사

아랍의 봄이 리비아 사태의 막바지를 향해 달리던 2011년 10월, 안보리가 시리아 알 아사드 정권의 민주화 요구 시민에 대한 유혈진압에 대해 결의 채택을 시도하였으나 러시아와 중국이 동시에 반대하는 이른바 '이중 비토'(*double veto*)로 인해 부결되었다. 5개 상임이사국중 하나만 거부권을 행사해도 해당 결의는 부결되는데, 이처럼 첨예한 이해가 걸린 경우 러시아 및 중국이 입장을 함께하여 서방주도 결의에 반대를 분명히 하는 연합세력을 구축하기도 한다.

이러한 이중 비토의 예로, 2008년 7월 짐바브웨의 무가베(Mugabe) 정권이 국민들의 민주화 열망을 무자비한 폭력으로 진압하는 데 대해 안보리 결의안이 상정되었는데, 이에 러시아와 중국이 동시에 반대표를 행사하여 부결시킨 바 있다.

안보리 내 상임 이사국에 의한 거부권 행사로 안보리가 공전되는 상황이 자주 발생함에 따라 안보리 기능 활성화 및 신뢰성 제고 차원에서 안보리의 거부권을 제한하자는 움직임도 제기되었다. 안보리 개혁 논의 차원에서 이 문제는 지속적으로 제기되었다. 이때 시리아 사태가 장기화되면서 안보리 무용론이 탄력을 받게 된다. 2년 넘게 계속된 시리아 사태에서 사상자와 이재민이 기하급수적으로 늘어나는 상황임에도 불구하고 안보리 상임이사국의 거부권 행사로 인해 안보리가 결의안 하나 통과시키지 못하는 무기력한 상황이 지속되었기 때문이다.

2013년 9월 말 시리아 화학무기 사용에 대한 대응으로 안보리가 처음으로 시리아 사태와 관련한 결의를 채택하자 프랑스는 안보리 상임이사국의 거부권에 대해 제한을 가할 필요성을 다시 한 번 강하게 제기했다.

프랑스 올랑드(Hollande) 대통령이 제68차 유엔총회 기조연설에서 거부권 사용 관련 준칙(*Code of conduct*)을 만들자고 제안했다. 이어 로랑 파비우스(Laurent Fabius) 프랑스 외교장관은 10월 초 〈뉴욕 타임즈〉 기고를 통해 중대범죄(*Mass crime*)에 대해서는 안보리의 거부권을 제한할 것을 제안했다. 올랑드 대통령의 제안에 비해 한 걸음 더 나아가 유엔 회원국 50개국 이상의 요청이 있을 경우 유엔 사무총장이 범죄의 성격을 판정하여 거부권을 제한하는 기준으로 삼자는 제안이었다. 단, P5 상임이사국의 중대한 국익이 걸린 사안에 대해서는 이러한 제한을 적용하지 않는다는 단서를 둠으로써 어떻게 보면 이중적인 잣대를 내포한 제안이기도 하였다.

안보리 제재

2013년 2월 12일 북한의 3차 핵실험 이후 채택된 안보리 결의 2094호는 이전 핵실험 당시 결의(1718호, 1874호)와 비교할 때 훨씬 강력한 내용을 담고 있다. 무기금수 및 수출통제, 의심 화물 검색 및 차단, 금융·경제 제재, 제재 대상 단체 및 개인 추가 지정 등 기존 제재 조치들을 보다 강화하였다. 또한 북한의 우라늄 농축에 대한 규탄을 포함하고, 최초로 부속서를 통해 경주용 자동차 및 요트 등 금수 사치품을 예시 지정하였다. 특히, 북한 외교관의 결의 위반활동에 대한 주의 강화 등 기존 제재결의에서는 볼 수 없었던 새로운 요소도 포함했다.

이와 관련하여 군사조치를 제외하면 안보리 결의 2094호상 제재조치가 유엔 역사상 가장 강력한 형태의 제재인지에 대한 의문이 제기되기도 한다. 그러나 유엔 안보리가 채택한 제재 결의를 일률적으로 비교하는 것은 무리다. 제재조치를 포함한 결의마다 그 대상과 효과 면에서 각각 차이가 있기 때문이다. 2094호가 북한 관련 제재 결의로서 가장 강력한 형태의 결의인 것은 분명하다. 그러나 역대 유엔 제재 결의 중 가장 강력하다고는 말하기 어렵다.

예컨대 이란 핵 프로그램 관련 안보리 결의 1929호(2010년)의 경우 매우 포괄적이고 강력한 제재조치들을 포함했다. 2094호상 북한 은행의 회원국 내 신규 지점·자회사·대표사무소 개설, 회원국 은행과의 신규 합작투자, 소유권 취득, 외환거래 관계 유지를 금지할 것을 촉구하는 내용(12항)과, 회원국 금융기관의 북한 내 대표사무소·자회사·은행계좌 개설 금지를 촉구하는 내용(13항)의 경우, 이미 상기 이란 관련 결의에 반영된 내용이다. 또한, 그물망식 수출통제(*catch-all*)를 규정하는 내용(22항)도 이란 결의에 반영되었다. 한편, 안보리가 지정한 제재대상 개인·단체 목록의 경우에도 이란 및 여타 결의가 북한 결의에 비해 훨씬 방대한 목록을 포함하고 있다.

또한, 강력한 제재조치를 담은 결의가 반드시 현실적으로 강력한 효과를 가져 오느냐 하는 문제도 생각할 부분이다. 북한의 경우 국제사회로부터의 고립에 익숙함은 물론, 한국, 미국, EU, 일본 등으로부터 오랫동안 다양한 형태의 금융·교역제재를 받고 있었던 만큼, 상기 2094호상의 추가적인 금융·교역 제재가 얼마만큼의 효력을 발휘할지는 두고 볼 문제이다. 상대적으로 금융·교역제재를 받지 않던 국가의 경우 비록 북한에 대한 제재 수준에 훨씬 미치지 않는 정도의 제재조치에도 훨씬 민감한 효과를 나타낼 수 있다고 본다. 이란의 원유 수출에 대한 제재 조치가 바로 그런 예라고 하겠다. 자산 동결과 여행 금지 조치도 마찬가지이다. 결과적으로 안보리 제재 결의들은 그 대상과 기대효과에 따라 '맞춤형'으로 발전하고 있다고 보면 될 것이다.

안보리 개혁

반기문 총장이 출장 중 가장 많이 접하는 질문으로는 단연 안보리 개혁을 꼽을 수 있다. 1946년 유엔 창설 이래 국제 안보 환경은 많은 변화를 겪었으며, 회원국들의 힘의 역학관계 또한 크게 변화한 것이 사실이다. 그런 만큼 안보리 개혁은 유엔 개혁의 중심에 있는 이슈이다. 그러나 안보리 개혁이 필요하다는 원론에 대한 공감대에도 불구하고, 어떻게 개혁할 것이냐의 각론에 대해서는 백가쟁명(百家爭鳴) 식 의견이 분분하다.

유엔에서 지난 20여 년간 안보리 개혁 문제를 다루어왔다. 그동안 '개방형 실무그룹'(*Open-ended working group*)을 통해 다루다가 진전이 없어 2010년부터 이를 폐지하고 유엔 총회에서 직접 다루고 있으나 여전히 합의점을 찾지 못하고 있다. 반기문 총장은 안보리 개혁을 둘러싼 논의를 자동차에 비유하여, 중립 기어에 두고 RPM을 아무리 높여도 움직이지 않는 상황에 빗대어 설명하곤 한다. 2010년부터 유엔 총회 차원에서 이를 직접 다루기로 한 것은 기어를 1단에 두고 자동차를 움직여보려는 시도였으나 이 역시 브레이크와 가속장치를 동시에 밟은 형국이라고 안보리 개혁의 어려움을 진단한 바 있다.

안보리 개혁의 핵심은 상임이사국 및 선거를 통해 2년 임기로 선출되는 비상임이사국 확대(*enlargement*), 그리고 상임 이사국의 거부권 행사 등 안보리 운영 방식(*working method*) 조정이라고 할 수 있다. 안보리 개혁에 관하여 그동안 제시된 다양한 제안들을 여기서 다루는 것은 무의미한 일이라고 생각하며, 회원국 입장에서 그리고 유엔 사무국 안에서 관찰한 바로는 안보리 개혁은 계속해서 공전할 수밖에 없는 것이 지금의 현실이라고 본다.

2013년 10월 유엔 총회에서 2014~2015년 임기 안보리 이사국을 선출하는 투표가 열렸고, 그 결과 사우디아라비아를 비롯한 5개국이 신임 안보리 비상임이사국으로 선출되었다. 그런데 사우디아라비아가 선출된 직후 성명을 통해 "안보리가 시리아 사태, 중동에서의 이스라엘·팔레스타인 분쟁, 그리고 중동지역 비핵지대 창설에 철저히 실패했다"면서 "안보리 비상임이사국 수임을 포기하겠다"고 선언했다.

안보리 이사국으로 활동하는 것은 유엔 회원국으로서 영예이자, 유엔 활동의 꽃이라고 할 수 있다. 사우디아라비아의 안보리 이사국 수임 포기선언은 유엔 역사상 전례 없는 조치로서 유엔으로서는 큰 충격이자 상처였다. 당시 시리아 아사드 정권을 축출하기 위해 반군에 대한 지원에 전력을 기울이던 사우디로서는 안보리에 대한 불만을 이런 초강수를 통해 드러낸 것이다. 하지만 사우디측의 이러한 조치가 안보리 개혁으로 이어질 것으로 기대하기는 어렵다고 본다.

예방외교

유엔 예방외교의 현실

반기문 총장은 제2기 임기를 앞두고 제시한 비전 가운데 하나로서 분쟁예방(*conflict prevention*)과 평화 조성(*peacemaking*)을 위한 예방외교(*preventive diplomacy*)를 강화할 것임을 천명한 바 있다. 사실 유엔 평화유지군이 전 세계 분쟁 지역에서 평화 및 안전 유지를 위해 적극적 활동을 펼치고 있으나 평화유지군 유지에는 막대한 비용이 든다. 냉전 종식 이후 오히려 국가 내 분쟁(*intrastate conflicts*)이 증대되면서 1990년대 들어 유엔 평화유지군에 대한 수요는 기하급수적으로 증대되었다.

분쟁 성격상 유엔 평화유지군이 한번 파견되면 명확한 출구전략(*exit strategy*) 없이 오히려 이런 저런 임무(*mandate*)가 추가되면서 평화유지군 주둔이 계속되는 부작용이 따르기도 하였다. 유엔에서는 이를 '임무팽창'(*mission creep*)이라고 부른다. 이러한 문제점에 대한 유엔 내 자성(自省)이 일기 시작한 가운데, 특히 2008년 국제 금융위기는 막대한 경비가 소요되는 유엔 평화유지군에 대한 일종의 '피로현상'(*sense of fatigue*)을 불러왔다.

이런 상황에서 분쟁의 단계(*conflict cycle*)에 따라 맞춤형 예방외교를 강화해야 한다는 인식이 확대되었다. 냉전 이후 유일 초강대국으로서 세계의 경찰 역할을 수행한 미국도 이라크, 아프가니스탄과의 전쟁 과정에서 무력 개입에 의한 평화의 파수꾼 역할에는 한계가 있다고 인식하면서 전통적 방식의 예방외교에 보다 중점을 두게 되었다. 이러한 배경에서 유엔이 가진 정통성과 중립성에 비추어 유엔을 통한 예방외교의 중요성이 크게 부각되었다. 유엔 안보리는 2010년 7월 '아프리카에서의 예방외교'를 주제로 안보리 특별회의를 개최했다.

정치적 수단(*political means*)을 통한 예방외교는 크게 3가지 전제를 통해 고찰해 볼 수 있다.

첫째, 모든 분쟁에는 정치적 갈등이 밑바탕에 깔려 있기 때문에 정치적 해법을 통해 근원적 문제(*root causes*)가 풀리지 않는 한 미봉책에 그칠 뿐만 아니라, 상황에 따라 다시 원점으로 돌아갈 가능성이 있다. 평화유지군 파병을 통한 문제 해결이 가진 한계가 여기 있다. 무력 개입을 통해 잠시 동안 표면적 안전을 도모할 수는 있으나, 이는 단기적인 해결책이다. 인종 간, 종교 간 갈등, 그리고 부와 권력의 분배 문제와 같은 근원적인 정치적 갈등에 대한 정치적 해법이 없는 안전은 오래가지 못할 가능성이 크다.

둘째, 위에서 언급한 정치적 갈등은 그 역사와 뿌리가 워낙 깊기 때문에 분쟁 당사자들 스스로 해법을 찾기가 쉽지 않다. 그렇기 때문에 유엔과 같이 특별한 정당성, 중립성 및 객관성을 갖춘 국제기구를 통한 중재 및 조정을 통한 외교적 지원이 필요한 것이다. 여기서 한 가지 분명히 해야 할 점이 바로 예방외교를 통한 분쟁 해결에 있어 유엔의 역할이다. 분쟁 해결의 주된 책임은 어디까지나 유엔 회원국 정부에 있으며, 유엔의 예방외교를 통한 분쟁 해결 노력은 회원국의 노력을 지원하고 보완하는 것이다. 안보리는 예방외교를 통한 유엔의 분쟁 해결 지원에 관한 역할과 관련하여 이 점을 분명히 확인하고 있다(예: 안보리 의장성명 S/PRST/2010/14). 특히 유엔의 경우 예방외교뿐만 아니라 개발, 인도적 지원 및 인권 분야에서 오랫동안 쌓은 경험을 바탕으로 필요한 지원을 제공할 수 있기 때문에 분쟁 후 상황(*post-conflict situation*)에서도 지속가능한 평화와 안정을 보장할 수 있는 독특한 위치에 있다고 할 수 있다.

셋째, 예방외교는 꼭 분쟁예방 단계에서만 필요한 것은 아니다. 가장 이상적인 것은 정치적 수단을 통해 분쟁을 미연에 막는 것이겠으나, 설령 분쟁 상황으로 치닫는 경우에도 더 큰 폭력사태로 악화되는 것을 막고 분쟁 후 상황을 안정적으로 관리함으로써 분쟁이 재연되는 것을 억지하는 역할을 할 수 있는 것이다. 한 가지 좋은 예가 시리아 사태라고 할 수 있다. 2013년 8월 시리아에서 발생한 대규모 화학무기 사용 이후 미국의 군사적 행동이 임박했던 당시, 반기문 총장의 지시를 받는 유엔 조사단이 시리아 현지에서 조사활동을 예정대로 마침으로써 군사행동을 잠시 보류하고 일단 조사단 보고서를 지켜보자는 방향으로 전기가 마련된다.

반기문 총장은 2012년 초 신년 중점과제를 제시하면서 그 해에 아프리카 등 전 세계 각지에서 대선 및 의회선거가 상당히 많아, 유엔으로서는 2012년을 선거의 해로 삼아야 한다고 하였다. 반 총장은 공정한 선거를 통한 정권교체를 강조하고 쿠데타와 같은 비합법적 방식을 통한 정권교체에 대해 강력히 경고했다. 반 총장은 선거가 민주주의의 꽃이기도 하지만, 제대로 시행되지 않으면 선거가 또 다른 분쟁의 씨앗이 될 수 있다고 종종 지적했다. 비정상적인 방식을 통한 정권교체가 빈번한 아프리카의 경우 어떻게 보면 공정한 선거 관리가 가장 확실한 예방

외교라고 해도 과언은 아닐 것이다.

예방외교가 성공하기 위한 몇 가지 조건을 살펴보기로 하자.

첫째, 분쟁의 조짐이 보일 때 신속한 행동을 취하는 것이다. 2008년 케냐 선거 부정을 둘러싼 분쟁 당시 아프리카 연합이 주도적인 중재 노력을 했다. 유엔에서도 선거관리 요원, 헌법 전문가 및 안보 요원들을 초기에 파견하여 아프리카 연합의 중재노력을 뒷받침함으로써 케냐 사태가 더 큰 폭력사태로 비화하지 않도록 하는 데 중요한 역할을 한 바 있다.

둘째, 분쟁지역 현장에 눈과 귀를 가지고 있는 것이 중요하다. "*Finger on the pulse*"(맥박을 느끼는 손가락)이라는 영어 표현이 말해주는 바와 같이 현장 상황을 그때그때 정확히 진단하고 처방을 내리는 것이 무엇보다 중요하다. 또한 해당 당사국 및 주변지역 정세에 대한 깊이 있는 이해를 갖춘 정보력이 중요하다.

미국이 전 세계적인 지도국 역할을 하는 것은 미국이 가진 외교망과 정보망 때문이다. 유엔도 미국만큼의 광범위한 외교망은 갖추지 못하고 있다. 많은 개도국에 유엔 산하 기구들이 활동하고 있으나 이들의 주요 임무는 개발 및 인도적 지원 활동이지, 정세 분석 및 예방외교와 같은 외교공관의 임무와는 거리가 있다. 물론 특별 정무사무소(*Special Political Mission*)와 같이 고유 임무가 주재국 및 주변 지역의 평화와 안정 증진이라는 정무적 성격인 사무소들도 있다. 그렇지 않은 경우 유엔 기구들은 정무적인 기능에서는 한계가 있다. 북한에 6개 유엔 상주기구들이 활동하고 있지만 이들이 북한 정세를 보고하는 역할을 수행하지 않는 것과 비슷하다.

유엔은 2012년 7월 현재 이라크, 아프가니스탄, 레바논, 이스라엘, 팔레스타인, 소말리아, 부룬디, 시에라리온, 기니비사우, 중앙아프리카공화국에 특별정무사무소를 두고 있다. 네팔에도 이러한 사무소를 유지하고 있었으나, 2011년 1월 철수했다. 또한 중앙아시아, 서부아프리카 및 중앙아프리카 등 3개 지역에는 지역정무사무소를 운영하고 있다. 이들 정무사무소가 거둔 성과들을 일일이 열거할 수는 없겠으나, 유엔 평화유지군과 비교도 되지 않는 소수의 인력으로도 긴장 지역의 정세 실시간 분석, 긴장 완화를 위한 당사자들 간 대화 중재 노력 등을 통해 많은 성과를 거두고 있다.

마지막으로 예방외교가 안고 있는 어려움에 대해서 살펴보자.

첫째, 분쟁 당사국이 유엔의 예방외교 노력을 수용하는 데 거부감을 보이는 경우가 흔히 있다. 문제가 걷잡을 수 없는 지경으로 치닫기 전까지 자국에 문제가 있다는 사실을 인정하지 않으려는 태도를 보이는 경우가 많다. 또한 유엔의 예방외교를 청하는 경우 분쟁 상대방을 합법화시킬 수 있다는 우려를 하는 경우가 많고, 유엔이 개입하는 것은 곧 자국의 분쟁이 국제화(*internationalization*) 됨을 의미할 것이라 우려하는 경우 또한 많다.

둘째, 유엔의 예방외교가 강화되기 위해서는 충분한 예산 확보가 필수적이다. 위에서 살펴본 바와 같이 유엔 정무국이 유지하는 특별정무사무소의 규모 및 예산은 유엔 평화유지 활동과 비교도 되지 않는다. 유엔 평화유지 활동이 1990년대 중반부터 유엔 정규예산과는 별도로 편성되어 관리되는 데 반해 유엔 특별정무사무소 운영은 늘 예산부족에 허덕이고 있다.

마지막으로 예방외교가 성공을 거두려면 탁월한 정치적 감각과 외교적 협상 능력을 갖춘 인물을 발굴, 육성하는 노력이 중요하다. 유엔 사무총장은 자신의 특별대표를 임명하여 예방외교를 수행하는 경우가 많은데, 이에 대해서는 별도 항목에서 다루기로 한다.

특별정무사무소

예방외교를 다루는 데 있어 아래에서 별도로 다룰 평화유지 활동과 비교하여 한 가지 소개할 것이 있다. 흔히들 국제평화와 안보 유지에 관한 유엔의 활동을 다룰 때면 평화유지 활동을 떠올릴 것이다. 하지만 예방외교 차원의 특별정무사무소(Special Political Mission)라는 제도도 있는데, 지난 10여 년간 그 규모 및 임무에 있어 매우 큰 발전을 보이고 있는 만큼 여기서 간단히 소개코자 한다.

특별정무사무소는 꼭 현장에만 설치되는 것은 아니다. 소규모 정무 임무를 띤 특별정무사무소는 현장에 설치될 수도 있고, 사무총장의 중재 또는 안보리 승인에 따라 설치된 제재위원회의 활동을 지원하기 위한 특별정무사무소는 본부에서 활동을 할 수도 있다.

특별정무사무소는 3가지 유형으로 분류된다.

첫째, 사무총장의 중재를 지원하기 위한 이른바 '중재 사무소'(*Good Offices Missions*)로서, 가장 쉽게 예를 든다면 '아랍의 봄'과 관련해 시리아 담당 유엔과 아프리카 연합의 공동특사인 코피 아난의 활동을 지원하기 위한 소규모 팀이 여기 해당한다. (코피 아난 특사는 2012년 8월, 특사직을 사임한바, 그 뒤를 이어 라흐다르 브라히미(Lakhdar Brahimi) 특사가 임명되었다.〕 2013년 10월 현재 이 카테고리에 해당하는 사무소는 7개가 있다.

둘째, 안보리에 의해 설립된 제재위원회의 활동을 지원하기 위한 패널 또는 전문가 그룹이 있다. 2009년 북한의 핵실험 이후 안보리 결의 1874에 따라 설립된 전문가 패널이 여기에 해당한다. 7명의 패널위원으로 구성되며, 한국도 패널위원으로 참여하고 있다(2013년 북한 핵실험 이후 패널위원은 8명으로 확대됨). 2012년 9월 현재 11개의 안보리 제재 관련 패널 또는 전문가 그룹이 설치되어 활동하고 있다.

셋째, 현장에 배치된 특별정무사무소가 있다. 이는 1993년 부룬디에 처음 설립되었는데 갈수록 그 숫자와 임무 유형이 확대되는 추세이다. 초창기에는 현장 정치상황 모니터링 및 보고가 주된 임무였는데, 갈수록 임무 유형이 확대, 세분화되어 아프간 주둔 특별정무사무소(UNAMA)의 경우에는 안보리로부터 부여받은 임무가 23개에 이른다. 특별정무사무소는 그 개념상 평화유지군에 비해 규모가 훨씬 작을 수밖에 없다. 대개 수십 명에서 100여 명 규모의 민간인 직원으로 구성되는데, 예외적으로 아프간 배치 미션 및 이라크 배치 사무소의 경우 각각 3천 명에서 1천 명에 육박하는 대규모도 있다. 2013년 10월 현재 이 카테고리에 해당하는 사무소는 12개가 있다.

평화유지 활동이 별도로 편성되는 특별예산으로 운영되는 데 비해, 특별정치미션은 정규분담금에 의해 운영된다. 특별정무사무소의 활동이 계속 확장되고 가변성이 큰 성격으로 인해 유엔 사무국에서는 특별정무사무소도 특별예산으로 편성되어야 한다는 목소리가 점차 높아지고 있다.

유엔의 선거 감시 및 선거 지원

반기문 총장이 제11회 서울평화상 수상차 한국을 방문한 2012년 10월 30일 한국 국회를 방문, 유엔 사무총장 취임 이후 처음으로 국회 본회의 연설을 했다. 2012년은 한국에서도 총선과 대선이 모두 실시된 해였는데, 전 세계적으로도 미국을 비롯한 많은 주요국과 아프리카 20여 개국에서 총선 또는 대선이 실시되어, '2012년은 선거의 해'라고 해도 과언이 아니었다. 유엔으로서는 민주주의가 정착되지 않은 회원국 및 후발 민주주의 국가 또는 전환기에 있는 국가에 대한 선거 지원이 분쟁 예방 및 해결 차원에서 큰 과제이다.

일본 패망과 한국의 독립 이후 우여곡절 끝에 1948년 5월 10일 유엔 감시하에 남한에서 총선거가 실시되었다. 당초 유엔 총회는 결의를 통해 유엔 감시하 한반도에서의 총선거 실시 및 유엔 한국임시위원단(UN Temporary Commission on Korea: UNTCOK)의 활동을 결정하였으나, 당시 소련의 반대로 북한 지역에서의 활동이 불가능하게 됨에 따라 남한 지역에서만의 총선거가 실시된 것은 주지의 사실이다.

당시 남한이 유엔 회원국은 아니었지만 유엔이 총선을 감시한 것은 이때가 처음이다. 이는 미국이 1947년 9월 17일 이 문제를 유엔 총회에 상정함에 따라 가능케 된 것인데, 미국이 안보리가 아닌 총회에 상정한 것은 안보리로 가져갈 경우 예상되는 당시 소련의 거부권을 피하기 위해서였던 것으로 보인다. 소련은 미국이 동 건을 총회에 상정한 것에 대해서도 반대 입장을 보였는데, 투표 끝에 남북한 총선거에 유엔 선거감시단 파견이 승인되었다.

이처럼 선거와 관련한 유엔의 역할을 다룰 때면 흔히 선거감시단(*observation mission*) 파견을 떠올리기 쉽다. 그러나 사실은 유엔이 회원국 선거에 선거감시단을 파견한 것은 2001년 피지(Fiji) 총선이 마지막이었다. 유엔의 선거 지원을 위해서는 두 가지 요건이 충족되어야 한다. 첫째는 회원국 정부, 국가원수/정부 수반 또는 외교장관의 공식 요청이 있거나, 또는 유엔 총회 또는 안보리의 승인이 있어야 한다. 둘째, 유엔 사무국 정무국 내에 있는 선거 지원 관할부서의 '지원 필요성 조사단'(*Needs Assessment*)이 현장 조사를 통해 지원 필요성 및 지원 유형에 대해 결정을 내려야 한다. 반기문 총장은 선거 지원에 관해 각별한 관심을 갖고 지원을 아끼지 않았는바, 2013년 10월 한국에서 개최된 A-WEB(세계선관위협의회) 창설회의 때 축하 영상 메시지를 제공하기도 하였다. 선거 지원은 다음 6가지 유형이 있다.

① 선거 조직 및 관리

선거 조직 및 관리(*organization and conduct of elections*)는 선거를 조직하고 선거 전 과정을 관리하는 중요한 기능인 만큼, 유엔 총회 또는 안보리의 승인을 요한다. 반기문 총장은 동티모르 독립 10주년 기념식 참석차 2012년 8월 동티모르 수도 딜리를 방문하였는데, 동티모르에서 2001년 및 2002년 각각 실시된 대선 및 총선에 대한 유엔의 지원이 대표적인 케이스이다.

② 선거 인증

유엔이 회원국 선거과정 전체 또는 일부의 신뢰성을 인증해주는 기능으로서 반드시 유엔 총회 또는 안보리의 승인을 요한다. 주로 1990년대에 많이 승인된 제도로서, 앙골라, 엘살바도르, 아이티, 니카라과, 모잠비크, 남아공에서 이루어졌다. 최근 사례로는 2011년 코트디부아르 대선 때 유엔이 이 기능을 수행했는데, 당시 코트디부아르 소재 유엔 사령관이 주 유엔 대사 및 주미대사, 그리고 외교차관을 역임한 최영진 대사였다.

③ 기술적 지원

기술적 지원(*technical assistance*)은 가장 광범위하게 사용되는 선거 지원 유형이다. 총회 또는 안보리의 승인이 있거나 회원국 정부의 명시적 요청이 있으면 가능하다. 국가선거기관에 대한 훈련, 재정적 지원, 법무·교도·경찰 등 치안기관 역량 지원과 같은 다양한 유형이 이에 해당한다.

④ 전문가 패널

전문가 패널(*expert panels*) 지원방식은 소규모 선거 전문가로 구성된 팀을 파견하는 유형으로서 자주 이용되지는 않는다. 2008년 네팔 및 2011년 남수단 독립이 결정된 주민투표 당시 제공된 지원 유형이다. 이 경우 총회 또는 안보리 승인은 필요하지 않으며, 회원국 정부의 요청이면 족하다.

⑤ 기타

이 밖의 유형으로는 국제감시단 운영 지원(*operational support to inter-*

national observers) 및 선거 환경 조성 지원(*support to creating a conducive environment*)이 있다.

평화유지활동

'블루 헬멧'으로 상징되는 유엔 평화유지군은 흔히 유엔의 기함(*flagship*)으로 불린다. 반기문 사무총장은 2012년 초 현재 전 세계 14개 미션에 10만 명이 넘는 유엔 평화유지군을 책임지는 총사령관으로서, 이는 미국이 해외에 파병하고 있는 병력 다음으로 큰 규모이다. 유엔 평화유지군은 그 성격상 전 세계 가장 어려운 임무환경에서 평화와 안전 유지를 위해 활동하고 있다. 그런데 국제 안보 환경이 변화하는 데 따라 유엔평화유지군의 임무와 활동 여건 또한 많은 변화를 겪었다.

여기서는 2012년 4월 초 반기문 총장이 주재한 안보리 이사국들과의 연례 연찬회에서 유엔 사무국 평화유지활동국의 전투부대 지휘관(*Force Commander*)들의 발표 내용을 중심으로, 21세기 유엔 평화유지 활동이 어떤 새로운 도전에 직면해 있는지를 간략히 살펴보기로 한다.

유엔 평화유지 활동은 동전의 양면이라고들 한다. 한편으로는 주둔지에서 평화유지 활동을 통해 파병 지역의 평화와 안전에 실질적인 기여도 하지만, 다른 한편으로는 병력과 장비 부족 등으로 인해 민간인 보호라는 임무 수행에 허점을 노출하기도 한다. 또한 일부 병력의 자질

부족으로 인한 성추행 등 불미스러운 사건들로 인해 파견 지역 정부 및 주민들과의 마찰을 초래하는 일들도 있다.

변화된 환경에서의 평화유지군 활동

평화유지군은 파병지 분쟁 상황에 따라 많은 영향을 받는다. 또한 군·경·민간인으로 이루어진 평화유지군 내부 상황 및 파병국(*troop contributing countries*) 및 주둔국 등 다양한 이해당사자들과의 관계에서 오는 도전들을 안고 있다. 평화유지군이 파견된 일부 지역, 특히 아프리카 국가의 경우는 이른바 '실패한 국가'(*failed states*)로서 평화유지군이 활동하는 데 필요한 최소한의 기본 인프라도 갖추어져 있지 않다. 이런 환경에서 민간인 보호와 같은 평화유지군의 임무가 원활하게 수행되기를 기대하는 것은 무리다.

21세기 들어 국민 보호책임과 같은 적극적인 인권보호 개념의 등장과 함께 유엔 평화유지군 활동에서도 민간인 보호가 중요한 요소로 부각되고 있다. 민간인 보호를 위해서는 파병된 평화유지군의 규모가 임무수행 지역 내 민간인 규모에 비해 적절한 수준을 유지해야 하는데 그렇지 못한 경우가 대부분이다.

유엔 평화유지군이 병력 규모 면에서 얼마나 어려운 환경에서 일하고 있는지를 보여주는 예를 들어보자. 콩고민주공화국에 파병된 평화유지군의 경우 서유럽에 해당하는 방대한 면적의 콩고 전체에 불과 1만 7천여 명의 평화유지군이 파병되었는데, 이에 비해 코소보에 파병된(코소보는 콩고의 작은 주 정도 크기에 불과) 북대서양조약기구(NATO)

군은 4만 5천여 명에 이른다.

파병지 현장 상황만 열악한 것이 아니다. 현장에 파병된 유엔 평화유지군과 이들 평화유지군 현황을 모니터하고 지침을 주는 본부 요원 간 비율을 보면 130:1 정도로 열악한 상황이다. 이처럼 파병부대의 관할지역 크기와 병력 규모의 심각한 불균형과 파병지역 내 열악한 인프라는 주둔 병력의 안전에도 심각한 위협이 된다. 주둔지 내 인프라는 비단 교통·통신과 같은 병력 활동에 필요한 물리적 여건만을 지칭하는 것은 아니다. 주둔지 내 법의 지배에 필요한 법과 제도를 뒷받침하기 위한 기간 시설, 특히 교도소 및 보호관찰 시설 등의 존재도 매우 중요하다.

평화유지군에 파견된 사령관들이 처한 내부 환경을 살펴보자. 사령관들은 대개 파견국 군 내에서 상당한 고위직 출신이다. 그러나 유엔 평화유지군이 처한 임무 환경은 군사적 경험만으로는 충분치 않다. 흔히 'C34'라고 불리는 파병국 그룹은 물론, 평화유지군 임무를 부여하는 안보리에 대해 수시로 상황을 설명하고 이들과 공조해야 하는 만큼, 본질적으로 정치·군사적인 측면이 강하다고 할 수 있다. 일부 사령관의 경우 이러한 고도의 부담을 견디지 못해 부임한 지 얼마 되지 않아 사임하는 경우도 있다.

이러한 현장 여건 및 평화유지군 내부 통솔(*command and control*) 상의 어려움뿐만 아니라 언론 및 인권 단체 등 비정부단체들로부터의 외부 압력도 갈수록 커지고 있다. 콩고민주공화국 파견 평화유지군에 의한 성추행 및 아이티에서의 콜레라 발생 등의 사례에서 보듯이 언론 및 인권·환경단체들의 영향력은 평화유지 활동의 이미지에 매우 큰 파급 효과를 가져온다.

앞에서 21세기 평화유지군이 처한 여건과 관련된 도전을 살펴보았는데, 다음에서는 평화유지군이 임무를 수행하는 데 필요한 도구들과 관련된 도전에 대해서 간략히 살펴보기로 한다.

첫째, 평화유지군의 구성(*composition*)에 따른 어려움이다. 유엔의 가장 큰 특징은 다국적 구성이며, 그러한 다양성과 포괄성이 유엔이 가진 도덕적 권위를 뒷받침하는 요소의 하나라고 할 수 있다. 그러나 때로는 이러한 구성상의 이질성으로 인해 문제가 야기되기도 한다. 유엔 평화유지군도 마찬가지다. 다양한 파병국으로부터 파견된 이질적인 구성원들을 통솔하는 데 있어 현실에서는 많은 도전이 도사리고 있다. 콩고민주공화국에 파견된 유엔 평화유지군의 경우 15개국 39개 부대로 이루어져 있으며, 수단 다르푸르에 배치된 유엔 및 아프리카 연합 공동 미션인 UNAMID(UN/AU 혼성평화유지군)에는 19개국으로부터 39개 부대가 파병되었다.

각 파병국 부대원들에 대한 유엔 평화유지군 파병 교육을 통해 평화유지군 활동에 대한 이해와 준비 실태를 갖춘다고는 하지만 군사 활동이라는 특수성과 대부분의 파병 부대원들이 1년 미만 동안 주둔하고 교체되는 상황 속에서 이러한 이질성으로 인한 문제가 모두 차단되기는 어려운 것이 현실이다. 또한 파병국마다 운용하는 장비도 상이하며 규율에서도 큰 차이가 있는 것이 사실이다. 이러한 이질성으로 인해 서로 다른 파병국 대원들이 혼재된 부대와 동일한 국가의 대원들로만 구성된 부대 간에는 성취도 차이를 가져온다는 것이 일선 사령관들의 공통된 지적이다.

유엔 평화유지 담당부서에서는 한국에서 파병된 평화유지군에 대한 평가가 매우 좋은 편이다. 잘 훈련되고 규율이 엄격한 한국군은 파병지에서 주민들과의 관계도 매우 뛰어나다는 평가를 받고 있다.

둘째, 평화유지군 특성에 맞는 훈련 및 교육이다. 대개의 경우 파병되는 부대원들은 파병국에서 잘 훈련을 받은 상태이다. 하지만 유엔 평화유지군이 임무를 수행하는 지역의 특성과 환경, 그리고 이질적인 부대원들 간 구성에서 비롯되는 각종 도전들을 극복하기 위해서는 그에 적합한 현장 적응 훈련이 요구된다. 병력 파병국들 중에는 폭동진압 부대정도의 훈련 수준이면 유엔 평화유지군에 파견되어 활동하는 데 아무 문제가 없을 것이라고 쉽게 생각하는 경우가 있는데, 실제 유엔 평화유지군의 근무 환경은 이보다 훨씬 열악하며 복합적이다.

한 가지 예를 들어본다. 2012년 1월 수단 다르푸르 지역에 파견된 유엔·아프리카 연합 공동 평화유지군 소속 정찰부대가 임무 수행 중 정체불명의 무장 괴한들로부터 공격을 받은 사건이 있었다. 그때 정찰부대가 총 한 발 발사해보지 못하고 속수무책으로 무장해제를 당하는 일이 발생하였다.

격노한 반기문 총장은 이러한 일이 처음이 아니라고 지적하면서 현장에서의 교전수칙(*Rules of Engagement*)이 왜 지켜지지 않았는지를 철저히 조사하고 이러한 일이 재발하지 않도록 대책을 강구할 것을 지시했다. 조사 결과 동 정찰 부대는 공격받을 경우 정당한 자위권 행사와 같은 교전수칙에 대한 이해도 부족했으며, 지휘권 수행(*command and control*) 계통도 제대로 지켜지지 않았으며, 무력 공격 시 대응에 필요한 필수 장비는 물론 본부와의 통신 체제도 제대로 갖추어지지 않은 것으로 드러났다.

반기문 총장은 2012년 4월 주재한 안보리 이사국들과의 연례 연찬회에서 유엔 평화유지군이 안보리가 부여한 임무를 제대로 이행하기 위해서는 병력과 장비 그리고 훈련과 같은 지원이 제대로 이루어져야 한다는 점을 강하게 주문했다.

이러한 문제점을 해소하기 위하여 현장 부대에 감사관(*Inspector General*)을 두어 평화유지군의 지휘·통솔 체계, 명령에 대한 전반적 이해도, 장비, 훈련 및 규율 상태 등을 상시 점검토록 하자는 의견도 있다. 각 유엔 평화유지군 임무 특성을 고려한 맞춤형 훈련과 재교육도 매우 중요하다. 하지만 여기에는 상당한 재원이 소요되는 만큼 안보리 및 파병국가들의 적극적인 협조가 필수적이라고 하겠다.

위에서 살펴본 바와 같이 병력은 물론 헬기와 같은 필수적 '전력 승수'(*force multiplier*)가 부족한 상황에서는 현장 사령관의 작전 능력이 크게 위축될 수밖에 없다. 상비군이 없는 유엔 평화유지군의 특성상 예비병력(*reserves*)은 기대하기 어려운 것 또한 현실이다. 이러한 유엔 평화유지군의 취약성은 위기 상황에서 큰 어려움을 가져온다.

그동안 유엔은 이러한 구조적 취약성을 해소하기 위하여 이른바 '전략 예비군'(*Strategic Reserves*) 또는 '미래 위기 대응군'(*Over the Horizon Forces*) 구성과 같은 다양한 이니셔티브를 회원국들에게 제시했으나, 이렇다 할 성과를 거두지 못하였다. 이러한 일종의 상비군 또는 신속대응군의 부재는 많은 경우 신속한 배치를 생명으로 하는 유엔 평화유지군의 성격상 매우 심각한 문제이다.

돌이켜보면 엄밀한 의미의 유엔 평화유지군은 아니지만 한국전쟁 당시 유엔 결의를 통해 한국에 파병된 연합군은 불과 한 달여 만에 파견된 것으로서, 최근 유엔 평화유지군 파병에 소요되는 시간에 비추어 보면 전설과도 같은 이야기다.

2012년 말리에서 쿠데타가 발생함에 따라 서아프리카 지역 국가들 간 협력기구인 ECOWAS(서아프리카 경제공동체)에서 말리에 동 기구의 상비군을 파병하는 문제가 논의되었는데, 인근국 말리에 2천여 명의 상비군을 파병하는 데 아무리 빨라야 1개월 이상 소요될 것으로 보고되었다. 그러니 상비군 또는 신속 대응군이 없는 유엔의 경우 예기치 않은 지역에 유엔 평화유지군을 파병하기 위해서는 얼마나 많은 시간이 소요될지 독자들이 미루어 짐작할 수 있을 것으로 본다.

이런 상황에서 가능한 최선의 옵션은 인근 지역에 배치되어 평화유지군 간 위기시 병력을 지원하는 IMC(*Inter Mission Cooperation*)이다. 이 방안 역시 안보리의 사전 승인 및 파병국가 및 병력 주둔국(*host country*)의 동의를 구해야 하는데, 이러한 절차에 소요되는 시간을 줄이기 위해서 유엔 평화유지군 파견에 관한 안보리 결의 채택 시 이러한 IMC 조항을 의무적으로 포함시키자는 의견도 있다. 이 방안은 예산의 다른 항목 간 전용에 비유할 수 있는데, 국내 예산 및 감사당국에서 반대가 있듯이 개별 평화유지군마다 별도의 예산 시스템을 유지하는 현 상황에서 받아들여지기 쉽지 않은 대안이다.

여기서 상기 언급된 전력 승수(*force multiplier*) 중 가장 대표적인 헬기에 대해서 반기문 총장의 노력을 간단히 소개한다.

헬기는 방대한 유엔 평화유지군 배치 지역에서 작전을 펼치기 위해 가장 필수적인 전력 승수이다. 그러나 헬기는 그 자체로 매우 고가의 민감한 군사 장비로서 이를 운용하기 위해서는 상당한 지원 인력과 장비가 필요하다. 2007년 9월 초 반기문 총장을 수행하여 수단 다르푸르 지역에 출장간 적이 있다. 당시 수단 다르푸르 지역에 유엔과 아프리카 연합 공동으로 구성된 혼성 미션이 구성되는 과정이었는데, 서유럽 면적에 해당할 정도로 방대한 다르푸르 지역에서 임무를 수행하기 위해서는 헬기가 필수적이다. 다르푸르 미션의 경우 안보리가 군용 헬기 8대로 구성된 헬기전단 구성을 승인했는데, 수년이 지난 2012년 현재까지도 군용 헬기 5대만이 확보되었으며 그나마도 확보된 헬기의 일부는 고장 등으로 임무에 투입되지 못하는 상황이 허다하다고 한다.

반기문 총장은 유엔 평화유지군의 임무 수행에 필수적인 헬기를 조달하기 위해 주요국 정상들과의 면담 시 이 문제를 집요하게 제기하고 협조를 요청했다. 2012년 3월 서울에서 열린 핵안보 정상회의 계기에 가진 우크라이나 대통령과의 면담 시에도 남수단 주둔 평화유지군에 대한 헬기 지원을 요청했다. 또한 2012년 안보리 이사국들과의 연찬회에서는 "어느 국가를 방문하든 헬기만 보면 '유엔 평화유지군에 헬기를 좀 지원해주면 좋겠다'는 생각을 하게 된다"는 농담을 하여 폭소를 자아낸 바도 있다.

마지막으로 평화유지군 병력 주둔국과 파병국과의 관계이다. 평화유지군 활동에 필수적인 이들 이해당사자들과의 긴밀한 공조는 평화유지 활동에 있어 가장 핵심적인 요소이다. 그러나 이들 이해당사자들과 평화유지군 간에는 정도의 차가 있을 뿐 늘 긴장관계에 있다고 할 수 있다. 심한 경우에는 현장 사령관이 소속 부대 일부를 위험한 작전 지역에 배치하는 명령을 내려도 동 부대원 파병국 정부에서 다른 훈령을 내려 현장 사령관의 지휘권이 시행되지 않는 경우도 있다. 이런 이유로 안보리 내에서는 파병국을 선정할 때 일정한 요건을 충족시키는 경우로 한정해야 한다는 목소리도 있다. 사무총장 주재로 열린 2013년 안보리 연찬회에서 이 문제가 집중적으로 다루어진 바 있다.

부대사령관(*Force Commander*)이 지휘(*command*)를 하는 것이 아니라 조정(*coordinate*)을 하는 역할에 그치고 있다는 조롱 섞인 발언을 하는 안보리 이사국 대사들도 있었다. 병력 주둔국의 협조가 중요함은 새삼 강조할 필요도 없을 것이다. 안보리에서는 수용국으로부터 적절한 협조가 제공되지 않을 경우에는 평화유지군을 철수시키는 방안을 출구전략(*exit strategy*)으로 삼아야 한다는 주장도 있다.

한편, 유엔 평화유지군 운영 예산은 유엔 사무국 예산과 별도로 책정되고 있다. 이는 1990년대 들어 유엔 평화유지군 활동이 대폭 확대되면서 신속 파병을 생명으로 하는 유엔 평화유지군을 안정적으로 관리하기 위해서는 기존 사무국 예산과는 별도로 편성, 관리할 필요가 있다는 인식에 따라 취해진 결정이었다. 이에 따라 1995년 3월 유엔 총회 결의 A/RES/49/233을 통해 유엔 평화유지군 예산의 별도 책정, 운영에 대한 결정이 이루어진 바 있다.

평화유지활동의 진화: 무력 사용에 대한 고찰

평화유지활동은 말 그대로 분쟁이 종료된 후 조성된 평화(*peace*)를 유지(*keep*)하는 기능이다. 즉, 유지할 평화가 있어야 평화유지 활동이 성립하는 것이라고 할 수 있다. 그런데 냉전이 종식된 1990년대 이후 국제안보 상황은 크게 변화하였다. 국가 간 분쟁(*inter-States conflict*)보다는 한 국가 내부의 분쟁(*intra-State conflict*)이 더 많아졌다. 국가 간 분쟁에 따른 평화유지군 파견은 2001년 에티오피아 및 에리트리아 간 분쟁이 마지막 사례였다. 국가 내 분쟁의 유형도 반란(*insurgency*) 및 국제 테러조직과 연계된 대규모 반정부 폭력사태 등 비대칭적 위협에 의한 것이 많아졌다.

전통적인 평화유지군 개념에 따르면 무력사용은 자위권 행사 또는 주어진 임무이행에 반드시 필요한 경우에만 예외적으로 가능하다. 그런데 2000년대 들어 민간인 보호를 위한 적극적인 책임에 대한 요구가 강해짐에 따라 기존 평화유지군의 무력사용에 대해서도 보다 적극적으로 접근해야 한다는 주장이 꾸준히 제기되었다.

앞서 안보리 영역의 진화를 다루는 편에서 코트디부아르 폭력사태에 대한 평화유지군의 임무로서 '중화기 무력화'를 위한 무력 사용을 설명한 바 있다. 이는 평화유지활동 역사상 매우 중요한 의미를 가진다. '중화기 무력화'라는 매우 구체성을 띤 임무를 부여한 것 자체도 그렇거니와, 제한적이긴 하지만 적극적인 무력사용을 허용한 결의라는 점에서도 역사적인 내용이라고 할 수 있다.

사실 러시아는 평화유지군의 무력사용에 대한 결의가 진화하는 데 대해서 매우 부정적인 입장을 견지하고 있다. '민간인 보호'를 명분으로 한 무력 사용이 기존 평화유지 활동과 달리 '평화 조성'(*peace creation*) 기능으로 확장되고 있다고 하면서 깊은 경계심을 보이고 있다. 이러한 제한된 성격의 무력사용 허용에 대해 유엔 헌장상 기준으로 볼 때 평화적 수단을 통한 분쟁해결(6장) 및 강제조치를 통한 분쟁해결(7장)의 중간 형태인 '6. 5장'이라는 비공식 신조어가 생기기도 하였다.

2013년은 평화유지군의 적극적인 무력행사에 있어 큰 전기가 된 해라고 할 수 있다. 아프리카에서 가장 면적이 큰 콩고민주공화국이 인근국인 르완다의 지원을 받는 'M23'이라는 반군단체에 의해 북부 요충지대인 고마(Goma)가 함락당하고 반군이 수도로 진격할 위기에 처하자 국제사회는 사태 해결에 적극 나서게 되었다. 2013년 3월 말 채택된 안보리 결의 2098호는 19,815명 규모의 '군사중재여단'(*Intervention Brigade*)을 유엔 평화유지군 산하에 별도로 두기로 결정하였다.

러시아, 중국 등 평화유지군이 무력행사 개념을 확대 적용하는 것에 반대하는 이사국들이 이러한 결정이 "극히 예외적이고 선례를 구성하지 않으며 평화유지군의 원칙을 저해하지 않는다"•는 여러 가지 안전장치(*caveat*)를 달기는 하였으나 이 또한 평화유지군 역사에 있어 커다란 획을 그을 수 있는 발전이었다.

한편 상기 콩고민주공화국 결의에 이어 4월 말 채택된 말리 결의 2100호 또한 평화유지군 역사에 있어 특기할 만한 기록이다.

2013년 1월 말리 북부를 장악한 테러집단의 남진이 거센 속도로 이루어지는 가운데 안보리가 행동을 취하지 못하는 상황에서, 말리 과도정부의 요청을 받은 프랑스가 군사적 개입을 통해 말리 테러집단의 남진을 격퇴함으로써 어느 정도 안정을 되찾았다. 말리 사태의 심각성은 급진 테러집단의 발호가 비단 말리에만 그친 것이 아니라 사헬 지역에서 광범위하게 이루어질 수 있다는 데 있었다. 말리 정부의 부패와 실정이

• 원문은 다음과 같다. *on an exceptional basis, and without creating a precedent or any prejudice to the agreed principles of peacekeeping.*

심각해지면서 그 틈을 파고들어 테러집단이 말리에서 군사적 행동을 감행한 것이다.

안보리는 말리 사태를 제대로 다루지 않으면 사헬 지역 전체가 위험에 처할 수 있다는 인식을 하게 되었다. 안보리 결의 2100호는 이런 배경에서 채택된 것으로서 11,200명의 병력과 1,440명의 경찰 병력으로 이루어진 MINUSMA(말리 안정화 임무단) 구성을 결정하였는데, 특기할 사항은 말리 사태 초기부터 군사작전을 통해 사태 해결에 결정적 역할을 한 프랑스 군이 별도 병력(*parallel force*)으로서 유엔 평화유지군을 지원한다는 것이었다.

말리 평화유지군의 임무 이행을 지원하기 위한 프랑스 별도 병력과 유사한 것으로 2011년 코트디부아르 사태 당시 유엔 평화유지군과 프랑스 별도 부대를 들 수 있다. 한 가지 차이점은 코트디부아르 유엔 평화유지군와 말리 안정화 임무단의 임무 이행을 지원하기 위한 프랑스 별도 병력이 군사 작전을 수행하는 데 있어 수반되는 조건이다.

2011년 당시 코트디부아르 정부군의 중화기 무력화 작전의 핵심적 역할을 수행한 프랑스 독자 부대의 경우, 안보리 결의를 근거로 상황이 긴급하다는 판단 하에 독자적인 군사행동을 감행하였으나, 말리의 경우 '위급한 상황에서 유엔 사무총장의 요청에 따라'(*when under imminent and serious threat upon request of the Secretary-General*) 라는 단서를 더 달고 있다. 위에서 언급한 바와 같이 유엔평화유지군의 무력사용의 범위가 확대되는 상황 속에서 이러한 추세에 깊은 우려를 갖고 있는 일부 안보리 이사국들이 단서를 추가한 것으로 볼 수 있다.

상기 콩고민주공화국 군사중재여단과 말리의 별도 병력을 비교할 때 군사중재여단에 대해서는 유엔이 명령과 통제(*command and control*) 권한을 갖는 반면, 말리의 경우 별도 병력에 대해서는 유엔이 그러한 권한을 갖지 않는다는 차이가 있다.

한편, 유엔 평화유지군의 무력사용이 확대되면서 한 가지 심각하게 대두된 문제가 있다. 전통적으로 국가 간(*inter-States*) 분쟁상황에서 평화 유지를 위한 중립적 입장을 견지한 유엔 평화유지군이 비전통적 유형의 국가 내(*intra-State*) 무력분쟁 상황에서 사실상 교전 당사자가 되는 상황에 처하게 된 것이다. 이러한 상황에서 유엔이 국제인도주의법의 적용을 받게 되는 상황이 발생한 것이다.

국제인도주의법(*International Humanitarian Law*)은 무력분쟁(*armed conflict*) 상황에 적용된다. 무력분쟁이 성립되느냐 하는 문제는 국제무력분쟁과 비국제무력분쟁에 따라 달리 적용된다. 국제무력분쟁이란 최소한 2개 이상의 국가가 무력 충돌한 경우를 말하는데, 무력충돌의 강도(*minimum level of intensity of hostilities*)를 불문하고 분쟁 상대국의 병사 1명만 포로가 되어도 국제인도주의법이 자동 적용된다.

주권국가 간 무력충돌을 규정하는 국제무력분쟁에 비해 비국제무력분쟁은 문제가 훨씬 복잡하다. 우선 분쟁 당사국이 분명하게 규정되어야 한다. 정부군과 달리 비정부 단체(*non-State actor*)는 분쟁 당사자로 규정하는 것이 분명치 않은 경우가 많다. 분쟁당사자로 인정받기 위해서는 시위나 폭동과 같이 일시적으로 조직된 행위와는 달리 일정한 지휘 통솔체계를 갖추어야 한다. 또한 내부 소요, 시위, 폭동과 달리 군사 작전을 수반한 일정한 수준의 적대행위에 이르러야 비국제분쟁, 즉 국가내부의 무력분쟁으로 인정받을 수 있는 것이다.

콩고민주공화국에 배치된 유엔 평화유지군(MONUSCO)에 추가된 군사중재여단 및 프랑스 병력으로 구성된 별도 병력과 함께 작전을 수행하게 될 말리 평화유지군의 경우, 해당국 무력분쟁의 일방 당사자인 정부군과 함께 군사작전을 수행하는 임무를 부여받음에 따라 무력분쟁의 일방 당사자가 된 것이다. 이는 군사작전에서 유엔 평화유지군 소속 병사들이 분쟁 상대방의 공격 대상이 되는 것을 의미하며 유엔 평화유지군 요원들은 국제인도주의법을 준수할 의무를 지게 된다. 이는 매우 중요하고 심각한 정치적 파장을 가져오는 문제이다.

유엔 평화유지군을 파병하는 국가들에게는 자국 병사들이 교전 상황은 물론, 배치되어 있는 동안 늘 분쟁 상대방의 공격 대상이 되는 것을 의미한다. 또한, 무력분쟁하에서 국제인도주의법에 따른 철저한 '민간인 보호' 책임을 지게 되며 위반 시 향후 국제형사재판소에 의한 기소 가능성도 배제할 수 없게 된다.

유기적 생명체에 비교할 수 있는 평화유지활동의 성격

앞선 장에서 '임무 팽창'(*mission creep*)이라는 표현을 설명한 바 있다. 유엔에서 한정된 기간을 전제로 한 조직이 생기면 활동 과정에서 임무를 계속 확대시켜 나감으로써 사실상 영구적인 조직으로 자리한다는 문화를 냉소적으로 대변하는 조어이기도 하다. 유엔 평화유지 활동에서도 이러한 표현이 적용되고 있다.

전통적인 개념의 평화유지 활동은 어렵게 조성된 평화가 공고화될 때까지 유엔 평화유지군이 필요한 지원을 제공하는 것이다. 즉, 한시적 성격을 띤 임무를 말한다. 그런데 일단 파병되고 나면 이런 저런 현장 상황을 이유로 평화유지 활동이 연장을 거듭하는가 하면, 수십년 동안 유지되는 평화유지군들도 있다. 이는 평화유지군 유지에 막대한 재원이 소요된다는 점을 떠나서도 일종의 도덕적 해이(*moral hazard*)의 문제가 수반된다. 다시 말해서, 평화유지는 기본적으로 해당국 정부의 책임으로서 한시적인 기간 동안 평화와 안정을 공고화하기 위해 유엔의 힘을 빌리자는 것인데, 자국 스스로 서려는 자구책 없이 유엔에 기대 군대, 경찰 등 국가 안보와 치안유지 활동을 외부의 힘에 의존하려는 경향을 보이는 경우가 많다.

이런 점에서 반기문 총장이 2014년 3월 초 방문한 시에라리온 출장은 유엔 평화유지군 역사에 큰 의미를 가진다. 시에라리온은 1991년 3월부터 혁명통일전선(Revolutionary United Front)이라는 무장단체가 무력에 의한 국가 전복을 획책하여 큰 혼란에 빠졌다. 수년 간 폭력과 혼란이 지속되자 유엔 안보리는 1998년 6월 시에라리온의 폭력사태를 정치적으로 해결하기 위한 시에라리온 옵서버 미션(UN Observer Mission in Sierra Leone)을 설치하는 결의를 채택하였다.

이어 안보리는 1999년 10월 결의 1181호를 통해 시에라리온 평화유지군(UNAMSIL: UN Mission to Sierra Leone)을 설치한다. 시에라리온에서 평화유지활동이 성공적으로 자리를 잡으면서 유엔 활동은 평화유지로부터 전후 복구(*post-conflict reconstruction*), 즉 평화구축활동(*peacebuilding activity*)으로 초점이 이전된다. 2005년 12월 시에라리온 유엔통합사무소(UN Integrated Office in Sierra Leone: UNIOSIL)로 명명된 평화구축 기능을 수행하는 단계로 전환된다. 이어 2008년 8월 안보리 결의 1829호를 통해 유엔시스템 차원의 통합된 평화구축 활동을 수행하는 단계로 확대 개편되는데, 동 미션을 시에라리온 유엔 통합평화구축미션(UN Integrated Peacebuilding Mission in Sierra Leone: UNIPSIL)으로 명명한다. 시에라리온에서의 유엔 평화구축활동은 성공적으로 이행되어 동 미션은 2014년 3월 말 임무를 종료하고 철수한다.

2014년 3월 초 반기문 총장의 시에라리온 방문은 이러한 배경에서 추진된 것이다. 시에라리온에서의 유엔의 활동이 거둔 성과, 즉 분쟁이 확대되어 헌정질서가 파괴되는 것을 막고, 평화유지 활동을 성공적으로 수행한 뒤, 분쟁 후 평화복구 활동까지 성공적으로 이행함으로써 시에라리온이 스스로 치안을 유지하고 국가 기능을 수행할 수 있는 단계까지 끌어올린 유엔의 성공 스토리를 국제사회와 함께 나누고자 한 것이다.

이와 같이 유엔 평화유지 활동이란 어떤 면에서는 살아있는 유기체와도 같다. 유엔 평화유지 활동은 소재국, 그리고 소재국내에서 전개되는 정치 경제 상황이라는 가변적인 틀 속에서 발전하는 것이다. 그런 점에서 시에라리온에서의 유엔 평화유지 활동은 주어진 임무를 성공적으로 수행하는 가운데 시에라리온이 안정을 거듭하는 과정에서 유엔의 역할을 한 단계씩 발전적으로 진화시켜온 성공 스토리라고 할 수 있다.

유엔 사무총장의 특사

유엔 사무총장은 필요에 따라 특별대표를 임명할 수 있다. 유엔 사무총장이 임명하는 특별대표의 종류는 다양하다.

반기문 총장이 2012년 4월 자신의 특별대표들을 한자리에 모아 세미나를 개최하여, 특별대표들 간 경험을 공유하는 한편, 자신들의 임명권자인 유엔 사무총장의 정책 방향에 대해 듣고 의견을 나누는 장을 마련하였다. 동 세미나는 정무 분야에 해당되는 특별대표들과 사무국 사무차장보급 이상 간부들만 모인 자리였고, 경제·사회 및 개발 분야에 대한 특별대표 및 사무국 간부들은 해당되지 않았음에도 불구하고 거의 50명이 초청 대상이었으니 그 규모만도 상당하다고 하겠다.

유엔 사무총장이 임명할 수 있는 특별 대표의 종류와 각각의 주요 차이점에 대해서 간략히 설명해 본다. 우선 '대표'(*Representative*) 카테고리부터 살펴보자. 첫째로 '유엔 사무총장 특별 대표'(*Special Representative of the Secretary-General*)가 있다. 평화유지군 미션 또는 특별정무 미션의 대표, 사무총장의 협상 및 중재 노력 지원을 위한 대표, 그리고 군사적 분쟁 상황에서 아동 보호와 같은 특정한 주제를 다루도록 하는 특별대표가 이에 해당된다. 이들은 사무총장의 필요에 따라, 혹은 안보리 결의에 따라 임명된다. 안보리 결의에 따라 임명되는 경우 사무총장은 안보리 의장에게 후보 임명 의사를 표명하고 안보리의 동의를 구한다. 대개 24시간 정도의 시간을 주고 그 시간동안 이견이 제기되지 않으면 사무총장이 제시한 후보를 임명하는 것으로 한다〔이른바 침묵절차(*silent procedure*)].

대개의 경우 사무차장(*Under Secretary-General*) 급으로 임명된다. 특정한 주제를 다루는 특별대표의 경우를 제외하고는 대개 현장 미션에 파견되어 상당 기간 특별대표로서 활동하게 된다.

다음으로 '사무총장 대표'(*Representative of the Secretary-General*)가 있다. 임명되는 대표의 격이 사무차장보(ASG) 급이라는 점이 상기 카테고리와의 차이점이라고 할 수 있다. 이 밖에도 '사무총장 고위대표'(*High Representative of the Secretary-General*: HRSG), '사무총장 개인대표'(*Personal Representative of the Secretary-General*: PRSG)가 있는데, 사실상 특별대표(*Special Representative*)와 명확한 차이점이 없이 그때그때 수요에 따라 융통성 있게 활용되고 있다고 보면 된다.

사무총장 고위대표의 경우, 반기문 총장이 취임 후 구조 개편을 통해 새롭게 명명한 군축국 사무차장을 군축담당 사무차장(*Under-Secretary-General for Disarmament Affairs*) 대신 군축담당 고위대표(*High Representative for Disarmament Affairs*)로 명명하였다. 이는 북핵 문제를 오랫동안 다루고 IAEA가 소재한 주 오스트리아 대사를 역임하는 등 군축 이슈에 대해 누구보다 많은 관심과 애정을 가지고 있던 반 총장이 군축 어젠다를 보다 활성화시키기 위한 개인적인 열정을 담아 '고위대표'라고 정한 것이다.

다음은 '사절'(*Envoy*) 카테고리가 있다.• 여기에는 '특별 사절'

• 사실 '사절'(*envoy*)이라는 용어도 앞서 언급한 '대표'(*representative*)와 마찬가지로 이해하면 되겠으나 여기서는 한국어 용어에 차별을 두는 의미에서 '사절'로 명기한다.

(*Special Envoy*) 및 '개인 사절'(*Personal Envoy*)이 있다. '사절'과 '대표'의 가장 큰 차이점은 사절을 임명할 때는 안보리 또는 총회의 승인을 요하지 않는다는 점이다. 개인 사절의 예로는 서부 사하라 이슈를 담당하는 서부 사하라 담당 개인 특사(*Personal Envoy for West Sahara*)가 있다. 특별 사절의 경우 안보리가 다루는 사안에 있어 문제 해결을 촉진하기 위한 목적으로 임명되는데, 특별 대표(*Special Representative*)와 달리 해당 지역에 소재할 필요가 없으며 비교적 단기간 활동할 목적으로 임명된다. 사무총장은 안보리에 임명 여부를 통보하고 안보리는 대개 이를 추인하게 된다. 말라리아 담당 특별 사절이 있으며, 클린턴 전 미국 대통령은 반 총장이 임명한 아이티 담당 특별 사절이다.

다음 카테고리로는 '고문'(*Adviser*)이 있는데, 한시적인 성격의 사안에 있어 전문적 자문을 구하기 위해 설치하는 경우가 대부분이다. 스포츠를 통한 평화 및 개발 증진을 위한 특별 고문(*Special Adviser*)이 있으며, 대량학살 방지를 위한 특별 고문도 있다.

마지막으로 '조정관'(*Coordinator*) 카테고리가 있다. 가장 대표적인 경우가 2013년 10월 임명된 시리아 화학무기 폐기를 위한 화학무기 금지기구-유엔 공동 미션을 대표하는 특별 조정관(*Special Coordinator*)으로 임명된 시그리드 케그(Sigrid Kagg, 임명 당시 UNDP 파트너십 담당 사무차장보)이다.

이 카테고리는 특별 대표 또는 개인 대표(*Special Representative or Personal Representative*)를 겸하기도 한다. 해당 지역 또는 국가에 대한 관심국 또는 공여국과의 협의까지도 관장하는 보다 포괄적인 역할을 수행하는 경우에 해당한다. 이러한 예로 중동 평화협상을 담당하는 사무총장의 대표(*Personal Representative*)가 사무총장 대표 겸 조정관(*Special Coordinator of the Secretary-General for the Middle East Peace Process*)도 겸하고 있다.

이 밖에 '사무총장이 임명한 유엔 시스템 차원의 고위 조정관'(*Senior* UN *System Coordinator of the Secretary-General*)이 있다. 이는 과거 조류 인플루엔자에 대해 유엔 시스템 차원의 신속한 대응과 다양한 산하기구들 간의 원활한 공조를 담당하기 위해 임명되었는데, 사무차장보급으로 임명된다. 이 밖에 '고위 조정관'(*High-Level Coordinator*)이라는 직책도 있는데, 과거 이라크의 쿠웨이트 침공 후 쿠웨이트에 대한 이라크의 변상 문제를 담당하기 위해 한시적으로 임명된 적이 있다.

위와 같이 비록 각각의 카테고리를 규정하는 조건들이 있는 것은 사실이지만 사안별로 융통성 있게 활용된다고 보면 된다. 혹자는 특별대표직이 너무 광범위하게 확산되고 있다고 비판적으로 보는 시각도 있지만, 그만큼 유엔이 담당하는 영역이 방대해졌다고 보는 것이 더 객관적인 관찰이라고 생각된다.

대표적인 예로서 '아랍의 봄'의 하이라이트라고 할 수 있던 시리아 사태가 한창 진행 중이던 2012년 2월, 코피 아난 전 유엔 사무총장이 반기문 총장과 엘 아라비(El Araby) 아랍연맹 사무총장에 의해 공동 특사(*Joint Special Envoy*)로 임명되었는데, 아난 특사가 동년 8월 초 사임했다. 당시 안보리가 P2(러시아, 중국) 및 P3(미국, 영국, 프랑스) 간 극심한 이견으로 분열된 상황에서 아난 특사가 무력감을 느끼는 한편, 시리아 사태 공전에 대한 안보리와 국제사회에 대한 정치적 압박을 가하기 위해 사임하자 후임을 선정하는 문제가 뜨거운 이슈로 대두되었다.

결국 우여곡절 끝에 베테랑 유엔 전문가인 라흐다르 브라히미가 후임자로 선정되었는데, 전임자인 아난 특사와는 달리 공동 특별 대표(*Joint Special Representative*)라는 명칭을 갖게 되었다. 사실 브라히미 특사는 아랍 출신인 점에 비추어 자신이 아랍연맹도 동시에 대표하는 직함을 가지고 있는 경우 아랍권의 영향력이 너무 강하게 작용할 것을 우려하여 유엔 사무총장만의 특사로 활동하기를 원하였다. 즉, 보다 많은 활동의 자유를 희망했던 것이다. 그러나 아랍연맹측의 강한 요구에 따라 결국 공동 직함을 유지하게 되는데, 전임자와는 다른 타이틀을 희망함에 따라 '공동 특별 대표'라는 직함을 갖게 된 것이다.

여기서 보는 바와 같이 특별 대표(*Special Representative*)와 특별 사절(*Special Envoy*) 상의 실질적인 차이는 없었으며, 그때그때 상황에 따라 융통성 있게 운용되는 것이다.

유엔 차원의 진상조사 활동

유엔에서 민감하면서도 중대한 사안에 대해 사실 관계를 정립하거나 중대범죄가 드러난 경우, 이에 대한 책임을 묻는 제도로 진상 조사활동 및 형사 재판 메커니즘이 종종 이용된다. 무력분쟁에서 진상조사위원회의 활동 결과 특정 범죄를 다루기 위한 국제형사재판소 설치로 연결되는 사례도 있는 만큼 이 두 가지 메커니즘은 긴밀한 연관관계를 갖는다.

일반적으로 말하면 유엔 사무총장은 유엔의 정치적 기관의 명시적 요청이 있는 경우에 진상조사위를 구성할 수 있다. 다만 유엔 헌장 99조에 의거하여 직권으로 진상조사위를 구성할 수도 있다. 이 경우에는 해당 사안이 '국제 평화 및 안전 유지에 위협이 된다고 유엔 사무총장이 판단하는 경우'에 한해서만 그러한 권리를 발동할 수 있다.

여기서는 유엔 차원의 진상조사활동 및 형사적 책임 소추의 유형과 실제 운용에 대해 간략히 살펴보기로 한다.

진상조사 메커니즘은 크게 조사위원회(*Commission of Inquiry*: CoI)와 조사반(*Boards of Inquiry*: BoI)으로 구분되는데, 조사위원회의 경우 유엔 외부에서 발생한 사건에 관여하며, 조사반은 유엔 내부 사건에 개입한다고 보면 된다. 조사위원회는 유엔의 정치적 기관, 즉 유엔총회, 안보리, 또는 인권이사회에 의해 구성이 결정되며 구성을 결정하는 기관이 해당 조사위의 임무와 권한 등 상세한 사항을 정하게 된다. 해당 사건 당사국 정부의 요청이 반드시 필요한 것은 아니다. 그러나 진상조사위가 제대로 활동하고 성과를 거두기 위해서는 관련 당사국 정부의 적극적인 협조는 필수불가결한 요소이다.

조사위원회는 유형에 따라 진상조사위원회(*Commission of Inquiry*), 사실관계 확인위원회(*Fact-finding Commission*), 수사위원회(*Commission of Investigation*)로 구분된다.

조사위원회는 무력분쟁 상황에서 심각한 인권 및 국제 인도법 위반 사례에 대한 범죄의 사실관계 확인, 심각성 판단, 책임 소재 규명 및 관련 권고를 수행하게 된다. 대표적인 사례로는 1992년 구 유고에서의 국제 인도법 위반 행위에 대한 조사위 활동, 그리고 1994년 르완다 인종 학살에 대한 조사위 활동이 있다. 양 사례에 대한 조사위 활동은 이후 구 유고전범재판소(ICTY) 및 르완다전범재판소(ICTR)가 만들어지는 계기가 되었다. 또한 유엔 인권이사회(Human Rights Council)에 의해 2013년 3월 설립된 북한인권조사단(Commission of Inquiry on Human Rights in Democratic People's Republic of Korea)도 이에 해당한다.

08

유엔과 한반도

지중해의 섬나라 키프로스(Cyprus)도 1963년 무력충돌 이후 그리스계의 남키프로스와 터키계의 북키프로스로 나뉜 분단국가이다. 반기문 총장은 유엔 안보리의 위임에 따라 키프로스 통일 협상을 지원하기 위한 유엔 사무총장 특사도 임명하였다. 또한 반기문 총장 본인이 이미 여러 차례 남북 키프로스 지도자들을 뉴욕과 제네바에 초청하여 통일협상을 직접 주재한 바 있다. 이러한 노력에 힘입어 남북 키프로스 통일 시 국가 정체, 권련분담, 재산 처리, 경찰 등 치안제도 구비와 같은 구체적인 사안에 관해서 협상이 진행되고 있다.

반기문 총장은 키스로스 통일 협상을 주재할 때마다 남북한은 이런 협상을 가지지 못하는 현실을 생각하면 매우 안타깝다고 여러 번 이야기했었다.

2011년은 남북한의 유엔 동시 가입 20주년이 되는 해였다. 이러한 시대적 배경하에 외교부는 2011년 신년 대통령 업무보고에서 최초로 '통일외교'를 외교 중점과제로 천명했다. 한반도 통일에 대한 한국의 노력은 박근혜 대통령 취임 이후 특히 본격화되었다. 박 대통령은 2014년 신년 기자회견에서 이른바 '통일 대박'을 언급하며 통일을 국가적 담론으로 제시한 바 있다.

나는 남북한이 유엔에 동시 가입한 1991년 외교부에 입부하였다. 외교부 입부 첫해 이루어진 유엔 동시가입이라는 역사적 배경으로 인해 유엔 문제에 대해 자연스럽게 각별한 관심을 가지게 되었다고 할 수 있다.

2011년 남북한 유엔 동시가입 20주년을 유엔 사무총장 비서실 근무 중에 맞으면서 한국이 장차 다가올 통일 시대를 준비하는 과정에서 한민족의 자주적인 통일의 당위성을 유엔 무대에서 어떻게 인정받아 나가야 할지, 그리고 통일 이후 발생할 여러 가지 도전을 헤쳐 나가는 데 있어 유엔의 경험과 활동으로부터 어떤 점을 배울 수 있을지 등에 대해서 많은 생각을 하는 계기가 되었다.

유엔의 인도적 구호활동

2010년 1월 아이티 대지진, 그리고 2011년 3월 동일본 대지진 당시, 뉴욕에 거주하는 일부 한국 교민단체들로부터 인도적 차원의 성금을 유엔을 통해 해당국에 보낼 방법이 있는지에 대한 문의를 접수한 바 있다.

이런 경우 피해 당사국이 유엔에 지원을 요청하였는지에 따라 사정이 달라진다.

2010년 아이티 대지진 당시 아이티 정부로부터의 긴급구호 요청이 있었으며, 사무국 내 인도지원 업무를 담당하는 OCHA(Office of Coordinator for Humanitarian Assistance, 인도적 지원 조정관실)에서 아이티 지원을 위한 중앙긴급구호기금(Emergency Response Fund for Haiti)을 임시적으로 설치하여 운영했다. 당시 한국 교민단체로부터 받은 성금은 중앙긴급구호기금으로 보내, 아이티에서 활동하는 유엔 기구 및 국제사회의 민간단체에 제공했다. 반면, 2011년 동일본 대지진의 경우 일본 정부가 유엔에 대해 인도적 지원을 요청하지 않았기 때문에 유엔 사무국 차원에서 이러한 기금 마련을 위한 별도의 장치는 설치하지 않았다.

한편, 개인이 유엔의 빈민 구제 또는 인도적 지원활동에 써달라고 하면서 성금을 기탁하는 경우도 있다. 2012년 초 당시 한국의 현역 국회의원의 성금을 전달받은 적이 있다. 이 경우 유엔 인도지원담당관실과 협의하여 케냐 지원을 위한 중앙긴급구호기금에 기탁했다. 인도지원담당관실은 현금은 접수하지 않고 수표만 접수하기 때문이다. 성금 기탁 후 인도지원담당 사무차장 명의의 감사 서한을 해당 국회의원에게 전달하였다.

여기서 긴급 재난 시 유엔을 통해 현금 및 현물(물품 또는 용역)을 기부하는 방식을 간단히 살펴보자.

유엔 사무국 내 인도적 지원활동을 수행하는 OCHA는 국제사회의 인도적 지원활동을 수행하는 기관들을 대신하여 재원을 모금할 수 있는 권한이 있다. 인도적 지원 조정관실의 재원 중 95%는 자발적 기여금을 통해서 충당되는데, 가급적 현물 지원보다 현금 지원을 선호한다.

현금 공여 방식은 몇 가지로 나뉜다. 우선, 유엔기구 또는 재난구호 활동을 수행하는 비정부단체의 특정 프로젝트를 정하여 여기에 직접 기부하는 방식이 있다. 기관 및 개인 기부자가 특정 프로젝트에 현금을 제공하고자 하는 경우, 유엔이 실시하는 '합동 인도적 지원 요청' 또는 '긴급 인도적 지원 요청'(*Humanitarian Consolidated Appeal and/or Flash Appeal*)을 살펴보면 된다. 인도적 지원 어필 제도에 대해서는 다음 별도 항목을 통해서 좀더 상세히 다루고자 한다.

위와 같이 특정 프로젝트를 정하여 하는 것과 달리 유엔의 판단에 따라 적재적소에 제공토록 하는 현금 공여 방식이 있다. 인도적 지원 조정관실이 운영하는 CERF(Central Emergency Response Fund, 중앙긴급구호기금)를 통해 긴급 재난구호 활동에 대한 신속한 지원, 또는 이른바 '잊혀진 인도적 위기'(*forgotten emergencies*)로서 만성적 재원 부족에 처한 경우 유엔의 재량에 따라 재원을 제공할 수 있는 장점이 있다. 2010년 3월 칠레 대지진 당시 내가 반기문 사무총장을 수행하여 현장을 방문하였는데, 반기문 총장은 현장을 둘러본 후 즉석에서 인도적 지원 조정관실 사무차장에게 중앙긴급구호기금을 통해 1천만 달러를 칠레 정부에 긴급 지원할 것을 지시했다. 동 중앙긴급구호기금에는 개인의 기부도 가능하다.

이와 별도로 특정 국가를 지정하여 구호기금을 지원할 수 있는 방식이 있다. 이를 특정 ERF(A Country-based Emergency Response Fund, 국가 대상 긴급구호기금)라고 한다. 아이티 대지진 당시 이러한 기금이 설치되었다. 2011년 현재 16개국에 이러한 유형의 기금이 설치, 관리되고 있다.

통합된 '긴급대응 전략 및 어필 제도'(*Emergency Strategy and Appeal Documents*)는 대규모 자연 재해에 따른 긴급 인도적 구호활동에 대한 수요가 급증함에 따라 유엔의 대응을 보다 통합적으로 조정할 목적으로 시행되었다. 특히 매 사안별로 각각 다른 문서들이 생산되면서 긴급 구호를 위한 문서의 형태를 단순화, 유형화시킬 필요성이 제기되었다. 이러한 배경에 따라 유엔 내 인도적 구호활동을 시행하는 부서들 간의 협의체인 IASC(Inter-Agency Standing Committee)는 2003년 이에 관한 새로운 정책을 마련하여 유엔 시스템 산하 인도적 지원 시행기관 및 유엔회원국에 주재하는 국별 조정관(UN Resident and/or Humanitarian Coordinator)들에게 이를 전파한 바 있다.

새로운 지침에 따르면 긴급 재난 발생 시 유엔의 긴급 구호전략 및 어필 제도에 적용되는 문서는 다음과 같은 유형으로 나뉜다.

첫째, 상황 보고서(*Situation Report*)이다. 이는 자연재해 및 대형 긴급상황(*complex or major emergencies*) 발생 48시간 이내에 생산되며, 자연재해에 따른 피해 규모 및 초동 대응에 필요한 구호물자 수준에 대한 최초 보고서이다. 초기 보고서인 만큼 상황발생 후 최대 수 주간 동안만 생산되는 보고서로서 정형화된 틀이 있다. 동 보고서는 각국 주재 유엔 국별조정관의 책임 하에 생산되며, 필요한 경우 해당국 정부와 협의를 할 수 있다.

둘째로, 긴급 재원조달(*Flash Appeal*)이 있다. 대개 상황 발생 3~6개월 이내에 이루어지는 프로세스로서 유엔 시스템 내 인도적 활동 시행기구들 간의 합동 대응 및 재원조달을 위한 수단이다. 각국 주재 유엔 국별조정관이 건의할 수 있으며, 유엔 사무국 긴급구호 조정관(OCHA 사무차장) 및 IASC의 승인에 따라 시행된다.

셋째, 합동 재원조달(*Consolidated Appeal*)이다. 만약 긴급 재원조달 프로세스가 상정하고 있는 시한(3~6개월)을 넘겨 상황이 계속되는 경우 긴급구호 조정관 및 IASC는 해당국 주재 유엔 조정관과의 협의를 통해 해당 상황을 '복잡하고 대규모의 긴급상황'(*complex and major emergency*)으로 규정할 수 있다. 이러한 경우 발동될 수 있는 재원조달 방식을 '합동 재원조달'이라고 한다. 흔치는 않지만 긴급 재원조달을 거치지 않고 이 방식을 바로 적용하는 경우도 있다. 또한 기존 요청에 대한 수정(*Revision to the Flash Appeal or Consolidated Appeal*)도 있는데, 이는 기존 요청에 대한 일부 수정이 요구되는 경우 할 수 있는 방식이다.

이해를 돕기 위해 2010년 1월 발생한 아이티 대지진 당시 유엔의 긴급 구호전략 및 재원조달에 관해 간략히 살펴본다.

아이티 주재 유엔 평화유지군 사무총장 특별대표를 포함하여 100명이 넘는 유엔 직원이 희생된 아이티 대지진 당시, 대지진 발생 72시간 만인 2010년 1월 15일 긴급 재원조달이 이루어졌다. 초기 6개월간 아이티 주민 3백만 명에 대한 긴급 구호활동을 위해 16개 유엔 산하기구 및 12개 국제민간기구들의 활동에 필요한 5억 7천5백만 달러의 긴급재원을 호소하였다.

아이티 사태의 피해규모와 지원 내역에 대한 보다 분명한 분석이 이루어짐에 따라 동년 2월 18일 상기 긴급 재원조달에 대한 수정안이 제출되어 12개월 동안 15억 달러의 재원을 국제사회에 호소했다. 이후 콜레라가 창궐하여 피해 규모가 확대되는 예기치 않은 상황이 전개됨에 따라 2010년 11월 11일 콜레라 대처를 위해 1억 6천4백만 달러의 재원을 추가로 호소하게 된다. 2011년 아이티 유엔 국별조정관은 난민 캠프에서 생활하는 130만 명의 주민에 대한 계속적인 구호활동 및 콜레라 대처를 위해 9억 6백만 달러에 이르는 새로운 재원 지원안을 제출했다.

한편, 2011년 7월 20일 유엔은 소말리아의 대규모 가뭄과 기아 사태에 '대기근'(*famine*)을 선포했다. 과거 1990년대 중반 북한의 대홍수 사태 이후 심각한 기아 사태에 대해 여러 언론매체에서 '대기근'이라는 표현을 썼는데, 유엔이 대기근을 공식 선포한 것은 1980년대 후반 소말리아에 이어 상기 2011년 7월 소말리아 기아 위기에 대해 선포한 것이 유일하다.

유엔이 대기근을 선포하기 위해서는 다음 3가지 요건을 충족해야 한다. 첫째, 최소 해당 국가의 20%에 달하는 국민이 하루 2,100kcal 미만의 식량을 공급받아야 하며, 둘째, 해당 국가 내 30% 이상의 어린이들이 급성 영양실조(*acute malnutrition*)에 처한 상황이 발생해야 한다. 셋째, 기아로 인해 사망하는 어린이가 1만 명 당 4명 이상 발생하는 상황이어야 한다. 유엔은 이러한 기준에 의거하여 2012년 2월 초 소말리아가 대기근 상태에서는 벗어났음을 선포한 바 있다.

북한 식량위기 및 인도적 지원

2010년 2월 나는 반기문 유엔 사무총장의 특사로 평양을 방문한 린 파스코(Lynn Pascoe) 정무담당 사무차장을 수행하여 북한을 방문했다. 평양에 3박 4일을 머무는 동안 세계식량계획(WFP)과 유엔아동기금(UNICEF)가 공동으로 운영하는 영양암 분말 생산 공장을 방문하였다. 영양암이란 콩, 옥수수, 쌀 등을 우유에 섞은 후 비타민을 배합하여 가공한 영양강화식품으로서, 분말 또는 비스킷 형태로 제조된다.

영양암 분말 및 비스킷은 유아, 산모, 초등학교 아동 등 가장 취약한 그룹에 지원되는 최소한의 영양 공급선으로서 2013년 말 현재 북한에 14개 공장이 유지되고 있으며, 1천 4백만 명의 취약 계층이 수혜를 받고 있다. 이들 공장에서 생산되는 영양강화식품은 월평균 생산량이 3천 톤, 월평균 소요 경비가 225만 달러로 수혜자 1인당 평균 월 1.6달러의 경비가 소요된다. 평양 공장 방문 시 영양암 분말의 맛을 보았는데, 한국의 아동들에게 이것을 주면 과연 먹을까 하는 의문이 들면서 북한 유아 및 아동들의 현실에 마음이 아팠다.

북한은 2011년 들어 유엔 및 주요 공여국들을 대상으로 적극적인 식량 지원을 요청하였다. 1990년대 중반 심각한 식량 위기를 겪은 북한은 이후 한국, 중국 등 주요 공여국들의 식량 지원에 힘입어 만성적인 식량 문제를 근근이 해결했다. 그러나 2006년 핵실험 및 이에 따른 유엔 안보리의 제재조치 이후 공여국들의 식량지원이 감소되고, 2008년 국제 금융위기 여파 이후 연료 및 식량 가격의 상승으로 인해 북한은 2000

북한 문천 영양암 공장에서 비스킷 형태의 영양강화식품이 제조되고 있다.

년대 말부터 또다시 심각한 식량위기에 처하게 된다.

국제사회의 대북 식량지원과 관련하여 미국 정부의 입장을 우선 살펴볼 필요가 있다. 미국은 2008년 WFP를 통해 40만 톤, 미국 비정부단체를 통해 10만 톤의 식량을 북한에 지원키로 하고, 2008년 5월 대북 식량지원에 관한 의정서(Protocol for U. S. Food Aid)를 체결했다. 다음 달인 6월 WFP와 미국 비정부단체가 각각 북한 당국과 세부 조항에 관한 양해각서(*Letter of Understanding*)에 서명했다. 그러나 동 양해각서 이행과정에서 북한 당국이 양해각서의 조건을 이행치 않음에 따라 계획했던 50만 톤의 식량 중 32만 톤의 지원이 중단되었다. WFP를 통한 마지막 선적은 2008년 9월에, 그리고 비정부단체를 통한 식량 선적은 2009년 1월에 마지막으로 이루어졌다. 북한 당국은 2009년 3월 더 이상 미국이 제공하는 식량 원조를 받지 않겠다고 선언했다.

미국의 대북 식량지원이 중단된 가장 큰 이유는 지원된 식량이 북한 군량미로 전용되지 않고 실제 취약 계층에 분배되는지 여부를 정확히 감시하기 위한 장치에 북한 당국이 반발하였기 때문이다. 북한의 중앙 배급방식(*public distribution system*)에 대한 불신이 컸던 미국은 식량 분배과정에 대한 투명하고 철저한 감시를 요구하였다. 그 당시 북한은 WFP 및 비정부단체 요원들의 현장 방문 시 1주일 전 사전 통보를 요구하였는데, 미국은 24시간 전 사전 통보 및 한국어 구사 요원 포함 등 이전보다 훨씬 강한 조건을 요구하였다. 북한은 이에 반발하여 식량지원을 받지 않겠다고 선언함에 따라 2009년 초 이후 미국의 대규모 대북 식량지원은 중단된다.

2000년대 말 이후 북한의 식량 사정이 어려워진 이유를 살펴보자.

2009년 북한의 2차 핵실험 이후 대북 제재가 더욱 심화되면서 주요 공여국들의 식량 및 비료 지원이 급감하였다. 국제시장에서 연료 및 식량 가격이 상승함에 따라 식량 부족분을 메우기 위한 수입도 어려워지는 한편, 여름철 호우와 겨울철 혹한에 따라 작황도 어려워지는 등 복합적 요인으로 인해 북한의 식량 사정은 매우 어려워졌다.

이런 상황에서 북한은 2011년에 접어들면서 전방위적인 식량 지원 요청에 나선다. 주 유엔 북한 대사는 유엔 사무국 인도적 지원담당 조정관 발레르 아모스(Valere Amos) 사무차장을 면담, 2011년 상반기 대북 중앙긴급구호기금 할당액 5백만 달러 중 4백만 달러를 쌀로 제공해 줄 것을 요청한다. 중앙긴급구호기금은 회원국의 긴급 재난상황에 대비한 일종의 예비비 성격이 강한 기금으로서, 북한과 같이 국제사회의 지원이 현저히 부족한 경우 부족분을 메우기 위해 비상수단으로서 지원되었다. 특히 대북 중앙긴급구호기금은 앞서 설명한 WFP의 영양강화 식품 생산공장 가동을 지원하는 데 주로 사용되었다. 그런데 그런 성격의 기금 중 대부분을 쌀로 제공해 달라는 요청을 할 정도였으니 북한이 얼마나 다급했었는지를 짐작할 수 있는 대목이기도 하다.

북한은 유엔 사무국뿐만 아니라 로마에 본부를 두고 있는 WFP 등 인도적 지원 업무를 담당하는 국제기구에 긴급 식량지원을 요청하였다. 이에 WFP는 FAO, UNICEF와 함께 2011년 2월 21일부터 3월 11일간 북한 식량 상황을 점검하기 위한 실사단을 파견하였다.

실사단의 방북 활동 보고서가 2011년 3월 중순 제출되었는데, WFP는 유엔 사무총장실에 대해 방북 활동 및 보고서 주요 내용에 관한 특별 브리핑을 제공했다. 이에 따르면 실사단 방북 시 북한은 전례 없이 전향적인 수준의 접근을 허용하였다. 특히 그 전까지 유엔 전문가 팀의 인도지원 관련 방북 시 장마당('재래시장'의 북한어)에 대한 접근은 일체 허용되지 않았는데, 합동 실사단 방북 시에는 북한 당국이 운영하는 시장 및 시민들에 의해 자생적으로 형성된 장마당까지 접근이 허용되었다. 사진은 평양 시내에 위치한 통일거리 시장 내부 모습이다. 필자가 2011년 북한 방문 당시 직접 촬영한 사진이다.

또한, 북한 아동들의 영양 태를 측정하기 위한 방법인 팔꿈치 윗부분의 굵기를 측정하는 것도 처음으로 허용하였다고 한다.• 아동의 영양

• 인도적 지원활동을 수행하는 전문가들이 5세 미만 아동들의 영양실조 상태를 측정하기 위해 사용하는 방식으로서 '*Middle-Upper Arm Circumference*'(MUAC)라고 한다. 측정 결과에 따라 영양 상태 양호, 영양실조 가능군, 급성 영양실조 초기단계, 즉각적인 치료가 요구되는 심각한 영양실조 상태 등 4단계로 구분된다. 또 다른 이름으로는

평양 통일거리 시장 내부

상태를 나타내는 전문용어로 '발육부전'(*stunting*)과 '과소체중'(*wasting*)이 있다. 발육부전은 나이에 비해 키가 현저히 작은 상태를 나타내는 용어이며, 과소체중은 키에 비해 몸무게가 현저히 적게 나가는 상태를 나타낸다. 북한의 경우 2011년 현재 발육부전은 전체 아동의 32%, 과소체중은 6%로 보고되었다. 특히 발육부전의 경우 일정한 시기가 지나면 회복이 불가능하기 때문에 북한 아동들의 영양실조 상황이 얼마나 심각한지 짐작할 수 있다. 한국에서 통일 문제를 논의하는 과정에서

'*color-coded plastic strip*'이 있다. 팔꿈치 윗부분의 굵기를 측정하여 녹색에 해당하면 영양상태가 양호한 것이고, 노란색에 해당하면 영양실조 위기 그룹, 그리고 빨간색에 해당하면 심각한 영양실조 상태를 의미한다.

전문가들이 '체형 분단'의 심각성을 지적하는 것이 바로 이러한 이유에서다.

유엔 인도지원 담당 기구들이 대북 식량 위기에 대한 합동조사를 벌인 이후, 대북 인도지원 주요 공여국들이 식량 지원을 재개하는데, 그 과정이 주목할 만하다. 천안함 폭침과 연평도 포격 사건으로 얼룩진 2010년은 남북관계가 최저점에 달한 때였다. 한국 정부는 2010년 3월 천안함 폭침 당시만 하더라도 대통령 담화에서 "영유아에 대한 순수 인도적 차원의 대북 지원은 유지할 것"이라는 입장을 견지했으나, 같은 해 11월 연평도 포격사건 이후에는 모든 유형의 대북 인도적 지원을 중단했다.

이런 상황에서 북한은 2011년 들어 전 방위적인 식량 확보 외교에 나섰다. 특히 유엔 시스템 내 인도적 지원을 담당하는 기구들에게 심각한 식량 상황을 호소하면서 긴급 식량 지원을 공식 요청하였다. 사실 유엔 내 인도적 지원 담당부서들도 대북 주요 공여국, 특히 긴밀한 공조를 유지하는 한국, 미국, 일본의 입장을 감안하지 않을 수 없는 상황이었다. 현지 조사활동에도 불구하고, 실제로 대규모 대북 식량지원이 재개되기 위해서는 주요 공여국들의 지원이 절실한 상황에서 이러한 현실적인 분위기를 감안하지 않을 수는 없었다.

그러나 인도적 지원은 정치·안보적 고려와는 별개로 다루어져야 한다는 원칙을 견지해야 하는 유엔으로서는 회원국의 공식 요청이 있는 상황에서 아무런 조치도 취하지 않을 수는 없었다. 사안의 민감성에 비추어 합동 실사단은 북한 현지조사 활동에서 식량배급에 대한 철저한 감독이 확보되어야 한다는 점을 강조하면서 향후 대규모 식량 지원이 재개될 경우 투명성과 책임성을 확보하기 위한 제도적 장치 마련에 고심하였다.

2011년 4월 말 지미 카터(Jimmy Carter) 전 미국 대통령을 단장으로 하는 엘더스(The Elders) 그룹이 북한의 초청으로 평양을 방문했다. 엘더스 방북에 이어 미국의 로버트 킹(Robert King) 대북 인권 및 인도지원 특사 일행이 5월 말 북한을 방문하여 식량위기와 관련하여 자체 현지 조사를 벌인 바 있다.

북한은 유엔 등 국제기구, 비정부단체 그리고 미국 정부 대표단 방문 시 중앙배급체제에 의존해야 하는 북한 내 도시 노동자 계급의 경우 당시 하루 360~400g에 불과한 식량배급이 6월에 접어들면 절반으로 줄일 수밖에 없다는 절박한 호소를 국제사회에 되풀이했다.

WFP는 FAO 및 UNICEF와의 합동 조사단 방북활동 후속조치로서 동년 4월 북한과 긴급 식량 제공을 위한 양해각서를 체결한다. 동 양해각서는 2008년 WFP과 미국 비정부단체가 각각 북한 당국과 식량 공급을 위해 체결한 양해각서와 비교할 때 접근(*access*) 및 모니터 방식에 있어 개선된 내용을 담고 있다. WFP도 "1996년 동 기구가 북한에서 현장활동을 시작한 이래 가장 전향적인 투명성을 제공하는 방식"이라고 평가했다.

식량배급 모니터링 관련 해당지역(*county*) 내에서 WFP 요원들이 실제 방문할 가구(*household*), 시설 선정에 있어 무작위성(*randomness*)이 크게 향상되었으며, 현장 활동 시 북한 당국에 24시간 전 사전 통보만 하면 되었다. 특히 중요한 점은 한국어 구사 요원에 제한을 두지 않는다는 점이었다. 상기 양해각서에 따르면 WFP는 한국어를 구사하는 국제요원을 최대 59명까지 둘 수 있었다. 또한, 최초로 도시 및 농촌 지역 시장에 대한 접근이 허용되었다. 아울러, 5세 미만 아동들의 영양 상태를 측정하기 위한 MUAC가 허용되었다.

2011년 유엔총회에 참석한 북한 수석대표 박길연 외무성 부상은 반기문 총장 예방 시 북한이 그해 여름 '큰물 피해'(홍수 피해)로 인해 황해도 등 주요 곡창지대의 피해가 심각했음을 설명했다. 이런 상황에서 발레르 아모스(Valerie Amos) 유엔 사무국 인도지원 담당 사무차장이 2011년 10월 중순 일주일간 방북하여 평양은 물론 함흥 및 원산 등 지방 도시를 방문, 상기 WFP가 체결한 양해각서에 따른 현장 활동을 실시했다. 방북활동에 나도 대표단 일원으로 참여하였는데, 북한 방문기는 다음 항목에서 상세히 설명코자 한다.

2011년 인도지원 활동 방북 경험담

나는 발레르 아모스 유엔 사무국 인도지원 담당 사무차장이 이끄는 대표단의 일행으로 2011년 10월 17일~21일간 4박 5일 일정으로 북한을 방문했다. 나의 두 번째 북한 방문 경험이었는데, 앞선 방북은 2010년 2월 린 파스코 유엔 사무국 정무담당 사무차장이 반기문 사무총장 특사 자격으로 평양을 방문할 때 대표단의 일원으로 참여했다.

2010년 방북이 그간 유엔과 북한 간 단절된 고위급 대화 채널을 재개하고 정치 · 안보 · 인권 측면을 주로 다루기 위한 방북활동이었던 것과 달리, 2011년 방북은 인도지원 성격의 방문이었다. 이는 북한이 2011년 초 유엔 등 국제기구 및 주요 공여국들을 대상으로 전 방위적인 식량지원을 호소한 데 따른 것이었다.

2011년 초 북한의 식량지원 호소 이후 동년 2월 미국 5개 비정부단체가 식량조사단을 북한에 보냈으며, 그 직후 WFP · FAO · UNICEF에 의한 합동 식량조사단 활동이 이루어졌다. WFP는 실사 활동을 바탕으로 북한 당국과 긴급 구호활동 시행을 위한 양해각서를 동년 4월 체결했다. 동 양해각서는 WFP와 인도적 지원을 받는 접수국 정부 간 활동여건(*operational conditions*) 상세를 구성하는 합의문이다. 이는 1995년 대홍수 이후 WFP가 북한에서 처음 인도적 구호활동을 시작한 이래 양측이 체결한 양해각서 중 현장 활동에서 가장 전향적인 내용을 담은 것이었다.

2011년 4월 WFP와 북한 당국 간 체결된 양해각서 상 활동여건의 수준을 가늠해 보자면 미국이 2008년 자국 비정부단체 및 WFP를 통해 북한 당국과 각각 체결한 양해각서상의 내용과 비교해 보면 이해가 쉬울 것이다.

당초 협의된 양해각서에는 WFP 직원(59명) 및 비정부단체 직원(16명)으로 구호활동요원의 규모를 정하고, 이 중 한국어를 구사하는 요원의 규모에 대해서는 아무런 제한도 두지 않았다. 따라서 이론적으로는 75명 직원 모두 한국어를 구사하는 요원으로 구성될 수도 있는 문제였다. 문제는 북측이 비정부단체에 대해서는 이행단계에서 한국어를 구사하는 직원 수에 대해 아무런 문제도 제기하지 않았으면서, WFP 한국어 구사 직원의 수에 대해서는 이행 초기부터 제동을 건 것이었다. 결국 이로 인해 미국의 대북 식량지원이 중단되었다.

이런 점에서 볼 때 2011년 4월 체결된 WFP-북한 간 양해각서는 접근 및 모니터링 측면에서 훨씬 강화된 내용을 담고 있다. 식량배급 모니터링과 관련하여 2008년 당시 합의에 따르면, 군(郡) 단위 방문지에 도착한 후 실제 어느 리(里)를 방문할지를 선정하려면 24시간 전 사전 통보를 해야 했다. 이에 비해 2011년 양해각서는 군 도착 직후 바로 방문할 리를 통보하고 현장으로 이동하도록 되어 있다. 즉, 2011년 양해각서는 이전에 비해 무작위성에서 진일보한 수준을 담고 있다.

앞서 설명한 바와 같이 한국어 구사 국제요원이 매우 중요한 문제인데, 2011년 양해각서는 한국어 구사 요원을 두는 데 있어 아무런 제한을 두지 않았다. 이는 현장 활동을 신뢰할 만한 수준에서 모니터링 하는 데 매우 중요한 요소이다. 예컨대, 이전에는 리(里) 단위에 도착한 후 방문할 개인가정을 선정할 때 한국어 구사 요원이 없으면 해당 리의 호구 명단 중 국제기구 조사단이 특정 호구를 선정하더라도 다른 호구에 데려가서 미리 짜 맞춰진 상태로 검증을 받도록 조작할 수 있었다. 그러나 2011년 양해각서상 한국어 구사 국제요원에 제한을 두지 않음에 따라 이러한 조작 행위를 사전에 차단하고, 개인 가정 및 관련 시설 방문 시 인터뷰에서 북측 통역요원이 인터뷰 내용을 변조하는 것을 방지할 수 있는 장치를 확보하게 된 것이다.

또한, 2011년 양해각서는 검증단에게 도시·농촌 지역의 시장에 대한 접근을 최초로 허용했으며, 앞서 언급했듯 최초로 아동들의 영양상태 측정을 위한 측정방식인 MUAC를 허용하였다. 아모스 사무차장 대

북한 강원도 원산시 신흥시장 내부

표단은 평양시뿐만 아니라 함경남도 함흥시, 함주군 및 강원도 문천시, 원산시를 방문, 지방의 식량 및 인도적 상황을 직접 살펴보는 한편, 2011년 WFP-북한 간 양해각서상의 활동여건들이 현장에서 어떻게 이행되는지 점검하는 것을 주목적으로 하였다.

다음은 2011년 4박 5일의 방북기간 중 내가 보고 느낀 바를 종합한 전반적 관찰사항이다. 대표단은 방북기간 중 북한 당국으로부터 최대한의 협조를 받았는데, 이는 유엔의 대북 인도적 지원에 대한 북측 기대를 반영한 것으로 보였다. 북한 당국은 상기 지방 방문활동 시 아무런 제한 없이 대표단이 희망하는 프로그램을 주선했다. 특히 원산 및 평양에서 24시간 사전 요청 없이 시장 방문을 요청한바, 북한 당국은 즉석에서 일정을 주선했다. 사진은 원산시 신흥시장 내부 모습이다. 또한 원산시에서는 명석 식량배급소 내부를 대표단에게 공개했는데,

북한 주민이 명석 식량배급소에서 식량을 배급받고 있다.

북한에 상주하는 6개 유엔 산하기구 대표들에 따르면 자신들도 식량배급소 내부를 한 번도 본 적이 없다고 하면서 이는 매우 이례적인 조치였다고 인정했다.

식량 배급에 있어 북한 주민들은 크게 두 가지 부류로 구분된다. 하나는 협동농장(*cooperative farms*)에서 전문적으로 농업에 종사하는 주민들로서 이들은 협동농장에서 거두어들이는 쌀 등 곡물을 배급받기 때문에 그나마 자급자족이 어느 정도 가능한 집단으로 볼 수 있다. 다른 그룹은 도시 주민들로서 이들은 전적으로 중앙정부가 공급하는 식량배급에 의존하기 때문에 식량 부족 상황에 가장 취약한 계층이라고 할 수 있다. 식량배급소에서의 식량배급은 한 달에 두 차례 이루어진다. 마침 대표단이 방문한 시기가 식량배급일과 겹쳐 식량배급소를 방문, 내부를 들여다 볼 기회를 가진 것이다. 사진은 대표단이 방문한 명석 식량배급소 내부 모습이다.

한편, 대표단이 방문했을 때는 '추수'의 북한 표현인 '가을걷이 전투'

가 한창 진행 중일 때였는데, 북한 당국은 대표단의 요청에 따라 함주군 수홍 협동농장을 참관하도록 주선했다.

또한 협동농장 내 개인가정 방문 및 인터뷰도 주선했다. 나도 개인가정집에 들어가 인터뷰 내용을 지켜보았는데, 당시 인터뷰한 주부는 생활비 중 식료품 구입에 절반 정도가 소요되며, 시장에서 쌀 구매가 금지되어 애로가 있다는 점, 보릿고개 당시(5~7월) 배급량이 기준량보다 훨씬 줄어 힘들었다는 점 등 민감한 내용도 비교적 솔직하게 대답한 것이 인상적이었다.

북한이 만성적 식량부족 및 심각한 영양실조·보건문제에 직면했다는 것은 분명하다. 그렇다고 북한이 2011년 여름 소말리아 및 아프리카 동북부 지역(Horn of Africa)에서 발생한 대기근 수준의 대규모 인도적 재앙에 직면한 것은 아니다. 하지만 북한은 매년 1백만 톤가량의 만성적 식량 부족에 시달리며, 이로 인해 2011년 보릿고개 시기에는 식량배급을 평균 150g까지 축소했다. 성인이 하루 평균 600~700g 정도 곡물 섭취가 필요하다는 점에 비추어 볼 때 1/4 수준 이하로 식량배급을 줄인 것이다. 이런 상황에서 주민들은 자구수단(*coping mechanism*)을 통해 연명할 수밖에 없었는데, 농촌 지역의 경우 북한 표현으로 '부업밭' 또는 '개인토밭'이라고 불리는 텃밭에서 배추와 무 등 채소를 재배하여 이를 곡물과 섞어 먹는다. 또한 북한 당국은 공장 근로자들에게 매달 일정한 시간은 일터에 출근하지 말고 산과 들로 나가 야생작물을 확보할 것을 요구하고 있다.

방북활동을 통해 한 가지 중요한 교훈을 얻은 것은 국제사회가 북한의 실상에 관해 가지고 있는 정보가 매우 제한적이며 접근이 부족한 상황에서 유엔이 상대적으로 그러한 부족분을 채워줄 수 있는 역할을 수행하고 있다는 점이었다.

방북 활동 마지막 날, 지방 방문을 마치고 평양으로 돌아와 평양 주재 외교단들을 만나 관찰사항에 대해 설명해 주는 한편 외교단들이 활동하면서 느낀 점에 대해 서로 의견을 교환하는 세션을 가졌다. 우리 대표단의 관찰사항과 비교하여 대부분의 외교단들은 평양 이외의 지역에 대한 접근도 어려울 뿐만 아니라 지방의 현실에 대해서 거의 아는 바가 없다는 점에 놀랐다. 특히 우리 대표단을 위해 준비한 몇몇 공관의 브리핑 내용은 우리가 본 지방의 현실에 비하면 너무나 초보적인 수준이었다.

이는 유엔이 그간 북한 당국을 상대로 국제사회의 인도적 지원 메커니즘에 대하여 인내심을 가지고 이해시켜온 노력의 산물이라고 생각한다. 대북 인도지원의 전용에 대해 의구심을 가지고 있는 경우 유엔 기구를 통해 지원을 제공함으로써 그러한 전용에 대한 안전장치가 어느 정도 마련될 수 있으며, 유사시 국제사회가 북한의 인도적 상황에 대해 긴급 대응할 때 유엔이라는 경험을 갖춘 메커니즘을 활용할 수 있다는 점을 강조하고 싶다.

대북 식량지원에 회의적인 사람들은 북한의 식량부족 상황이 어제 오늘의 일이 아니며, 자연재해도 원인이지만 그보다는 북한 체제에서 오는 구조적인 병폐임을 지적한다. 핵무기와 미사일 개발에 천문학적 재원을 쏟아 부으면서 헐벗고 굶주린 자국민을 돌보지 않는 정권에 왜 우리가 식량과 인도적 지원을 제공해야 하는지 의문을 제기하는데, 이 또한 충분히 이해되는 주장이다.

학교에서 수업을 받고 있는 북한 초등학생들

이러한 정책적 문제에 대한 판단을 하려는 것은 아니다. 다만 유엔 내 인도적 지원 담당부서에서는 인도적 지원을 정치·안보적 고려에 따라 조건부로 제공해서는 안 된다는 입장을 확고히 견지하고 있다. 이러한 유엔 사무국 인도적 지원 담당부서의 시각에서 볼 때 유엔 회원국의 긴급 식량지원 요청이 있고, 만성적 식량부족이 10년 이상 지속됨에 따라 영유아 및 산모와 같은 가장 취약한 그룹의 영양실조 상태가 심각한 사회 구조적 문제로 발전하는 상황에서 이를 그대로 방치해둘 수만은 없는 것이다.

대표단이 방문한 시기 유엔 산하기구들의 분석으로는 북한 전국적으로 발육부전 비율이 32%에 이르고 특히 동북지방의 경우 무려 45%에 육박했다. 앞서 언급했듯 발육부전은 어느 정도 나이에 이르면 돌이킬 수 없는 신체적 결함으로 작용할 뿐만 아니라, 태아 단계부터 2세까지 1,000일간 영양실조를 겪으면 두뇌에도 돌이킬 수 없는 영향을 미치는 심각한 문제이다. 또한 발육부전이 3세대에 걸쳐 진행될 경우 유전자가 바뀌는 단계에 진입하게 된다고 한다.

북한을 처음 방문한 아모스 사무차장은 북한 방문기간 내내 아동들과 성인들의 키가 남한 사람들과 비교할 때 너무 차이가 나는 데 놀라움을 금치 못하였다. 아모스 사무차장은 북한의 발육부전 상태가 지속되면 이는 결국 훗날 통일을 지향하는 한국이 떠안아야 하는 부담이 될 것이라는 우려를 표명했다. 앞서도 말한 '체형 분단' 문제는 결코 간단히 넘길 문제는 아니라고 본다. 사진은 아모스 사무차장이 방문했던 북한의 한 초등학교 수업 장면이다.

체형 분단 문제

앞서 북한의 심각한 식량사정에 대해 살펴보면서 발육부전 및 과소체중 문제에 대해서 언급했다. 특히 발육부전의 경우 회복이 불가능한 심각한 문제로서, 혹자는 같은 한민족이지만 신체적으로 인종이 달라지는 것과 같은 효과가 될 수 있다고 지적한다.

영양실조가 미치는 치명적인 영향은 비단 신체적인 데 그치지 않

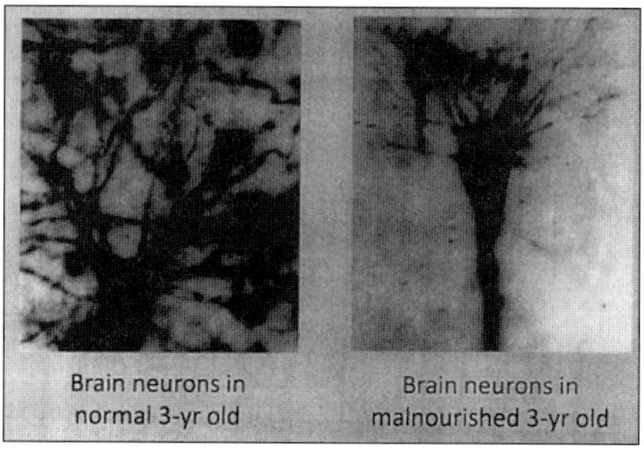

영양 공급 차이에 따른 3세 유아의 뇌신경 세포 비교(사진제공: WFP)

는다. WFP에서 3세 미만 영유아들의 영양실조를 막기 위한 프로젝트로서 시행하고 있는 "태아부터 생후 2년까지의 1,000일간의 영양"(1,000 Days Plus) 보고에 따르면, 영양실조는 뇌의 크기 및 뇌신경 세포 형성에도 심각한 영향을 미치고, 이는 평생 동안 따라다니게 된다. 사진은 3세 유아의 뇌신경 세포의 발달 정도 차이를 비교한 것으로서, 보통(왼쪽)의 경우보다 현격하게 발달이 더딘 것을 볼 수 있다.

북한 어린이들의 발육부전은 이미 2세대를 넘어 진행된 것으로 보고 되며, 1세대가 더 진행될 경우 유전자가 변형될 우려가 있다고 한다.

지금 상태로 가면 북한 아동 및 청년들이 남한의 또래들에 비해 육체적인 면은 말할 것도 없고 지능 측면에서도 현저히 떨어지는 문제를 야기할 수 있다. 이는 수세대를 걸쳐야지만 해소될 수 있는 문제로서, 통일 이후 과정에서 깊은 갈등의 소지가 될 수 있다는 점도 유념해야 한다고 본다.

이와 관련하여, 반기문 사무총장은 2011년 11월 3일 칸(Cannes)에서 개최된 G20 정상회의 기간 중 이명박 대통령과 면담을 가진 자리에서 동년 10월 발레르 아모스 인도지원 사무차장의 방북 결과를 바탕으로 북한 영유아에 대한 지원 필요성을 강조하였다. 이명박 당시 대통령은 이에 대해 영유아 문제는 통일 후에 한국이 떠안아야 하는 문제인 만큼 우리가 도와야 한다는 입장을 보였다.

1953년 정전협정

북한이 국제사회의 일치된 경고에도 불구하고 2013년 2월 12일 3차 핵실험을 강행한바, 유엔 안보리는 동년 3월 7일 안보리 결의 2094호를 만장일치로 채택하였다. 북한은 핵실험 이후 안보리가 포괄적 제재조치를 담은 결의를 채택할 것으로 예상되자 1953년 정전협정(Armistice Agreement)을 무효화한다고 협박하였으며, 실제로 상기 안보리 결의가 채택되자 정전협정을 파기한다는 성명을 발표하였다.

사실 북한의 언동은 당시 상황에서 그리 놀랄 만한 조치는 아니었다. 북한은 핵실험 강행 이후 국제사회의 단호하고도 단합된 반응에 몹시 초조해 했다. 특히 최후의 보루라고 여기던 중국마저도 북한의 계속되는 긴장고조 행위에 분노와 좌절감을 느끼며 국제사회의 제재 움직임에 동참하는 형국이 되자, 북한은 이성을 갖춘 국가라고 보기 어려운 언행들을 계속해서 쏟아 냈다. 유엔 군축회의에서 한국에 대해 '최후의 파괴'(*final destruction*)를 가하겠다는 발언을 하는가 하면, '미국과 한국을 불바다로 만들어 버리겠다'는 협박에 이어 심지어는 '미국에 대한 선제핵 타격 및 제2의 조선전쟁 발발 가능성'까지 운운하기에 이르렀다.

북한의 호전적 발언이 이어지는 가운데 반기문 사무총장은 3월 5일 기자회견 계기에 북한의 정전협정 무효화 발언에 대해, 2013년은 정전협정 체결 60주년이 되는 해임을 상기시키면서 북한이 그러한 도발적인 발언을 한 데 대해 심각한 우려를 표하고, 정전협정이 유효함을 강조했다.

1953년 7월 27일 서명된 정전협정 5조 62항에 따르면 정전협정상 모든 조항들은 '양측 당사자 간의 상호 합의에 의한 개정 또는 정치적 수준에서 평화적 해결을 위한 적절한 합의에 의해 대체되지 않는 한'(*until expressly superseded either by mutually acceptable amendments and additions or by provision in an appropriate agreement for a peaceful settlement at a political level between both sides*) 유효하다고 명시했다.

정전협정은 유엔사령부 사령관을 일방 당사자로, 그리고 북한 인민군 총사령관 및 중국 인민해방군 사령관을 일방 당사자로 하여 체결되었다. 상기 62항에 의거, 북한 정부가 일방적으로 동 협정을 폐기하거나 구속받지 않겠다는 선언을 할 권리는 없다. 따라서 북한의 선언에도 불구하고 "여전히 1953년 정전협정은 유효하며 북한은 이에 구속된다"(*the Armistice Agreement remains fully valid and in force and the DPRK remains bound by its terms*)는 것이 유엔 법률국의 의견이다.

한편 북한의 정전협정 파기 및 평화체제 구축과 밀접하게 연관된 이슈인 유엔사령부 문제에 얽힌 일화를 간단히 소개한다.

유엔사령부의 탄생에 대해서는 이 책에서 길게 다룰 필요는 없다고 생각한다. 다만 유엔사령부 해체는 북한이 지속적으로 주장하는 사안으로서 감정적인 접근을 떠나 객관적으로 이 문제에 대한 유엔의 입장을 들여다보는 것도 필요하다고 생각한다.

2013년 6월 신선호 유엔 주재 북한 대사가 기자회견을 자청한 적이 있다. 당시는 북한이 수개월 동안 지속된 도발적 자세를 바꿔 대화 공세를 취하던 때였는지라 2010년 이후 북한 대사의 첫 기자회견이 무슨 내용을 담고 있을지에 대한 관심이 컸다. 결국 신선호 대사는 당시 한반도 긴장국면의 책임을 미국의 대북 적대시 정책으로 돌리는 상투적인 입장을 반복하면서, 한반도에서 항구적 평화체제를 마련하기 위해서는 시대착오적인 유엔사령부를 해체해야 한다고 주장했다.

사실 유엔은 유엔사령부 운영에 대해서 관할권 또는 통제권을 갖고 있지 않기 때문에, 유엔사령부는 유엔의 산하기구가 아니다. 이러한 이유로 반기문 총장도 취임 이후(2013년 말 현재) 9차례 한국을 방문하는 동안 한 번도 유엔사령부를 방문하지 않았다. 결국 유엔사령부에 유엔의 이름이 사용되고 유엔기가 게양되는 것을 북한이 문제 삼은 것인데, 법률적이고 실질적인 측면에서 유엔과의 관계 여부를 떠나 국제정치 현실 속에서 그런 모호한 상태를 지속해 온 것이라고 할 수 있다.

북한으로서는 유엔의 이름이 도용되고 있다는 주장을 계속하면서 유엔사 해체 주장을 계속해서 펼쳐 나갈 것이다. 그러나 북한이 국제사회에서 지금처럼 무책임한 언행을 일삼는 외톨이로 치부되는 한, 설령 유엔과의 관계에 있어 유엔사의 법적 성격이 모호하고 손질할 필요가 있다 하더라도 그런 논의가 현실화되기는 쉽지 않을 것이다.

북한과 유엔 제재의 정치학

북한은 기회가 있을 때마다 유엔 제재의 부당성을 비판하고, 심지어 반기문 사무총장에게도 북한에 대한 유엔 제재가 완화, 해지되도록 힘써 달라고 부탁했다. 내가 2010년 2월 당시 반기문 총장의 특사 자격으로 북한을 방문한 린 파스코 정무담당 사무차장을 수행하여 평양을 방문했을 때의 일화를 하나 소개한다.

박의춘 북한 외무상을 면담했을 때의 일이다. 그는 북한과 유엔 간의 관계를 "곡절 많은 기이한 관계"라고 표현하면서, 유엔이 북한에 가하고 있는 제재조치의 부당성을 역설하면서 유엔의 대북 제재라는 고깔을 쓰고 있는 상태에서 대화에 나설 수 는 없다는 입장을 강조했다. 북한의 3차 핵실험 이후 유엔 안보리가 그 어느 때보다 강력한 제재조치를 취한 바 있다는 점은 다른 장에서도 설명한 바 있다. 유엔 제재와 더불어 미국 및 EU 등 주요국들이 자체적인 금융거래 제한 등 제재조치를 단행하였다. 특히 미국의 금융거래 제한조치는 그 파급효과가 상당하였는데, 이는 북한에서 활동하는 유엔 기구들에게도 심각한 문제로 대두되었다.

폐쇄적 경제체제를 유지하는 북한에서는 외환을 다룰 수 있는 유일한 은행이 대외무역은행(Foreign Trade Bank)이다. 대외무역은행은 유엔이 지정한 금융제재 리스트에는 포함되지 않지만, 미국이 자체적으로 지정한 제재대상 기관에 해당한다. 전 세계 금융 제도권에서 미국이 미치는 영향력이 워낙 대단하다 보니 미국이 북한 대외무역은행을 금융거래금지 대상으로 지정한 이후 전 세계 대부분의 상업은행들이 대외무역은행과의 직간접 거래를 자발적으로 중단하는 상황이 초래되었다.

이러한 상황은 북한 내 6개 유엔기구들의 활동에도 직접적인 영향을 미쳤다. 북한에서 활동하는 유엔기구들은 자신들의 자산을 관리하는 은행(1차 은행, *initiating bank*)을 통해 중국 내 중국은행(Bank of China)을 매개은행(*intermediary bank*)로 하여 북한 대외무역은행으로 송금하는 시스템을 유지하고 있었다. 그런데 북한의 3차 핵실험 이후 미국 정부가 2013년 3월 초 북한 대외무역은행을 금융제재 대상으로 지정하자 얼마 후 중국은행이 북한 대외무역은행과의 거래 중단을 발표하였다.

중국은행의 이러한 조치가 당시 중국 신지도부에서 감지되던 대북 입장 변화와 직접적인 관련이 있는 것인지, 즉 중국 정부의 영향력이 행사된 것인지는 알려지지 않았다. 그럴 가능성을 배제할 수는 없겠으나, 한편으로는 중국은행이 중국 내 상업은행 중 하나인 만큼 순수한 상업적 판단일 수도 있을 것이다. 즉, 유엔기구와 북한 간 중개 역할에서 나오는 수수료와 미국 금융당국의 거래중단 대상 은행과의 비즈니스를 하는 데 따른 위험을 비교하여 내린 판단이라는 뜻이다. 북한 내 활동하는 유엔기구 대표에 따르면 중국은행측은 북한 대외무역은행과의 거래 중단을 발표할 때 아무런 배경 설명도 제공하지 않았다고 한다.

주 북한 유엔 상주대표는 중국은행의 조치 후 유엔 기구들에 대한 송금 차단과 관련한 문제를 유엔본부에 보고하였다. 이 문제는 반기문 총장에게도 즉각 보고되었으며 사무국 내에서 북한 문제를 사실상 총괄하던 김원수 특보를 중심으로 대책반이 구성되어, 매주 북한 상주대표팀과 화상회의를 열어 대책을 협의했다. 다행히 WFP가 임시방편으로 러시아 은행을 중개은행으로 찾아 송금할 수 있었고, 여타 유엔기구들도 WFP 채널을 통해 제한적으로나마 송금하게 되었다.

그러나 러시아 은행도 상업적 이익과 정치적 부담을 비교할 수밖에 없는 만큼 이 채널은 지속가능한 메커니즘이 될 수 없다는 것이 유엔측 입장이었다. 결국 방법은 두 가지뿐이었다. 하나는 북한 당국에 대외무역은행 말고 유엔 및 개별국 제재대상에 포함되지 않은 다른 은행을 외환거래 은행으로 지정할 것을 요청하는 것이었다. 평양 주재 유엔 대표실과 뉴욕 소재 유엔본부라는 두 개의 창구로 이 문제를 북한 당국에 제기하였다. 그러나 역시 예상대로 북한은 자국 시스템상 대외무역은행에서만 외환을 거래할 수 있다는 원론적인 답변을 내놓을 뿐이었다. 북한의 무성의하고 무책임한 답변은 이해하기 어려울뿐더러 반북 감정을 자극하는 것도 사실이다. 그러나 뻔히 예상된 북한의 반응을 근거로 북한 내 수십만의 취약한 아동과 부녀자들에 공급하던 인도적 지원활동이 중단되는 사태를 그대로 두고 볼 수만은 없는 상황이었다.

다른 방안은 미국 정부에 대해 유엔의 인도적 구호활동이 겪는 어려움을 호소, 유엔의 인도적 구호활동과 관련된 금융거래는 제재 대상이 아니니 전 세계 네트워크를 가진 미 금융권에서 '이 부분은 북한을 대상으로 한 거래중단 대상에서 제외시킨다'는 일종의 유예조치(*waiver*)를 하달해주는 것이었다. 그러나 이 또한 간단한 문제는 아니다. 미 국무부가 아니라 재무부가 주무부서였던 만큼 금융당국 인사들을 설득하는 것이 그리 쉬운 과제는 아니었다.

2013년 6월 하순 주 유엔 미 대표부에서 유엔 관련부서들과 평양 주재 유엔팀이 참석한 가운데 미 재무부 및 국무부 관계자들을 상대로 한 협의를 갖기도 하였다. 그러나 예상대로 미 재무부측은 유엔의 인도적 구호활동이 겪는 어려움은 이해하지만 미국의 양자차원 제재를 완화하는 것은 곤란하다는 입장을 보였다.

미국 입장에서 보면 일단 이해는 가는 답변이다. 왜냐하면 비록 미국이 양자차원에서 북한 대외무역은행을 금융제재 대상으로 지정하였지만 미국측 조치를 다른 국가들에게 따르도록 강요하는 것은 아니다. 물론 현실적으로 세계 최강대국이자 세계금융 시장에서 막대한 영향력을 행사하는 미국이 북한 대외무역은행을 제재대상으로 하는 경우, 다른 국가의 정부소유 중앙은행 또는 상업은행들 입장에서는 어쩌면 있을 수 있는 정치적 위험을 감수하면서까지 사실 큰 이익이 되는 고객이 아닌 유엔기구의 대북 거래창구 역할을 하지는 않을 것이다. 그럼에도 불구하고 미국은 자국의 양자차원 제재조치와는 별개의 이슈라는 입장을 고수하면서, 유엔에 대해서는 중국 또는 러시아와 같이 북한과 우호적인 관계를 유지하는 국가와 보다 적극적으로 대안을 찾기 위한 노력을 기울여 볼 것을 권유하였다.

여기서 북한의 유엔 관련 금융 거래에 얽힌 재미있는 일화를 하나 더 소개한다. 반기문 총장이 취임한 이후 북한과 이란 대표부가 뉴욕 내 은행에 계좌를 개설하지 못하여 상당한 애로를 겪고 있음을 알게 되었다. 북한과 이란 대표부에서는 반 총장께 이러한 어려움을 호소, 인도적 관점에서 문제 해결을 간곡히 요청하였다. 결국 유엔이 거래하는 UNFCU(UN Federal Credit Union, 유엔신용조합)에 대해 북한 및 이란 대표부의 송금을 위한 계좌를 개설해 줄 것을 중재하여 2012년 초 북한과 유엔신용조합 간 계좌가 개설되어 이 문제가 해결되었다. 한편,

2013년 현재 시리아 및 수단도 뉴욕 내 은행과 계좌를 개설하지 못하여 외교행랑을 통해 공관 운영에 필요한 자금을 송금하고 있다.

한편, 유엔 제재가 북한 스포츠에 미치는 영향에 대해서도 간략히 살펴본다. 반기문 사무총장의 스포츠 특보인 윌프레드 렘케(Wilfried Lemke)가 2013년 7월 초 북한을 방문하였다. 당시 북한 김정은 위원장이 원산 인근 지역인 마식령 스키리조트 개발 프로젝트를 국책사업으로 추진하고 있었다. 이때 렘케 특보를 마식령 리조트 건설단지로 안내하여 북한 당국이 스키단지 건설에 필요한 스포츠 장비 도입에 겪고 있는 어려움을 해결하는 데 협조해줄 것을 요청하였다.

이에 앞서 북한의 장웅 IOC 위원도 2013년 6월 반기문 총장을 만난 자리에서 유엔 제재로 인해 심지어 스케이트까지 수입하지 못하는 상황에 처했음을 호소하면서 반기문 사무총장이 유엔 안보리의 해당 제재위원회에 이 문제를 적절히 제기해줄 것을 호소했다. 북한 핵실험으로 인한 유엔제재 결의는 사치품목(*luxury items*) 이전을 금지했는데, 어떤 품목을 사치품으로 규정하느냐는 상당 부분 유엔 회원국이 자체 판단하여 시행했다. 실제 북한은 마식령 스키리조트 단지 건설에 필요한 장비 반입을 위해 유럽지역 여러 나라를 접촉하였으나 모두 거절당했다.

2013년 12월 말, 북한 당국은 마식령 스키리조트 단지 완공을 발표했다. 이때 마식령에서 고가의 유럽산 스키 장비들이 버젓이 등장하여 국제사회를 놀라게 했다. 해당 서유럽 국가들은 자국 회사는 결코 그런 장비를 북한에 수출한 바 없다고 강하게 부인하였다. 이 장비들은 제3의 중개국가로 이전된 연후 북한으로 재이전되었을 것으로 추정된다.

이는 유엔제재가 가지는 한계라고 할 것이다.

유엔으로서는 렘케 특보가 북한을 다녀온 이후 북한의 요청에 따라 이 문제를 유엔 제재위원회에 제기하는 문제를 내부 검토했으나, 해당 당사국인 북한이 공식적으로 이 문제를 제재위에 제기하지 않는 상황에서 유엔 사무총장 특보가 대신 이 문제를 제기하는 것이 부적절하다는 판단을 내렸다. 북한의 경우 유엔 제재결의 자체를 인정하지 않는 상황에서 자신들이 겪는 문제를 안보리 제재위원회에 제기하는 것이 이율배반적이라고 느꼈을지 모른다. 그러나 결자해지(結者解之)라고, 결국 목마른 사람이 우물을 파야 하는 법인데 이를 외면하면서 남의 탓만을 할 수는 없는 노릇이라고 생각한다.

난민과 탈북자

언론 등을 통해 북한 내 급변사태 시 대규모 탈북자가 발생하는 가상 시나리오에 관해 들은 바 있을 것이다. 만약 실제 그런 상황이 발생한다면 어떻게 될까? 군사분계선이 있는 남쪽으로 향하기는 쉽지 않을 것이고, 배를 이용해 한국이나 일본을 찾아 향하는 이른바 '보트 피플'(*boat people*)의 경우에도 그 숫자가 한정적일 가능성이 크다. 왜냐하면 역시 중국과의 접경지역으로 향할 개연성이 가장 크기 때문이다.

북한 급변사태 시 상기 루트를 통해 탈북을 시도할 북한 주민의 규모가 수백만 명에 이를 수도 있다고 추정하는 전문가들도 있다. 이는 만성적 식량 부족에 허덕이는 취약 계층이 우선적으로 더 곤궁한 상황에 빠질 것으로 가정했을 때의 수치인 것으로 보인다. 식량, 식용수 등 연명에 가장 기본적인 사항들이 해결되지 않을 경우 그야말로 '살기 위해' 탈북을 택할 수밖에 없을 것이다.

그런 경우 대규모 난민 및 내부 피난민(Internally Displaced Persons, IDP)이 발생할 것이다. 물론 난민 및 강제 이주(*forced migration*) 전문가들 중 일부는 국가 위급사태 발생 시 자신의 거주지에 머물면서 사태를 지켜보는(*wait and see*) 성향이 강하다고 지적하고 있다. 북한 주민들의 경우 어릴 때부터 특수한 세뇌교육을 받고 자란 만큼 체제 붕괴 시에도 그런 성향을 보일 가능성도 있다고 본다.

중국과의 국경지대로 대규모 난민이 유입된다면 우선 중국 정부가 난민을 수용할지, 즉 '문호개방 정책'(*open door policy*)을 취할지가 문제될 것이다. 또한, 이들 난민들에 대한 긴급 인도적 구호뿐만 아니라 북한 난민 유입으로 영향을 받게 될 중국 내 인근지역 주민들에 대한 지원도 매우 심각한 문제가 된다. 중국 정부만의 역량으로 그 정도 대규모 난민에 대한 치안 유지 및 인도적 구호 제공이 가능할지, 그리고 유엔 및 인도적 구호단체의 지원을 제공받는 경우 중국 정부와의 공조는 어떻게 이루어질지도 간단한 문제가 아닐 것이다.

북한 내 정세에 따라 대규모 난민사태가 장기화될 경우, 즉 중국 내 북한 난민의 체류가 장기화될 경우 어떤 메커니즘이 필요하게 될지도 숙고가 필요할 것이다.

1970년대 말 캄보디아〔당시 국명은 캄푸치아(Kampuchea)〕의 크메르

루즈(Khmer Rouge) 정권 붕괴 후 접경국인 태국 국경선 부근에서 수십만 명에 달하는 캄보디아 난민사태가 발생한 당시, 유엔에 의한 인도적 구호활동에 주목할 필요가 있다. 태국과 캄보디아 접경지대에서 유엔은 1980년대 초부터 UNBRO(UN Border Relief Operations, 유엔 국경구호기구)라는 유엔 역사상 전례가 없었던 회원국 간 국경지대에서의 장기간 난민 구호활동을 전개했다.

UNBRO는 통상적인 성격의 평화유지 활동과는 다른 특수기구였다. 당시 캄보디아에는 지뢰제거 활동을 위주로 한 UN 캄보디아 지원 임무단(UN Advance Mission in Cambodia, 1991. 10~1992. 3) 및 UN 캄보디아 과도정부위원회(UN Transitional Authority in Cambodia, 1992. 2~1993. 9)라는 통상적인 성격의 평화유지 미션이 활동했다.

UNBRO는 태국과 캄보디아 국경지대의 대규모 난민들에 대한 인도적 구호활동을 조정하는 임무를 띠고 1982년 1월 초 창설되었다. UNBRO(유엔 국경구호기구) 창설 전에는 UNHCR(난민고등판무관실), ICRC(국제적십자위원회), UNICEF 및 WFP가 공동으로 운영하는 이른바 '합동 미션'(*Joint Mission*)을 통한 구호활동이 전개되었다.

UNBRO의 운영과 관련, 초기에는 WFP가 이른바 주도 기관(*lead agency*)으로 활동하였으며, 1988년부터는 UNDP가, 그리고 1991년부터는 난민고등판무관실이 주도 기관의 역할을 수행하였다. UNBRO는 2001년 12월 활동을 종료하고 폐쇄되었다.

UNBRO가 창설된 1982년 1월 국경지대의 난민 규모는 거의 30만 명에 육박하였다. UNBRO의 예에서 보는 바와 같이 대량 난민 발생에 따른 구호활동은 유엔 내 다양한 인도적 구호 및 난민 구호활동 기관들이 참여하는데, 그 단계에 따라 어느 분야의 활동이 주를 이루느냐에 따라 주도기관이 달라지는 것이다.

UNBRO의 교훈을 바탕으로 유엔은 난민 구호활동을 보다 인도적이고 효과적으로 조정하기 위한 개혁의 일환으로 기존 인도적 구호국(Department of Humanitarian Affairs)을 인도적 구호활동 조정관실(Office for the Coordination of Humanitarian Affairs)로 확대 개편했다. 이로써 유엔 시스템 내 다양한 기구들의 인도적 구호관련 활동을 전반적으로 조정함은 물론 인도적 구호관련 정책을 개발하고 홍보활동도 수행하도록 하였다.

물론 UNBRO 사례를 북한에 직접 적용할 수 있을지는 많은 연구가 필요하다고 본다. 다만 냉전시대의 역학구조에서 발생한 대규모 난민 사태라는 점에 비추어 볼 때 시사하는 바가 있을 것으로 생각한다. 특히 대규모 난민사태 시 중국과의 접경지대가 주 무대가 될 가능성이 가장 큰 만큼 중국의 입장이 가장 중요한 변수가 될 것이다. 유엔이 중국과의 접경지대에서 활동하려면 응당 중국 정부의 허락이 필요하기 때문이다. 대북 인도적 구호활동을 다루는 장에서 살펴본 바와 같이 현재 북한 내에서 인도적 구호활동을 체계적으로 시행하는 기관은 유엔이 유일하다. 이런 점에 비추어, 향후 북한 내에서 그러한 급변 사태가 발생할 경우 중국과의 접경지대에서의 난민 구호활동은 물론, 북한 내의 인도적 상황을 가장 잘 이해하는 유엔이 그 경험과 노하우를 살려 북한 지역 내에서의 급변사태 후 인도적 상황을 정리하는 데 도움이 될 것이다.

한편, 중국에 거주하는 북한 국적 소유 부모에게서 태어난 어린이들 문제에 대해서도 관심을 가질 필요가 있다고 생각한다. 보호의 사각지대에 있는 사실상 무국적 어린이들이다. 향후 한국의 국적법 및 탈북자 정착 관련법안 개정 시 이런 측면도 감안할 필요가 있다고 본다.

일본 후쿠시마 원전 사고와 북한 핵 시설의 안전성

반기문 총장은 2011년 3월 11일 발생한 동일본 대지진과 쓰나미 여파가 한창인 2011년 4월 중순, 체르노빌 원전 사고 25주년 기념행사 참석차 우크라이나를 방문했다. 사실 우크라이나 출장은 2010년 미국 오바마 대통령이 주최한 워싱턴 핵안보 정상회의 때 우크라이나 대통령이 반 총장께 간곡히 요청하여 결정된 것인데, 2011년 3월 11일 동일본 대지진으로 인한 후쿠시마 원전사고가 발생함에 따라 원자력 안전 문제가 국제사회에서 초미의 관심사로 떠오른 때였다.

25년이 지난 시점에도 여전히 '유령의 도시'로 불리는 체르노빌을 방문하면서 북한 영변에 있는 핵 시설의 안전 문제가 향후 한국 정부가 직면하게 될 커다란 과제가 될 것이라는 생각을 하였다. 이러한 우려는 2010년 11월 북한의 초청으로 영변 핵 시설을 방문한 미국 지그리프트 헤커(Siegfried Hecker) 박사의 방북 보고서에서도 잘 드러난다.

헤커 박사는 북한이 당시 건설 중인 5MWe 규모의 경수로 공사 현장을 방문하여 경수로 안전 조치에 대해 집중적으로 질문했다. 당시 북한은 경수로 부지에 대한 내진 시험도 마쳤다면서 중앙원자력안전위원회

(National Nuclear Safety Commission)가 경수로 관련 안전조치 문제를 감독하고 있다고 설명했다고 한다. 그러나 헤커 박사는 방북 보고서에서 경수로 건설팀에 파견된 북한 과학자들이 경수로 설계 경험이 전혀 없다면서, 과거 5MWe 흑연감속로 건설에 참여한 전문가들로부터 조언을 받으면서 경수로 건설을 진행하는 것 같다는 우려를 드러냈다.

한편, 북한은 2013년 여름부터 기존의 5MWe 흑연감속로를 재가동한 것으로 관측된다. 이와 관련, 원자력 전문가들은 영변에 위치한 재래식 원자로가 흑연 감속방식을 사용하고 있음을 지적하면서 폭발 및 화재 발생시 대량의 방사능 유출사고로 이어질 가능성을 경고했다. 이들은 과거 1957년 영국 윈즈케일(Windscale)에 위치한 원자로 화재와 1986년 체르노빌 폭발사고를 예로 들면서 이들 원전 사고의 공통점이 흑연감속 방식이었음을 상기시켰다. 그러므로 국제원자력기구에 의한 원자력 안전관련 규제와 감독을 받지 않는 북한의 경우 사고의 위험이 도사리고 있으며, 사고 발생시 한국을 비롯한 주변국들도 방사능 피해에 노출되어 있음을 경고했다.

대북매체인 〈열린 북한〉이 영변에서 살다가 탈북한 인사의 말을 인용한 바에 따르면 영변지역에서 결혼한 여성들은 불임에 시달리거나 항문, 생식기 또는 귀나 손가락이 없는 기형아를 낳는 경우가 많으며, 그곳 주민들의 평균수명은 50세 전후에 불과하다고 한다. 이는 방사선이나 방사성 물질에 노출된 때문으로 보인다.

이와 관련하여, 일본 후쿠시마 원전사태를 계기로 북한 핵 시설의 안전성에 대한 우려가 높아진 가운데 한국 정부도 중국 정부에 북한 핵 안전성 문제를 제기하였다. 김성환 외교통상부 장관은 2011년 3월 하순 베이징에서 양제츠(楊洁篪) 중국 외교부장과의 회담에서 북한의 영변 핵 시설 안전성을 우려하는 전문가들이 많다면서, 일본 원전사태와 유사한 상황이 북한에서 벌어진다면 한국 및 중국에도 피해가 미칠 가능성을 제기하였다.

북한 핵실험과 환경안보

2012년 12월 12일 북한의 장거리 로켓에 대해 유엔이 안보리 결의를 통해 추가적인 제재조치를 취하자, 북한은 2013년 2월 12일 3차 핵실험을 단행하였다. 북한의 3차 핵실험이 임박했다는 보도가 한창이던 2013년 2월 유엔 사무국 군축국에서는 '1977년 환경에 변경을 가져올 수 있는 기술의 군사적 목적 또는 여타 적대적 목적을 위한 사용을 금지하는 협약'(Convention of 18 May 1977 on the Prohibition of Military or Any Other Hostile Use of Environmental Modification Techniques)과 관련한 공문을 사무총장실에 제출하였다.

동 협약에 따르면 협약 이행상황을 점검하기 위한 평가회의(*Review Conference*)를 규정하고 있다. 협약 평가회의는 협약 수탁자인 유엔 사무총장이 당사국들의 요청이 있을 시 소집하며, 1984년 및 1992년 두 차례 개최되었다. 협약 규정에 따르면 직전 평가회의 후 10년 이내에 평가회의가 개최되지 않을 경우 유엔 사무총장은 협약 당사국들에게 평가회의 개최 필요성에 대한 의견을 구해야 한다.

이와 관련, 제네바 소재 군축회의(Conference on Disarmament)는 2012년 세션에서 동 협약 제3차 평가회의 개최 필요성을 검토해 보자고 의견이 모아졌다. 이에 유엔 사무국 군축국은 상기와 같은 건의를 사무총장실에 제출한 것이다.

반기문 총장은 2013년 상반기 동 협약 평가회의 개최 필요성에 대한 회원국들의 의견을 구하는 서한을 발송하였다. 그러나 반 총장의 서한에 대해 대다수 회원국들은 아무런 반응을 보이지 않았다. 동 협약에 대한 국제 사회의 관심이 없다는 것을 의미하는 것이었다. 게다가 미국과 영국이 평가회의 개최 필요성을 느끼지 않는다는 회신을 함에 따라 2013년 12월 반기문 총장은 동 협약 평가회의 개최를 더 이상 검토하지 않기로 일단락을 지었다.

북한의 3차 핵실험 장소로 지목된 함경북도 길주군 풍계리에서 백두산까지의 거리는 불과 110km 정도로서 일부 전문가들은 백두산 화산의 마그마 층이 풍계리 지하 10km 부근을 지나고 있다고 주장하고 있다. 때문에 풍계리에서 핵실험이 단행될 경우 핵실험의 충격파가 이 마그마에 자극을 주어 백두산 분화를 촉진할 가능성이 있다는 분석도 있었다.

동 협약 제1조는 '환경에 폭넓고 오랜 기간 지속되거나 심각한 영향을 가져올 수 있는'(*widespread, long-lasting or severe effects on the environment*) 무기의 사용을 금지하고 있다. 한편 1949년 제네바 협약에 대한 1977년 추가 의정서 I(Additional Protocol I of 1977 to the Geneva Conventions of 1949) 제35조 3항도 환경에 폭넓고 오랜 기간 지속되거

나 심각한 영향을 가져올 수 있는 '전쟁 수단'(*methods or means of warfare*)의 사용을 금지하고 있다.

핵실험이 환경에 막대한 위험을 가져올 수 있다는 것은 주지의 사실이다. 1945년부터 1996년간 미국은 1,030회, 러시아는 715회, 프랑스는 210회, 영국과 중국이 각각 45회의 핵실험을 했다고 알려져 있다. 독자들도 알다시피 미국은 1992년 지하 핵실험에 대한 자발적 모라토리엄을 시행하였다. 1998년 인도와 파키스탄에 의한 지하 핵실험 이후 2000년대 이후 지하핵실험을 단행한 국가는 북한뿐이다.

한편 반기문 총장은 동 협약 평가회의가 개최될 경우 핵실험과 환경안보 문제가 동 협약 평가회의의 의제로서 다루어질 수 있는지에 대한 검토의견을 제출하도록 사무국 관련부서에 지시하였다.

이에 대해 유엔 사무국 법률국 및 군축국은 동 협약 1조 1항을 들었다. 협약에서는 "협약 당사국은 여타 당사국을 파괴 또는 손상시킬 정도로 광범위하고 오랜 기간 지속되고 심각한 영향을 야기하는 환경변경기술을 군사적 또는 여타 적대적 목적으로 사용해서는 안 된다"고 규정했다. 이 협약에 의거하여 "핵실험의 경우 대부분 핵실험 당사국 영토 내 지하에서 실시된 점에 비추어 동 협약 평가회의 대상에 부합하지 않는 것으로 볼 수 있다"는 의견을 제시하였다. 그럼에도 불구하고 협약 이행상황을 총체적으로 검토하는 회의인 만큼 평가회의 시 핵실험이 환경에 미치는 영향과 같은 특정 사안이 제기될 가능성을 배제할 수는 없다는 의견도 덧붙였다.

방사능 분출에 따른 위험뿐만 아니라 상기 지적된 백두산 분화와 같은 엄청난 환경적 재앙까지 이어질 수 있다는 점에서 핵실험이 환경안보에 미치는 영향에 대해서는 계속해서 관심을 가질 필요가 있다고 생각한다.

부의 불균형과 실업문제

'아랍의 봄' 파고(波高)가 리비아를 넘어 시리아로 이전하던 2011년 가을은 그리스 국가부도 위기 및 이에 따른 유로존의 미래에 대한 불확실성으로 인해 2008년 불어 닥쳤던 금융·경제위기가 재발한 시점이었다. 이때 전 세계 금융의 최고 중심지인 뉴욕 맨해튼 월스트리트에서는 미국 경제 불황과 청년 실업 증가에 대한 불만을 품은 젊은이들과 시민단체에서 월스트리트를 중심으로 조직적인 시위를 벌이는 상황이 발생하였다. 시위의 배경에는 월스트리트로 대변되는 투자은행 및 금융 엘리트에게 지나치게 편중된 부와 소득의 불균형에 대한 불만이 깊이 자리 잡고 있었다.

당시 논평가들은 이른바 '월가를 점령하라'(*Occupy Wall Street*)로 불린 시위가 세계 최강국 미국 한복판에서 벌어진 사태를 두고 아랍의 봄이 튀니지에서 과일 행상을 하던 젊은이의 분신자살에서 촉발된 점을 지적하면서, 이는 미국의 경제 침체와 기록적인 청년 실업난에 따른 '미국판 아랍의 봄'이라고까지 우려를 표하기도 하였다.

나는 경제 및 금융 전문가가 아니기 때문에 깊이 있는 수준의 식견을 제시할 수는 없지만, 이러한 부와 소득의 불균형 문제에 대해서는 정부 뿐만 아니라 모든 국민들이 심각하게 고민해야 할 국가 장래에 관한 최우선적 이슈라고 생각한다.

유엔에서도 매년 10월 17일을 '국제빈곤의 날'(International Poverty Day)로 지정하여 행사를 갖고 있다. 반기문 총장은 2011년 국제빈곤의 날 행사에 제공한 영상 메시지를 통해 "가난의 굴레에서 벗어날 수 없다는 공포야말로 건강하고 인간다운 삶을 누리고 미래에 대한 꿈을 키워 갈 수 있는 기본적 인권을 앗아가는 일"이라고 경고했다.

반 총장을 모시고 중남미, 아시아 등 빈부격차가 심한 지역을 출장하면서 사회경제적 불만과 갈등이 얼마나 무서운 정치적, 사상적 갈등으로 전개되는지를 절실히 깨달았다. 이 책을 집필하는 과정에서 아랍의 봄이라는 큰 그림 속의 한 부분을 차지한 예멘의 사례를 보면서 한반도에 대한 생각을 지울 수가 없었다.

예멘을 예로 들어보자. 예멘은 과거 남예멘과 북예멘으로 나뉘어져 있었으나 1990년 통일을 이뤘다. 그러나 북예멘 주도로 이루어진 통일 이후 남북 예멘 간 심각한 빈부 격차로 인한 사회경제적 갈등은 급기야 1994년 내전으로 이어졌다.

반기문 총장은 2012년 11월 취임 이후 처음으로 예멘을 전격 방문하였다. 극도로 불안한 치안문제로 예멘 방문은 극비로 이루어졌으며, 7시간 정도 체류 후 다음 행선지인 이집트로 향하였다.

반기문 총장은 유능한 유엔 전문가 중 한 명인 자말 베노마(Jamal Benomar)를 예멘 담당 특사로 임명하여 예멘의 사회통합과 정치적 화해를 촉진하는 임무를 맡겼다. 예멘 내 정파들이 한결같이 베노마 특사의 노련하고 균형 잡힌 중재활동을 높이 평가하는 것을 보면서 특사의 능력이 얼마나 중요한지 새삼 느낀 바 있다. 결국 10개월간의 집중적인 협상 결과 예멘은 전 국민대표들이 참여한 전국민대화회의(National Dialogue Conference)를 통해 2013년 1월 예멘의 사회, 경제 및 정치 분야 화해 및 발전을 위한 천여 개 항목의 합의문을 도출하였다.

그러나 이는 길고도 험한 여정의 첫 단추라고 할 것이다. 남부 예멘의 뿌리 깊은 좌절감과 상대적 박탈감이 언제 어떤 형식으로 분출될지는 아무도 예측할 수 없는 상태이다. 예멘의 통일 후 갈등을 보면서 현재 키프로스와 함께 전 세계 유일한 분단국으로 남아있는 한반도 통일, 그리고 통일이라는 민족 염원을 이룬 이후 상황을 그려보면서 우리가 어떻게 현명하게 준비해야 할지를 생각하게 된다.

유엔의 분쟁지역 평화복구 과정 지원활동

유엔은 장기간의 분쟁을 극복하고 평화와 통합의 길에 들어선 회원국을 지원하기 위한 목적으로 2005년 유엔 특별총회 결의를 통해 평화구축위원회(UN Peacebuilding Support Office)를 신설키로 합의했다.

반기문 총장이 2011년 3월 과테말라를 공식 방문하여 과테말라에 대한 유엔 평화구축기금 지원을 선언하는 행사를 가졌다. 과테말라의 경우 1996년 평화협정 체결을 통해 36년간 지속된 내전에 마침내 종지부를 찍게 되는데, 국가 공권력이 미비하여 법의 지배가 자리 잡지 못하였다. 이로 인해 마약 카르텔 및 조직범죄 집단에 의한 심각한 치안 부재 상황이 심화되고, 국가 공권력의 부패와 맞물려 범죄가 제대로 처단되지 못하는 문화(*culture of impunity*)가 형성된다.

이에 과테말라 정부는 2010년 4월 유엔의 평화구축기금을 통한 지원을 요청했다. 이미 15년 전 분쟁이 종식된 과테말라의 경우 전형적인 평화구축기금 지원 대상은 아니지만 중미지역의 특수성 등을 감안하여 반기문 총장은 2010년 11월 과테말라가 동 기금 지원 자격을 가진다고 선언했다. 그리고 반 총장은 2011년 3월 과테말라 방문 중 100만 달러 기금 지원을 공식 선언하는 행사를 개최하였는데, 이 자리에 과테말라 대통령, 부통령, 의회 의장, 외교장관, 내무장관, 대법원장, 검찰총장 등 3부 요인을 비롯한 각료들이 대거 참석한 바 있다.

2000년대 중반 이후 북한 내 마약 문제가 갈수록 심각해지고 있으며, 통일 이후 북한지역 내 조직범죄 등 치안 문제가 중요한 문제가 대두될 수 있음을 감안할 때 유엔 평화구축 시스템의 경험을 통한 각종 사례에 대한 '최선 관행'(*best practices*)을 시간을 두고 연구해 둔다면 장차 잘 활용될 여지가 크다고 본다.

국명 및 국기 변경

아랍의 봄을 통한 리비아 정권교체 이후 주 유엔 리비아 대표부는 2011년 8월 3일자 공한을 통해 국명(기존 Libyan Arab Jamahiriya)을 리비아(Libya)로 바꾸고 국기(國旗)도 변경하기로 했다는 리비아 임시정부인 국가평의회(National Transitional Council)의 결정을 통보하고 유엔이 이에 따른 조치를 취해줄 것을 요청했다.

국명(國名) 및 국기 변경에 관해서는 별도의 총회 규정이 없다. 따라서 주권국가의 합법적 정부가 국명 및 국기 변경을 결정하면 유엔에서는 그대로 인정되는 것이 관례이다. 다만, 국명 변경과 관련하여 유엔 회원국들로부터 이견과 갈등이 있을 경우에는 사정이 달라진다.

구 유고슬라비아 해체 후 세르비아가 유고를 승계하고 나머지 국가들은 모두 신생 회원국으로 유엔에 가입하였는데, 구 유고 마케도니아 공화국(FYROM: Former Yugoslavia Republic of Macedonia)이 FYROM이라는 국명으로 유엔에 가입한 이후 국명을 마케도니아 공화국으로 변경할 것을 추진했다. 이에 대해 그리스가 자국 내 마케도니아라는 지역이 있음에 비추어 FYROM이 '마케도니아 공화국'이라는 국명을 사용할 경우 추후 영토분쟁의 소지가 있음을 들어 국명 변경에 반대하였다. 동 사안은 아직 해결되지 않고 있다.

독자들도 잘 알다시피 통일 전 독일은 서독(Federal Republic of Germany) 및 동독(German Democratic Republic)으로 나뉘었다가 통일 후 독일(Germany)라는 국명으로 변경했다.

팔레스타인 대표단이 처음으로 "State of Palestine" 명패가 부착된 유엔 회의장에 착석한 모습이다. (사진제공: UN)

팔레스타인의 경우에도 명칭(*nomenclature*)을 어떻게 해야 하는지 이슈가 되었다. 2012년 11월 팔레스타인이 유엔총회에서 옵서버 국가(Non-Member observer State) 지위를 확보하였는데, 그 전까지 모든 유엔 문서에서는 이 지역을 '팔레스타인 점령지역'〔Occupied Palestine Territories(oPt)〕으로 불렀다. 그런데 팔레스타인이 2012년 11월 말 총회 결의 67/19를 통해 옵서버 국가 지위를 확보한 이후 팔레스타인 대표단은 유엔 회의장에서 '팔레스타인'(State of Palestine)이라는 명패를 사용하게 된다.

한반도 평화체제와 유엔군 사령부의 지위

한반도 평화체제 문제에 대해서는 많은 학술 논문들이 존재하는 만큼 여기서는 내가 유엔 사무국에 근무하면서 한반도 평화체제 구축과 유엔사령부의 지위와 관련하여 경험한 바를 소개하고자 한다.

린 파스코 정무담당 사무차장이 반기문 사무총장의 특사로 2010년 2월 북한을 방문하였을 때는 북한 핵 문제를 다루기 위한 6자회담이 공전 상태에 있었으며, 북한은 동년 초 평화협정 체결을 제안했다. 당시 김영남 북한 최고인민회의 상임위원장, 박의춘 외무상 및 박길연 외무성 부상과 일련의 회담을 가졌는데, 북한측 인사들은 같은 목소리로 "한반도 비핵화 논의를 지난 6년간 진행하였으나 결국 북한과 미국 간 신뢰 구축 없이는 한반도 비핵화 문제가 해결될 수 없다는 결론에 도달하였다"면서 평화협정 체결의 정당성과 시급성에 대해 주장하였다.

한편 북측 인사들은 1970년대 유엔총회가 한국에 설치된 유엔사령부(UN Command) 해체를 위한 결의를 채택한 바 있음을 상기시키면서, 한국에 아직 미군이 주둔하고 있고 이들이 유엔군의 모자를 쓰고 있다고 비판했다. 북한측 인사들은 이는 매우 비정상적인 현실이며, 하루속히 끝장을 내야할 문제라고 목소리를 높였다.

여기서 유엔사령부의 기원에 대해서 잠시 살펴보고 유엔사령부에 대한 유엔 사무국의 입장에 대해서 설명하기로 한다.

한국전쟁이 발발하자 유엔 안보리는 즉각적으로 결의를 채택하여 유엔 회원국들에게 북한의 침략을 격퇴하고 한반도에서의 평화와 안정을 회복시킬 것을 촉구했다. 이어 1950년 7월 25일 미국의 지휘를 받는 합동군 사령부 성격의 유엔사령부가 창설되었다. 당시 트리그브 리(Trygve Lie) 유엔 사무총장은 유엔기를 주 유엔 미국 대사에게 수여하였으며, 미국 트루먼(Truman) 대통령은 맥아더 장군을 유엔사령부 사령관으로 임명하였다. 이것이 유엔이 군사력을 동원하여 국제분쟁에 개입한 최초의 사례이다.

1953년 7월 27일 체결된 정전협정 체제가 수십 년간 지속되면서 유엔사령부의 존재는 분쟁 당사자인 남북한 간 갈등의 대상이 되었다. 정전협정 체결 이후 한반도 문제는 매년 유엔에서 다루었는데, 1975년 유엔 총회에서는 유엔사령부와 관련하여 한국의 입장을 지지하는 내용의 결의안과 유엔사령부 즉각 해체를 주장하는 북한의 입장을 지지하는 결의안이 동시에 제출되어 서로 상반된 내용의 결의가 각각 채택되는 상황도 발생했다.

유엔 사무국은 유엔의 지휘 감독을 받지 않는 유엔사령부를 유엔의 활동으로 간주하지 않고 있다. 이러한 이유로 코피 아난 전 사무총장이 2000년 및 2006년 두 차례 한국을 방문하였을 때와 반기문 사무총장이 2008년 이후 2013년까지 9차례 방한하였을 때도 유엔사령부를 방문하거나 유엔사령부 관련 인사를 면담한 바가 없다. 또한, 미군의 중부 대서양 지역 담당 사령관이 한국에서 1954년 7월부터 2003년까지 근무하고 전역한 예비역 장병들을 위해 유엔에 메달 증정을 요청했는데, 유엔 사무국은 1954년 7월 27일 이후로는 유엔 메달을 수여한 바 없음을 근거로 들어 미국측 요청을 거절하였다.

북한에서는 유엔사령부 해체를 주장하지만 한반도 정치·안보 상황이 근본적으로 개선되지 않는 한 유엔 총회를 통해 해결될 수 없다는 점을 그간의 경험을 통해 잘 알고 있기 때문에 이 문제를 더 이상 유엔 총회 의제로 삼기는 어려울 것으로 보인다. 다만 유엔 총회에 참석하는 북한 수석대표는 매년 총회 기조연설에서 빼놓지 않고 유엔사령부 해체 문제를 레퍼토리 삼아 되풀이하고 있다.

중장기적으로 정전협정 체제의 평화협정 체제로의 전환 문제가 본격적으로 논의된다면 유엔사령부 지위 문제도 함께 다루어지지 않을 수 없을 것이다. 북한은 한국 정부가 정전협정 당사자가 아니라는 이유로 평화협정 체결 논의에 있어 한국 정부를 제외코자 할 것이다. 그러나 이는 비현실적일 뿐만 아니라 그간 남북한 간 합의에도 배치되는 일이다. 1991년 12월 말 합의된 남북기본합의서는 "남북한이 현재의 정전협정 체제를 공고한 평화체제로 전환시키기 위해 함께 노력한다"는 내용을 담고 있으며, 2007년 10월 남북 정상회의 결과문서인 10·4 공동선언도 남북한이 직접 관련 당사자들과 한반도에서의 전쟁 종료를 선언하기 위한 노력을 진행한다는 내용을 포함하고 있다.

4부

유엔 깊이보기

09
전문가들을 위한
사례 연구

10
유엔에 대한 오해와 진실

09

전문가를 위한 사례연구

여기서는 반기문 총장 재임 중 유엔에서 주요 쟁점으로 다루어진 이슈들로서 한국에서 국제정치, 외교학 및 국제법을 전공하는 대학생 및 대학원생들, 그리고 유엔 등 다자외교 이슈를 다루는 한국 외교부 및 여타 관련기관 전문가들에게 연구과제로서 적절하다고 생각되는 사안들을 제시해 보고자 한다.

아랍의 봄 그리고 유엔 안보리의 비행금지구역 설정

앞에서 리비아 민주화 시위와 관련하여 유엔 안보리가 비행금지구역 설정을 포함, 민간인 보호를 위해 국제사회가 모든 가능한 수단을 동원할 것을 승인하는 결의 1973호를 채택한 바 있음을 살펴보았다. 이는 안보리 역사상 중요한 획을 그은 결의라고 할 수 있다.

이와 관련, 2011년 6월 말 주 유엔 프랑스 대사가 리비아 내 반군 지원을 위해 무기를 제공했다고 시인함으로써 반군에 대한 무기 지원의 정당성에 대한 논란이 일었다. 프랑스는 자국이 취한 무기 공수 조치가 민간인 보호를 위한 '모든 필요한 조치'를 승인한 안보리 결의에 따른 합법적인 조치임을 주장했지만, 안보리 내 거부권을 보유한 러시아와 중국은 물론 아프리카 연합(African Union)은 즉각 또 다른 안보리 결의(1970호)가 대 리비아 무기 금수를 규정하고 있음을 들어 프랑스의 무기 공수 조치에 대해 우려를 표명하고 나섰다. 또한 프랑스와 같은 유럽연합 소속인 네덜란드도 "프랑스가 취한 리비아 반군에 대한 무기 공수조치는 안보리 결의 1973호의 승인 범주를 벗어날 수 있다"고 하면서 이러한 임무 팽창에 대해서 우려를 표명하였다.

유엔에서 근무하면서 '임무 팽창'(*mission creep*)이라는 표현을 종종 듣게 된다. 특히 유엔 평화유지군의 민간인 보호 임무가 강조되면서 기존에 자위권 차원에서만 엄격하게 허용되던 유엔 평화유지군의 교전수칙이 민간인 보호를 위해 좀 더 적극적으로 해석돼야 한다는 방향으로 발전하면서 '임무 팽창'이라는 개념이 자주 등장하게 된다.

사실 비행금지구역과 관련해서도 NATO 및 미국에 의한 리비아 기간 시설과 리비아 군에 대한 공습이 엄격한 비행금지구역에 부합한 것이냐는 이견도 많이 제기되었다. 일부에서는 비행금지구역(*no fly zone*)이 아니라, 운전금지구역(*no drive zone*)으로 확대적용된 것 아니냐는 비판도 있었던 것이 사실이다.

‘무기 금수’(*arms embargo*)와 ‘민간인 보호를 위한 비행금지구역 설정 및 반군에 대한 무기 공수’ 조치가 어떻게 양립할 수 있는지에 대해서 국제법적 측면과 함께 유엔에서의 현실 정치가 어떻게 적용되는지 살펴 볼 수 있는 흥미로운 대목이라고 생각한다.

시리아 사태와 내전

‘아랍의 봄’ 드라마의 가장 치열했던 부분은 역시 시리아 사태일 것이다. 시리아 사태가 15개월째로 접어들고 사망자가 1천 명을 넘어서던 때인 2012년 5월 말, 반기문 총장이 터키 이스탄불에서 열린 문명 간 연대회의 및 소말리아 재건회의에 참석한 당시의 일을 중심으로 시리아 사태와 관련하여 전문가들의 흥미를 끌 만한 이슈를 기술해 본다.

이스탄불에서 회의에 참석하는 동안 반 총장은 20여 명 이상의 정상들과 연쇄 면담을 가졌는데, 역시 가장 주된 의제는 시리아 사태였다. 문명 간 연대회의에서 기조연설을 한 반기문 총장은 시리아 사태에 대한 깊은 우려를 표명하면서 시리아 사태가 ‘전면적 내전 상황으로 치달을 수 있음’(*Full-blown civil war in Syria is imminent*)을 강력히 경고했다. 이에 대해 시리아 정부가 반 총장의 발언을 강력히 비난하였다.

시리아 정부는 국제사회에서 가장 강력한 도덕적 권위를 가진 리더 중 한 사람인 반기문 총장의 경고가 가져올 파장을 두려워했던 것이다.

실제로도 반기문 총장의 발언에 힘입어 미국 및 서방 주요국에서 "시리아 사태가 사실상 내전 상태에 접어들었다"는 목소리와 함께 국제사회가 보다 강력한 조치를 취해야 한다는 방향으로 여론이 움직이기 시작했기 때문이다.

이런 상황에서 유엔 사무국 평화유지군 담당 사무차장인 에르베 라수스(Hervè Ladsous)가 한 언론 인터뷰에서 시리아 사태를 내전으로 보느냐는 질문에 그렇다고 대답한 일이 있었다. 이를 두고 '유엔 고위간부가 처음으로 시리아의 폭력사태를 내전으로 규정했다'는 방향으로 부각되어 이 문제를 두고 논란이 일었다.

일반적으로 '내전'은 정확히는 '국제적 교전이 아닌 교전행위'(*an armed conflict not of an international character*)를 일컫는다. 국제인도법(International Humanitarian Law) 3조에서는 비국제적 성격의 교전행위에 대한 국제인도법 적용을 규정하고 있으며, 국제적십자위원회(International Conference of Red Cross)가 분쟁 당사자들에게 지원을 제공할 수 있는 근거를 제공하고 있다.

일개 주권국가 내 유혈사태가 제네바 협약에 규정된 3조상의 비국제적 성격의 교전행위에 해당되어 국제인도법의 적용을 받느냐 여부는 법률적으로 매우 중요한 의미를 가진다. 만약 국제인도법의 적용을 받게 되면 교전행위 당사자들은 '교전자'(*combatant*)의 지위를 부여받게 되어 정부군으로부터 '전쟁포로'(*prisoners of war*)로 대우받게 된다. 이러한 이유로 시리아 사태를 내전으로 보느냐에 대한 유엔 사무국 고위간부의 답변에 대해 시리아 및 당시 시리아 편을 들고 있던 러시아로서는 매우 못마땅했던 것이다. 시리아 및 러시아는 시리아 반군을 테러리스트 집단으로 규정했기 때문이다.

또한, 반인륜적 범죄 및 대량학살의 경우 평시 또는 전시에 모두 적용될 수 있는 범죄행위인 데 비해, 제네바 협약 3조의 비국제적 성격의 교전행위에 해당되어 국제인도법의 적용을 받는 경우 이에 위배되는 범죄행위는 '전쟁범죄'로서 다루어진다는 차이를 낳게 된다.

결론적으로 유엔은 시리아 사태가 비국제적 성격의 교전행위, 즉 내전에 해당하느냐 여부에 대한 판단을 내리는 데 따르는 실익이 없다. 중요한 것은 시리아 사태가 갈수록 악화되면서 정부군은 민간인 거주지역에 포격을 가하고 공격용 헬기로 민간인을 공격하는 한편, 반군 또한 갈수록 정교한 방식으로 정부군 및 민간시설에 대한 공격을 감행하였다. 유엔은 이에 대한 심각한 우려를 표명함으로써 국제사회에 시리아 내 현황을 정확히 알리면 족한 것이다. 시리아 사태가 국제인도법, 즉 제네바 협약상 내전이냐 아니냐를 규정하는 것은 국제사회, 특히 제네바 협약 당사국들이 할 몫이라고 본다.

남수단 공화국 분리 독립 및 유엔 가입

2011년 7월 9일 남수단 공화국(Republic of South Sudan)의 독립 선포 행사가 거행되었다. 1956년 이집트와 영국으로부터 독립한 수단은 그 이후 계속된 내전을 겪었다. 1989년 알 바시르(al-Bashir) 현 수단 대통령이 집권한 이후에도 주로 아랍계로 구성된 북부 수단과 주로 기독교계 아프리카 인종으로 구성된 남부 수단 간 갈등이 계속되었다. 2005년 1월 남북 수단 간 포괄적 평화협정을 통해 남부 수단에 자치권을 인정하다가, 2011년 1월 초 분리독립이냐 아니면 통일 수단으로 남을 것이냐를 결정하는 역사적인 국민투표가 남부 수단에서 실시되었다. 국민투표 결과 99%에 가까운 남부 수단 주민들이 분리독립을 선택함에 따라 동년 7월 9일 독립을 선포하는 행사가 남부 수단의 수도 주바에서 거행되었다.

2007년 취임 초기부터 수단·다르푸르 사태 해결을 최우선 과제의 하나로 삼아 추진한 반기문 총장은 2007년 9월 북부 수단 수도인 카르툼(Khartoum), 남부 수단 수도인 주바 그리고 대량 인종 학살이 발생한 서부 다르푸르 지역 내 유엔 및 아프리카연합(African Union) 공동 평화유지군이 들어설 알 파사르(al-Fashir)를 방문했다.

그러나 2008년 국제형사재판소가 수단 알 바시르 대통령을 반인륜적 범죄 혐의로 기소하고 체포 명령을 내림으로써 반기문 총장의 수단 방문은 그 이후로 이루어지지 않았다. 이러한 상황에서 2011년 7월 9일 남부 수단 공화국의 분리독립을 기념하는 행사 참석을 계기로 반기문 총장은 남부 수단을 방문하였다. 알 바시르 북부 수단 대통령도 남부 수단 독립 행사에 참석하였다.

남수단 공화국은 독립을 계기로 유엔에 새로운 회원국으로 가입하게 된다. 2011년은 남북한 동시 유엔 가입 20주년을 맞는 해로서, 남수단 공화국의 유엔 가입 과정을 살펴보기로 한다.

유엔 가입 절차는 유엔헌장 4조에 명시되어 있는데, 평화를 사랑하는 국가(*peace-loving states*)로서 유엔 헌장상의 의무를 받아들이는 한편, 이러한 의무를 이행할 능력을 갖춘 것으로 판단되는 국가여야 한다고 규정하고 있다. 또한, 해당 국가의 유엔 가입절차는 안보리 권고에 따라 유엔 총회가 승인한다고 되어 있다. 안보리 권고에 따라 유엔 총회가 승인한다는 점에서는 유엔 사무총장 선출 과정과 비슷하다.

유엔에 새로운 회원국으로 가입코자 하는 국가는 유엔 가입 신청서(*Application for Membership to the United Nations*)를 해당 국가 원수 또는 행정수반의 서명이 담긴 서한과 함께 유엔 사무총장에게 제출해야 한다. 또한, 가입 신청서와 더불어 유엔 헌장상의 의무를 준수하겠다는 선언(*Declaration*)을 별도로 제출하는 것이 원칙이다. 동 선언은 안보리 임시 의사규칙(*provisional rules of procedure*) 제58항, 그리고 총회 의사규칙 134항에 규정되어 있다. 유엔 사무총장은 유엔 가입 신청서를 접수하는 대로 유엔 안보리에 이를 전달하도록 되어 있다.

남수단에 앞선 사례로는 1991년 남·북한, 1993년 에리트레아, 2002년 동티모르 그리고 2006년 몬테네그로의 유엔 가입이 있다. 이 중 남·북한, 동티모르, 그리고 몬테네그로의 유엔 가입의 경우에는 관련 당사국들 모두 유엔 가입 신청서와 함께 별도의 '유엔 헌장상 의무 준수 선언'을 제출하였다. 그러나 1993년 에리트레아의 경우 별도의 '선언'을 제출하지 않고 유엔 가입 신청서에 유엔 헌장상 의무를 준수하겠다는 내용을 포함했다. 1991년 9월 17일 유엔 총회에서 승인된 남·북한 동시가입의 경우에도 남북한 공히 가입 신청서와 함께 '유엔 헌장상 의무 준수 선언'을 별도로 제출한 바 있다(관련 문서: A/46/295 및 A/46/296).

남수단 공화국의 경우도 별도의 '선언'을 제출하지 않고 유엔 가입 신청서에 유엔 헌장상 의무를 준수할 것이라는 내용을 포함시켰다. 당시 유엔 사무국은 남수단 당국에게 별도 '선언'을 제출할 것을 독려했다. 그러나 이에 응하지 않음에 따라 1993년도 에리트레아 사례를 근거로 하여 별도 선언 없이 남수단의 유엔 가입신청을 다루어 줄 것을 요청하며 유엔 가입 신청서가 첨부된 반기문 총장 명의의 7월 9일자 서한을 안보리 의장 및 총회 의장 앞으로 보냈다.

유엔 사무총장의 서한을 접수한 안보리는 7월 11일 회의를 소집하여 남수단의 유엔 가입 문제를 협의하였으며, 안보리 산하 유엔 가입 검토 위원회(Committee on the Admissions of New Members)에 회부하였다. 안보리는 동 위원회의 권고를 토대로 7월 13일 공식회의를 열고 남수단 공화국의 유엔 가입을 권고하는 결의(S/RES/1999)를 채택, 이를 총회에서 다루어 줄 것을 요청하였다. 유엔 총회는 7월 14일 안보리 권고를 승인하는 결의(A/RES/65/ 308)를 채택함으로써 남수단은 유엔의 193번째 회원국으로 탄생하게 되었다.

팔레스타인 독립국가 추진과정 및 유엔의 정치학

위에서 다룬 유엔 가입과 관련하여 한 가지 흥미로운 대목을 소개한다. 이스라엘·팔레스타인 분쟁 해결을 위한 팔레스타인 독립국가 건설이 좀처럼 해결 기미를 보이지 않고 오히려 2009년 1월 가자 분쟁〔이스라엘에 의한 캐스트리드(Cast Lead) 군사작전〕이 발생했다. 이에 아랍 국가들은 2011년 7월 아랍연맹 외교장관 회의에서 동년 가을 유엔 총회에 팔레스타인의 유엔 가입을 위한 결의를 제출할 방침이라고 밝혔다. 이러한 아랍연맹의 입장 발표 직후 미국은 즉각적으로 아랍연맹 시도에 대해 반대입장을 표명했다. 앞서 언급한 바와 같이 유엔 신규가입은 유엔 헌장에 따라 안보리의 권고가 있어야만 한다. 팔레스타인의 유엔 가입 문제는 2011년 유엔 총회를 뜨겁게 달군 이슈 중 하나였는데, 이와 관련된 몇 가지 사안들을 살펴보기로 한다.

팔레스타인의 비유엔회원국 옵서버 국가 지위확보 이전

팔레스타인 독립 선언은 팔레스타인 국가 평의회(Palestinian National Council)에 의해 1988년 11월 채택되었으며, 유엔 총회는 동년 12월 팔레스타인 국가평의회의 독립 선언을 '인지'(*acknowledge*)하는 내용의 결의(43/177)를 표결로 채택하였다. 유엔에서 팔레스타인은 1998년 7월 채택된 결의(52/250)에 의거, 옵서버 지위를 누리는데, 이에 따르면 팔레스타인은 유엔 총회 일반토의(*general debate*)에 참여할 수 있으며,

팔레스타인 및 중동문제 이외의 어젠다에 대해서도 발언 신청을 할 수 있다. 예컨대 팔레스타인의 경우 2011년 유엔 총회 때 반기문 총장이 주최한 원자력 안전 및 핵 안보 관련 고위급 회의에서도 발언권을 신청할 자격이 있는 것이다.

여기서 유엔에서 구분되는 옵서버(*observer*)와 옵서버 국가(*observer state*) 간의 차이에 대해서 짚고 넘어갈 필요가 있다. 사실 유엔 헌장 및 유엔 총회 의사규칙에는 옵서버 지위(*observer status*)에 관한 규정이 없다. 다만 1940년대 이후 관행에 따라 적용된 것이다. 그 기원은 1949년 스위스에 대해 당시 유엔 사무총장이 옵서버 지위를 부여한 것이다.

그러나 앞서 언급한 바와 같이 유엔 총회가 이러한 옵서버 지위를 부여·확인하는 결의를 채택한 적은 없다. 이는 1991년 유엔 동시 가입 전까지 옵서버 지위를 누려온 한국과 북한의 경우도 마찬가지이다. 유일한 예외는 교황청(Holy See)으로서, 2004년 7월 유엔 총회 결의(58/314)를 통해 교황청에 옵서버 국가 자격을 정식으로 부여했다. 팔레스타인 또는 1991년 유엔 가입 전까지 한국 및 북한과 같은 옵서버(*observer*)의 경우, 관련 토의에 참여할 수는 있으나 표결 및 문서를 회람할 자격은 부여받지 못한다. 그러나 옵서버 국가인 교황청의 경우 표결에 참여하고 문서를 회람할 자격을 부여받는다.

그러나 바티칸과 같은 옵서버 국가 지위를 확보하는 것이 정말 정치적으로 중요하고 민감한 이유는 따로 있다. 옵서버 국가 지위를 갖게 되면 ICC 설립 근거가 되는 로마 규정(Rome Statute)에 가입할 자격이 주어지며, ICC 당사국이 되면 어떤 사안을 ICC에 제소할 자격을 갖게 된다. 이스라엘과 팔레스타인 간 분쟁이 첨예한 상태에서 약자인 팔레스타인은 물론 주변 아랍국가들 입장에서는 분쟁 당사자인 팔레스타인이 ICC 당사국이 되고 이스라엘을 ICC에 제소할 지위를 확보하게 되는 것을 의미하기 때문에 매우 민감한 문제인 것이다.

한편, 2011년 유엔 총회 당시 문제가 된 팔레스타인의 유엔 가입 신청에서 가장 주목할 대목은 팔레스타인이 유엔 사무총장에게 제출한 가입 신청서(*application*)의 자격 구비 문제였다.

유엔 사무총장은 유엔 가입신청서를 접수하는 대로 유엔 안보리에 이를 전달하도록 되어있다. 그런데 기계적으로 가입신청서를 안보리에 전달하는 것이 아니라, 이에 앞서 가입신청서가 구비요건을 갖추었는지, 즉 '접수할 만한지(*receivable*)에 대해' 기술적 검토를 하는 것이 관례이다. 구비요건을 갖추었는지에 대한 기술적 검토는 가입 신청서가 국가원수, 행정수반(또는 외교장관)의 서명을 갖춘 서한을 통해 제출되었는지, 가입신청 주체가 국가로서 인정받기 어려운 주체인지 또는 어느 주권국가로부터의 분리독립을 시도하는 주체인지 여부, 그리고 헌장상의 의무를 충실히 이행하겠다는 '선언'을 포함하고 있는지 여부 등이 그것이다.

상기 요건을 충족함에도 불구하고, 만약 유엔 가입을 신청한 주체의 법적 자격에 대해서 확신이 서지 않는 경우 유엔 사무총장은 안보리 의장에게 안보리가 해당 유엔 가입신청 사안을 '접수할 만하다'고 간주할지를 비공식적으로 타진할 수 있다. 실제 구 유고 마케도니아 공화국(Former Yugoslav Republic of Macedonia)이 유엔 가입신청서를 1992년 7월 30일 제출했으나, 당시 코피 아난 유엔 사무총장은 이듬해인 1993년 1월 말에야 이를 안보리에 제출했다. 당시 국제사회에서 마케도니아의 법적 지위(*international legal status*)에 대한 이견을 감안한 데 따른 지연이었다.

이렇게 해당 국가의 법적 지위에 대한 국제사회의 이견이 있는 경우 유엔 사무총장은 안보리와 비공식 협의를 할 수 있으며, 안보리가 해당 신청을 '접수할 만하다'고 판단하는 경우 신청서를 공식적으로 안보리에 제출할 수 있다. 그러나 만약 안보리가 그렇지 않다고(*not receivable*) 판단하는 경우에는 유엔 사무총장이 해당 신청 주체에 유엔 가입신청서를 어떤 사유로 접수할 수 없는지 설명해야 한다. 물론 가장 복잡한 상황은 유엔 사무총장이 접수할 수 있는지에 대해 안보리 의견을 비공식 타진했을 때 안보리 내부 이견으로 인해 결론을 내리지 못하는 경우이다.

팔레스타인 압바스 정부 수반은 제66차 유엔 총회 참석기간 중 반기문 총장과 두 차례 면담을 가졌는데, 두 번째 면담을 가진 2011년 9월 23일 오전 유엔 가입신청서를 반 총장께 공식 제출하였다. 압바스 수반은 이어 행한 유엔 총회 기조연설에서 유엔 가입신청서를 제출했다고 확인했다. 팔레스타인측이 형식을 제대로 갖춘 가입신청서를 제출함에 따라 반기문 총장은 지체 없이 당일 팔레스타인의 유엔 가입신청서(유엔 헌장 의무준수 선언 포함)를 안보리 의장에게 전달하였다.

안보리 의장은 관례에 따라 신청서를 접수하는 대로 비공식 협의를 개최하여 이사국들에게 유엔 가입신청서 접수 사실을 알리고 신청서가 구비요건을 갖추었음을 공지한다. 그리고 수일 내에 공식 협의를 갖고 동 사안을 신규 회원국 가입 검토 위원회(Committee on the Admission of New Members)에서 검토하도록 한다.

안보리 위원회에 의한 신규 가입 검토는 사안에 따라 신속하게 이루어질 수도 있고, 수주에서 수개월이 소요되기도 한다. 팔레스타인의 유엔 가입신청에 대하여 안보리 내 신규 회원국 가입검토위원회의 검토가 이루어졌으며, 동년 11월 말 팔레스타인측 가입신청에 대한 보고서를 안보리에 제출하였다. 물론 안보리 이사국들의 이견을 반영, 검토위원회가 만들어낸 보고서에서는 서로 상이한 의견을 나열하고 있었다.

대개 검토위원회의 검토 결과가 나오는 대로 안보리 이사국들이 회합을 갖고 해당사안을 다루는 것이 통상적인 관례이지만, 안보리는 팔레스타인의 유엔 가입 문제에 대해서는 2014년 초 현재까지도 검토위원회의 보고서를 다루지 않은 채 그냥 놔두고 있는 상황이다.

팔레스타인이 국제형사재판소 회원국 가입을 신청하기 전에 뜨거운 현안이 된 것은 유네스코 회원국 가입 추진이었다. 2011년 10월 말 유네스코 총회(매 2년 개최)가 개최되었는데, 팔레스타인 자치정부가 유네스코 정회원국 가입을 추진한 것이다. 미국 정부는 만약 팔레스타인이 유네스코 정회원국 자격을 획득하면 유네스코에 대한 분담금을 유보할 것이라는 입장을 천명하였다. 이스라엘의 경우 팔레스타인의 정회원국 자격 확보 시 유네스코 탈퇴 가능성을 경고하였다.

이러한 상황에서 반기문 사무총장은 팔레스타인측에 "팔레스타인의 유엔 회원국 자격 신청에 대한 안보리의 결정이 있기 전에 유네스코 정회원국 자격을 추진하는 것은 정치적으로나 절차적으로나 바람직하지 않다"고 하면서, 대안을 제시했다. 일단 유네스코가 관장하는 4개 국제협약에 가입하여 정회원국과 다를 바 없는 권리와 의무를 향유하는 대신 안보리의 결정이 있을 때까지는 유네스코 정회원국 자격 추진은 유보하자는 것이었다.

이와 함께 반기문 총장은 미국, EU(유럽연합) 등 이해 당사국들과 수시 협의를 가지면서 팔레스타인측이 성급한 조치를 취함으로써 상황을 악화시키지 않도록 적극적인 외교적 노력을 하였다. 그러나 이러한 노력에도 불구하고 팔레스타인은 2011년 10월 31일 유네스코 가입 결의안 표결을 강행, 압도적인 표차로 유네스코 가입을 확정지었다.

팔레스타인의 유네스코 가입이 확정된 이후 국제 언론에서는 팔레스타인이 IAEA와 같은 정치·안보적으로 민감한 기구에 가입을 추진하지 않을까 하는 우려가 제기되었다. 중동지역 아랍 국가들은 IAEA에서는 '이스라엘의 핵 능력'(*Israel's Nuclear Capabilities*) 결의안을 통해 이스라엘의 핵 보유를 비난하고 중동 비핵지대 실현을 위한 이스라엘의 핵 포기를 촉구하고 있다. 때문에 미국이 정치적으로 가장 중요하게 여기는 국제기구의 하나인 IAEA에 팔레스타인이 가입을 추진할 경우, 이는 정치·안보적으로 매우 민감한 사안이 될 것이다.

팔레스타인 지위 문제는 2012년 6월 브라질 리오에서 개최된 유엔 지속가능발전 정상회의에서도 문제가 되었다. 이 회의의 준비위원회가 2009년 12월 유엔 총회 결의에 따라 구성되어 2010년부터 활동을 시작하였는데, 팔레스타인이 준비위 및 유엔 지속가능발전 정상회의에 정식 회원국 자격으로 참석해야 한다고 주장한 것이다. 이 문제는 회원국들 간 심각한 이견을 불러 일으켰다. 2012년 3월 아랍 그룹은 팔레스타인이 유네스코 회원이라는 점을 들어 준비위에 팔레스타인이 참석하여야 한다는 주장을 펼친 것이다.

팔레스타인의 비유엔회원국 옵서버 국가 지위 확보

2012년 11월 29일 오후 유엔 총회에서 팔레스타인에 대해 옵서버 국가(*non-member observer State*) 지위를 부여하는 결의가 채택(67/19)되었다. 완전한 유엔 회원국(*full membership*)에는 미치지 못하는 것이었으나, 팔레스타인 입장에서는 기존의 옵서버 단체(*observer entity*)와 비교할 때 분명 진일보한 성취라고 할 수 있다.

이 책 앞부분에 반기문 총장의 2012년 가자 위기 당시 휴전협정을 이끌어낸 과정을 묘사한 부분이 있는데, 팔레스타인의 옵서버 국가 추진 배경을 간단히 설명하면 이렇다.

2012년 11월 가자(Gaza)를 장악한 하마스가 오히려 정당성을 부여받는 정도로 위상이 상승된 반면 팔레스타인 서안지구(West Bank) 지역의 압바스(Abbas) 대통령은 존재감을 거의 상실한 상태였다. 정치적 위기감이 극도에 달한 상태에서 압바스 대통령에게 유엔 총회에서의 옵서버 국가 지위 확보는 일종의 탈출구 비슷한 것이었다고 생각한다. 실제로 유엔 총회에서 압바스 대통령은 오바마 미국 대통령이 유엔총회에서 연설할 때보다 훨씬 많은 박수와 환호 속에 연설하고 결의 채택 후 수많은 참석자들로부터 축하 인사를 받았다.

유엔 총회 표결결과 찬성 138표, 반대 9표, 기권 41표(한국 포함)로 팔레스타인에 대한 옵서버 국가 지위가 부여되었다. 당초 미국과 이스라엘이 동 결의 추진을 무슨 수를 써서라도 저지할 것으로 예상되었고 만약 결의안이 강행될 경우 유엔에 대한 예산 집행 보류 등 강경 조치도 불사하겠다는 입장을 보여 동 사안은 매우 민감한 정치적 이슈였다.

특히 이스라엘로서는 팔레스타인이 옵서버 국가 지위를 확보하는 경우에 이는 ICC에 관한 로마 규정(Rome Statute of the International Criminal Court)에 가입할 자격을 얻게 되는 것을 의미하고, 이는 곧 이스라엘 군의 가자 지구 내 군사작전을 전쟁범죄 행위로 ICC에 제소할 권한을 갖게 되는 것을 의미하기 때문에 매우 민감한 문제였다. 유엔 사무총장은 ICC 로마 규정의 기탁처(*depositary*)이다. 만약 팔레스타인이 ICC 로마규정 가입 기탁서를 유엔 사무총장에게 제출하는 경우 유엔 사무총장은 정해진 절차에 따라 이를 검토하게 될 것이다.

그러나 엄밀한 의미에서 팔레스타인의 옵서버 국가 지위 확보로 인해 국경선, 치안, 정착촌 건설, 예루살렘, 난민, 물과 같은 보다 근본적인 지위 문제가 바뀌는 것은 아니다. 유엔 총회 표결 시 반대표를 던진 미국은 이러한 입장에 따라 "팔레스타인측의 옵서버 국가 지위 추구는 이스라엘과의 평화협상에 아무런 도움이 되지 않는다"는 입장을 취한 것이다.

여기서 팔레스타인의 옵서버 국가 지위 확보가 가져오는 법률적 파급효과에 대해서 간단히 살펴보자.

옵서버 국가는 자국 관련 사항이 안보리에서 토의되는 경우 관련 토의에 참여할 수 있고, 자국 관련사항을 안보리 또는 총회에 회부할 수 있다. 단, 그 이전에도 팔레스타인은 안보리 및 총회에서의 팔레스타인 관련 안건 토의 시〔예컨대, 팔레스타인 문제(*Question of Palestine*) 회의〕에 참여하여 왔다.

그리고 옵서버 국가는 유엔 헌장 93조 2항에 의거, 국제사법재판소 규정(International Court of Justice Statute)에 가입할 권한을 갖게 된다.

단, 이 경우 안보리 권고에 따라 총회의 승인이 요구된다. 즉, 사실상 팔레스타인이 국제사법재판소에 가입하려고 하더라도 미국이 안보리에서 거부권을 행사하는 경우 현실적으로 국제사법재판소 가입은 어렵게 되는 것이다.

또한, 옵서버 국가로서 팔레스타인은 이른바 '비엔나 방식'(Vienna formula) 또는 '올 스테이츠 방식'(all States formula)에 따라 개최되는 유엔 회의에 참석할 수 있는 권한을 갖게 된다. 유엔 회의 참석대상을 정하는 데 있어 3가지 방식이 적용되는데, 이를 잠시 살펴보기로 한다.

첫째는 비엔나 방식(Vienna formula)이다. 이는 유엔 회원국, 유엔 산하 특별기구(Specialized Agencies)의 회원, IAEA 헌장 당사국 또는 국제사법재판소 당사자 중 하나에 해당되는 경우 참석케 하는 방식이다. 즉, 유엔이 초청 대상을 정하는 데 최대한 탄력적으로 정할 수 있도록 하기 위한 방식이다. 실제로 이를 적용하는 경우, 팔레스타인과 같이 민감한 대상을 초청하는 데 있어 회원국들 간 대결을 피할 수 있는 장점이 있다. 비엔나 방식은 경우에 따라 조금씩 상이한 방식으로(예컨대, 유엔 회원국 또는 유엔 산하 특별기구 회원 중 하나인 경우와 같이) 적용되기도 한다.

2012년 말 현재 상황에서 팔레스타인의 예를 들자면, 팔레스타인이 유엔 산하 특별기구인 UNESCO에 이미 가입한 상태이므로 비엔나 방식 적용에 따른 유엔회의에는 참석할 권리를 갖는다고 보면 된다.

둘째, '올 스테이츠'(all States) 방식이다. 올 스테이츠 방식이란 유엔 옵서버 포함 모든 국가에게 허용되는 방식이다. 이는 비록 유엔 회원국(*Member States*)이 아니더라도 '주'(州, States)로서 간주되는 경우

회의에 참석할 수 있음을 뜻한다. 동 카테고리에 해당하는 '주'는 쿡 제도(Cook Islands), 교황청(Holy See) 그리고 니우에(Niue) 섬이 있다. 팔레스타인은 유네스코에 가입한 이래 올 스테이츠 회의에 주로서 초청되어야 한다고 주장했다. 그러나 팔레스타인이 2012년 11월 옵서버 국가 지위를 확보하기 전까지 유엔의 입장은 팔레스타인은 총회 결의 52/520에 의거하여 '국가가 아닌 단체'(*as an entity other than a State*)의 대우를 받는다는 것이었다. 마지막으로 '정회원국'(*Member States only*) 방식으로, 이는 유엔 정회원국으로만 참석을 제한하는 방식이다.

유엔 지속가능발전 정상회의(Rio+20) 이야기로 돌아가 본다. 정상회의 직전에 리우데자네이루에서 열린 준비회의에서도 팔레스타인의 참가 문제에 대한 회원국들 간 합의가 도출되지 않았다. 결국 마지막 준비회의에서 비공식 협의(*informal consultations*)로 진행, '팔레스타인이 개최국인 브라질과 이집트 옆에 착석하되 국가 명판(*name plates*)은 두지 않는 것'으로 모호하게 넘어갔다. Rio+20 정상회의에서는 옵서버 자격으로 참석하였다.

이 과정에서 반기문 총장은 팔레스타인측에 Rio+20 정상회의는 정치·안보적 사안이 아니라 지속가능개발 문제를 다루는 회의로서 일회성 국제회의라는 점을 강조했다. 이번 정상회의에서의 팔레스타인 지위 문제가 다른 문제에 선례로 작용하지는 않을 것임을 들어 이러한 절차적 문제를 가지고 인류의 미래를 다루는 중요한 국제회의에 지장을 주지 않는 것이 좋겠다고 간곡히 설득했다.

반기문 총장은 유엔 총회 의장 비서실장으로 활동하던 2002년 5월 아동 문제를 다루던 유엔 회의를 상기했다. 당시 팔레스타인 대표가 이스라엘 대표의 퇴장을 요구한 적이 있다고 회고하면서 아동 문제를 다루는 회의에서 정치 문제를 연계시키는 것은 적절치 않다고 팔레스타인측을 설득한 바 있었다고 하였다.

2012년 7월 초 무기거래조약 회의가 유엔본부에서 개최되었는데, 이때의 일화를 간단히 소개한다.

내가 사무총장 비서실에서 군축 이슈를 담당하던 때인지라 이 문제를 가까이에서 살펴볼 기회가 있었다. 지속가능개발 문제를 다룬 유엔 지속가능발전 정상회의와 달리 이 문제는 재래식 무기 거래를 규율하는 정치 · 안보적으로 민감한 사안이었기 때문에 상당한 진통을 겪었다.

동 회의는 올 스테이츠 회의였는데, 팔레스타인은 정치적으로 중요한 사안인 만큼 본회의 때 '국가' 자격으로 여타 유엔 회원국들과 동등한 자격으로 협상에 참여해야 한다고 주장했다.

본회의 개막을 불과 수일 앞두고 이러한 민감한 절차 문제를 들고 나옴으로써 당시 본회의 의장 지명자는 미국, 이스라엘, 팔레스타인, 아랍 그룹 및 EU 등 주요 관심국들과 수차례에 걸친 협의 끝에 중재안을 내놓았다. 팔레스타인의 옵서버 단체(*observer entity*) 자격은 그대로 유지하되 팔레스타인 대표단 좌석은 여타 참가국 대표단석에 배정하자는 것이었다.

이에 대해 미국과 이스라엘은 민감한 정치 · 안보 이슈를 다루는 회의에 이러한 방식을 허용하는 경우, 향후 선례가 될 수 있다는 우려를 들어 강력하게 반대하고 나섰다. 결국 회의 개막식이 예정된 7월 2일 오전까지도 합의가 도출되지 않음에 따라 회의는 열리지 못하였다. 개막식에서 기조연설을 할 예정이었던 반기문 총장도 참석치 못하는 파국으로 치달았다. 결국 의장 지명자는 7월 2일 하루 종일 상기 주요 그룹들과 연석 협의를 가진 끝에 변칙적인 방식으로 좌석배치를 결정했다. 교황청과 팔레스타인을 대표단 석에 착석시키되 알파벳 순서에 따라 착석하는 것이 아니라 알파벳 순서상 맨 첫 번째 참가국인 아프가니스탄 앞에 착석시키고 아무도 이 문제를 지적하지 않기로 협상을 이끌어낸 것이다.

앞서 설명한 바 있는 Rio+20 정상회의 준비위 당시 막판까지 팔레스타인 지위문제에 대한 합의가 도출되지 않자 개최국인 브라질의 중재로 준비위를 비공식 협의(*informal consultations*) 형태로 진행하기로 의견을 모았다. 또한 참가국 명패를 두지 않고 팔레스타인 대표가 브라질 및 이집트 사이에 은근슬쩍 앉고 이를 아무도 문제 제기하지 않기로 한 방식과 비슷한 변칙적인 모델이었다. 우여곡절 끝에 동 회의는 7월 3일 오전 열리게 되었고 반기문 총장이 참석, 회의 개막식을 진행하고 기조연설을 시행하였다.

그런데 교황청의 경우 유엔에서 열리는 회의에서는 팔레스타인과는 다른 지위를 인정받는데, 상기와 같은 변칙적 방식에 따라 손해를 보게 되어 막판까지 강하게 저항했다. 결국 미국의 간곡한 설득에 마지못해 상기 착석 방식에 따라 참여하였으나 의사진행 발언을 통해 동 방식이 앞으로 선례로 작용하지 않는다는 점을 분명히 했다. 한편, 동 회의는 막판에 미국이 2012년 말 있을 대선을 의식하여 팔레스타인 지위문제에 대해 좀더 시간을 가질 것을 제안함에 따라 합의 도출이 무산되었다. 결국 2013년 3월 최종회의가 개최되었는데, 동 회의에서도 상기 절차 문제가 다시 쟁점이 되었다.

우여곡절 끝에 동 회의를 정회원국(*Member States only*) 회의로 제한하면서, 팔레스타인과 교황청은 옵서버 자격으로 회의에 참석하되 대신 좌석 배치는 팔레스타인(State of Palestine)은 알파벳 순서에 따라 스리랑카 및 수단 사이에 앉고, 교황청은 국명이 알파벳 H로 시작하는 회원국들 사이에 앉는 것으로 합의되었다. 보기 나름이지만 팔레스타인의 경우 2012년 회의 때보다 한 걸음 더 진보된 방식이라고도 볼 수 있겠다.

이렇듯 다자외교에서 절차 문제가 실질 문제를 가로막는 경우가 종종 발생한다. 다자외교에 대해 비판적인 인사들은 절차 문제를 둘러싼 지루한 공방을 시간 낭비로 치부하기도 한다. 그러나 자국의 첨예한 이해가 걸린 문제에 있어 절차적인 문제를 가지고 자국 이익에 부합하는 결과를 도출하거나, 그에 미치지는 못하더라도 자국의 입장이 왜 민감한지를 충분히 알리는 효과를 거둔다면 그것도 필요한 외교적 기술이라고 생각한다. 이른바 다자'꾼'들에게 있어 절차 문제는 종종 필요악이 되는 이유이다.

한편, 여기서 독자들이 관심을 가질 만하다고 생각되는 대만의 유엔 가입 신청 문제를 간략히 살펴보도록 하자. 대만과 관련해 유엔은 '하나의 중국'(*One China*) 정책을 확고히 견지하고 있다. 1971년 10월 25일 채택된 유엔총회 결의 2758(XXVI)호는 중국이 '유일하게 합법적으로 유엔을 대표'(*only legitimate representative of China to the United Nations*) 한다고 규정하고 있다. 2007년 12개 회원국이 해당 유엔대표부를 통해 대만의 유엔 가입을 신청하는 공동 명의 서한을 회람, 유엔 총회가 대만의 유엔 가입 문제를 공식 의제로 포함해줄 것을 요청했다. 그러나 당시 유엔 총회는 이 문제를 공식 의제에 포함치 않기로 결정함으로써 대만의 유엔 가입 문제는 받아들여지지 않았다.

평화를 위한 연합

아랍연맹의 상기와 같은 시도의 배경에는 과거 분쟁 해결의 방식으로서 '평화를 위한 연합'(Uniting for Peace)을 원용할 수도 있다는 일부 의견도 있었다. '평화를 위한 연합'은 복잡한 이슈이다. 이는 1950년 11월 3일 유엔총회에서 채택된 결의 377A(V)에서 원용된 방식으로서 국제평화와 안보에 관한 안보리와 총회 간 관계에 있어 민감한 문제이다. 유엔 헌장 24조에 따르면 안보리가 국제평화와 안보 유지에 관한 '주된 책임'(*primary responsibility*)을 가진다. '평화를 위한 연합'은 안보리가 거부권을 지닌 상임이사국들 간 컨센서스 부재(거부권 행사)로 인해 국제평화와 안보 유지를 위한 주된 책임을 행사하지 못하는 상황에서 총회가 행동을 취할 수 있는 근거를 만든 것이라고 할 수 있다.

엄격한 의미에서의 '평화를 위한 연합' 방식은 유일하게 한국전쟁 당시에만 적용되었다. 한국전쟁 당시 '북한의 남침을 규탄하고 이를 격퇴하기 위해 필요한 지원을 제공키로' 하는 안보리 결의 83호(1950년 6월 27일 채택)•가 당시 소련 대표가 안보리 회의에 불참한 사이 채택된 이후 북한의 침공을 격퇴하기 위한 후속 안보리 결의들이 소련의 거듭된 거부권 행사로 채택되지 않는 상황이 발생하였다. 이에 당시 딘 애치슨(Dean Acheson) 미 국무장관의 주도로 총회에서 '평화를 위한 연합' 결의를 채택한 것이다.

유엔 긴급 특별총회(Emergency Special Session)는 유엔 총회 결의 377A(V)에 의거하여 안보리 7개 이사국 이상의 표결 또는 유엔회원국 과반수의 요청에 따라 24시간 이내에 개최될 수 있다. 가장 최근에 열린 제10차 긴급 특별총회는 1997년 4월 이스라엘의 정착촌 건설을 비난하는 아랍 그룹의 요청에 따라 이루어졌으며, 이 회의의 속개를 요구하는 회의가 2009년 1월 팔레스타인 가자 지구 내 이스라엘의 군사작전 당시 열렸다. 이 긴급 특별총회는 2013년 말 현재까지도 정회 상태로 있으며, 회원국 요청이 있는 경우 언제든 재개될 수 있다. 유엔 긴급특총에 관한 보다 상세한 자료는 유엔 홈페이지 내 'Past Sessions'(이전 회의자료)에서 찾아볼 수 있다.

한 가지 유의할 점은 '평화를 위한 연합'에 따른 긴급 특별총회가 개최되더라도 총회는 '집단적 조치를 위한 적절한 권고'(*appropriate recommendations for collective measures*)를 할 수 있다고 규정함으로써, 긴급 특별총회가 국제평화와 안보 유지를 위한 주된 책임을 갖는 안보리의 권능을 대체할 수 있는 것이 아니라는 점을 분명히 하고 있다.

• 당시 소련은 상임이사국인 자국대표가 참석치 않은 안보리 회의에서 채택된 결의는 무효라고 주장하였으나, 후일 국제사법재판소는 소련 측 주장이 근거 없음을 확인해주었다.

독도 및 동해

독도

2012년 8월 당시 이명박 대통령이 현직 대통령으로서는 최초로 독도를 전격 방문함에 따라, 독도에 대한 터무니없는 영유권을 주장해온 일본과의 외교적 갈등이 격화되었다. 그 당시 중국과 일본 간 댜오위다오(중국명)/센카쿠열도(일본명)를 둘러싼 영유권 분쟁이 격화되던 때인지라 이명박 대통령의 독도 방문에 대한 국제사회의 관심도 높았다.

마침 반기문 총장이 2012년 여수 세계박람회 폐막식 참석차 한국을 방문하기 바로 전날 이루어진 이명박 대통령의 독도 방문으로 인해 방한기간 중 반 총장의 기자회견에서도 이에 관한 유엔의 입장에 대하여 질문이 제기되기도 하였다. 독도 방문을 꼭 집어 묻지는 않고 최근 아시아 지역에서의 영유권 분쟁에 대한 질문으로 일반화시킨 질문이었다. 섬 또는 영해·대륙붕 문제와 관련한 영유권 분쟁에 대해서는 '유엔은 당사국 간 대화를 통해 평화적으로 해결하기를 기대한다'는 원칙적인 입장만을 취할 뿐이다.

여기서 댜오위다오/센카쿠열도에 대한 법적 지위 문제를 참고로 부언한다. 이를 섬으로 인정하느냐, 아니면 바위로 보느냐에 따라서 중요한 차이가 발생한다.

'작고 사람이 거주할 수 없고, 그 자체적으로 경제활동을 영위할 수 없는'(*small, uninhabited, and cannot sustain economic life of their own*) 바

위의 경우, 배타적 경제수역 및 대륙붕을 설정하는 기준이 될 수 없다. 중국은 댜오위다오(일본명 센카쿠열도)의 법적 지위를 바위로 보아야 한다는 입장인 반면, 일본은 섬으로 주장하고 있다.

동해 표기 문제

동해 표기 문제는 독도 문제만큼 큰 관심을 일으키는 이슈이다. 여기서는 동해 표기문제와 관련한 유엔에서의 논의 동향에 대해서 살펴보기로 한다. 다음은 유엔 사무국 법률국 및 유엔평화유지군 지원부서인 DFS(*Department of Field Support*) 내 지도편찬 담당부서(*Cartographic Unit*)의 검토의견을 정리한 것이다.

여기서 먼저 분명히 해두어야 하는 점은 '유엔의 입장'이라고 할 때는 유엔 총회 또는 안보리가 어떤 사안에 대해서 판단을 내리고 이를 결의 또는 성명 등 법률적·정치적 효력을 가지는 행위를 통해 입장을 밝힐 때 비로소 성립되는 것이다. 즉, 유엔 총회 또는 안보리가 결의 또는 성명 등을 통해 어떤 사안에 대한 입장을 표명하지 않은 경우에는 유엔의 공식 입장은 존재하지 않는 것이다. 이런 관점에서 볼 때 동해/일본해 표기의 경우, 유엔총회 결의도 존재하지 않고 당사국들(한국, 북한 및 일본) 간 이견이 존재하는 만큼, 이 사안에 대한 '유엔의 공식 입장'은 존재하지 않는다.

이런 상황에서 한국은 유엔 사무국과 유엔 산하기구들에 대해 유엔 내 사용되는 지도에 동해를 '일본해'로만 표기된 경우 이를 삭제해 줄 것과, 동해 표기 문제에 대한 최종 합의가 도출될 때까지 동해 및 일본해를 병기할 것을 요청했다. 이와 관련 유엔 사무국의 관행은 공식 입장과 차별적으로 "문제의 해역에 대한 표기로서 '일본해'가 국제적으로 광범위하게 통용되는 지명 표기인 만큼 이를 따르는 것"이라는 설명이다. 즉, 유엔 사무국이 유엔에서 '일본해'로 표기된 지도를 사용하는 것은 유엔의 '공식 입장'(*official position*)이 아니라 '관행'(*practice*)이다.

이러한 사무국의 관행은 동해 표기에 대한 유엔 회원국들의 입장에 영향을 주거나 일종의 가이드라인으로 작용하는 것이 아니다. 이러한 민감한 부분을 감안하여 사무국에서 발간되는 문서상에는 "사무국에서 사용되는 지도는 관련 영토 및 경계에 관한 법적 지위에 대한 유엔 사무국의 입장을 반영하는 것이 아니다"라는 각주를 달고 있다.

한편, 지명 표기 관련 사무국은 '병행 표기'가 아닌 '단독 표기'를 관행으로 한다. 병행 표기를 하는 경우는 유엔 총회의 공식 입장이 있는 경우에만 그렇게 하고 있다. 대표적인 예가 포클랜드(Falkland Islands)와 말비나스(Malvinas)를 병기하는 것인데, 이는 1965년 12월 유엔 총회에서 승인됨에 따라 '포클랜드(말비나스)'로 병행 표기하고 있다.

표적암살 또는 법 테두리를 벗어난 살인

2011년 5월 및 10월 오사마 빈 라덴과 카다피가 미군의 특수부대 및 NATO 공습 이후 리비아 시민군에 의해 각각 살해되었다. 오바마 대통령이 빈 라덴 사살 작전이 성공을 거두었음을 발표하면서 "정의가 이루어졌다"(*Justice has been done*)고 한 데 대해서, 일부 법률전문가들 및 인권단체에서는 절차적 측면에서 문제를 지적했다. 또한 카다피가 나토의 공습을 받아 부상당한 상태에서 시민군에 의해 체포된 이후 살해당한 데 대해 유엔 인권고등판무관실 및 국제 인권단체들은 카다피 살해 과정에 대한 조사 필요성을 제기했다.

사실 표적암살(*targeted assassination*)과 약식처형(*summary execution*)이 대테러(*counter-terrorism*)의 한 수단으로 이용된 것은 새로운 일이 아니다. 이스라엘·팔레스타인 분쟁과 관련 가자 지구에서 테러단체인 하마스의 대이스라엘 테러 행위에 대해 이스라엘은 표적 암살을 시행했다. 이러한 표적 암살과 빈 라덴 및 카다피 사망 과정과 관련, 정치적 측면에서의 판단과는 별개로 국제 앰네스티(Amnesty International) 및 휴먼라이츠워치(Human Rights Watch)와 같은 국제인권단체들은 '법 테두리를 벗어난 살인'(*extrajudicial killing*)이라고 문제를 제기했다.

이러한 '법 테두리를 벗어난 살인' 행위는 정치적으로 민감한 사안이고 그만큼 회원국 간에 법적·정치적 해석이 다를 수 있기 때문에 유엔 사무국에서는 공식적인 의견을 제시하지 않고 있다. 다만, 사무국 내 법률 전문가들은 내부적으로 다음과 같은 측면에서 '법 테두리를 벗어난 살인' 행위는 인권 및 국제인권법상 불법적이라고 지적하고 있다.

자신의 거주지에서 또는 이동 중 테러행위에 가담한 것으로 의심되는 자에 대한 '법 테두리를 벗어난 살인' 행위는 시민·정치적 권리에 관한 국제협약(International Covenant on Civil and Political Rights) 제6조 1항 상의 '생명에 대한 권리 및 자신의 생명을 자의적 방법으로 잃지 않을 권리'에 대한 위반이 될 수 있다.

또한, '법 테두리를 벗어난 살인'은 무력충돌 행위에 참여한 전투원과 일반 시민에 대한 구분 없이 일반 시민 또는 '전투력을 상실한'(*hors-de-combat*) 군인에 대해서도 무차별적인 희생을 가져올 수 있는 행위이다. 이는 "분쟁 당사자들은 어느 경우에든 일반 시민과 전투원을 구분해야 한다"는 제네바 협약 제1 추가 의정서(Protocol I Additional to the Geneva Convention) 48조에 대한 위반이 될 수 있다.

무차별적으로 시행될 수 있는 '법 테두리를 벗어난 살인'은 무력의 과도한 사용으로 인해 '비례성'(*proportionality*) 원칙에 위배된다. 무차별적 공격은 "목표하고 의도된 군사적 목적에 비해 과도한 민간인 희생 또는 피해를 야기하는 행위"로 상기 제네바 협약 제1추가의정서 51.5(b) 조항에 의해 규정되었다.

'법 테두리를 벗어난 살인' 행위에 대한 법적 의견과 관련하여 한 가지 참고할 만한 사실이 있다.

미국에 의한 '법 테두리를 벗어난 살인' 행위의 적법성에 대해 의문이 제기되자 2005년 3월, 미국은 '영사관계에 관한 비엔나 협약 분쟁의 강제적 해결에 관한 선택 의정서'(*Optional Protocol to the Vienna Convention on Consular Relations concerning the Compulsory Settlement of Disputes*)로

MONUSCO 미션에서 최초로 도입되어 사용된 Selex EX Falco

부터 탈퇴한다는 입장을 당시 유엔 사무총장에게 통보했다. 대테러 전쟁에서 자국 정부의 작전이 제한받을 소지가 있다는 판단에 따른 것이었다. 이 의정서는 분쟁 해결에 관한 ICJ(국제사법재판소)의 관할권을 규정하는데, 미국이 탈퇴를 선언함으로써 분쟁 해결(*dispute settlement*) 관련 자국의 행위에 대한 ICJ의 관할을 받지 않겠다는 입장을 천명한 것이다.

이 문제와 관련하여 최근 수년간 집중적인 주목을 받는 이슈가 '킬러 드론'(*killer drone*)으로 잘 알려진 '무인항공기'(UAV: *unmanned aerial vehicles*)이다. 미국이 아프간, 이라크, 파키스탄, 소말리아 및 예멘 등지에서 대테러전(*counter-terrorism operations*) 목적으로 공격용 UAV를 적극 활용하면서, 무고한 민간인들의 희생이 따르는 데 대한 비판의 목소리가 높아지고 있다.

유엔에서는 '법 테두리를 벗어난 살인' 문제를 다루기 위한 특별보고관(UN Special Rapporteur on Extrajudicial, Summary and Arbitrary Killings)을 두고 있다. 2012년 6월 발표된 특별보고관 보고서에 따르면 2010년 한 해 동안만 파키스탄에서 957명이 UAV 공격에 의해 사망했다. 물론 UAV가 지닌 장점을 무시할 수는 없을 것이다. 유엔에서도 UAV를 통한 정찰 활동 수행의 필요성이 제기되고 있다.

예컨대 콩고민주공화국(Democratic Republic of Congo)과 같이 방대한 국가에서 제한된 인력과 장비를 가지고 평화유지활동을 수행하는 것은 무리다. 특히 도로 등 인프라가 형편없는 현장 상황을 감안할 때 UAV는 매우 효율적인 정찰수단이 될 수 있다. 콩고민주공화국에 배치된 평화유지군(MONUSCO)은 유엔 평화유지군 역사상 최초로 UAV 3대를 도입하였다.

앞서 안보리를 다룬 7장에서 설명한 유엔 사무총장의 안보리 의장 앞 서한의 법적 성격을 다시 한 번 고찰해본다.

반기문 총장은 2013년 1월 22일자 안보리 의장 앞 서한(S/2013/43)을 통해 상기 MONUSCO의 작전 능력을 대폭 강화하기 위해서는 무인항공시스템(*unmanned aerial systems*)에 의한 정찰 기능을 도입하는 것이 필수적이라고 요청한다. 이를 바탕으로 MONUSCO는 UAV를 도입, 2013년 11월 미션 작전 지역에서 시험비행을 실시하고 12월부터 실전에 투입하였다. 콩고민주공화국 관련 안보리 결의에는 UAV 도입을 승인하는 내용이 없다. UAV 도입에 대한 법적 근거가 되는 것은 상기 유엔 사무총장의 안보리 의장 앞 서한이다.

UAV 사용의 적법성(*legality*)에 대해서는 아직 명확한 해석이 없다. 공격용 UAV가 어떤 상황에서 사용되었는지, 즉 무력충돌 상황인지 아닌지 등에 따라 해석이 달라질 수 있다. 유엔도 UAV 사용의 적법성에 관한 질문을 종종 받는다. UAV 사용 국가의 경우 UAV를 동원한 작전에 대해서는 극도의 보안을 유지하기 때문에 어떤 상황에서 UAV가 사용되었는지 구체적인 사항을 파악할 방법이 없다. 따라서 유엔으로서는 특정 상황에서의 UAV 사용의 적법성에 대한 질문을 받을 경우 "특정 상황에 따라 달라질 수 있다"(*The answer depends on the specific circumstances of a given situation.*)고 답변할 수밖에 없다.

UAV는 군사적으로 매우 민감한 품목인 만큼, 미사일기술 통제체제(MTCR: *Missile Technology Control Regime*) 및 바세나르 체제(Wassennar Arrangement)와 같은 수출통제 체제에서 UAV를 다루고 있다. 그러나 이들 수출통제 체제는 일부 회원국들 간의 협의체인 만큼 유엔을 통해 만들어진 국제법과 같은 정통성을 갖추고 있지 않다는 한계가 있다.

공격용 UAV 사용의 적법성에 대한 시비가 끊이지 않는 상황에서 왜 유엔 1위원회〔군축 및 국제안보를 다루는 주 위원회(Main Committee)〕내 강성 비동맹 국가들이 공격용 UAV를 통제하기 위한 규범을 만들자는 시도를 하지 않느냐는 개인적인 의문을 가지고 있다. 아마도 언젠가는 1위원회에서 이 문제가 제기될 것으로 생각하는데, 그런 경우 정찰 및 공격용 UAV을 대테러활동의 효과적인 수단으로 삼는 미국 등 주요 UAV 생산·수출국가로서는 매우 민감하게 받아들일 것이다.

이와 관련 2013년 유엔 사무총장 산하 군축자문위(Advisory Board on Disarmament Matters)에서 'UAV에 대한 전면 논의'(UAVs *in all its aspects*)를 의제로 검토할 것을 제안, 사무국 내 군축 담당부서에서 사무총장실의 재가를 구한 적이 있다. 군축자문위는 1년간 자체 협의를 거쳐 협의 주요 결과 및 권고사항을 사무총장에게 건의하는데, 사무총장은 보고서를 총회에 제출하게 되어 있다. UAV 관련 전반적인 사안들을 군축 및 국제안보를 다루는 군축자문위에서 다루는 것이 적절한지에 대해 이견이 있었으며, 사안의 민감성에 비추어 아직은 유엔 사무총장이 UAV에 관한 전반적인 검토를 지시하는 것에는 신중해야 한다는 의견이 대두되어 이와 관련된 의제를 제외키로 했다.

국제적인 명성을 얻고 있는 대표적 인권 비정부단체(NGO)인 휴먼라이츠워치(Human Rights Watch)는 2011년 11월, 킬러 드론(*killer drones*)을 포함한 킬러 로봇(*killer robots*)을 전면 금지하자는 운동을 전개하였다. 이들의 주장은 1997년 대인지뢰 금지협약 및 2008년 확산탄 금지협약(Convention on Cluster Munitions)과 같은 방식으로 킬러 로봇을 금지하자는 것이었다.

UAV 사용의 적법성에 관한 논란은 앞으로도 계속될 것이다. 이 문제는 법적, 정치적, 인권·인도주의적 그리고 기술적인 측면을 모두 내포하고 있기 때문에 국제법 또는 군축, 인권 문제를 전공하는 전문가들에게는 좋은 소재가 될 수 있다고 생각한다. 또한, UAV는 비대칭성 전력을 보완할 수 있는 유효한 수단이 될 수 있는 만큼, 북한으로부터의 안보위협에 직면한 한국으로서는 관심을 갖고 살펴볼 필요가 있다.

사형제

한국의 경우 형법상 사형제도는 있으나 1997년 12월 이후 사형을 집행하지 않아 국제사회에서 '사실상 사형폐지국'(*abolitionist in practice*)으로 인식되어 있다. 국제 앰네스티(Amnesty International)는 10년 이상 사형 집행을 하지 않은 국가를 '사실상 사형폐지국'으로 분류하고 있다. 그런데 2012년 이후 아동 및 부녀자 등을 상대로 한 성범죄가 심각한 사회적 이슈로 부각되면서 흉악범에 대한 극형 처벌 필요성을 지지하는 국민 여론이 증가하고, 사형제 유지 및 사형 집행을 통해 강력범죄에 대한 사회적 억지력을 기대할 수 있다는 목소리도 대두되었다.

사형제(*capital punishment*)에 대한 유엔의 입장은 다음과 같다.

각국 형 집행상 처벌의 단계로서 사형(*death penalty*)을 구형하고 선고하는 것 자체가 국제법에 위배되는 것은 아니다. 그러나 지난 약 35년간 국제사회에서는 사형제를 줄여나가고 궁극적으로 폐지하자는 노력이 꾸준히 이루어졌다. 이러한 추세를 반영하여 유엔 사무국과 안보리는 유엔에 의해 설립된 재판소(*tribunals*) 및 유엔의 지원을 받는 국제재판소는 그 재판소에 의해 다루어지는 그 어떤 피고인에 대해서도 사형제를 부과할 수 없도록 하고 있다. 또한 사형제를 시행하는 회원국의 재판소에 대해서는 직접적인 지원을 제공하지 않는다는 입장이다.

2012년 7월 유엔 인권고등판무관실에서 주최한 사형제에 관한 고위급 회의에 참석한 반기문 총장은 상기 유엔의 기존 입장을 확인하면서, "유엔 시스템은 지속적으로 사형제 폐지를 위해 노력했으며, 최소한 그리고 임시적인 조치로서 사형제 집행을 유예하거나 '최악의 범죄'(*the most serious crimes*)에 한해서만 사형제를 집행하도록 권장하고 있다"고 하였다.

상기 언급된 '최악의 범죄'가 어떤 범죄를 일컫는 것인가에 관해서는 국제적으로 합의된 정의가 없다. 시민적·정치적 권리에 관한 국제 규약(International Covenant on Civil and Political Rights)에 따르면 사형제를 폐지하지 않은 국가의 경우 사형을 '최악의 범죄'에 한해서만 선고하도록 규정하고 있다. 여기서 한 가지 부각시키고자 하는 사항은 마약과 관련된 범죄에 대해 사형을 선고하고 집행하는 국가가 의외로 많다는 점이다. 2012년 사형제에 관한 유엔 사무총장 보고서는 32개 국가가 마약 관련 범죄에 대해 사형을 집행하고 있다고 하면서 심각한 우려를 표명하였다.

유엔 총회 차원에서도 사형제 집행에 공식적 집행유예 선언, 즉 모라토리엄(*Moratorium*)을 두자는 결의가 채택되고 있는데, 이러한 '사형제 모라토리엄 결의안'은 제62차 유엔 총회(2007년)에서 최초로 채택된 이래, EU 주도로 격년제로 채택되고 있다. 2010년 제65차 유엔총회에서는 찬성 107표, 반대 38표, 기권 36표로 채택되었다. 한국은 사형제 폐지 또는 모라토리엄 선언에 대한 국민적 합의는 이루어지지 않은 상황임을 감안, 표결 시 기권하였다.

여기서 사형제와 관련한 일화를 하나 소개한다. 2007년 반기문 총장이 취임한 첫날 기자회견에서 사담 후세인(Saddam Hussein) 사형 집행에 대한 의견을 질문 받았다. 반 총장은 사담 후세인이 자국민을 상대로 자행한 살상을 비판하면서 이러한 행위가 처벌되지 않고 넘어가는 일이 없어야 한다는 점과〔이른바 '단죄'(*impunity*)〕 법의 지배를 강조하면서, 사형제는 '각 회원국이 판단하여 정할 문제'(*each and every Member States to decide*) 라고 답하였다.

그런데 언론들은 반 총장이 기존 유엔의 입장과는 다른 견해를 보였다고 하면서 이를 이슈화한 바 있다. 이에 대해 반기문 총장은 생명은 소중한 것이며, 인간에게는 존엄을 갖추고 살아갈 권리가 있음을 강조했다. 또한 국제적으로 사형제를 점차 폐지하는 것이 추세가 되고 있으며 이를 지지한다고 입장을 밝힌 바 있다.

반기문 총장은 이 문제로 취임 첫날부터 언론이 전체 문맥은 따지지 않고 특정 발언만을 문제 삼아 집요하게 물고 넘어지는 자세를 지적하면서 아마 역대 유엔 사무총장 중 언론으로부터 일종의 허니문(*honeymoon*) 없이 넘어간 유일한 사무총장이 되지 않나 싶다고 반농담조로 말할 정도였다. 이는 그만큼 유엔에서 사형제가 민감한 이슈임을 보여주는 대목이다.

북한의 장거리 로켓 발사와 우주발사체 등록

북한이 국제사회의 거듭된 경고에도 불구하고 2012년 12월 12일 자신들이 '실용위성 은하 3호'라고 주장하는 장거리 로켓을 발사하였다. 당시 북한은 안보리 결의 1784(2009) 호에 의거, 탄도미사일 기술을 이용한 '어떠한 발사행위'(*any launches*)도 금지되고 있었기 때문에 안보리는 2013년 1월 안보리 결의 2087(2013)호를 채택, 북한의 장거리 로켓 발사를 규탄하고 추가적인 제재조치에 합의하였다.

이와 관련, 북한은 자신들이 실용위성이라고 주장하는 은하 3호가 성공적으로 외기권 궤도에 진입하였다면서, 1월 22일 '외기권 발사체 등록에 관한 협정'(1976 Convention on Registration of Objects Launched into Outer Space)을 관장하는 비엔나 소재 유엔 외기권사무소(Office for Outer Space Affairs)에 발사체 관련 정보를 제출하였다.

여기서 흥미로운 사실은 북한이 상기 등록협정에 가입한 것이 2009년 3월로서 2009년 4월 광명성 2호 장거리 로켓을 발사하기 직전이었다는 점이다. 당시 국제사회가 북한의 장거리 로켓 발사를 일제히 규탄하고 안보리가 결의를 통해 탄도미사일 기술을 이용한 발사행위를 금지한 데 대해 북한은 "위성 발사는 평화적 외기권 이용과 관련한 주권국가의 당연한 권리행사"라고 하면서 이에 강력히 반발했다.

북한으로서는 외기권을 관장하는 유엔 협약에 등록하는 제도를 이용하여 자신들의 발사행위를 정당화하려는 속셈을 가지고 상기 1976년 등록협약에 가입한 것으로 봐야 할 것이다. 어떻게 보면 국제조약이 지닌 결함이라고도 할 수 있는 문제인데, 보편성이 확보된 국제조약에 가입하여 자국의 선량한 의도를 과시하면서, 실제로는 나쁜 의도(*bad faith*)를 가지고 국제조약상의 규정을 악용하는 경우들이 있다.

조약 탈퇴를 선언하기 전의 북한이 핵 비확산을 위한 국제사회의 노력을 상징하는 NPT라는 가면을 쓰고서 실제로는 NPT가 제공하는 평화적 목적의 원자력 기술 이전이라는 혜택을 누리는 한편 비밀리에 핵무기 프로그램을 추진하는 데 이를 악용한 것이 그러한 경우라 할 수 있다.

북한의 외기권 발사체 등록 이후, 일부 회원국들이 안보리 결의를 위반한 불법행위에 의한 우주물체 발사를 합법적 우주물체 발사와 동일시하여 표준관행에 따라 등록하는 것이 문제가 없는지 유엔에 문의하였다. 유엔 사무총장은 상기 1976년 등록협정의 수탁자(*depositary*)로서 발사체 해당국이 제공하는 정보를 관리하도록 되어 있다. 또한 외기권 사무소(OOSA)는 북한이 제출한 발사체 관련 정보를 사무총장 문서로서 동 협약 당사국들에게 회람하도록 되어 있다.

일부 당사국들이 제기한 우려와 관련하여 유엔 법률국에서는 등록협정에 의거하여 외기권 궤도에 진입한 발사체에 관한 정보를 접수, 등록하는 행위와 발사 행위의 법적 성격(*legality of the launch*)을 규정하는 문제는 전혀 별개의 사안이라는 법적 검토의견을 제시하였다.

유엔 사무총장이 관련협약 수탁자로서 발사체 관련 당사국이 제출한 정보를 관리하고 여타 당사국들에게 회람하는 행위는 협약 규정에 따른 지극히 기술적이고 행정적인 행위이지, 발사행위의 적법성 여부를 해석하는 행위와는 전혀 관계가 없다는 것이다. 실제 상기 등록협약에는 유엔 사무총장이 발사체의 적법성 여부를 검토하여 등록 여부를 결정해야 한다고 판단할 만한 규정은 어디에도 없다.

결국 사무국 내부 협의를 거쳐 북한이 제출한 문서를 등록협정상 절차에 따라 유엔 사무총장 문서로 전 유엔회원국 앞으로 회람을 하되, 이와 동시에 반기문 총장이 북한 발사체 등록은 등록협정에 따른 순수히 기술적이고 행정적인 행위일 뿐이며 북한의 발사 행위가 안보리 결의 위배라는 점에는 아무런 영향을 미치지 않는다는 요지의 안보리 의장 앞 서한을 발송하였다. 앞서 안보리를 다룬 7장에서 설명한 바와 같이 사무총장 명의의 서한은 안보리 공식문서인 만큼 유엔 6개 공식 언어로 번역되어 유엔 사이트에 게재되고, 이는 모든 유엔회원국들에게 회람된 효과를 가진다.

반인륜 범죄와 국가 지도자에 대한 ICC 제소

ICC(국제형사재판소)에 의해 제소되고 체포영장이 발부된 수단 알 바시르 대통령과 유엔 간 관계에서 발생한 일화를 소개하고자 한다.

반기문 총장은 취임 전부터 다르푸르 지역에서의 대규모 살상을 비롯한 수단 분쟁 해결을 중점 과제로 추진할 뜻을 밝히고 취임 첫해인 2007년 9월 수단을 방문했다. 그런데 2009년 3월 ICC가 수단 알 바시르 대통령에 대해 반인륜 범죄 및 전쟁범죄 혐의로 체포영장을 발부함에 따라, 알 바시르 대통령이 권좌에 머무는 동안 반 총장이 수단을 다시 방문하는 일은 사실상 어렵게 되었다. ICC는 2010년 7월 알 바시르 대통령에게 대량학살 혐의까지 덧붙여 두 번째로 체포영장을 발부하였다.

사무국의 가이드라인에 따르면 자신의 임무 이행에 반드시 필요하지 않은 이상 ICC에 의해 체포영장이 발부된 인사와의 접촉은 하지 말아야 한다고 되어 있다. 또한 그런 인사가 참석하는 외교적 의전행사에 유엔직원이 참석하는 것도 피할 것을 권고하고 있다. 만약 ICC에 의해 기소된 인사와의 접촉이 불가피하다고 판단되는 경우에도 해당 상황을 종합적으로 검토하여 신중하게 결정해야 하며, 접촉하더라도 최소한으로 그쳐야만 한다.

그런데 알 바시르 대통령은 자신에 대한 체포영장이 발부된 이후에도 아프리카 지역 및 아랍 국가들을 별다른 제한 없이 여행하였다. 이 과정에서 아프리카 및 아랍지역에 주재하는 유엔의 활동과 불가피한 갈등이 발생하게 된다.

한 가지 예를 들어보면, 2013년 2월 알 바시르 대통령이 인근국 차드(Chad)에서 개최된 사헬-사하라 지역 정상회의에 참석했을 때의 일이다. 차드 정부가 알 바시르 수단 대통령의 공항영접 행사에 차드 주재 유엔 대표를 초청한 것이다. 유엔 대표가 신중하지 못했든지, 아니면 공항 도착 환영행사 대상 중 수단 대통령이 포함된 것을 통보받지 못했든지 간에 같은 행사에 참석하게 되어 수단 대통령과 불가피하게 접촉하는 일이 발생했다. 이에 ICC에 관한 로마 규정 당사국 총회 의장이 반 총장께 이러한 상황이 재발하지 않도록 조치를 취해 줄 것을 요청하는 서한을 보내왔다.

북한에 체류하는 유엔기구 대표들의 경우, 북한의 미사일 발사 및 핵실험 이후 이를 선전하는 행사에 초청받는 경우 참가해야 하는지에 관해 유엔 사무총장실의 지침을 구하곤 한다. 북한에 파견되어 활동하는데 있어 북한 당국과의 어느 정도 우호적 협력관계를 유지하는 것은 필요한 만큼, 북한이 정한 의례적인 기념일 축하행사에 참석을 거부하는 것은 현실적으로 어려운 일이다. 그러나 장거리 로켓 발사 또는 핵실험을 축하하기 위해 대규모 군사 행진을 벌인다거나, 유엔과 국제사회의 대북 제재를 성토하는 행사에 대해서는 참석치 않도록 하고 있다. 북한 내 EU 공관들도 마찬가지 입장을 취하고 있다.

한편, 반기문 총장의 업적이라고 할 수 있는 분야인 책임성 증진, 즉 '책임성의 시대' 구현을 위한 노력 중에서도 국제 형사정의 실현과 관련한 흥미로운 일화를 하나 소개한다.

2008년 케냐 대선 과정에서 벌어진 대규모 유혈 폭력사태에 대한 책임자 처벌문제를 ICC가 다루게 되었다. 2013년 초부터 케냐의 루토(Ruto) 부통령이 헤이그에 소재한 ICC에 와서 조사 받게 되었는데, 케냐 정부는 부통령이라는 신분을 감안, 재판기간 중 헤이그에 계속해서 머물지 않도록 허가해 줄 것을 요청하였다. ICC에서 케냐 정부의 요청을 기각하자 케냐는 ICC가 아프리카에 대한 편견을 가지고 있다는 정치적 공세를 펼치면서 ICC 탈퇴도 불사하겠다는 초강수를 두었다.

케냐는 2013년 10월 중순 아프리카 연합의 긴급 정상회의를 소집, 이 문제를 다루었다. AU는 동 긴급 정상회의에서 ICC가 현직 국가원수 및 정부수반을 상대로 기소하고 재판할 수 없도록 할 것과, 케냐타(Kenyatta) 대통령에 대한 재판을 연기하고 당시 진행 중이던 루토 부통령에 대한 재판 또한 잠정 중단할 것을 요구하는 결의를 채택하였다.

ICC 설립을 통해 현직 국가원수조차도 전쟁법 및 반인륜적 행위를 근거로 기소하고 재판할 수 있도록 한 것은 국제 형사정의 실현에 있어 매우 중요한 제도적 진전이었다. 그런 만큼 상기 ICC 관할권에 대한 AU의 도전은 매우 심각한 문제였다.

반기문 총장은 ICC의 국제적 위상 확보를 위해 조용히 많은 역할을 하였다. ICC 설립에 관한 로마 규정의 보편성(*universality*) 확보를 위해, 가입하지 않은 유엔 회원국 정상들과의 면담 시 이 문제를 적극 제기하였다. 또한 국가 통합(*national reconciliation*)을 내세워 형사정의 실현(*judicial accountability*)을 약화시키려는 주장에 대해서는 누구보다 단호히 맞선 바 있다. 상기 ICC 관할권에 대한 AU의 도전에 대해서도, 해외 출장지에 나와 있는 상황이었음에도 불구하고 아프리카 정상들에게 일일이 전화하여 국제 형사정의 실현의 중요성을 강조하고 ICC 관할권 문제를 정치적 시각에서 접근하지 말 것을 설득했다.

상기 이슈는 그간 국제형사 정의 분야에서 이룬 진전이 크게 후퇴할 수도 있는 중요한 문제였다. 2013년 11월, 당시 안보리 비상임이사국이던 르완다가 케냐타 대통령에 대한 재판 연기를 요구하는 내용의 결의안을 안보리에 제출하였다. 투표 결과 안보리 내 로마협약 당사국 7개국(한국 포함)과 미국(미국은 로마협약 비당사국) 등 8개국이 기권하였으며, 나머지 7개국(중국, 러시아 등)이 찬성함으로써, 결의안은 부결되었다. 한편, 루토(Ruto) 부통령에 대해 진행 중이던 재판의 경우, ICC 1심 재판부(*Trial Chamber*)는 2013년 1월 판결을 통해 루토 부통령이 헤이그로 와서 재판에 직접 참석하지 않도록 예외를 인정하였다. 동 판결에 대해 상소절차(*appeals process*)가 이루어질지는 아직 미정인 상태이다.

마지막으로 가장 중요한 문제는 현직 국가원수 및 정부수반에 대한 기소를 금지시키는 방향으로 ICC 설립에 관한 로마규정을 개정하는 이슈이다. 케냐 정부는 ICC 기탁자(*depositary*)인 반기문 총장께 현직 국가원수/정부수반에 대해 ICC가 기소하지 못하도록 하는 개정안을

2013년 말 제출하였다. 2014년 1월 현재 일부 기술적인 문제로 동 개정안은 아직 로마규정 당사국들에게 회람되지 않고 있는바, 만약 개정안이 회람될 경우 ICC 당사국 총회는 해당 개정안을 당사국 총회에서 다룰지, 아니면 ICC 평가회의를 별도로 소집하여 다룰지를 정하게 된다. ICC 로마규정에 대한 개정은 당사국 2/3 찬성으로 채택되게 된다.

평화유지군 활동 그리고 유엔의 책임성 문제

때때로 언론을 통해 유엔 평화유지군에 의한 성추행 기사를 접하게 된다. 유엔을 상징하는 '블루 헬멧'의 유엔 평화유지군이 전 세계 가장 위험한 지역에 12만 명 가까이 주둔하여 평화 유지 임무를 수행하고 있음에도 불구하고 이러한 불미스러운 기사가 지면을 장식하는 경우가 종종 있다.

2013년 초 발표된 유엔 사무국 통계에 따르면 2012년 한 해 동안 총 60건의 성추행 사건이 신고 되었으며, 이 중 절반에 가까운 사건이 미성년자를 대상으로 한 범죄였거나 성추행 사건이었다. 사건 가담 주체 유형별로 보면 25개 사건은 민간인, 19개 사건은 평화유지군, 9개 사건은 유엔경찰에 의한 것으로 조사되었다.

2010년 아이티 대지진 이후 파견된 평화유지군이 아이티 내에 창궐한 콜레라 전파의 주범으로 비난받는 상황에서 엎친 데 덮친 격으로

2011년 여름 아이티 주둔 평화유지군에 의한 아동 성추행 사건이 발생했다. 그러자 코트디부아르, 콩고, 소말리아 주둔 평화유지군에 의한 성추행 문제와 연계하여 유엔의 조직적인 성추행과, 이를 적당히 덮고 넘어가려는 유엔의 대처 방법이 강하게 비난받았다.

당시 유엔 평화유지군에 의한 성추문과 이를 적당히 무마하려는 평화유지군 지도부의 행태를 고발한 〈내부고발자〉(*The Whistleblower*)라는 영화가 2012년 1월 개봉되었다. 반 총장은 영화 개봉에 앞서 유엔 사무국 간부들과 함께 회의실에서 이 영화를 관람하고, 이 영화가 유엔 평화유지군 관련 성추행에 대해 책임을 회피하고 이에 대한 재발 방지 책무를 소홀히 하는 문화가 팽배해 있는 듯 다룬 점을 지적했다. 이에 반기문 총장은 영화감독에게 이러한 문제를 지적하는 서한을 보냈으며, 이와 동시에 2011년 10월 유엔 공보관실이 주관한 '유엔평화유지군에 의한 성추행 방지를 위한 패널 토의'에 직접 참석하기도 하였다.

이 대목에서 유엔 평화유지군과 관련하여 일반에 가장 잘못 이해되고 있는 부분을 지적코자 한다.

비록 유엔평화유지군이 유엔 깃발 아래 통솔되고 있지만, 성추행 등 평화유지군 대원의 범죄행위가 적발될 경우 해당 요원에 대한 처벌은 유엔이 아닌 파병국 정부 소관이다. 파병국에서는 일단 해당 요원을 본국으로 소환하는데, 대부분의 경우 솜방망이 처분에 그치며 처벌 과정에서 유엔 사무국은 아무런 영향력을 행사하지 못한다. 영화 〈내부고발자〉 이후 〈허핑턴 포스트〉(*Huffington Post*) 등 일부 언론 매체는 문제의 원인을 유엔의 무능과 무책임으로만 돌리기는 어렵다고 지적했다. 유엔 평화유지군 파병국 내에서 성추행 방지를 위한 파병 전 사전 교육, 파병된 평화유지군의 규율 강화, 그리고 추문 발생 시 강력한 처벌 등의 메커니즘을 갖추지 못한 것이 문제의 근원이라는 것이었다.

상기 패널 토의에 참석한 전문가들도 유엔 평화유지군에 의한 성추행을 근본적으로 다스리기 위한 방법으로, 성추행 사건 발생 시 유엔 평화유지군 파견국 관할이 아닌 치외법권 적용, 평화유지군 파견지에 감사 문제를 전담할 고위 감사관직(*Inspector General*) 신설 또는 여성문제를 다룰 고위급 전담 인사 도입, 평화유지군 파견국 정부의 조사 시 정해진 기한 내에 유엔 사무총장에게 조사 결과를 통보하도록 의무화 등을 제시했다.

평화유지군에 의한 성추행 행위는 절대 용납되어서는 안 된다. 유엔에서는 평화유지군에 의한 성추행에 대해 불관용 정책(*zero-tolerance policy*)을 고수하면서 성추행 사건 예방, 엄격한 법 집행, 책임성 강화 그리고 피해자에 대한 지원을 강화하고 있다.

반기문 총장을 수행하여 2007년 9월 초 수단(2011년 7월 남수단 분리 독립 이전)을 방문했을 때, 남수단 수도인 주바에서 컨테이너에서 생활하면서 열악한 공용 샤워실 및 화장실을 사용하던 평화유지군들의 힘든 근무 여건이 아직도 눈에 생생하다.

대도시 생활에 익숙한 일반인들이 아프리카 오지에 파견된 평화유지군의 생활환경을 보면 놀랄 것이다. 주말에 여가시간이 주어져도 아무런 여가 또는 오락시설이 없는 곳에서 나름대로 공공의 선(善)을 위해 묵묵히 일하는 대부분의 요원들이 일부의 그릇된 행위로 인해 마치 범죄 집단처럼 매도되는 것을 보면 안타깝기도 하다.

한편, 아이티에서 창궐한 콜레라와 유엔 평화유지군 문제와 관련하여 발생한 복잡한 법적 분규에 대해서 간단히 짚어 본다.

2010년 초 발생한 아이티 지진 후, 엎친 데 덮친 격으로 그해 10월 중순 콜레라가 창궐하여 약 8천 명이 사망했다. 보고서 상으로는 아이티 인구 중 약 1/16이 콜레라에 감염된 아이티 역사상 최악의 질병 재난이 발생한 것이다. 이와 관련, 외부 전문가들은 역학조사 결과 아이티에서 발병한 콜레라는 네팔이 파견한 유엔 평화유지군으로부터 기원한 것으로 주장하였다.

동 역학조사 결과를 근거로 아이티는 2011년 11월 미국 보스턴에 위치한 변호사 그룹인 '아이티 정의와 민주주의 기구'(Institute for Justice & Democracy in Haiti)를 통해 보상을 청구하였다. 보상 청구는 콜레라에 의해 피해를 입은 아이티인에 대한 보상 및 아이티 보건 위생시설 개선을 위한 프로젝트 시행에 필요한 재원에 관한 것이었는데, 콜레라로 인해 사망한 사람당 10만 달러씩, 그리고 콜레라에 감염된 환자당 5만 달러씩을 배상할 것을 청구하였다.

아이티에서 콜레라가 창궐한 이후 반기문 총장은 2011년 1월 4명의 외부 전문가로 이루어진 패널을 구성하여 콜레라 발병 원인을 조사하도록 하였다. 동 패널은 2011년 5월 발표한 보고서를 통해 아이티 콜레라는 다양한 원인이 복합적으로 작용한 데 따른 것으로서 어느 특정 개인 또는 집단의 과실에 의한 것이 아니라는 결론을 제시하였다.

한편 반 총장은 2012년 12월 아이티의 물 문제 해결, 공중 보건시설 확충 그리고 대규모 전염병 백신 운동 전개 등을 포괄하는 아이티 콜레라 대응 지원 이니셔티브인 '아이티 콜레라 박멸을 위한 이니셔티브'(Initiative for the Elimination of Cholera in Haiti)를 출범하였다. 동 이니셔티브 이행을 위해 유엔은 2천 3백만 달러에 달하는 재원을 충당할 예정이다.

상기 아이티측의 보상 요구에 대해 유엔은 2013년 2월 말 법조실장 명의 서한을 통해 "동 보상 요구는 정치적, 정책에 관한 문제에 대한 검토까지 포괄하는 사안으로서, 1946년 유엔 특권 및 면책에 관한 협약 29조에 의거하여 유엔은 이를 수용할 수 없다(*not receivable*)"는 의견을 전달하였다. 유엔이 이러한 입장을 표명한 것이 언론에 알려진 후 언론에서는 '외교적 면책 특권이 무책임을 위한 변명이 될 수는 없다'(*Diplomatic immunity should not mean impunity.*) 는 논조의 비판이 제기되기도 하였다.

아이티 정부, 특히 콜레라로 인해 피해를 입은 수많은 아이티 국민들의 입장에서는 유엔의 면책특권 주장이 차갑고 야속할 수 있겠으나 유엔 평화유지군을 파병하는 한국의 입장에서 곰곰이 따져보아야 할 문제라고 본다. 아이티 주둔 유엔 평화유지군들은 대지진 직후 국가 기능이 완전 마비된 아이티의 재난을 복구하고 국가 질서를 회복하는 데 기여하기 위해 긴급 투입되었다. 그 과정에서 아이티와 같이 공중보건 위생 시설이 형편없는 현장에서 콜레라와 같은 고의성이 없는 불의의 상황 발생을 배제할 수는 없는 일이다.

만약 유엔이 평화유지활동 또는 긴급 재난구호활동을 하는 과정에서 전혀 고의성이 없는 사건·사고에 주재국 당국 또는 개인으로부터 소송에 휘말리는 상황이 비일비재하다면 누가 위험 부담을 감수하고 그런 일에 자원하겠는지 냉정히 생각해보아야 할 것이다.

앞서 다룬 바와 같이 평화유지군 활동은 평화와 안전 유지라는 고유의 목적을 달성하기 위한 긍정적 측면이 있는 반면, 안타깝게도 평화유지군에 의한 성추행 및 아이티에서의 콜레라 창궐과 같은 사례로 인해 현지 정부 및 주민들과 갈등을 빚는 경우도 있는데, 이러한 음과 양의 두 가지 측면은 어떻게 보면 세계화 속에서 일하는 유엔이 피할 수 없는 현실이라는 생각이다.

10

유엔에 대한 오해와 진실

전용 비행기가 없는 유엔 사무총장

전 세계 정상급 지도자 중 반기문 총장만큼 해외 출장이 잦은 사람도 없을 것이다. 그런 만큼 사람들은 으레 유엔 사무총장은 전용 비행기가 있을 것으로 생각한다. 그러나 유엔 사무총장은 전용 비행기가 없다. 일반적으로 출장 시에는 상용기(商用機)를 이용한다.

전용 비행기가 없는 현실은 유엔 사무총장의 업무 수행에 상당한 지장을 초래하기도 한다. 상용기를 이용해야 하기 때문에 목적지까지 직접 가지 못하고 경유하는 데 따른 시간 지연은 차치하고라도, 오래전부터 계획된 출장인 경우는 괜찮지만 긴급하게 움직여야 하는 출장의 경우에는 전용기가 없음에 따른 불편이 상당히 크다.

종종 아랍지역의 산유 부국에서 왕실 전용기를 제공하는 경우도 있다. 왕실 전용기라고 하면 일반인들은 대단히 호화롭고 안락할 것으로 생각하기 쉬우나, 그렇지 않은 경우가 많다. 큰 전용기는 비교적 괜찮지만 크기가 작은 전용기의 경우, 서로 마주보고 앉는 형태로 좌석이 배치된 경우가 많아 다리를 뻗을 공간도 없는 등 일반적으로 생각하는 것과는 달리 불편한 점이 많다.

아프리카와 같은 지역에서는 항공 연결편이 마땅치 않기 때문에 이런 경우 유엔 사무총장은 종종 평화유지군 소속 유엔 항공기를 이용하게 된다. 나도 반기문 총장을 수행하여 유엔 항공기를 여러 차례 타보았으나, 유엔 항공기는 대부분 기종이 노후하여 사고의 위험에 노출되어 있다.

잘 알려지지 않아서 그렇지 실제 유엔 항공기가 문제를 일으킨 경우는 비일비재하다. 일례로 2011년 3월 말 반기문 총장이 스페인 마드리드 방문 후 중동·북아프리카 민주화 운동을 다루기 위해 사르코지(Sarkozy) 당시 프랑스 대통령이 개최한 파리회의 참석차 유엔 항공기로 이동하려고 했다. 그러나 유엔 항공기가 마드리드 출발 후 두 차례나 착륙장치가 접히지 않는 문제를 일으켜 파리 회의에 참석치 못할 뻔한 상황이 벌어졌다. 다행히 회의에 참석하는 스페인 총리가 탑승한 전용기가 아직 출발하기 전이어서 부랴부랴 스페인 총리 전용기에 동승하여 파리회의에 어렵게 참석한 일도 있다.

회원국이 제공한 특별기와 관련된 일화들도 많다.

2010년 우간다를 방문했을 때의 일이다. 우간다 방문 중 프랑스 정부가 중동사태 협의를 위해 긴급회의를 소집했다. 당시 사르코지 대통령이 반기문 총장의 참석이 반드시 필요하다고 하면서 특별기를 우간다로 보내왔다. 반기문 총장은 일정을 조정하여 파리 방문을 결정, 우간다 일정을 모두 마치고 공항으로 이동하려던 때 경호팀으로부터 연락이 왔다. 이미 우간다 공항에 대기 중인 프랑스 특별기가 엔진에 문제가 생겨 예정대로 출발할 수 없게 되었다는 것이다. 물리적인 이유로 파리 출장은 취소되었고 상용기 편으로 뉴욕으로 돌아온 일이 있다.

2012년 6월 사우디아라비아 제2의 도시 제다(Jeddah)에서 열린 반테러리즘 관련 회의에 참석한 후 뉴욕으로 돌아올 때 사우디 정부가 제공한 특별기를 이용한 일이 있다. 그때 국왕 면담과 사우디측 특별기 도착이 상당히 지연됨으로 인해 뉴욕에 도착한 시간이 새벽 5시였다. 당시 시리아 사태 및 G20 정상회의, 유엔 지속가능발전 정상회의 등으로 도착일 아침부터 많은 일정이 기다리던 상황이었는데, 반기문 총장은 관저로 가서 옷만 갈아입고 바로 사무실로 나와 모든 일정을 소화한 바 있다.

유엔 사무총장의 활동비는 얼마나 될까

유엔 사무총장만큼 외국 정상들과 만남이 많은 지도자도 드물 것이다. 그런 만큼 오찬, 만찬, 연회 등의 행사도 많게 마련이다. 유엔 사무총장이라는 직업 특성상 활동비 또는 업무추진비가 대단히 많고 여유가 있을 것이라고 생각하기 쉽지만 현실은 전혀 그렇지 않다.

유엔 사무총장이 회원국 주요 인사와 갖는 연회의 경우 '호스피탈리티'(*hospitality*) 라는 업무추진비 성격의 활동비에서 경비가 충당되는데 이 경우에도 엄격한 원칙과 제한이 따른다. 회원국 주요인사와 갖는 연회가 아닌 경우는 상황이 전혀 다르다.

유엔 시스템이 워낙 방대하기 때문에 사무총장이 유엔 산하기구 수장 및 사무국 내 고위간부들과 오·만찬을 겸해 업무 협의를 갖는 경우도 많다. 그런데 이 경우에는 회원국과의 연회가 아니기 때문에 업무추진비 예산이 적용되지 않는다. 반기문 총장은 사무국 간부들을 모아 자신의 집무실에 딸린 부속 식당에서 오찬 협의를 갖는 경우가 자주 있는데, 이런 경비는 모두 반기문 총장이 직접 사비(私費) 로 부담한다.

상기 연회 활동비 이외에 유엔 사무총장으로서 특별한 목적으로 자신의 재량하에 사용할 수 있는 재원이 필요하게 마련이다.

이런 목적으로 두는 특별기금(*Trust Fund*) 이 있다. 예컨대 평화조성특별기금(*Peace-making Trust Fund*) 이 있어 정치적 목적의 활동에 사무총장 판단하에 특별히 사용할 수 있다. 또한 새천년개발목표 이행을 지원하기 위한 목적의 특별기금도 있으며, '유엔 사무총장 특별 프로젝트'(*Special Projects of the Secretary-General*) 라는 항목의 특별기금도 있다. 이런 특별 기금의 경우 회원국의 자발적 기여금을 통해 마련되기 때문에 반기문 총장의 개인적인 노력을 통해 충당되곤 한다.

2012년 8월 현재 유엔 사무국 내 170개의 신탁기금이 존재하며, 이 중 10개 기금이 유엔 사무총장 직할에 있는 기금이다. 물론 유엔 사무총장 직할 신탁기금이라고 하여 아무렇게나 사용할 수 있다는 것은 결

2012년 10월 반기문 총장실을 방문한 가수 싸이(사진제공: UN)

코 아니다. 예산 집행에 관한 유엔 규정(*Rules and Regulations*)이 허용하는 범위 내에서 운용되며, '컨트롤러'(*Controller*)라고 불리는 예산 집행 총감독관이 기금 사용내역을 관리한다.

강남 스타일로 전 세계를 휩쓴 가수 싸이 씨가 국제사회 빈곤퇴치 및 모자 보건 증진을 위한 반기문 총장의 활동을 지원하기 위해 상기 특별 프로젝트(*Special Projects*) 목적의 신탁기금에 성금을 기탁한 바도 있다.

UN 회원국 간의 정치학

유엔에서는 이른바 P5로 불리는 미국·러시아·중국·영국·프랑스 등 5개 안보리 상임이사국이 있다. 이들은 P5라는 이유로 당연히 누려야 한다고 여기는 권리들이 있는가 하면, P5이기 때문에 할 수 없는 것들이 있다. 그중에 유엔 사무총장직 배출이 대표적인 사례라고 하겠다.

이외에도 앞서 다룬 시리아 화학무기 조사단도 P5이기 때문에 안 되는 사례라고 할 수 있다. 약 15명의 전문가로 구성된 화학무기 조사단 구성 과정에서 러시아는 자국 출신 전문가가 포함되기를 강하게 희망, 반기문 총장에게 이런 의사를 전달해 온 바 있다. 그러나 반기문 총장은 P5를 포함시킬 경우 혹시 있을 수도 있는 강대국 조사단원들 간 이견과 갈등으로 인해 조사단의 독립성과 공정성을 유지하기 어려울 것으로 판단, P5 출신 전문가는 배제한다는 원칙을 처음부터 확고히 표명했다. 결국 모든 P5 국가들이 반기문 총장의 판단이 옳았다고 평가했다.

반면, 유엔에서는 P5 국가들이 당연시하는 권리들도 있다. 군축 및 국제안보를 다루는 분야에서는 더욱 그런 현상이 심하다. 정부전문가 그룹(*Group of Governmental Experts*)이라는 메커니즘을 통해 특정 사안에 대해 심도 있는 협의를 갖는 자문기구들의 예를 들어본다.

2013년 상반기 프랑스가 UN 재래식 무기 등록제도(*Register on Conventional Arms*) 운영에 관한 정부전문가 그룹에 포함되지 않자 사무국에 강력히 항의한 일이 있었다. 프랑스 대사가 왜 P5 중 유일하게 프랑스만 제외되었느냐고 반 총장께도 재고를 요청했다. 2013년, 무기거래

조약(*Arms Trade Treaty*) 이라는 재래식 무기 군축 분야에서 중요한 협상이 마무리되는 시기였기 때문에 프랑스가 이와 관련된 이슈를 다루는 정부전문가 그룹에 P5로서는 유일하게 자국만 빠진 것을 자존심상 받아들이기 어려웠을 수는 있을 것이다.

그러나 그 전에도 P5 국가들이 정부전문가 그룹에서 제외된 전례가 있었다. 과거에는 정부전문가 그룹이 20~25명 규모로 운영되어 어느 정도 여유가 있었으나 예산 사정상 15개국으로 축소된 이후에는 특히 서구 그룹의 경우 P5 국가인 미국, 영국, 프랑스 3개국을 모두 포함시키고 나면 나머지 많은 서구 그룹 국가들 중에서는 1개국밖에는 포함시킬 수 없는 구조적 문제가 있었다. 이런 상황에서 이미 유엔 사무총장의 재가를 받아 15개 초청국가에게 통보를 마친 상태에서 프랑스를 추가시켜달라고 억지를 부린 것은 P5의 자존심을 넘어 도가 넘친 처사라 아니할 수 없었다.

유엔 불신론자들이 유엔을 비판하는 논거의 대표적인 것이 유엔 산하기구에 독재국가, 인권 탄압국가 등 이른바 불량국가들이 진출하고, 의장국을 수임하는 경우이다. 그러나 관련 사실을 왜곡하거나 이를 의도적으로 부풀려서 유엔 비판의 구실로 삼는 경우도 많다.

한 가지 예를 들어보자. 북한이 2011년 6월 말부터 8월 중순까지 제네바 군축회의(*Conference on Disarmament*, CD) 의장을 수임하게 되자, 미국 등 서방 보수 언론들이 "유엔의 무책임성을 보여주는 단적인 사례"라고 비판하였다. 공교롭게도 북한에 이어 쿠바가 군축회의 의장국을 수임하자 보수 언론매체들은 이때다 하고 유엔에 대한 비판의 목소리를 높였다. 이 같은 논란은 2013년 5월 이란이 순번제에 따라 군축회의 의장을 맡으면서 다시 불거졌다.

두 가지 시각에서 이 문제를 살펴볼 필요가 있다. 우선 북한과 같이 국제사회로부터 철저히 고립되어 모나고 호전적인 행동만을 일삼는 국가가 다자기구의 의사규칙을 악용하여 그 기구의 신뢰성을 저해하고 심지어 해당 기구의 존재가치에 정면으로 반하는 행위를 하는 것은 일반인들이 볼 때 분명 상식적으로 납득하기 어려울 것이다.

북한이 2013년 1월 3차 핵실험을 감행한 이후 안보리에서 제재논의가 진행되자, 제네바 주재 북한 대표가 군축회의에서 한국이 제재에 동참하는 경우 '최종 파괴'(*final destruction*) 시켜 버리겠다는 비이성적 발언을 했다. 이에 대해 군축회의 회원국들이 맹비난한 것은 말할 나위도 없고, 일부 회원국 대표는 "신성한 유엔회의에서 여타 주권국가를 파괴시키겠다는 정신 나간 발언을 하는 국가의 회원 자격을 박탈할 방도는 없는지" 의문을 제기하기도 했다. 물론 유엔 헌장상 회원국은 여타 회원국의 영토적 주권 및 정치적 독립성을 위협하거나 무력을 사용하는 것이 금지되어 있다.

한편, 상기 북한과 이란의 행태는 물론 지극히 예외적인 경우인데, 이를 근거로 하여 다자주의 무용론을 내세우는 것 또한 올바른 접근은 아니라고 생각한다. 군축회의의 경우 내부 의사규칙에 따라 63개 회원국들이 국명에 따라 6주씩 돌아가면서 의장국을 수임하기 때문에 군축회의 회원국인 북한과 쿠바가 이에 따라 의장을 수임한 것이다. 북한의 경우 군축회의에 1996년 가입한 이래 순회 의장국 수임 원칙에 따라 2001년에도 의장국을 수임할 기회가 있었으나 당시 내부 인력사정상 의장국 수행이 어렵다면서 이를 포기했다.

물론 유엔 외부 시각에서 볼 때 유엔 내 가장 권위 있는 군축협상에서 핵 비확산조약을 탈퇴하고 핵무기 프로그램을 진행 중인 북한이 의장국을 수임하는 데 대해 의문을 제기하는 것은 이해할 수 있다. 하지만 유엔 자체가 193개 회원국으로 구성되어 있고, 국제평화와 안전, 개발 그리고 인권이라는 가치를 추구하는 가장 대표적인 국제기구가 유엔이라는 점에서 볼 때 일각에서 지적하는 대로 이러한 문제는 유엔이 가지고 있는 태생적인 문제일 수밖에 없다고 본다.

이는 종종 "'UN 최대의 적'(UN's *worst enemy*)은 바로 유엔의 그러한 태생적 한계"라는 말을 연상시킨다. 회원국 간 현저한 힘의 차이에도 불구하고 주권 동등을 내세운 1국 1표라는 의사결정 시스템을 운영하는 가운데서 오는 괴리, 즉 현실과 이상 사이에서의 큰 괴리가 빚어내는 모순들이 바로 유엔이 지닌 최대의 적이라고 할 수 있다.

이른바 불량국가의 유엔기구 진출 및 의장국 수임과는 다른 사례이지만, 내가 사무총장 비서실 내 정무국(Political Unit)에서 군축 이슈를 담당하면서 경험했던 흥미 있는 사안을 하나 소개한다.

재래식 무기 거래를 규제하는 조약을 제정하기 위한 준비협상이 수년간 진행된 결과 2012년 동 조약 제정을 위한 유엔총회 협상 일정이 마련되었다. 재래식 무기 거래 문제는 규제대상이 되는 재래식 무기 범주도 방대할 뿐만 아니라 무기 주요 수출국들의 막대한 상업적 이해도 걸린 문제이기 때문에 매우 민감한 이슈였다. 따라서 준비 협상만도 수년에 걸쳐 이루어졌는데, 2012년 7월 한 달간 이루어질 예정인 유엔총회 협상을 성공적으로 이끌기 위해서는 의장의 역할이 무엇보다 중요했다. 유엔 회원국들은 지난 수년간 준비협상을 이끌며 탁월한 협상 및 중재 능력과 원만한 인간관계를 보여준 모라틴(Moratin) 아르헨티나 전 외교차관이 동 총회 협상을 이끌기에 최적임자라는 데 공감대를 형성하였다.

그런데 정작 아르헨티나 정부가 반대의사를 보임으로써 예기치 않은 난관에 봉착하였다. 앞서 설명한 바와 같이 회원국들의 민감한 이해가 걸린 사안인 만큼 모라틴 의장 이외의 인사가 제시될 경우 이를 거부하겠다는 회원국까지 있을 정도로 문제가 심각했다. 의장 선출이 이루어지지 않을 경우 몇 년간의 사전 준비협상을 통해 합의된 조약문 성안 협상이 1년 순연될 수도 있는 위기 상황이었다.

이 상황에서 반기문 총장은 아르헨티나 출신 수잔나 말코라(Susana Malcorra) 비서실장에게 아르헨티나 외교장관을 접촉하여 아르헨티나 정부가 모라틴 의장 지명에 동의해 줄 것을 설득토록 하였다. 결국 이러한 중재 노력에 힘입어 아르헨티나 정부가 모라틴 의장 지명에 동의함으로써 문제가 해결되었다.

이른바 불량국가의 의장국 수임 문제는 아니지만 비슷한 경우를 하나 더 들어본다.

2012년 8월 말 이란의 수도 테헤란에서 제16차 비동맹정상회의가 개최되었다. 반기문 총장은 유엔 사무총장 취임 이후 한 번도 이란을 방문하지 못했는데, 비동맹정상회의 주최국인 이란 정부로부터 초청을 받고 이란 방문 문제를 숙고 중이었다. 어떻게 알았는지 이스라엘 정부가 모든 채널을 동원하여 이란 방문을 저지하기 위해 총력전을 벌였다. 네타냐후 총리가 반기문 총장에게 전화를 하여 "유엔 사무총장이 이란을 방문할 경우 유엔의 제재를 받고 있고, 홀로코스트를 부인하며 이스라엘 말살을 주장하는 이란 정권에 정당성을 부여하는 셈이 된다"는 논거를 들어 방문치 말아줄 것을 간곡히 요청했다. 또한 SNS를 통해서 유엔 사무총장의 이란 방문에 반대하는 운동도 벌이기도 하였다.

이스라엘의 반대의견에도 불구하고 반 총장은 공정하고 객관적인 입장에서 유엔회원국들 간 이견과 분쟁을 조정하고 해결하기 위해 노력해야 할 유엔 사무총장이 유엔회원국의 2/3 이상이 참여하는 정치결사체인 비동맹정상회의 계기에 이란을 방문하여 핵 문제, 인권, 테러 및 당시 가장 큰 현안이었던 시리아 사태에 관한 국제사회의 우려와 요구를 분명히 전달할 수 있는 기회라고 판단, 이란을 방문하였다.

반기문 총장은 이란 방문과 관련하여 이스라엘 등 일각의 우려를 십분 감안, 방문 전에 이란 핵 프로그램, 인권 및 테러 그리고 시리아 사태와 관련하여 관련국 지도자들 및 주요 전문가들로부터 조언을 경청하여 민감한 이슈에 충분히 대비하는 주도면밀한 자세를 보였다.

이란 방문에 대해 조심스런 입장을 취한 데 대해서는 역설적으로 유엔 사무총장이라는 직위가 지니는 정치적 무게 및 정당성 측면이 얼마나 강한지를 보여주는 사례라고 할 수 있다.

유엔 공용어

유엔에서 사용되는 언어에 대해서 알아보자. 유엔에 아랍어, 중국어, 영어, 프랑스어, 러시아어 그리고 스페인어 등 6개 공식언어(*official language*)가 있다는 사실은 대개 알고 있을 것이다. 유엔 공식언어 이외에 공용어(*working language*)가 있다.

안보리와 유엔 총회에서 사용되는 공용어가 처음부터 6개로 시작된 것은 아니다. 유엔 창설 당시에는 영어와 프랑스어만이 공식 언어로 사용되었다. 이후 1969년 안보리 결의 263호를 통해 러시아어와 스페인어가 유엔 공식언어로 추가되었으며, 1974년 안보리 결의 345호를 통해 중국어가 유엔 안보리의 공식언어로 추가되었다. 마지막으로 공식언어가 된 것은 아랍어로서, 1982년 안보리 결의 528호로 결정되었다.

이 밖에 유엔 사무국에서 사용되는 공용어는 영어와 프랑스어 두 가지이다. 참고로 2011년 반기문 총장의 연임 당시 유엔 회원국 정상 앞 서한은 영어, 프랑스어, 스페인어 3가지 언어로 작성되어 발송되었다.

유엔에서 사용하는 언어와 관련하여 재미있는 통계를 하나 소개한다. 회원국들이 유엔에서 생산되는 문서를 공식언어로 번역해줄 것을 요구하는 만큼 소비되는 문서의 양은 가히 천문학적이다. 2011년 사무국 내부 업무 및 회원국에 대한 문서 제공에 사용된 종이의 양에 관한 통계가 있는데, 2011년 한 해 동안 A4 용지 5억 3천만 장, 매일 150만 장이 사용되었다고 한다. 150만 장을 수직으로 쌓으면 유엔 사무국 38층 건물 높이에 해당한다고 한다.

종이가 나무를 원료로 만들어진다는 것은 누구나 아는 사실이다. 반기문 총장은 기후변화 시대에 이런 종이 소비 행태를 유지한다는 것은 있을 수 없다고 하면서 종이 소비 없는 유엔(*paper-less* UN)으로 만들기 위해 고심하였다. 2012년 12월 초 카타르 도하에서 개최된 유엔 기후변화협약 회의에서는 종이 사용을 획기적으로 줄이기 위한 시도가 이루어졌다. '페이퍼 스마트'(*Paper Smart*)라는 이니셔티브인데 반기문 총장이 환경 보호 및 지속가능개발 차원에서 유엔의 종이 사용을 절감하자는 취지로 시작한 개혁조치의 일환이다.

유엔 공식 문서를 6개 공식언어로 번역하는 작업으로 인해 유엔 웹사이트에 총회 또는 안보리에서 채택된 문서가 실리는 데 약간의 격차가 발생한다. 가령 2013년 4월 말 아프리카 말리 관련 안보리가 채택한 결의 2100호가 웹사이트에 실리기까지 약 1주일이 소요되었는데, 이는 프랑스어 및 스페인어 구사 회원국들로부터 자구 및 표현과 관련한 코멘트가 있어 이를 반영하기 위해 시일이 소요된 데 따른 것이다. 이러한 작업을 유엔 번역 담당부서에서는 '언어별 용어 일치작업'(*language concordance*)이라고 부른다.

언어별 용어 일치작업과 관련하여 재미있는 일화를 하나 소개한다. 앞서 다룬 무기거래조약(*Arms Trade Treaty*)이 2013년 4월 초 유엔 총회에서 표결로 채택된 이후, 미국이 영어본과 여타 언어본에 차이가 존재한다면서 이에 대한 수정을 요청했다. 영어로 협상이 이루어지더라도 여타 유엔 공식언어로 번역된 텍스트들도 모두 원본으로 동일하게 취급하고 있다.

대개 조약문 협상과정에서 영어로 협상을 진행하고 협상 말미에 조약문에 대한 합의가 이루어지면 다른 언어로 번역된 텍스트들에 대해서도 내용 및 표현에 상이점이 없는지 확인하는 과정, 즉 언어별 용어 일치작업을 거친다. 그런데 무기거래조약 협상과정에서는 워낙 이견이 컸고, 막판까지 시간에 쫓기는 바람에 이런 작업을 제대로 거치지 못하였다. 설령 이런 검토 과정을 거치더라도 사소한 번역상 상이점이 제기될 수 있는데 그런 경우 정정절차(*correction procedure*)를 통해 바로 잡게 된다.

조약 또는 협약마다 기탁자(*depository*)가 있는데 무기거래조약의 경우 유엔 사무총장이 기탁자로 지정되어 있기 때문에 미국은 자신들이 발견한 상이점들을 정리하여 유엔 사무총장 앞으로 공한을 보내 정정을 요청한 것이다. 통상적으로 정정작업은 기술적인 부분을 대상으로 하며 조약의 실질적인 내용과 관련된 상이점은 대상으로 하지 않는다.

그런데 미국이 요청한 정정 대상들 중 러시아어 텍스트 상에 단순한 기술적·언어상 상이점이 아닌, 조약에 대한 실질적 해석과 관련된 사항이 한 가지 포함되었다. 무기거래조약 6조는 무기 거래를 금지하는 요소를 담은 가장 이견이 컸던 부분이었다. 여기서 문제가 된 6조 3항은 전쟁범죄 및 인도적 범죄에 사용될 수 있는 무기 거래를 다루는 부분이었기 때문에 특히 민감했다. 6조 3항은 이러한 경우 '당사국이 관련 위험이 있음을 인지한 경우'라는 단서에 관한 내용인바, 영어본에는 "만약 승인 시점에 정보가 있었다면"(*if it has knowledge at the time of authorization*)로 되어 있는데, 러시아본에는 "만약 승인 시점에 신뢰할 만한 정보가 있었다면"(*if it has credible knowledge at the time of authorization*)으로 '신뢰할 만한'(*credible*)이라는 단어가 포함되었던 것이다. '신뢰할 만한' 정보라는 것은 주관적 판단의 영역인 만큼 이는 단순한 기술적 · 언어상 상이점으로 볼 수 없는 문제였다.

조약 또는 협약이 채택되면 일정기간이 지나고 조약/협약에 명시된 시기에 각국의 서명에 개방된다. 이때 국가마다 조약/협약에 서명하기 위해서는 국내 절차가 수반되기 때문에 조약문 원본(*certified true text*)이 필요한데, 통상적으로 조약/협약 채택 후 4~6주 내에 협상에 참가한 국가들에게 이를 송부한다.

정정 작업은 일단 협상에 참여한 국가들에게 조약문 텍스트들 간에 상이점이 없는지 의견을 구한 후 수렴된 의견에 대해 사무국 내 검토 과정을 거쳐 이에 대한 사무국 의견을 다시 회원국들에게 통지한다. 이후 90일 동안 이른바 '침묵절차'를 거쳐 회원국들로부터 아무런 이견이 접수되지 않으면 사무국이 제시한 정정조치가 받아들여진 것으로 간주함으로써 모든 절차가 완료된다.

한편, 유엔 사무국에는 동시통역사와 번역사가 있다. 이들은 총회의사 행정지원국(DGACM: *Department of General Assembly and Conference Management*)에 소속되어 활동한다. 동시통역은 유엔 회의에서 6개 공식 언어로 통역하는 업무이다. 동시통역 부스에 2명이 들어가 가령 한 사람은 프랑스어를 영어로, 다른 사람은 영어를 프랑스어로 통역하는 역할을 맡는다. 번역사는 동시통역과 별도로 안보리 또는 총회에서 생산된 문서를 6개 공식언어로 번역하는 작업을 담당한다.

2013년 말 현재 DGACM에는 동시통역사(*Interpreter*) 128명, 번역사(*Translator*) 307명, 의사록 작성요원(*Verbatim Reporter*) 49명이 근무하고 있고, 아직 한국인은 한 명도 없다.

지방화와 유엔의 인증 문제

세계화와 동시에 지방 도시들이 저마다 특색을 갖춘 특성화 도시를 만들어 가는 것이 대체적인 추세이다. 반기문 총장도 유엔이 현장활동을 지방의 특성에 맞도록 적응시키는 것이 현지 주민의 보다 큰 호응을 얻을 수 있는 길이라고 하면서, 유엔활동이 세계화와 지방화를 감안하여 시행되어야 한다는 점을 늘 강조하였다. 이런 점에서 "세계화가 지방화, 지방화가 세계화"(*Global is local, Local is global.*) 라는 말도 자주 하였다.

이렇듯 특성화 도시를 갖추기 위한 노력이 가속화되면서 지방도시에서 자신들의 사업을 국제화시켜 보겠다는 의욕에 따라 유엔의 인증을 추구하는 시도가 많아졌다. 그런 시도 자체는 일면 이해가는 부분이 있다. 하지만 몇 가지 측면에서 잘못 이해하고 있고, 또한 추진 방식에 있어 문제가 있다.

우선 유엔은 특정 도시를 어떤 특정 사안에 있어 유엔 인증(UN-*certified*) 도시로 인정한 경우가 없다. 세계 문화유적 등에 관해 유네스코의 공식 지정을 받는 점을 감안할 때, 지방 도시들이 기왕이면 유엔의 인증을 받으면 더 좋지 않겠느냐고 생각할 수도 있겠지만 유엔이 특정 도시를 '○○의 도시'처럼 유엔 인증 특성화 도시로 인증한 사례는 없다. 설령 이러한 지정이 가능하다고 할지라도 유엔의 이름과 문장(*emblem*) 사용을 수반하는 문제는 유엔 사무국이 단독으로 할 수 있는 문제가 아니라, 유엔 총회를 통해 회원국들이 결정할 사안이다.

노르웨이의 도시 베르겐(Bergen)이 도시 중심부에 위치한 광장을 '유엔 인권 광장'으로 지정받는 문제를 유엔 사무국(법률국)과 협의한 바 있다. 앞서 설명한 바와 같이 이 문제는 유엔 총회의 권한사항이기 때문에 결국 대안으로서 '유엔의 활동을 지지하는 인권 광장'(*Human Rights Plaza in support of the United Nations*)으로 표기하는 데 동의했다. 이는 '유엔이 지정한 인권 도시'와는 다른 차원의 문제로서 유엔 총회에서는 이러한 요청이 수용되기 어려운 점을 감안한 현실적인 대안이었다.

또 한 가지 예로, 네덜란드 정부가 헤이그에 ICJ(국제사법재판소), ICC(국제형사재판소), ICTY(구 유고전범재판소), PCA(상설중재재판소) 등 국제재판소들이 다수 소재해 있음에 비추어 헤이그를 유엔 인증 '정의의 도시'(*City of Justice*)로 인증받는 방안을 내부적으로 검토한 바 있다. 그러나 이러한 시도가 유엔 총회에서 결의안을 통해 성사되기가 어렵다는 자체 판단에 따라 추진하지 않았다.

독자들이 세계 각지를 여행하면서 '유엔 평화 거리' 등으로 홍보되고 있는 경우를 종종 볼 수 있을 것이다. 한국을 예로 들자면 한국전쟁 당시 산화한 11개국 2천 3백여 명의 병사들이 안장된 유엔 기념공원(UN *Memorial Cemetery in Korea*)이 위치한 부산시 남구 대연동에 '유엔 평화로'가 있다. 반기문 총장이 2011년 11월 말 유엔 사무총장으로서는 최초로 유엔기념공원을 방문했는데, 공원이 위치한 구역이 유엔 사무국과의 협의를 거쳐 2010년 2월 '유엔을 위한 부산 남구 특별 평화 및 문화 구역'으로 지정된 바 있다.

유엔 기념공원의 경우 전 세계에서 유일한 유엔 묘지로서 1955년 12월 유엔 총회 결의 977(X)에 의거하여 설립이 결정된 것이다. 이와 관련 반기문 총장이 재임하는 동안 한국의 일부 지방자치단체들이 이른바 '유엔 평화공원'을 조성하는 방안을 타진했는데, 이는 유엔 총회 결의에 따른 승인이 필요한 사안으로서 유엔 기념공원이 있는 상황에서 유엔 평화공원을 별도로 조성하는 것은 매우 어려운 문제이다.

한편, 특별한 이슈를 기념하는 날을 유엔을 통해 지정하여 기리는 경우가 있다. 예컨대 '세계 행복의 날'(International Happiness Day)과 같은 경우인데, 이를 위해서는 유엔 총회가 결의를 통해 지정 또는 선언하게 되어 있다. 가령 3월 21일은 유엔이 정한 '세계 다운증후군의 날'(World Down Syndrome Day)인데, 이는 브라질이 주도하여 66차 유엔 총회에서 결의(66/149)를 통해 채택하였다.

이렇듯 지방화가 급속하게 촉진되고 지방 도시들이 자기 도시의 특성화를 살리면서 이를 국제화하고자 하는 시도가 늘면서 유엔의 이름을 빌리고자 하는 시도 또한 크게 늘고 있다. 이와 같은 경우 중앙정부와의 적절한 협의 및 정치적인 뒷받침도 없이 추진되는 것은 문제이다. 이는 지적한 바와 같이 중앙정부의 강력한 의지와 외교적 뒷받침이 있어도 쉽지 않은 일이라는 점을 말해둔다.

유엔 사무총장 메시지

반기문 사무총장이 퇴임하고 나면 한국 정부는 물론 각종 단체에서 아쉬운 점이 한두 가지가 아닐 것이다. 한국이 외교적으로 얻는 반사이익은 그 가치를 수적으로 환산하기 어려울 정도로 크다고 본다. 이제 한국의 국력이 크게 신장된 만큼 한국에서 개최되는 국제회의가 상당히 많다. 앞에서도 설명했지만 회원국들은 자국에서 개최되는 국제회의에 반기문 총장을 모시고자 안간힘을 쓴다. 유엔 사무총장이 참석하느냐 않느냐의 문제는 그 회의의 대외 이미지, 즉 인지도(*visibility*) 측면에서 엄청난 차이를 발생시킨다.

회원국에서 반기문 총장을 모시고자 참석을 요청하는 회의에 모두 가려면 유엔에서 흔히 하는 농담처럼 복제(*cloning*)를 여러 사람 해도 부족할 것이다. 결국 유엔에서는 직접 참석치는 못하지만 중요한 행사의 경우 대리인(*representative*)을 보내 사무총장의 메시지를 낭독케 하거나, 대리인을 보낼 수 없는 경우에는 영상 메시지를 보내기도 한다. 대리인도 영상 메시지도 여의치 않은 경우에는 서면 메시지(*written message*)를 보내기도 한다. 여기서도 역시 '보는 것이 믿는 것'(*Seeing is believing*)일까. 대개의 경우 대리인이 참석하여 메시지를 대독하는 것보다는 반기문 총장의 영상 메시지를 더 선호한다.

사무총장실에 근무하는 동안 한국에서 개최되는 각종 행사에 반기문 총장의 영상 메시지 요청이 헤아릴 수 없이 많았다. 이를 일일이 다 들어줄 수는 없는 노릇이었다. 솔직히 팔이 안으로 굽는다고 내가 근무한

7년 동안 한국에 제공된 영상 메시지 수는 다른 회원국들에 비교할 수 없을 정도로 압도적으로 많았다.

영상 메시지의 경우, 유엔 사무국 실무부서에서는 국제적인 행사로서의 위상이 높고, 반기문 총장의 주요 어젠다에 부합하는 행사에 한해서만 제공한다는 엄격한 기준을 적용한다. 사실 이러한 기준을 엄격히 적용했더라면 그동안 한국에 제공된 영상 메시지 중 상당수는 실무부서 검토과정(*vetting process*)에서 제외되었을 것이다. 그만큼 모두 반기문 총장이 각별히 배려한 덕분이다.

영상 메시지 녹화는 시간이 많이 소요된다. 대개 한 달에 두 차례 정도 영상 메시지 녹화 세션을 잡는데, 생각보다 시간이 많이 소요되기 때문에 통상적으로 한 세션에 최대 5개 정도 메시지를 녹화한다. 한국에 제공된 영상 메시지가 얼마나 많았는지 소개하자면, 한 번은 6개의 영상 메시지를 녹화하였는데, 이중 5개가 한국 행사였다.

유엔 사무총장의 경조사 참석은?

유엔 회원국과 관련된 대표적인 경조사라고 한다면 국가원수 취임식과 현직 국가원수의 서거를 꼽을 수 있다. 국가원수 취임식에는 외교사절들이 대거 참석하게 마련이고, 회원국들은 자국 정상 취임식에 대부분 유엔 사무총장을 초청한다. 유엔 사무총장이 193개나 되는 회원국 정상 취임식에 일일이 참석할 수는 없는 노릇이고, 그렇다고 특정 국가 취임식에만 참석하면 형평성 논란에 휘말릴 수밖에 없기 때문에 원칙적으로 회원국 정상 취임식에는 직접 참석치 않고 특사를 파견한다.

반기문 총장도 취임 이후 수많은 회원국들로부터 자국 정상 취임식 행사에 초청을 받았으나 이러한 관행에 따라 정중히 양해를 구하고 있다. 한국의 경우 2008년 이명박 대통령 취임식에는 당시 정무담당 사무차장이었던 린 파스코 사무차장이 반 총장의 특사로 참석했으며, 2013년 박근혜 대통령 취임식에는 얀 엘리아슨(Jan Eliasson) 사무부총장이 특사로 참석했다.

단 한 번의 예외는 있다. 2011년 대선 관련 대규모 유혈 폭력사태로 인해 유엔 평화유지군이 여야 정권교체 및 헌정질서 복구과정에 결정적인 역할을 수행한 코트디부아르의 알라산 와타라 신임 대통령 취임식(2011년 5월 21일)에는 반기문 총장이 직접 참석하였다. 반 총장의 취임식 참석은 코트디부아르 정권교체 과정에서 유엔이 수행한 성공적이고 특수한 역할에 따른 극히 예외적인 경우였다.

한편, 회원국 정상이 서거하는 경우 해당국 주 유엔대표부에 분향소를 설치하고 조문객을 접수하게 된다. 유엔 사무총장은 해외 출장 중인 경우를 제외하고는 대부분 직접 분향소를 찾아 조문록에 서명하고 조의를 표한다. 2013년 3월 초 베네수엘라 차베스 대통령이 서거하였을 때 반기문 총장이 직접 분향소를 찾아 조문록에 서명하고 관계자들을 위로한 바 있다.

여기에도 역시 예외는 있다. 2011년 12월 북한 김정일 위원장 사망 시 반기문 총장이 조문을 가지 않고 당시 아샤 로즈 미기로(Asha-Rose

Migiro) 사무부총장이 조문을 갔다. 조문록에 어떤 내용으로 서명하느냐 하는 문제도 고심하였는데 다음과 같이 북한 주민에 대한 위로를 전하는 방향으로 작성하였다.

> On behalf of the United Nations system, I extend sympathy to the people of the Democratic People's Republic of Korea(DPRK) at this time of their national mourning on the passing of the leader Kim Jong Il.
> As the DPRK mourns the loss of its leader, I hope the country will advance in peace and prosperity. The United Nations system will continue to help the people of the DPRK.
>
> (유엔 시스템을 대표하여 김정일 위원장 서거에 상심에 빠져 있는 북한 주민들께 위로를 드립니다. 지도자를 잃은 슬픔 속에도 북한이 평화와 번영을 향해 나아가기를 바랍니다. 유엔 시스템은 계속해서 북한 사람들을 지원하도록 할 것입니다.)

이와 관련하여 한 가지 재미있는 일화가 있다. 북한에서는 유엔 사무총장 관련 소식을 다룰 때 일부러 반기문 총장의 이름을 넣지 않는다. 그런데 북한 언론매체에서 처음으로 반기문 총장의 이름을 소개한 적이 있는데, 바로 김정일 사망 시 조전을 보내왔다는 보도를 했을 때였다. 이 밖에도, 2013년 말 반기문 총장이 김정은 위원장에게 연하장을 보낸 적이 있다. 회원국 정상에 대한 의례적인 연하장 발송에 따른 것이었다. 이때도 북한 매체에서는 반기문 총장의 실명을 써가면서 연하장 전달 사실을 홍보한 바 있다.

현직 국가원수가 아님에도 불구하고 반기문 총장이 장례식에 참석한 적이 있는데, 바로 2013년 12월 만델라 남아공 전 대통령 서거 때였다. 만델라 전 대통령이 인류에 남긴 커다란 업적을 기리기 위해 예외적으로 전직 국가원수의 서거임에도 불구하고 직접 조문행사에 참석했다.

맺음말

2014년은 1914년 제1차 세계대전이 발발한 지 100주년을 맞는 해이다. 역사적으로 각별한 의미를 갖는 이 시점에 국제사회가 처한 현실, 그리고 그 속에서 한국의 위치를 음미해 볼 필요가 있다고 생각한다.

국제정치 및 국제경제 학자들은 지금으로부터 100년 전인 1914년의 상황과 지금의 상황이 너무나도 유사하다는 경종을 울리고 있다. 역사는 되풀이된다고 한다. 또한 역사로부터 얻은 교훈을 잘 살리는 국가는 흥하고 그렇지 못한 국가는 망한다고 한다. 한국도 마찬가지일 것이다.

멀리 바라볼 필요도 없을 것이다. 2014년을 맞이하면서 긴장과 갈등이 고조되고 있는 동북아 정세와 그 속에서 한국이 처한 상황을 보자. 아시아 패러독스(*Asia paradox*)라는 표현이 대변하듯이 아시아 역내 교역과 교류는 획기적으로 증대되는 반면, 과거로부터 기인한 긴장과 갈등도 증폭되는 모순을 보이고 있다.

지금의 국제사회는 초고도 세계화에 의한 통합과 분열이라는 패러독스를 보이고 있다. 국제 교역 및 재무 협력의 급속한 증진, 그리고 눈부신 정보통신 혁명으로 세계는 지구촌(*global village*)이라는 단어가 무색하지 않을 정도로 좁아지고 삶의 질이 향상된 것이 사실이다.

그러나 희망과 약속의 시대만을 예고할 것만 같던 세계화는 어두운 그림자를 길게 드리우고 있다. 정치 및 경제 양 측면에서 수요와 공급의 불균형 현상을 보이고 있는 것이다. 다시 말해 보다 나은 삶에 대한 경제적 기대와 선정(*good governance*)과 민주주의에 대한 정치적 욕구는 높아진 반면, 지구촌 곳곳의 불안 요소는 증대되고 있는 현상이 나타나고 있다.

이 책 여러 부분에서 지적한 바와 같이 국제사회는 현재 중대한 변혁기를 맞고 있다. 제1차 세계대전 발발 100주년이 되는 2014년을 맞아 국제사회 지도자들이 다자주의(*multilateralism*)와 파트너십(*partnership*)을 강조하는 이유를 여기서 찾을 수 있다고 본다.

반기문 유엔 사무총장께서도 취임 이후 국제상황을 '문제의 과잉공급, 해결방안 결핍'으로 규정하면서, 유엔 창설의 정신인 '인간 우선'과 '진정한 국제협력'의 중요성을 일관되게 강조하고 있다. 다자주의란 쉽게 말하면 자국의 이익에 앞서 국제사회 전체의 이해를 우선시하는 사고와 행동을 말한다.

이 책을 맺으면서 패러독스라는 단어를 자주 사용하게 되는데, 다자주의의 상징인 유엔이 안고 있는 가장 심각한 문제도 유엔 패러독스(UN *paradox*)라고 할 수 있을 것이다. 즉, 유엔이 다자주의를 통해 분쟁을 해결하고 범세계적 문제를 다루기 위해서는 유엔 회원국들의 사고와 행동이 통일되어야 마땅한데, 현실은 그렇지 못하다는 것이다. 국제사회 전체의 이해와 대의(大義)를 우선시하는 무대에서 일국의 이익을 우선하는 편협한 사고와 행동을 자주 목격했기에 더욱 절실하게 이를 느낀다.

결국 이런 문제를 통찰하고 봉합하여 국제사회가 나아가야 할 큰 그림과 비전을 제시하는 것이 리더십이라고 본다. 이것이 21세기가 요구하는 새로운 다자주의(*renewed multilateralism*)의 요체라고 생각하며, 반기문 리더십이 지향하는 바라고 할 수 있다.

반기문 총장께서는 힘들고 외로운 유엔 사무총장직을 수행하는 데 있어 조국 대한민국으로부터의 성원이 늘 든든한 힘이 된다고 말씀하신다. 한국의 자랑인 반기문 사무총장께서 새로운 다자주의라는 거함의 선장으로서 국제평화와 안전 유지, 개발 및 인권 증진이라는 유엔이 추구하는 목표와 이상을 성공적으로 실현하도록 우리 모두 따뜻한 성원을 보내주기를 바라는 마음으로 이 책을 마무리한다.